Fundamentos teóricos y prácticos de historia de la lengua española

Fundamentos teóricos y prácticos de historia de la lengua española

Eva Núñez Méndez

PORTLAND STATE UNIVERSITY

Yale UNIVERSITY PRESS

New Haven and London

Published with assistance from the foundation established in memory of
Calvin Chapin of the Class of 1788, Yale College.

Yale University Press books may be purchased in quantity for educational, business, or promotional use. For information, please e-mail sales.press@yale.edu (U.S. office) or sales@yaleup.co.uk (U.K. office).

Editor: Tim Shea
Publishing Assistant: Ashley E. Lago
Manuscript Editor: David Pritchard
Production Editor: Ann-Marie Imbornoni
Production Controller: Maureen Noonan
Designed by Mary Valencia
Illustrations by Joseph Romero and Kira Distler
Set in Adobe Garamond type by Newgen North America
Printed in the United States of America

Library of Congress Cataloging-in-Publication Data

Núñez Méndez, Eva.
Fundamentos teóricos y prácticos de historia de la lengua española / Eva Núñez Méndez.
p. cm.
Includes bibliographical references and index.
ISBN 978-0-300-17098-6 (pbk. : alk. paper) 1. Spanish language—Textbooks for foreign speakers—English. 2. Spanish language—History. I. Title.
PC4129.E5M457 2011
460.9—dc23
2011027374

A catalogue record for this book is available from the British Library.
This paper meets the requirements of ANSI/NISO Z39.48-1992 (Permanence of Paper).
10 9 8 7 6 5 4 3 2 1

A mis padres

La lengua es nuestra morada vital...
La lengua nos hace y en ella nos hacemos.
Hablamos y en nuestros labios está
el temblor de aquellos millones de hombres
que vivieron antes que nosotros y
cuyo gesto sigue resonando en nuestra entonación
o en los sonidos que articulamos.

—*Manuel Alvar*

Yo nunca me he quedado sin patria.
Mi patria es el idioma.

—*María Zambrano*

ÍNDICE GENERAL

PRESENTACIÓN

Este volumen pretende ofrecer una visión histórico-lingüística de la evolución del español desde sus raíces latinas. Ofrece fundamentos teóricos y prácticos para entender los cambios fonéticos, morfosintácticos y léxicos que se han llevado a cabo a partir del siglo XI hasta nuestros días. El fin principal de este libro reside en esbozar de la forma más clara y sistemática el nacimiento, la formación y el desarrollo de los principales rasgos de nuestra lengua española.

Se han escrito numerosos estudios sobre la historia general del español según distintas fases del desarrollo lingüístico o según su expansión por las Américas o incluso según su generalización por otros dominios europeos, africanos y asiáticos. Desde esta perspectiva plural resulta complejo abarcar el estudio pormenorizado de la historia de la lengua: surgen nuevos documentos por transcribir, textos descubiertos recientemente, investigaciones más innovadoras, originales tendencias metodológicas, alguna que otra etimología que necesita corregirse, etc. Debido a la amplitud temática y a la dificultad de englobar sucintamente toda la historia detallada, estas páginas se enfocan en los aspectos claves de su desarrollo: la configuración de la península antes de la llegada de los romanos, la importancia del latín vulgar, el componente árabe, los orígenes del romance primitivo y su transformación en el castellano medieval, con las tendencias lingüísticas más transformadoras, su expansión geográfica y su posterior florecimiento como lengua nacional o español.

Este análisis esencialmente lingüístico se enmarca en el contexto histórico-social en el que la lengua se ha ido formando. No se pueden entender las transformaciones de una lengua sin reconocer los acontecimientos sociopolíticos que las acompañan. Después de todo, la historia de una lengua corre paralela a la historia de sus hablantes: de cómo perciben el mundo, de su vida cotidiana, de lo que adaptan, rechazan o cambian.

No se decepcionarán aquellos lectores que busquen en este estudio respuestas a preguntas como: ¿de dónde viene el español? ¿Cómo se pasó del latín al castellano? ¿Cuándo el castellano dejó de ser un dialecto del latín? ¿Cómo contribuyó el vasco a la formación del castellano? ¿Qué relaciones lingüísticas guarda el castellano con sus hermanas romances (como el italiano o el francés) y sus hermanas vecinas (el catalán y gallego)? ¿Cómo se pronunciaba el castellano medieval? ¿Cómo se crearon las nuevas consonantes como la "zeta española" [θ], o la "ñ" [ɲ], o la "jota" [x], inexistentes en latín? ¿Por qué tenemos dos formas verbales en el imperfecto de subjuntivo? ¿Por qué Latinoamérica sesea? ¿Por qué todavía se utiliza "vos" en el español americano? ¿Hay diferencias entre "castellano" y "español"?

A la hora de explicar los cambios fonéticos y morfosintácticos, la claridad expositiva y la comprensión han sido las metas a seguir para que cualquier lector con ciertos conocimientos de lingüística básica pueda adentrarse en esta ciencia, entenderla y disfrutarla.

El estudio diacrónico de una lengua no sólo ayuda a entender en gran medida su funcionamiento actual y el por qué ha llegado a ser como es, sino que además facilita un mejor dominio de la lengua en cuestión. Por otro lado, la diacronía permite comparar los vínculos que una lengua mantiene con otras, en nuestro caso la relación que guardan las lenguas romances entre sí y éstas con sus hermanas indoeuropeas.

No se pueden desarrollar investigaciones en este campo sin mencionar la gran aportación de Menéndez Pidal con sus obras *Manual de gramática española* y *Orígenes del español*, así como la de Rafael Lapesa con su *Historia de la lengua española.* Gracias a la labor de estos lingüistas se fundaron los cimientos de esta disciplina, dejando su huella en trabajos diacrónicos posteriores.

En el idioma está el árbol genealógico de una nación.

—Samuel Johnson (1709–84)

AGRADECIMIENTOS

Mis más sincero agradecimiento a la Universidad de Stanford (California) y a la Universidad de Puerto Rico (Río Piedras) que me acogieron como investigadora durante mi sabático y me permitieron llevar a cabo este proyecto.

También quisiera reconocer el apoyo académico de la Universidad Estatal de Portland (Oregon) que me concedió una beca de investigación para finalizarlo.

En especial agradezco la aportación de Manuel J. Gutiérrez de la Universidad de Houston, John Lipski de la Universidad de Pennsylvania, Vincent Barletta de la Universidad de Stanford, Antonio Medina-Rivera de la Universidad de Cleveland, Jeffrey S. Turley de la Universidad de Brigham Young y Marta E. Luján de la Universidad de Texas, que con sus lecturas, comentarios y revisiones han hecho posible el resultado final de este volumen.

Contexto histórico

Desde los primeros tiempos históricos diversas oleadas migratorias de pueblos procedentes del centro y sur europeo han llegado de forma continua a nuestra península. Su envidiada posición geográfica—al extremo más oriental del Mediterráneo y con dos mares—además de su riqueza agrícola y minera, sin olvidarnos del grato clima, hacían de este territorio un destino idóneo para asentamientos poblacionales e intercambios comerciales. De aquí que su historia se haya visto marcada por inmigraciones, por invasiones y por la influencia de colonizadores, de navegantes mercantiles y de belicosos peninsulares que se resistían en mayor o menor medida a adaptarse a la influencia foránea.

Hoy en día se sabe que hubo poblamiento en la península desde el paleolítico inferior (100.000 años a. de C.) por los restos de *Homo presapiens* encontrados en la cueva de Atapuerca en Burgos. Del mismo modo se hallaron útiles rudimentarios del hombre *preneandertal*, del paleolítico medio (aproximadamente 40.000 a. de C.), en cuevas de amplias zonas peninsulares como en Xátiva y Granada. Durante el paleolítico superior (entre 40.000 y 10.000 años a. de C.) el *Homo sapiens* de tipo cromañón, más avanzado en cuanto a la caza, la alimentación y las primeras muestras artísticas, habitó territorios del norte como lo prueban las pinturas rupestres de la cueva de Altamira en Cantabria. Con el inicio de la agricultura llegó un nuevo periodo, la "revolución neolítica" (alrededor de 5.000 años a. de C.), que facilitó la sobrevivencia de la población. Esta revolución posibilitó el asentamiento de los primeros poblados y la agrupación social (con una incipiente estratificación). En áreas meridionales como Antequera o el Algarve se han encontrado yacimientos con armas y restos de fortificaciones que ponen de manifiesto que estas poblaciones ya eran belicosas entre sí alrededor del tercer milenio a. de C. Las primeras oleadas migratorias del centro-sur europeo empezaron a llegar en torno al primer milenio. Por lo que se ha descubierto en las investigaciones arqueológicas y la onomástica, gran parte de la península quedó en contacto con estas culturas indoeuropeas salvo la región costera-sur mediterránea.

Si nos remontamos 7.000 años atrás y después de muchas comparaciones lingüísticas entre lenguas euroasiáticas, se puede deducir que existió un antepasado común a todos estos pueblos que se comunicaban con un idioma que nunca se escribió: el *indoeuropeo*, la "lengua madre" o *protoindoeuropeo*. Se han ofrecido varias teorías respecto al origen del indoeuropeo, fundadas en ciertos hallazgos arqueológicos, que lo sitúan por un lado entre el Mar Negro y las llanuras del Volga y el Ural; por otro desde el sur del Mar Negro hasta el Cáucaso y el Éufrates, lo que hoy día comprende el este de Anatolia o Asia Menor. La teoría anatolia es en la actualidad la más aceptada entre los lingüistas. Los anatolios constituían un pueblo sedentario, dedicado a la agricultura, que además intercambiaban los excedentes de su producción, estableciendo relaciones amistosas con otros pueblos e igualmente difundiendo sus costumbres, entre ellas su lengua y su organización social. Se cree que el nacimiento de la agricultura (unos 5.000 años a. de Cristo) está fuertemente vinculado con el comienzo de las lenguas indoeuropeas. Los anatolios se desplazaron hacia el este, a Persia y a la India, y por el oeste a las zonas mediterráneas, expandiéndose geográficamente, migrando durante milenios. Se ha llegado a identificar el anatolio con el protoindoeuropeo, considerando que este último siguió cambiando y evolucionando como sucede con todas las lenguas del mundo y, a su vez, fragmentándose en otros grupos lingüísticos. El indoeuropeo extendió su influencia lingüística por todo el continente de manera que pocas lenguas se encuentran en Europa que no provengan de esta rama (como el vasco, húngaro, turco y finlandés).

La lengua indoeuropea original se desconoce y hasta 1786 se ignoraba el concepto de correlación entre lenguas como el sánscrito y el griego. Fue el británico William Jones el que dedujo que las lenguas europeas guardaban cierta similitud con el sánscrito (lengua litúrgica del hinduismo, budismo y jainismo) a raíz de la ocupación de la India por los ingleses. Aunque la idea de que algunas familias de lenguas procedían de una fuente común se había generalizado entre estudiosos anteriores a Jones, fue éste el que promulgó y defendió esta teoría públicamente y, gracias a él, se abrieron nuevos campos de investigación que poco tenían que ver con la leyenda bíblica de la torre de Babel. En los siguientes decenios el análisis del lenguaje se centrará mayormente en los estudios comparativos de lenguas europeas para llegar a la que sería la primera lengua o protoindoeuropeo. Poco después de la aportación filológica de Jones, se descubrió que el sánscrito no era la lengua madre sino que guardaba un parentesco de hermandad con otros grupos de lenguas y que todas ellas descendían de un tronco común, el indoeuropeo.

RECUADRO 1.1 ESQUEMA COMPARATIVO DE LA FAMILIA INDOEUROPEA

			Ejemplos	
	Grupos y lenguas		**padre**	**fuego**
(Proto)Indoeuropeo	**Albanés**	albanés	atë	zjarr (alb.)
	Helénico	griego	pathvr	pyr (gr.)
	Armenio	armenio	ñûñ	Đő (arm.)
	Indoiranio	sánscrito, hindi, bengalí, persa, kurdo . . .	PitR	apAmpitta (sáns.)
	Céltico	irlandés, escocés, galés, galo . . .	athair	tine (irlandés)
	Itálico	latín: rumano, español, francés . . .	PATER	FŎCUM (lat.)
	Tocario	hitita (lengua extinta)	pácar	por
	Báltico	lituano, letón y prusiano (extinto)	tėvas	ugnis (lituano)
	Eslávico	ruso, ucraniano, polaco, eslovaco, checo, serbocroata, búlgaro, esloveno	ОТеЦ	ОГОНЬ (ruso)
			otac	vatra (serbocroa.)
	Germánico	alemán, inglés, danés, sueco . . .	father (ing.)	feuer (al.)

Desde una perspectiva histórica genética de las lenguas, se inició un comparativismo lingüístico minucioso mediante el cual se pudiera reconstruir los antepasados de todas las lenguas conocidas (en el marco euroasiático). De este modo nuestra lengua madre, el latín, no constituía sino otro de los grupos, el itálico, que junto con el céltico o el helénico y otros más, formaban un parentesco de hermandad. Véase el recuadro 1.1.

Genealógicamente, a este tronco común indoeuropeo se le han atribuido cuatro ramas de lenguas a veces con un parentesco cercano, otras muy lejano, algunas de ellas extintas hace milenios (como las de origen anatolio). Las cuatro familias de lengua madre están compuestas por, primero, el grupo anatolio, al cual pertenece el hitita como la más conocida; segundo, el grupo greco-armenio e indoiranio, de este último, del índico, proviene el romaní, idioma de los gitanos que vaga por el mundo; tercero, el celto-ítalo-tocario que pronto se dividió en dos, con la rama celto-ítala expandiéndose por Europa en sucesivas

RECUADRO 1.2

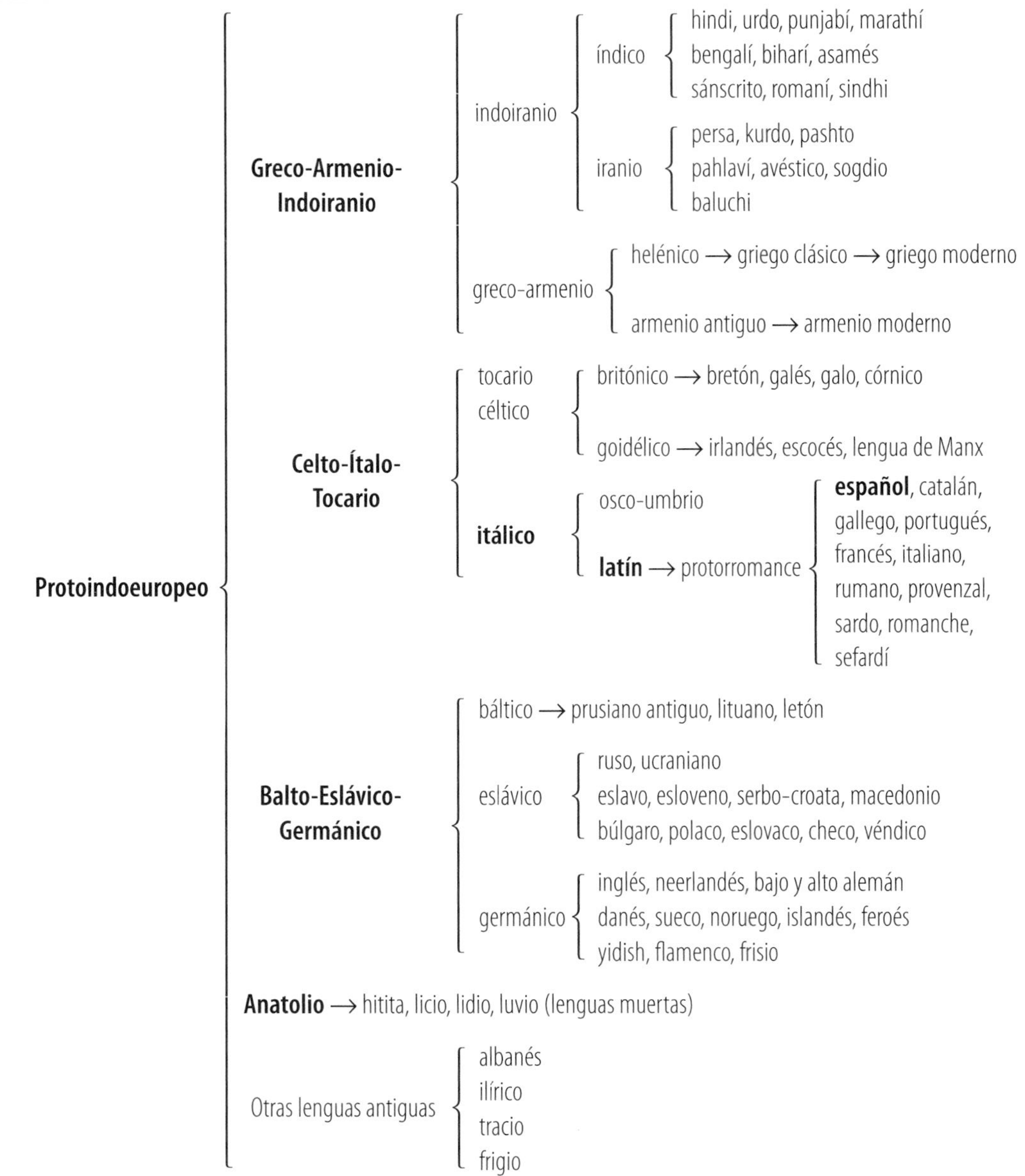
Protoindoeuropeo
Greco-Armenio-Indoiranio
indoiranio
índico
hindi, urdo, punjabí, marathí
bengalí, biharí, asamés
sánscrito, romaní, sindhi
iranio
persa, kurdo, pashto
pahlaví, avéstico, sogdio
baluchi
greco-armenio
helénico → griego clásico → griego moderno
armenio antiguo → armenio moderno
Celto-Ítalo-Tocario
tocario
céltico
britónico → bretón, galés, galo, córnico
goidélico → irlandés, escocés, lengua de Manx
itálico
osco-umbrio
latín → protorromance
español, catalán, gallego, portugués, francés, italiano, rumano, provenzal, sardo, romanche, sefardí
Balto-Eslávico-Germánico
báltico → prusiano antiguo, lituano, letón
eslávico
ruso, ucraniano
eslavo, esloveno, serbo-croata, macedonio
búlgaro, polaco, eslovaco, checo, véndico
germánico
inglés, neerlandés, bajo y alto alemán
danés, sueco, noruego, islandés, feroés
yidish, flamenco, frisio
Anatolio → hitita, licio, lidio, luvio (lenguas muertas)
Otras lenguas antiguas
albanés
ilírico
tracio
frigio

RECUADRO 1.3

		3	8	10
Indoeuropeo		trei	oktō	dekm
Sánscrito		tráyas	astaú	dáśa
Helénico		treĩs	oktō	déka
Céltico	irlandés	tri	ocht n-	deich n-
	galés	tri	wyth	dec
Itálico	**latín clásico**	**TRĒS**	**OCTŌ**	**DECEM**
	español	**tres**	**ocho**	**diez**
	francés	trois	huit	dix
Báltico	lituano	trỹs	aštuonì	dẽšimt
Eslávico	polaco	trzy	osiem	dziesięć
Germánico	alemán	drei	acht	zehn
	inglés	three	eight	ten

Lenguas no indoeuropeas	vasco	hiru	zortzi	hamar
	nahua	yei	chicuei	matlactli
	turco	üç	sekiz	on
	tailandés	saan	tdadt	sip

oleadas desde finales del tercer milenio a. de C; y el cuarto, el balto-eslavo-germánico. Por otro lado, quedan fuera de esta clasificación otras lenguas indoeuropeas como el albanés, el ilírico, el tracio y el frigio, que formaron su propio grupo y de las que se desconoce su filiación. Véase el esquema genealógico en el recuadro 1.2.

En cuanto a la supervivencia de materiales indoeuropeos, sólo nos queda rastrearlos por medio de sus lenguas-hijas y, sobre todo, por medio del sánscrito que por ser lengua sagrada se escribió y quedó así como testimonio de su antepasado indoeuropeo. Resulta curioso e impresionante que en los números del 2 al 10 se pueda ver el parentesco entre todas ellas. Véase en el recuadro 1.3.[1]

De la misma manera que la madre del español fue el latín, éste a su vez tuvo otra madre y así sucesivamente retrocediento hacía atrás miles de años hasta llegar a la lengua primaria indoeuropea. A ésta se le atribuyen unos 7.000 años de historia, y fue durante el primer milenio a. de C. que los descendientes de estos hablantes de indoeuropeo llegaron a la Península Ibérica, la mayoría procedentes de lo que hoy es el sur de Alemania. Las huellas que dejaron—ruinas, tumbas funerarias, cerámicas, estatuillas, joyas, armas y utensilios de labranza—reflejan su parentesco con todo el occidente europeo.

En el marco histórico-lingüístico general de la Europa antigua, Hispania ha desempeñado un papel relevante tanto por su posición circunmediterránea como porque ha conservado la única lengua preindoeuropea de la Europa occidental—el euskera o lengua vasca—y, por otro lado, porque desarrolló cuatro de las actuales lenguas romances (cinco si contamos el sefardí). A medida que se retrocede en el tiempo la reconstrucción de lenguas, ya sean indoeuropeas o no, se hace más difícil. Mientras que el parentesco del grupo itálico-romano queda bien definido sin ambigüedades diacrónico-lingüísticas, las lenguas prerromanas peninsulares presentan un panorama con un oscuro pasado lingüístico.

1.1. LA HISPANIA PRERROMANA

Resulta difícil establecer con cierta precisión qué lenguas se hablaban en la península antes de la llegada de los romanos. La mayoría de los estudios científicos se basan en conjeturas a partir de los restos arqueológicos encontrados, de las interpretaciones de la toponimia, de inscripciones y de los pocos testimonios que han dejado los escritores griegos, romanos y hebreos acerca de la España primitiva. A excepción de dos o tres, esos pueblos prerromanos no conocían la escritura y no dejaron huellas arqueológicas significativas.

Se pueden diferenciar dos grupos de lenguas según su antigüedad en la Península Ibérica: las autóctonas y las de las colonias. Éstas últimas se daban en los asentamientos de los extranjeros en las costas, los cuales venían desde el Mediterráneo oriental para comerciar y establecer puertos mercantiles o militares, como es el caso de los fenicios, los griegos y los cartaginenses. A partir del primer milenio de nuestra era, estos pueblos se instalaron en puntos marítimos de enlace para controlar el comercio principalmente de metales (sobre todo de plomo, plata y estaño). No fueron verdaderos pobladores o colonos y, por lo mismo, no dejaron una trayectoria lingüística importante.

Los textos bíblicos ya hablaban de los **fenicios** como grandes navegantes que surcaban las aguas mediterráneas del suroeste desde el siglo XI a. de C. Este tráfico mercantil provocó rivalidades con los griegos que acabaron monopolizando estas vías y derrotando a los fenicios. En el 1100 a. de C. los fenicios fundaron Cádiz (< *Gáddir* "cercado") y poco después en el siglo VIII a. de C. Málaga (< *Malaca* "factoria"). Se supone que la influencia fenicia en el sur costero peninsular debió de ser muy grande ya que consta que en esa zona se hablaba una lengua fenicia en el siglo I a. de C. La misma palabra *Hispania*, con que los romanos llamaban a nuestro territorio, es de origen fenicio (< **isephan-im* "isla de los conejos") frente a la denominación griega de *Iberia*.

Los **griegos**, como los fenicios, eran navegantes y mercaderes que se instalaron en los enclaves portuarios peninsulares de levante para intercambiar mercancías. Influyeron mucho en las artes y artesanías de la península (escultura, arquitectura, cerámica, acuñación de moneda) y se sospecha que ellos introdujeron el cultivo de la vid y del olivo. Aunque se heredaron muchas palabras del griego, éstas no nos llegaron directamente sino a través del latín; sólo se han conservado algunos topónimos como Ampurias (< *Emporiae* "puerto de comercio") y Rosas (< Rhodos, Rhode).

Después de la caída de Tiro, ciudad fenicia fundada por los asirios, los **cartaginenses** se hicieron con el protagonismo del monopolio comercial del Mediterráneo de occidente alrededor del siglo V a. de C., mientras que los griegos emprendían su expansión por el Mediterráneo oriental. Cartago pasó a ser un centro comercial y militar de vital importancia; de hecho, sus ejércitos llegaron a ocupar la mayor parte de la península (hasta el Ebro y el Duero). Roma, que empezaba su Imperio y perseguía todo el dominio económico y militar del Mediterráneo, no pudo aceptar tal ocupación y se enfrentó a los cartaginenses en una sucesión de guerras (264–146 a. de C.), las llamadas *Guerras Púnicas*,[2] registradas minuciosamente por los historiadores de la época, que acabaron con su expulsión final. En la toponimia se muestra la influencia cartaginense en ciudades como Cartagena ("la nueva Cartago"), Mahón e Ibiza (de *Ebusus* "isla de pinos").

A pesar de que estos pueblos de mercaderes no influyeron en las lenguas prerromanas, no se podría entender la idiosincrasia cultural de los pueblos primitivos peninsulares sin los cambios y el aporte cultural que desencadenaron con su presencia los fenicios, griegos y cartaginenses.

De más importancia lingüística son las lenguas autóctonas de la península, entre las cuales se distinguen las que sí proceden del indoeuropeo (como el celta) de las que no (como el íbero, el celtíbero y el vasco). En el sur de la península se habló el tartesio o turdetano del cual nada se sabe. La superposición del latín en zonas de lenguas indoeuropeas supuso un mayor nivel de asimilación en comparación a aquellas otras lenguas ajenas a esta rama.[3]

1.1.1. Los celtas

Los celtas, de lengua indoeuropea, fue un pueblo muy conocido de la Antigüedad. Se extendieron por la mayor parte de la zona central y por el noroeste de la península como lo demuestran los nombres de lugares como Braga (< *Brácara*), Évora (< *Aébura*), Ledesma (< *Ledaisama*), Coimbra (< *Conímbriga*), Segovia (< *Segóbriga*), Sigüenza (< *Segontia*), y Coruña (< *Clunia*). Se cree que llegaron a España en varias oleadas alrededor del siglo VIII a. de C. También llegaron a las islas británicas y a Francia. Afortunadamente, el celta primitivo se conoce por la abundancia de testimonios antiguos y por la reconstrucción que se ha podido llevar a cabo a partir de sus lenguas-hijas como el irlandés, el gaélico y el bretón.

Los celtas no tenían un alfabeto propio y las inscripciones que se han conservado aparecen con carácteres latinos. Las ruinas de *castros* que se han encontrado en España (sobre todo en Galicia) y Portugal reflejan un pueblo bastante urbano y un poco a la defensiva.

El largo periodo de bilingüismo que se dio en la zona de la Lusitania y en la Meseta central permitió que el celta (y el celtíbero) aportara bastante léxico al latín hispano. De las primeras palabras que el latín incorporó del celta tenemos: *alauda* "alondra", *brío* < *brigus* "fuerza", *capanna* "choza", *camisa* "prenda interior", *carro* < *carrus* "vehículo", *cerveza* < *cerevisia* "agua de cebada", *porcus* "cerdo", *taurus* "toro" y *vasallo* < *vassallus* "esclavo". Otras voces que se adaptaron después fueron: *abedul* < *betulla, braga* < *braca* "calzón", *bresca* < *brisca* "panal", *brezo* < *vroiceos* "arbusto espinoso", *brizna* < *brincea* "fibra", *cabaña, carpintero, legua, salmón, serna* < *senara* "porción de tierra". Algunos de estos vocablos también pasaron a otros idiomas romances.

También parece ser que el celta contribuyó a que se dieran los casos de lenición de las consonantes sordas intervocálicas (ejemplo de esto es la confusión entre *item* e *idem* documentada en textos); la inflexión vocálica (*faci* < *feci* "hice"); y la confusión de las desinencias casuales. Estos fenómenos le llevaron al lingüista Von Wartburg a dividir la Romania en dos áreas según se diera o no la influencia del celta. Por un lado estaba la Romania occidental—Hispania, Galia, Retia y norte de Italia—y por otro la Romania oriental—Dacia (la actual Rumanía), Dalmacia (lo que hoy día es Bosnia, Montenegro y parte de Croacia), y el centro y sur de Italia.[4]

1.1.2. Los íberos

Heródoto de Halicarnaso, historiador y geógrafo griego del siglo V a. de C., ya había mencionado *Iberia*, la región del río *Iber* (palabra íbera para "río"), el Ebro actual, donde habitaba el pueblo más civilizado de la península: los íberos. Se presume que procedían del norte de África y que se extendieron a lo largo de todo el este y sureste, desde la Andalucía oriental hasta el sur de Francia, rebasando la cuenca del Ebro. Su lengua no indoeuropea dejó testimonios escritos y es la más documentada y estudiada de los pueblos prerromanos. Las inscripciones que se conservan (sobre plomo, piedra o cerámica) se han descifrado pero se desconoce su significado. Los íberos se dejaron influir por los griegos como lo prueban algunas reliquias arqueológicas (objetos de metal, monedas, figuras y estatuillas como la Dama de Elche) y la escritura que en algunas zonas levantinas presenta claros rasgos jónicos.

En cuanto a la influencia lingüística se puede añadir que se consideran de origen íbero los sufijos *-rro/a* (como en *cigarra, baturro, cachorro, cotorra, guijarro, chamorro, modorra, pachorra*); en palabras esdrújulas el sufijo *-ago/a* (en *ciénaga, muérdago, lóbrego, tráfago, tártago, vástago*); también *-ano/a* (en *cuévano, médano, sótano*); y *-asco/a* e *-iego/a* (en *peñasco, nevasca, borrasca* y *andariego, mujeriego, nocheriego*, etc.). Por último la *-z* de numerosos apellidos como *Sánchez, López, Pérez*, se considera de origen ibérico.[5]

En la actualidad la connotación de "lo ibérico" abarca mucho; "lo iberorromance" designa a todas las lenguas que el latín dejó en la península: portugués, gallego, castellano y catalán, con todas sus variedades; y cuando se habla de "Península Ibérica" englobamos a todas las hablas iberorromances y, además, al vasco. Con "Iberoamérica" se alude a todos los territorios americanos que hablan español y portugués (excluyendo el francés).

1.1.3. Los celtíberos

Los pueblos celtas del centro peninsular convivieron y se mezclaron con los íberos de la zona oeste hasta integrarse en una cultura: la celtíbera. Sin embargo sus lenguas venían de ramas muy distintas; la lengua celta era indoeuropea mientras que la íbera no. Vivían en pequeños poblados agrícolas y, por lo que se deduce de los restos arqueológicos, eran comunidades bastante igualitarias con viviendas y tumbas similares y sin monumentos de tipo religioso. A partir del siglo III a. de C. empezaron a amurallar sus poblados para defenderse de los cartaginenses.

A veces resulta difícil precisar lo que fue propiamente celta e íbero o celtíbero. Las palabras celtíberas nos han llegado porque los romanos las escucharon y las incorporaron al caudal léxico latino; algunas sólo se dan en castellano, otras en castellano y portugués, y otras son propias del catalán.

A continuación se incluyen algunas voces celtíberas de las cuales se han excluido las conocidas de origen celta.[6]

Abarca	*ardilla*	*arroyo*	*ascua*	*balsa*	*barda*	*barranco*
barro	*becerro*	*beleño*	*breña*	*bruja*	*carrasca*	*cencerro*
chamorro	*chaparro*	*conejo*	*coscojo*	*cueto*	*galápago*	*garrapata*
gazapo	*gordo*	*gorra*	*greña*	*izquierdo* (¿vasco?)	*lanza*	*losa*

manteca	*moño*	*morcilla*	*muñeca*	*nava*	*páramo*	*perro*
pizarra (¿vasco?)	*ráfaga*	*sabandija*	*sapo*	*sarna*	*tarugo*	*toca*
tranca	*urraca*	*vega*	*zamarra*	*zurra*		

1.1.4. Los vascos

A ambos lados de los Pirineos y en la Cordillera Cantábrica vivían los astures, los cántabros y los vascones, pueblos recolectores, agrupados en pequeñas familias con una organización casi matriarcal y sin prácticas agrícolas. Desconocían la escritura y se mantuvieron al margen de las corrientes culturales de la península ya que el territorio abrupto en que vivían los distanció geográficamente. Su lengua, antecedente remoto del vasco actual, parece que se relaciona con la familia caucásica como el íbero, aunque puede ser que adoptaran palabras de los íberos colindantes sin que el vascuence mantuviera una afiliación lingüística con el caucásico. Lo más llamativo de estos pueblos cántabropirenaicos y de su lengua es que conservaron rasgos preindoeuropeos.

El vasco fue la única de las lenguas prelatinas de la península que sobrevivió. No se sabe si los vascos llegaron de África o desde el Cáucaso, mucho se ha escrito sobre su origen pero ninguna teoría lo ha explicado con precisión. Lo que se conjetura con cierta seriedad es que los íberos, más civilizados, influyeron en los antiguos vascones y probablemente éstos tomaron palabras prestadas de aquellos, de la misma manera que el vasco posteriormente ha adoptado algunos latinismos e hispanismos. Así por ejemplo tomaron las palabras íberas *iber* "río", transformándola en *ibai*, e *illi* "ciudad" en *iri, uri, uli*. Como consecuencia el vasco vendría a ser un testigo del ibérico, sin embargo, como se desconoce el ibérico, no se puede determinar hasta qué punto lo sería.

Algunas de las voces que se consideran vascas son *boina, urraca, izquierda* y *pizarra*, aunque estas dos últimas también se han clasificado como celtíberas. Un buen número de ellas se latinizaron, como *arroil* "canal" > arroyo, *baika* "ribera" > vega, *soba* "cueva" > sobaco, *pizar* "fragmento" > pizarra, *zatar* "trozo" > chatarra. También dejaron huella en algunos topónimos donde aparecen *gorri* "rojo", *berri* "nuevo", *etxe* "casa" y *erri* "lugar", en nombres como Etxeberri, Chávarri, Echeberri, Javierre, Esterri "lugar cerrado", Segarra "manzana", Calahorra (< CALAGURRIS); y en antropónimos como Iñigo, Javier, Jimeno, García y otros tantos.

La toponimia que se puede explicar a través del vasco, bien sea con palabras o con sufijos, es bastante extensa y se extiende más allá del territorio vascuence, por todo el Pirineo hasta el Mediterráneo, por comarcas francesas vecinas e incluso por el centro y sur de la península, en nombres como Arán "valle"; Lérida de *ilerda*, derivada de *ili iri* "ciudad"; Aranjuez y Aranzueque de *aranz* "espino", emparentadas con Aránzazu (provincia de Guipúzcoa); y Guadalajara, palabra árabe de *Arriaca*, su antiguo nombre vasco. Esto no significa que el vasco se hablara en estos lugares pero sí resulta indicativo de que pudo haber un estrato previo común tanto al vasco como a las lenguas habladas en esta zona (como el íbero). Hacia el oeste la toponimia vasca es menor.

La escasa permeabilidad de los vascos a los romanos, los visigodos y los árabes prueba su carácter resistente a las culturas exteriores, y eso ha desencadenado mucha atención por parte de los estudiosos que siguen viendo esas cualidades prerromanas en tiempos recientes.

1.1.5. Los turdetanos o tartesios

Al sur, en el valle del Guadalquivir, se encontraban los turdetanos o tartesios, no reconocidos como de origen ibérico. El gentilicio *turdetano* era el nombre original que los griegos les daban, mientras que *tartesio* viene de la palabra hebrea *Tharshish*, para el semilegendario país de Tarsis desde donde, según testimonios bíblicos, venían las naves cargadas de plata, hierro, estaño y plomo.[7] La riqueza de esta zona, por la abundancia de minerales, atrajo a otros pueblos del Mediterráneo, estableciendo intercambios culturales importantes sobre todo con los fenicios, griegos y cartaginenses. Los textos bíblicos confirman que los fenicios, desde el siglo XI a de C., mantenían un gran tráfico comercial entre la zona tartesia y las ciudades de Tiro y Sidón. Siglos más tarde los griegos se apoderaron de esta ruta comercial.

Aunque se desconoce bastante su cultura, se sabe que la fertilidad del terreno y la riqueza minera posibilitó el desarrollo de los núcleos urbanos, la estratificación de la sociedad y los continuos contactos con pueblos del Mediterráneo oriental. Conocían la escritura, la cual presentaba rasgos silábicos y alfabéticos; se cree que heredaron su sistema silábico de los tirsenos (de Tirso) y el alfabético de los mercaderes fenicios. El valor de sus grafías no se ha podido descifrar totalmente y aún se ignora el significado de estos carácteres.

La decadencia de su cultura vino provocada por la política expansionista de los cartaginenses que desde África se extendieron por todo el estrecho de Gibraltar y la zona sur peninsular (desde Cádiz hasta Málaga) y redujeron a los tartesios a esclavos.

Otros grupos autóctonos peninsulares fueron los *vacceos* y los *vettones*, ubicados desde el Duero hasta el Tajo; al sur de éstos estaban los *lusitanos* en lo que hoy en día es Extremadura y centro de Portugal; hacia el centro-sur de la Meseta se encontraban los *carpetanos* y *oretanos*; en el extremo noreste vivían los *galaicos* con una organización urbana desarrollada en *castros* y con una cultura muy atlántica similar a la de la zona británica. Estos pueblos no conocieron la escritura hasta después de la conquista romana.

Las lenguas prerromanas representan un marco de obligada referencia para entender las influencias posteriores de sustrato en la evolución del latín al castellano. No cabe duda de que cuando los romanos llegaron a la península se encontraron con un mosaico de lenguas autóctonas irreconocibles para ellos.

1.2. LA HISPANIA ROMANA

El proceso de romanización de la península fue lento y poco uniforme; duró casi dos siglos y se prolongó hasta el siglo V, hasta la llegada de los pueblos germánicos. A raíz de la segunda Guerra Púnica con los cartaginenses en el año 218 a. de C., los romanos empezaron su ascenso rápido desde el sur, desde la zona tartesia e íbera, hasta el interior. La progresión hacia el norte se hizo más dificultosa ante las poblaciones celtíberas y lusitanas, de manera que la conquista no se dio por completa hasta el año 19 a. de C. con la reducción de los cántabros, astures y galaicos en tiempos del emperador Augusto. En esa época el Imperio Romano comprendía buena parte de la Europa occidental, Grecia, el norte de África, Egipto y Macedonia.

En un primer momento, los intereses de Roma en la península se enfocaron en conseguir la exclusividad de la ruta marítima y comercial con los tartesios, dominada por los cartagineses; no obstante, poco después se inició un movimiento expansionista con la política de unificar y consolidar las fronteras peninsulares. Fue entonces cuando establecieron dos provincias hispanas: la *Citerior* y la *Ulterior*, que más tarde subdividieron en *Tarraconense* y la ulterior en *Baetica* y *Lusitania*. La zona sur ya desde el siglo II a. de C. acogió el nuevo orden social, político, administrativo, militar y jurídico, adaptándose a las nuevas costumbres latinas de forma pacífica, consecuentemente la romanización fue rápida. Sin embargo, la zona interior-norte necesitó una campaña militar más dura para someter a los pueblos indígenas rebeldes (celtíberos, cántabros, astures, galaicos, vascos) que se levantaban una y otra vez contra el invasor. Por esta razón numerosos campamentos militares se instalaron en la zona centro-norte y esto trajo consigo una configuración poblacional diferente con respecto al sur.

Desde el primer momento de la conquista romana hubo diferencias regionales dependiendo de la intensidad y duración de la romanización en los territorios hispánicos. De sur a norte, de la costa al interior, se inició un movimiento expansivo militar que iba de la mano de la imposición lingüística. Se supone que después de un primer periodo de convivencia bilingüe (de más o menos tiempo según las zonas y las clases sociales) y de diglosia (uso de la lengua indígena para el contexto familiar), la población nativa fue adoptando la lengua de los conquistadores, además de sus costumbres, su cultura, su arte, su religión, su modo de vida, romanizándose en definitiva. Por otra parte, las lenguas indígenas dejaron su impronta en la pronunciación de ese latín asimilado.

Siendo muchas las condiciones que posibilitaron la romanización lingüística de la península, las más destacadas se pueden agrupar en una serie de factores de tipo diastrático, diatópico, diacrónico e incluso de carácter religioso.

En el proceso de latinización, la estratificación social de los pueblos influyó en gran medida ya que los miembros de las oligarquías indígenas pronto se esforzaron por equipararse o adaptarse a los ciudadanos romanos y sentaron ejemplos en su comunidad, sobre todo en la Bética. Fue en esta zona donde primeramente se dio la romanización y donde se aceptó la cultura romana como superior a la autóctona. De esa provincia salieron emperadores romanos como Trajano, Adriano y Teodosio. También a esta región llegó un latín diferente, ya que acogió a romanos de mayor nivel social, cultural y económico: magistrados, administradores, funcionarios, senadores, sacerdotes, letrados. Sin tropas legionarias establecidas en sus tierras, la Bética, rica, próspera y culta, sometida pacíficamente, quedó bajo la administración del senado y, en el siglo I de nuestra era, se había incorporado totalmente al mundo romano. El latín que se hablaba aquí se caracterizaba por su matiz conservador y purista. Por el contrario en la zona centro-norte se instalaron los legionarios, de hecho en el topónimo de León conserva el recuerdo de esa legión: LEGIONEM > León. La mayor parte de la Tarraconense fue habitada sobre todo por soldados, colonos de origen humilde y comerciantes; se trataba de un latín más rústico o vulgar y por otro lado más receptivo a las innovaciones del centro del Imperio, con dialectalismos suritálicos. En la Bética se difundieron las variantes más cultas del latín con tendencia a aceptar aquellos neologismos menos atrevidos, mientras que en la Tarraconense se impusieron variantes populares y novedosas, similares a las que se extendieron por el centro del Imperio, como demuestran los ejemplos en el recuadro 1.4.

No cabe duda de que la diversidad de la población romana colonizadora fue el primer germen de diferenciación en el latín peninsular. El origen social, cultural y geográfico de los colonos romanos influyó en el resultado dialectal del latín en las distintas zonas de la Romania.

Desde un punto de vista diatópico, la latinización avanzó por la península en dos direcciones: desde la Bética ascendiendo hacia el noroeste hasta las zonas galaicas, astures y cántabras se propagó un latín de carácter conservador; por otro lado, desde la Tarraconense hacia el centro-norte se difundió un latín más popular. Se puede deducir que la romanización de Hispania partió de las zonas costeras ya romanizadas hacia el interior, de mar a tierra adentro. La romanización fue completa en las zonas del sur y del este; en

RECUADRO 1.4

	Variantes romances	
Latín clásico	**Variante conservadora** (esp., port.)	**Variante innovadora** (it., fr., cat.)
DULCIOR	MAGIS DULCIS > más, mais	PLUS DULCIS > più, plus
EDERE	COMEDERE > comer	MANDUCARE > mangiare, manger, menjar
LOQUI	FABULARI > hablar, falar	PARABOLARE > parlare, parler, parlar

cambio fue menor en el centro y mínima en el norte y noroeste, donde según los romanos los pueblos seguían manteniendo una organización social y costumbres bárbaras.

Más específicamente la irradiación lingüística y cultural partió de las ciudades, CIVITATES, hacia los pueblos, POPULI. Los núcleos urbanos—con una administración y jerarquía social muy avanzada, basadas en la propiedad privada y la esclavitud y sometidas al pago de fuertes tributos—fueron los verdaderos focos de latinización. Algunas de ellas surgieron de los antiguos poblados indígenas, otras fueron de nueva creación. A diferencia de las ciudades, los pueblos se mantenían aislados en asentamientos no romanizados que seguían manteniendo la organización social y las costumbres indígenas. Evidentemente, el latín llegó más tardía y lentamente a estos pueblos, alejados de las ciudades, en los que el bilingüismo fue posterior y la persistencia de la lengua indígena mayor. Por lo consiguiente, el predominio de pueblos o ciudades en una zona específica también determinó el mayor o menor grado de latinización.

La Península Ibérica fue una de las primeras conquistas de los romanos en la Europa occidental y, por su ubicación en el Mediterráneo, permaneció un tanto alejada de las innovaciones de la Romania central. Por esa misma razón el latín que se implantó fue más bien arcaico y anterior a la época clásica, de hecho mantuvo formas antiguas que desaparecieron en otras zonas románicas debido a su evolución posterior. Esta "lateralidad" geográfica marcó el carácter arcaizante del léxico que coincidía con el de las islas, el sur de Italia y el rumano, en oposición al francés y al italiano que heredaron el léxico del latín central más innovador. Esto explicaría los paralelismos de vocabulario entre el español y el rumano, lenguas habladas en áreas marginales del Impero. Compárense algunas muestras esclarecedoras al respecto en el recuadro 1.5.[8]

En cambio, este valor arcaizante no afectó a la evolución fonética y morfosintáctica de la lengua ya que los dialectos hispánicos se transformaron tanto o más que el italiano, aunque menos que el francés y no suelen asemejarse a los del rumano. Aunque Hispania aparece en el mapa como un territorio marginal, en realidad las relaciones (sobre todo de la zona Tarraconense) con Roma siempre fueron frecuentes e intensas, y la distancia repercutió más que nada en el mantenimiento de un léxico más clásico. Como consecuencia, se deduce que las rutas comerciales más transitadas sirvieron como elemento unificador, a diferencia de las zonas aisladas que siguieron su propio ritmo lingüístico, independientemente del latín de Roma, con conservación de arcaismos o adopción de neologismos desconocidos en el latín central.

Desde la perspectiva diacrónica la incorporación territorial de la península al Imperio Romano corre paralela a la romanización lingüística y cultural. A partir de 218 a. de C., el levante, el área de los íberos, y el sur, zona de los tartesios, se someten rápidamente al gobierno romano. A lo largo del siglo II a. de C. se lleva a cabo la conquista de las regiones más belicosas y pobres: la de los celtíberos y los lusitanos. En el siglo I a. de C. se suceden las guerras civiles romanas, como la de Mario y Sila o la de los partidarios de Julio César

RECUADRO 1.5

Latín clásico	Castellano	Portugués	Rumano	Catalán	Francés	Italiano
ARĒNAM	arena	areia	arină	sorra	sable	sabbia
TUNC	entonces	então	atunci	llavors	alors	allora
FERVERE	hervir	ferver	fierbe	bullir	bouillir	bollire
UMERUM	hombro	ombro	umăr	espatlla	épaule	spalla
MĒNSAM	mesa	mesa	masă	taula	table	tavola
PASSERUM	pájaro	pássaro	pasare	ocell	oiseau	uccello
ROGĀRE	rogar	rogar	ruga	pregar	prier	pregare
SANĀRE	sanar	sanar	—	guarir	guérir	guarire
ĔQUAM	yegua	égua	iapă	egua, euga	jument	cavalla

y Pompeyo, con repercusiones en la península (donde Pompeyo contaba con muchos seguidores); o la de Marco Antonio y Augusto en el año 31 a. de C. Mucha población del sur de Italia emigró a la península como consecuencia de estas guerras internas. Entre el 29 y 19 a. de C. se producen los últimos enfrentamientos contra cántabros, astures y galaicos que culminan con la pacificación total de Hispania. En esos tres siglos se invadió territorialmente toda la península, se impuso una lengua común, conquistaron los pueblos autóctonos (exceptuando el vasco) y el Imperio Romano siguió expandiéndose y dominando otras provincias en Europa, África y Asia. La lengua latina acompañó la ocupación territorial aunque no en todas partes resonó con la misma intensidad y duración.

La romanización fue más intensa en aquellas zonas a las que los romanos llegaron antes y donde permanecieron más tiempo. Esto es, en un primer momento fue la Bética, seguida de la Tarraconense y por último las zonas más del interior noroeste. En el siglo III d. de C. todos los peninsulares nativos fueron reconocidos como ciudadanos del Imperio.

La religión también sirvió de elemento unificador. En casi todas las partes la religión pagana fue sustituida lentamente por la cristiana, hasta que en el año 313, bajo el gobierno de Constantino, se hizo oficial el cristianismo como la religión del Imperio. En lugar de los templos paganos empezaron a edificarse las iglesias del nuevo Dios y de sus santos, y sobre las divisiones administrativas se organizaron obispados y otras delimitaciones eclesiásticas. También la religión influyó en la toponimia y abundan los lugares con los nombres de los santos más venerados: Santolalla (de *Sancta Eulalia*), Santander (de *Sancti Emeterii*), Saelices (de *Sancti Felicis*), Sahagún (de *San Facundi*), San Cugat (de *San Cucufati*), Santibáñez (de *San Ioannis*), etc. En su origen estos asentamientos empezaron como pequeñas ermitas que con el tiempo se convirtieron en núcleos urbanos, fundadas para estratégicamente seguir con la unificación del Imperio: la religión se convirtió así en otra legión. Del mismo modo que hubo emperadores salidos de Hispania, también se nombró un papa español, San Dámaso, en el siglo IV. Paralelamente a la extensión territorial, la imposición cristiana se llevó a cabo más tarde y con más dificultad en el norte peninsular donde las creencias y costumbres paganas se mantuvieron arraigadas como elemento identificador y subversivo; de hecho en los valles pirenaicos, la lengua autóctona se mantuvo hasta época muy tardía (incluso después de la llegada de los visigodos), y en el caso del vasco hasta nuestros días.

A menudo la cristianización suponía la latinización sobre todo en aquellas zonas donde la romanización no se había consumado. La penetración del cristianismo, su difusión y su ascenso a religión oficial posibilitaron la generalización de un léxico particular y otro modo de ver la vida. En los últimos siglos del Imperio, la iglesia se convirtió en una pieza importante del mecanismo estatal, adquiriendo poder, privilegios y riquezas propios de las clases dirigentes, con lo que perdió parte de su función revolucionaria y popular inicial. Eso provocó conflictos entre la jerarquía eclesiástica y la imperial, más intensos en Occidente que en Oriente, que desembocaron en la aparición de algunos cismas (como el *priscilianismo* en Hispania). A partir del siglo V, y a pesar de la caída del Imperio Romano, la iglesia siguió con su papel unificador, tanto a nivel socio-ideológico como a nivel lingüístico. Con su peculiar uso del latín mantuvo esta lengua a la par de las lenguas romances y a lo largo de la historia.

Considerando la influencia de todos estos factores de tipo religioso, diacrónico, diastrático y diatópico, el latín hispánico se mantuvo con cierto carácter arcaizante aunque sin diferir mucho de lo que estaba pasando en otras áreas del Imperio Romano. No obstante, a partir del siglo V, con la desintegración administrativa y centralizadora del Imperio, la invasión germana y la posterior conquista árabe, las diferencias iniciales del latín peninsular se acentuaron progresivamente hasta desembocar en los distintos dialectos del latín tardío.

1.3. LA INFLUENCIA VISIGODA Y ÁRABE

Además de la influencia de las lenguas indígenas sobre el latín peninsular hay que considerar las lenguas de otros pueblos que se asentaron en la península después del periodo de romanización y que acabaron imponiendo su lengua, modificándola más o menos según el latín que se hablaba en la zona en que se encontraban. Así ocurrió con la invasión de los germanos que remodelaron el latín de forma superficial en Hispania (a diferencia de los francos en la Galia) y con la conquista árabe que cambió profundamente el latín tardío de las más antiguas provincias romanas (incluyendo Sicilia). En otras partes del Imperio, el latín llegó a perderse totalmente, desplazado por las lenguas de los invasores; esto ocurrió en Dalmacia por el empuje de las lenguas eslavas y en el norte de África por el árabe.

La ocupación romana de la península se extendió desde el 218 a. de C. hasta el siglo V de nuestra era. Durante ese periodo de más de siete siglos el latín se consolidó como lengua franca, evolucionó y cambió en los distintos territorios peninsulares hasta que la llegada de otros nuevos invasores—los visigodos y dos siglos después los árabes—modificaron por completo ese arraigo latino. Las grandes transformaciones del Bajo Imperio con numerosos cambios políticos, económicos, ideológicos y demográficos facilitaron el debilitamiento de las fronteras militares y el empuje de los pueblos bárbaros. Se impuso una anarquía militar, se intensificó la burocratización de la administración y la jerarquización, lo que acabó desembocando en la división del Imperio en dos, el de Oriente y de Occidente, en el siglo III. El incremento del presupuesto militar así como la carestía de mantener unas fronteras más extensas y peligrosas aceleraron la inflación y terminó en una crisis económica. Paralelamente crecía la inestabilidad social y la inseguridad en las ciudades, por lo que la población urbana disminuye y se traslada al campo con el consiguiente deterioro del comercio y la artesanía. Esta población pasará a formar parte del mecanismo de los *fundi*, grandes propiedades a manos de un terrateniente y que siglos después se convertirán en los latifundios autárquicos y separatistas. Era el preludio de lo que después sería el sistema feudal de la época medieval. Así mismo cambian las formas de vida y de pensamiento. El cristianismo de los últimos tiempos del Imperio se había desviado de su cometido social de revelación y de salvación. Las altas jerarquías eclesiásticas pertenecían a la aristocracia senatorial. Religión y estado convergieron en una misma ideología.

Ya desde el siglo I los límites del Imperio en la zona norte de Europa habían sufrido intentos de penetración por parte de los germanos, sin embargo no fue hasta el siglo IV que estas oleadas invasoras empezaron a lograr su propósito de instalarse en territorios romanos. Gracias a la debilidad del Imperio, estos pueblos bárbaros (vándalos, suevos, alanos, burgundios, francos, godos, ostrogodos, visigodos) se extendieron por todos los territorios romanos desde el Mar Negro hasta África e Hispania. Su organización social dependía de la jerarquía guerrera: elegían a un guerrero como jefe, o *rey*, al cual debían fidelidad y ayuda mutua los individuos libres y obediencia los no libres.

Las legiones romanas no pudieron frenar la acometida de estos pueblos y se vieron obligadas primero a rendirles ventajosas concesiones y después a cederles los territorios. Las guerras y los repartos de tierra cortaron las comunicaciones con las otras partes del Imperio, lo que trajo consigo el aislamiento cultural. Desde la perspectiva lingüística, las invasiones bárbaras hicieron brotar un nuevo bilingüismo con la lengua latina que se hablaba en el Imperio; influyeron en el léxico y, en menor medida, en el sistema fónico y gramatical. Posibilitaron la escisión de la lengua latina, la cual se desarrolló libremente sin una tendencia centralizadora o normativa. El latín de las zonas periféricas como el de Hispania quedó desatendido y relegado a sus propias tendencias evolutivas.

Los primeros germanos que invadieron España fueron los vándalos, seguidos por los suevos y los alanos en el año 409. Tras un periodo de enfrentamientos y pactos entre los romanos y los germanos, los bárbaros se repartieron la península del siguiente modo: los vándalos se establecieron en la Bética, los suevos en la *Gallaecia* (la Galicia actual) y los alanos en la Lusitania y la Cartaginense. Los romanos seguían controlando la zona Tarraconense y partes del sur de la Bética.

Los vándalos, instalados en el sur, en Andalucía,[9] se desplazaron al norte de África, básicamente empujados por la expansión visigoda que también terminó con los alanos en las zonas de la Meseta central. En 429 sólo quedaban en la península los suevos que se reincorporarían al reino visigodo un siglo después.

1.3.1. Los visigodos

En el año 410 los visigodos, dirigidos por el rey Alarico, entraron en Roma y la saquearon: fue el principio del fin del Imperio Romano. En el 411 llegan a la península aunque no fue hasta el siglo VI que conquistaron la mayor parte de los territorios hispánicos.

Por una serie de acuerdos con los romanos, a lo largo del siglo V, los visigodos se establecieron en Tolosa, en la Galia, hoy al sur de Francia, desde donde controlaban parte del nordeste peninsular y desde donde dirigían la política de Occidente. Aún así se consideraban súbditos del emperador romano y acataban sus órdenes. A mediados del siglo VI, otros pueblos germanos, los francos, llevan su expansión territorial hacia el sur, a Tolosa, de donde expulsan a los visigodos que pasan directamente a Hispania, asentándose en la Meseta central. La monarquía visigoda instaló su capital primero en Barcelona y después en Toledo con la intención de conquistar el resto de la península, lo que se consigue hacia aproximadamente el 570 con la adhesión del reino suevo (del noroeste, con su centro en Braga, Portugal) y la toma de posesión de los últimos centros de la Bética bajo el control del Imperio Bizantino. Se rompía así todo lazo con Roma y su Imperio Oriental de Bizancio.

Entre los pueblos germanos fueron los visigodos los que mayor contacto mantuvieron con los romanos y, a pesar de que durante mucho tiempo no quisieron mezclarse con la población hispanorromana, la conversión al cristianismo del rey Recaredo en 589 aceleró su romanización. Desde finales del siglo III, los visigodos habían adoptado el cristianismo pero como gran parte de la población del Imperio Oriental, se trataba de un cristianismo "herético" según la iglesia romana (ante la negación de la divinidad de Jesucristo). Finalmente aceptaron el credo romano como una herramienta política para mantener el territorio unido y descartar las diferencias religiosas. Una iglesia unitaria y común consolidaría la convivencia de los dos grupos étnicos, godos e hispanorromanos, hasta entonces separados.

La nobleza visigoda, que se había asentado en las ciudades y mostraba un nivel cultural elevado, se asimiló con rapidez a la clase alta hispanorromana, adoptaron la lengua y acogieron la civilización latina. Aún así muchos de los visigodos llegados a España de la región de Tolosa (donde residieron casi cien años) ya estaban romanizados y hablaban latín, probablemente mejor que su lengua gótica. En la península su lengua desaparece pronto, por lo que el periodo de bilingüismo resultó breve y, consecuentemente, no influyó en la evolución del latín, en contraposición a lo que sí ocurrió en la Galia, donde la lengua franca condicionó bastante el galorromano (tanto que el territorio pasó a llamarse Francia).

El choque cultural y lingüístico pareció haberse superado a mediados del siglo VII, como lo demuestra la recopilación de leyes de usos germánicos y romanos en el llamado *Fuero Juzgo* (< FORUM IUDICUM, "fuero o libro de los jueces") escrito en latín (y no en lengua de godos). Dicho documento se ha convertido en una de las fuentes más importantes para el estudio de las instituciones medievales no sólo de España sino de Europa en general.

La Hispania visigótica fue casi una copia de la Hispania romana. Los godos mantuvieron los centros urbanos culturales, con la adición de su capital Toledo, y la misma distribución regional de la época romana, por lo que en muchos casos se perpetuaron las antiguas divisiones territoriales. Su legado se aprecia en el ámbito del derecho y en la liturgia pero no en el ámbito lingüístico. Su lengua, de la que no nos han llegado testimonios, poco aportó al latín. Los escritores hispanogodos usaban el latín con cuidado, por lo que resulta muy difícil saber como era el habla popular de los siglos VI al VIII. En algunas inscripciones y pizarras se han encontrado cambios fonéticos—como la confusión entre U y Ō, o entre I y Ē, la sonorización de sordas, la palatalización de los grupos /ki-/ y /ti-/, etc.—que demuestran los primeros cambios del latín popular en camino hacia el protorromance peninsular.

La contribución de la lengua gótica al latín fue escasa, no obstante dejó huellas en el léxico relacionado con términos jurídicos, guerreros y militares, también en algunos topónimos y antropónimos latinizados. La lista de palabras germanas relacionadas con los usos bélicos es bastante larga; parece ser que su tradición guerrera marcó la sensibilidad de los pueblos románicos que adoptaron esas expresiones bárbaras, aún cuando ya existían en latín. A continuación aparecen algunos términos asociados con la guerra y la milicia.

Albergue	*banda*	*bandera*	*bandido*	*bando*	*barón*	*botín*
brida	*burgo*	*dardo*	*espía*	*espuela*	*feudo*	*galardón*
gana	*ganar*	*guardar*	*guardia*	*guardián*	*guerra*	*guiar*
guisar	*orgullo*	*rapar*	*realengo*	*robar*	*ropa*	*talar*
tregua	*ufano*	*yelmo*				

Otras palabras se adoptaron porque representaban objetos o usos que no pertenecían a la cultura romana, como:

agasajo	*arpa*	*aspa*	*atavío*	*banco*	*blanco*	*brote*
cofia	*estaca*	*estofa*	*falda*	*fieltro*	*ganso*	*gris*
guadaña	*guante*	*jabón*	*parra*	*rueca*	*sala*	*sopa*
tapa	*tejón*	*toalla*	*toldo*			

Sobre todo en la zona noroeste peninsular (Asturias, Galicia y norte de Portugal), así como en Cataluña, Castilla y León, han sobrevivido topónimos visigóticos como:

Godinha	*Godins*	*Godojos*	*Godones*
Gudillos	*Gudins*	*Toro* (< Gothorum)	*Vilagude* (< villa Gothi)

Uno de los topónimos más conocidos viene del vándalo, no del godo: *Al-Andalus*, adaptación árabe de *Vandalus*. Otros topónimos nos han llegado latinizados, como: *Castellganiz* ("castillo de Galindo"), *Castrogeriz* ("campamento de Sigerico"), *Guitiriz* ("tierra de Witerico"), *Villafruela* ("finca de Froyla"), etc. De la misma manera, nombres propios como *Alvaro* (< Allwars), *Fernando* (< Frithnanth), *Rodrigo* (< Hrothsinths), *Ildefonso* (< Hildfuns) y *Elvira* (< Gailwers), son latinizaciones de nombres germánicos.[10]

Aunque la lengua gótica no repercutió en la gramática latina, en la morfología se encuentra un único caso de influencia: el sufijo *-ing* germánico en palabras como *realengo* y *abolengo*.

Hay que destacar que algunos germanismos entraron directamente al latín peninsular vía la lengua gótica; otros se adaptaron mucho antes (ya desde el siglo I), pasando del latín al castellano, francés, provenzal e italiano; y otros se transmitieron posteriormente por la influencia del francés medieval. En realidad la influencia del léxico germánico resultó mayor que la del exclusivamente gótico.

A partir de mediados del siglo VII, el estado visigodo empezó a desintegrarse, con una progresiva fragmentación feudal, con sublevaciones de nobles, con tensiones sociales y fugas de esclavos, y con la aparición de hambrunas y epidemias. Ante tal panorama, no fue muy difícil para los árabes someter prácticamente toda la península. Su influencia en la evolución del latín será mucho más importante y duradera que la de los visigodos y conformará definitivamente los incipientes romances peninsulares.

1.3.2. Los árabes

La llegada de los musulmanes a la península rompió la idiosincrasia de la Hispania gótico-románica. Durante siete siglos, los árabes, sirios y beréberes trajeron consigo una nueva organización y otra lengua que no seguían la tradición histórica anterior. Con la derrota del rey godo Rodrigo en la batalla de Guadalate en el 711, se posibilitó y aceleró la conquista árabe de los reinos cristianos, cuya ocupación fue sumamente rápida. En el

718 la mayor parte del territorio cristiano-visigodo estaba sometido al Islam (sólo algunos enclaves montañosos del norte cántabro-astur hasta el Pirineo quedaron sin dominar). Y no será hasta 1492 que los últimos grupos árabes dejen la península, forzados por el decreto de expulsión promulgado por los Reyes Católicos.

El árabe que se impuso como lengua oficial y de cultura traía una trayectoria lingüística muy distinta de la lengua gótica. La sociedad hispanogótica de habla románica se asimiló al árabe con mayor o menor intensidad según las situaciones y las zonas geográficas. La España islámica, o *Al-Andalus* como se la denominó, pasó a ser bilingüe por lo menos hasta el siglo XI y XII. El árabe coexistió con el habla románica peninsular que presentaba un latín vulgar evolucionado, fragmentado de distintas formas según las regiones y carente de cualquier homogeneidad.

A diferencia de los visigodos, los árabes consiguieron imponer sus modos de vida a la población peninsular, con lo que la arabización cultural se llevó a cabo con intensidad aunque despacio, no sólo por los conflictos que surgieron con los cristianos en tierras árabes (los *mozárabes*), sino también por los conflictos entre los mismos árabes y entre éstos y los beréberes. La heterogeneidad de la sociedad andalusí determinó su fragilidad y facilitó el avance territorial de los pueblos cristianos del norte.

La lengua que se extendió por el Al-Andalus fue el romance, al que se le denominó *mozárabe* (aunque no estaba restringido sólo a los cristianos). Este incipiente romance queda documentado en algunos poemas hispanoárabes de los siglos XI y XII, llamados *muwashajas*, que se remataban con un pequeño estribillo o *jarcha*, escrito en el lenguaje coloquial de la gente común. Para este estribillo a veces utilizaban el árabe vulgar, otras el mozárabe, y lo escribían con carácteres árabes o hebreos, lo que ha dificultado su traslación a nuestro alfabeto en gran medida. La jarcha relata la invocación de amor de una joven a su enamorado o *habibi*; suele estar en boca de mujer. Estas jarchas mozárabes resultan de enorme importancia por su aportación innovadora como primeros textos romances en el sur (en el norte, se descubrieron las glosas). He aquí algunos ejemplos:[11]

Garid vos, ay yermanellas, ¿cóm' contener a meu male? Sin el habib non vivreyo: ¿ad ob l'iréi demandare?	Decidme, hermanitas, ¿cómo soportaré mis penas? Sin el amado no podré vivir: ¿adónde iré a buscarlo?
¿Qué fareyo, oy qué serad de mibi? Habibi, non te tuelgas de mibi.	¿Qué haré o qué será de mí? Querido mío, no te apartes de mí.

En realidad, se desconoce como era la lengua románica del Al-Andalus; los pocos datos que nos han llegado se reducen a las jarchas y a otros testimonios indirectos de escritores de la época. Lo que sí queda claro es que los árabes reconocieron las distinciones que se daban entre el latín y la lengua de los peninsulares; ya eran dos tendencias lingüísticas diferentes. La clase culta del Al-Andalus empleaba el árabe y escribían en árabe mientras que los mozárabes, cuando no utilizaban el árabe, hablaban un romance vulgar y escribían en latín. No se han conservado textos escritos directamente en este romance y por eso resulta difícil conjeturar si presentaba unidad o fragmentación. Los autores árabes a veces indicaban que esta u otra palabra se usaba en la *aljamia* de una ciudad, utilizando el término *aljamia* para designar cualquier lengua no arábiga.

El periodo de bilingüismo queda delimitado hasta el siglo XI cuando comienzan las emigraciones masivas de mozárabes a los reinos cristianos de la zona norte, cántabra-astur, a raíz de las persecuciones religiosas iniciadas por los árabes en el siglo IX. La relativa tolerancia religiosa anterior llegaba a su fin. Las invasiones almorávides a finales del siglo XI y las almohades a mediados del siglo XII promueven la paulatina desaparición de los mozárabes, y con ellos del romance andalusí. Forzados a migrar al norte, los mozárabes acabaron integrándose en la cultura de los reinos cristianos que iniciaban la reconquista, perdiendo su identidad cultural y lingüística (caso aparte fue la ciudad de Toledo que mantuvo su tradición mozárabe hasta siglos después). Por otro lado, la desaparición de los mozárabes posibilitó el avance homogéneo de las lenguas del norte que sólo tenían que sobreponerse al árabe en las zonas conquistadas.

No cabe duda de que la influencia árabe fue enorme para conformar el espíritu hispánico: desde la arquitectura, pasando por los sistemas de riego de la agricultura, hasta la filosofía, todo se impregnó de esta cultura considerada superior y refinada. La lengua árabe, que actuó como superestrato (lengua dominante) y como adstrato (lengua vecina) de los otros romances peninsulares, dejó una profunda huella en la configuración lingüística de la península. Sin embargo, por la naturaleza tan dispar de las dos lenguas, las huellas se manifestaron sobre todo en el léxico, sin aportaciones importantes ni en la gramática ni en la fonética del español.

Los numerosos arabismos del español testimonian los siete siglos de convivencia intensa entre los pueblos árabes y los hispanorromanos. Se calcula que se adoptaron unos 4.000 arabismos, el 8 por ciento del vocabulario total,[12] por lo que el aporte del árabe es el segundo en importancia después del latín. Esa compenetración entre las dos culturas se manifiesta en la amplitud con que esas voces árabes se aplicaron a todos los hábitos de la vida diaria: la jardinería, la agricultura, la economía y el comercio, la arquitectura, la artesanía, las tareas domésticas y la comida, la música, la vestimenta, la milicia y el pensamiento científico. Veamos una muestra de algunas de estas voces léxicas.

En el ámbito de la jardinería y la agricultura:

aceite	*aceituna*	*acelga*	*acequia*	*adelfa*	*albahaca*	*albaricoque*
alberca	*alcachofa*	*alfalfa*	*algarroba*	*algodón*	*alhelí*	*aljibe*

alubia *amapola* *arrayán* *arroz* *azafrán* *azahar* *azúcar*
azucena *berenjena* *espinaca* *fanega* *jazmín* *limón* *naranja*
noria *sandía* *toronja* *zanahoria* *zanja*

En el ámbito de la economía y el comercio:

aduana *albalá* *alcabala* *alcancía* *almacén* *almoneda* *alquiler*
arancel *dársena* *maravedí* *tarifa*
Medidas y pesas: *arroba* *azumbre* *celemín* *quilate* *quintal*

En arquitectura, artesanía y vida doméstica:

adobe *ajuar* *alacena* *albañil* *alcantarilla* *alcoba* *aldaba*
alfarero *alféizar* *alfiler* *alfombra* *almohada* *añil* *azotea*
azul *azulejo* *carmesí* *escarlata* *jofaina* *tabique* *zaguán*

En la comida y la música:

albóndiga *alborozo* *albricias* *alfajor* *algarabía* *algazara* *almíbar*
gazpacho *jarabe* *laúd* *rabel* *tambor*

En la vestimenta, perfumes y afeites:

albayalde *albornoz* *alcohol* *alhaja* *ajorca* *almizcle* *alpargatas*
ámbar *arracada* *cenefa* *gabán* *jubón* *solimán* *talco*

En la milicia:

adarga *alarde* *alcalde* *alcazaba* *alcázar* *alférez* *alguacil*
aljaba *almena* *almirante* *atalaya* *rebato* *zaga*

En el ámbito del pensamiento científico:

ajedrez *alambique* *alcanfor* *alcohol* *álgebra* *algoritmo* *alquimia*
alquitrán *azufre* *cenit* *cero* *cifra* *elixir* *guarismo*
jaque *mate* *redoma*

En el mapa de la penínsulba abundan los topónimos españoles y portugueses de origen árabe como:

Albacete *Albarracín* *Alcalá* *Alcántara* *Alcaraz* *Alcázar* *Alcocer*
Alcolea *Alcudia* *Algarbe* *Algeciras* *Almadén* *Banaguacil* *Benahavís*
Benamejí *Benasal* *Benicásim* *Benidorm* *Borja* *Cáceres* *Calaceite*
Calatañazor *Calatayud* *Gibraltar* *Guadalajara* *Guadalupe* *Guadix* *Mancha*
Medina *Medinaceli* *Rábida* *Tarifa*

Algunos de estos topónimos se repiten en distintas provincias e incluso en una misma. Otros se han convertido en apellidos como *Alcaraz, Alcocer, Borja, Medina, Omar*, etc. *Alcalá* significa "el castillo", por lo que *Catalayud* representa "el castillo de Ayub" sin el artículo inicial árabe *al*. En la zona mediterránea, sobre todo, se dan frecuentemente topónimos formados a partir de un antropónimo con los prefijos *abu-* "padre" o con *ben-* o *beni-* "hijo de" o "hijos", como en *Benicásim* "tierras de los hijos de Qásim", *Aboadella, Bugarra, Abenzuete*, etc. También se dan con frecuencia *Guad-* del árabe *wadi* "río", como en *Guadalajara, Guadalupe, Guadalquivir*, y *Gib-* "monte", como en *Gibraltar*. Otros topónimos ya existentes se arabizaron; por ejemplo, PAX AUGUSTA pasó a *Badajoz*, HISPALIA se convirtió en *Sevilla* (HISPALIS > *Isbiliya* > Sevilla), ŎNUBA en *Huelva* y CAESARAUGUSTA en *Zaragoza*. La mayor o menor cantidad de topónimos árabes está intrínsecamente relacionada con la duración de la permanencia musulmana en las regiones, así también como del avance de la repoblación cristiana y la reconquista. Así la zona levantina se caracteriza por la conservación de topónimos árabes frente a la zona centro, o Alta Andalucía, con escasa toponimia árabe debido a la presencia de las órdenes militares que rebautizaron lingüísticamente la zona.

Algunos arabismos nunca se popularizaron de la misma manera que en la actualidad algunos tecnicismos no se utilizan en el habla coloquial. Otros fueron usados por toda la gente y han perdurado hasta hoy en día. Hubo también otros que desaparecieron porque los objetos que designaban dejaron de usarse o porque en épocas posteriores se prefirió el término castellano, así por ejemplo el arabismo *alfayate* fue sustituido por *sastre* (en portugués sigue siendo *alfaiate*). En el medievo se dio cierta tendencia a favorecer las voces castellanas sobre las moriscas.

La mayoría de los "préstamos" eran sustantivos, pero también se tomaron directamente del árabe adjetivos, verbos, interjecciones y expresiones. Rafael Lapesa afirma que no abundan los adjetivos de origen árabe pero aún así recoge los siguientes: *baldío* "sin valor", *rahez* "vil", *baladí* "banal", *jarifo* "vistoso", *zahareño* "arisco", *gandul* "vago", *horro* "libre" y *mezquino*. También defiende que la mayoría de los verbos se derivaron de sustantivos y adjetivos aunque algunos, como *recamar, acicalar* y *halagar*, proceden directamente de verbos árabes.[13]

También los pronombres indefinidos *fulano, mengano, zutano* proceden del árabe, como las interjecciones *¡ya!*, equivalente a ¡oh!, y *¡ojalá!*, con el significado de "con la voluntad de Alá"; el demostrativo *he* como sinónimo de "he aquí, allí"; y la preposición *hasta*. Ésta última ya aparece en las *Glosas Emilianenses* como forma romance para la traducción de *donec* como *ata quando*; también en las *Glosas Silenses* para traducir *usque in finem* como *ata que mueran*,[14] y estas glosas son textos primitivos del siglo X, encontrados en el norte de la península, lo que demuestra que la incorporación de arabismos fue temprana e intensa.

Si bien el árabe influyó mucho en el léxico castellano, no lo hizo en la morfología ni en la pronunciación, de tal modo que los arabismos se pronunciaron con fonética hispánica y morfológicamente sólo ha sobrevivido el sufijo *-í* en palabras como *alfonsí, sefardí*, que sigue siendo productivo para formar gentilicios: *israelí, pakistaní*, etc. La disparidad estructural de la lengua árabe y los incipientes romances evitó que se produjeran interferencias a nivel gramatical. A pesar de esto la repercusión del árabe fue sumamente intensa en el vocabulario y la onomástica. A través de los mozárabes se introdujeron los arabismos por vía oral, algunos con numerosas modificaciones que reflejaban las variantes del árabe hispánico o del árabe romanizado, así se podían encontrar variaciones de un mismo término: *acenia, cinia, azaña*, "hazaña". Pocos arabismos procedían directamente del árabe clásico. El carácter oral de la transmisión así como la variabilidad del vocalismo árabe produjo con frecuencia desviaciones fonéticas de una misma palabra.

Si la invasión árabe no se hubiera producido, la configuración de los centros urbanos, la identidad hispánica y la configuración lingüística de la península hubieran resultado en otra realidad muy distinta. Es muy probable que las grandes ciudades cristianas Tarragona, Zaragoza, Toledo, Mérida, Córdoba, Sevilla, ya ricas y populosas desde la época romana, hubieran seguido floreciendo. Quizá Toledo (capital de los visigodos) hubiera seguido con su protagonismo cultural. Quizá los dialectos románicos hubieran reflejado las antiguas delimitaciones divisorias de la administración romana y eclesiástica; y el latín hispánico se asemejaría más a sus hermanas romances.[15] Quizá hoy en día no se hablarían cinco lenguas en la península.

Muchas conjeturas pueden deducirse del rumbo que hubiera tenido HISPANIA sin la presencia árabe. Sin embargo, no cabe duda de que fue esta larga presencia de siete siglos la que propulsó la marcha hacia el sur de los reinos cristianos del norte, configurando territorial y lingüísticamente lo que hoy es España. Ciertamente el legado árabe aportó un gran avance cultural, económico y lingüístico que marcó este territorio frente a sus vecinos europeos.

1.4. LA RECONQUISTA CRISTIANA Y LOS PRIMITIVOS ROMANCES PENINSULARES

Las consecuencias políticas y territoriales de la reconquista repercutieron en gran medida en el mapa lingüístico de HISPANIA y facilitaron la evolución y expansión de las variedades romances, aisladas en la periferia del norte. Los enclaves cristianos de las cordilleras asturcantábrica y pirenaica habían acogido a los descendientes de los visigodos y a los mozárabes, todos los cuales sentarán los precedentes de los nuevos reconquistadores del territorio hispano. Estos enclaves habían permanecido constantemente alejados de las corrientes culturales de la península: primero de los romanos que dificultosamente pudieron ocupar estas tierras entre montañas, después del dominio de los visigodos y por último de la conquista árabe. Este aislamiento geográfico significaba "protección" desde el punto de vista cultural y religioso ya que permitió la supervivencia de los grupos cristianos bajo el avance islámico y, desde el punto de vista lingüístico, suponía "distanciamiento" de las variantes hispanorromances. Consecuentemente se trataba de una zona que había resistido las influencias externas y se encontraba apartada de lo que estaba pasando en la mayor parte de la península. De esta región, lo que hoy comprende el sur de Cantabria (provincia de Santander, norte de Burgos), surge el castellano.

El núcleo más importante en los primeros siglos de la Edad Media fue el **astur-cántabro**, el cual se extendía desde las tierras gallegas (abandonadas por los árabes ya en el siglo VIII) hasta el pequeño condado de Castilla, con capital en Oviedo. Comprendía las montañas de Asturias y Cantabria con poblaciones aisladas y pocas relaciones mutuas, de escasa cultura y muy apegadas a sus viejas tradiciones a pesar de la cultura gótico-mozárabe que acababan de experimentar. Tras numerosas incursiones en la Meseta al norte del Duero y tras el abandono de estas tierras por los beréberes en el siglo VIII, los astures-cántabros consiguen llegar hasta León, ciudad que en el siglo X pasa a convertirse en la capital del reino y la cual le dará el nombre: el reino leonés. El habla de esta zona debió de estar diversificada en numerosas variantes; al sur de las montañas, el leonés continuaba los rasgos del habla asturiana y presentaba una mayor homogeneización con préstamos del mozárabe del valle del Duero. Los documentos jurídicos de finales del siglo XI de esta zona, escritos en latín con numerosos "vulgarismos" o romanismos leoneses, ponen de manifiesto la semejanza del leonés occidental con las formas gallegas y el leonés oriental con formas castellanas. Hay que tener presente que este "latín vulgar leonés" estaba redactado por escribas mozárabes y no siempre esos vulgarismos eran propiamente leoneses sino una modalidad de la lengua escrita que pudo o no reflejar el habla de la zona.

Al oeste del núcleo astur-leonés se encontraba **Galicia** con entidad propia pero sin constituir un reino independiente del reino de León. Desde 813, cuando se descubrió la tumba del apóstol Santiago, se convirtió en el destino religioso y cultural de numerosas peregrinaciones. En esta región se hablaba un romance un poco arcaizante y conservador debido a cuestiones histórico-geográficas: por su arrinconamiento como la Bética latina, por su aislamiento bajo la ocupación de los suevos, por su situación marginada de los centros de poder y por la imposibilidad de expansión territorial hacia el sur desde que se separó del condado de Portugal en el siglo XII. No será hasta el siglo XIII que se encuentren textos en gallego (o gallego-portugueses, ya que en esa época no se diferenciaban) de poesía lírica, o los llamados *Cancioneiros*.

Al este del reino astur-leonés se situaba el condado de **Castilla**, independiente desde el siglo X y formado por una mezcla de cántabros, godos y vascos, con una sociedad más guerrera e igualitaria que la de León (donde predominaban los señoríos y los grandes monasterios).

Al extremo este peninsular se encontraban los enclaves cristianos pirenaicos: los de Navarra, Aragón y los catalanes, formados a raíz de las incursiones francas en tierras al sur de los Pirineos. La monarquía franca, deseosa de contrarrestar el poder musulmán en el noreste, delimitó las fronteras de estos territorios, creando condados como el de Aragón y los condados catalanes.

El reino de **Navarra** (o Pamplona) surge de una rebelión de los vascos contra el poder de los francos en el siglo IX, sin embargo siguieron reconociendo su dependencia del rey astur-leonés. Los navarros siguen la tendencia general de reconquistar el sur y bajan hasta el Ebro, ocupando La Rioja. Su condado acaba siendo incorporado al de Aragón en el siglo X y XI después de un largo periodo de sujeción a los francos.

Más al este y en la costa mediterránea, los **condados catalanes**, entre los cuales se destaca Barcelona, inician también su descenso para repoblar los territorios árabes ya desde el siglo IX. No será hasta finales del siglo X que estos condados se independicen de los francos, aunque su influencia cultural seguirá siendo intensa hasta mucho después.

En estas zonas pirenaicas de difícil delimitación territorial surgen diversos romances: el navarro, el aragonés y el catalán, a veces entremezclados en hablas de tránsito. Será el catalán, con gran arraigo franco, el que se desarrolle y pase a ser una lengua a diferencia del navarro y del aragonés, considerados hoy dialectos del castellano. Es en el reino navarro, en La Rioja, donde se descubrieron los primeros textos en lengua romance. Estas primeras palabras romances eran traducciones o *glosas* de palabras o frases latinas de documentos eclesiásticos. Se escribieron aproximadamente en el siglo X en un texto latino del siglo IX en el monasterio de San Millán de la Cogolla, de aquí que se denominen *Glosas Emilianenses*. Estas glosas presentan rasgos riojanos (no castellanos) y, además, frases en vasco, lo que demuestra la presencia de la lengua vasca en el reino navarro. Del mismo tipo son las *Glosas Silenses* del monasterio de Santo Domingo de Silos, en la provincia de Burgos, las cuales presentan rasgos castellanos. Véase el esquema en el recuadro 1.6.

De los siglos X al XIII se inicia la época de expansión hacia el sur de todos estos núcleos cristianos del norte. Algunos centros urbanos como Oviedo, León, Burgos, Pamplona y Barcelona adquieren un valor estratégico de suma importancia en la reconquista. El Al-Andalus poco a poco va retrocediendo ante el empuje cristiano y la repoblación territorial se convierte así mismo en una guerra de religión. La iniciativa militar cambia de mando y la España medieval se va fragmentando en dos: la mitad norte cristiana y la mitad sur musulmana. Aunque las invasiones almorávides (1086–1147) y almohades (1147–1224) detuvieron un poco la reconquista, el avance hacia el sur ya era irrefrenable.

En esta época se produce una reestructuración de los reinos cristianos: los más antiguos, León y Navarra, dejan su supremacía a Castilla y Aragón. León pasará a unirse a Castilla en 1230, mientras que el reino de Navarra, absorbido por Aragón en 1076, quedará arrinconado entre Castilla y Aragón, sin posibilidades de expansión y desvinculado de la política peninsular. En los extremos, el condado de Portugal se independiza en 1119

RECUADRO 1.6 PRIMITIVOS ENCLAVES CRISTIANOS DEL NORTE DE HISPANIA

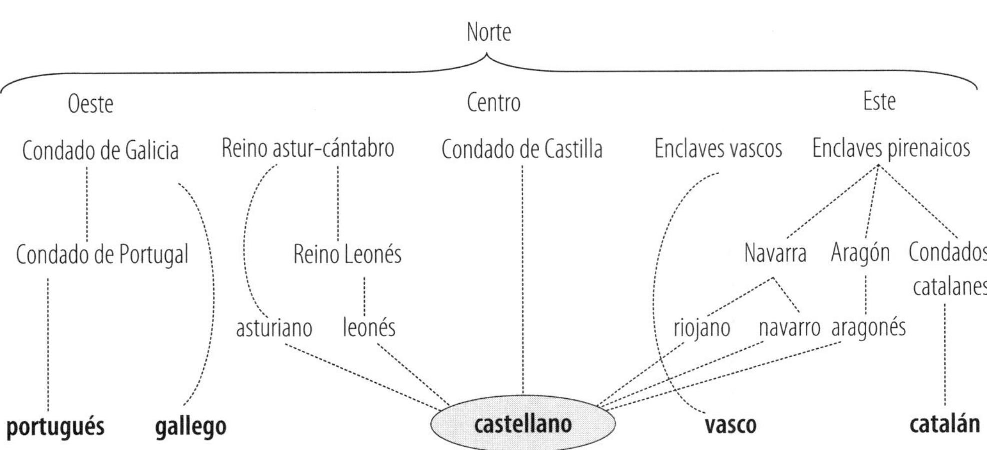

de Castilla y León y se convierte en reino en 1139; al otro lado, los condados catalanes se unen definitivamente a Aragón en 1137.

Castilla, desde el sur de Cantabria, inicia su expansión imparable hacia el sur y hacia los lados: sureste y suroeste, repoblando los territorios reconquistados en parte con castellanos y en parte con otras gentes que adoptaron el castellano. La conquista de Toledo en 1085 supuso un gran triunfo político para Castilla que se verá culminado con la toma de otras ciudades importantes como Córdoba (1236), Jaén (1246), Sevilla (1248), Cádiz (1250) y Murcia (1244). De tal modo que en el siglo XIII, Castilla se había extendido por más de la mitad de la península.

Paralelamente a la expansión territorial castellana se produce la expansión lingüística. En sus orígenes Castilla había sido un condado pequeño y marginal entre los reinos cristianos, y su lengua, el castellano, fue una variedad hispanorromance aislada y periférica sin el prestigio de otros romances hispánicos (como el leonés). Posteriormente se convirtió en el reino cristiano más poderoso y su lengua, el castellano, en la más extendida (a pesar de que lo hizo a costa del retroceso del árabe, a expensas de otras variedades romances y la extinción del mozárabe). El triunfo político de Castilla supuso el triunfo lingüístico del castellano.

El auge político y cultural que adquiere Castilla en los siglos XII y XIII también va a influir en la fijación del castellano como lengua escrita. Hasta entonces se venía usando el latín en la escritura, aunque el romance iba adquiriendo una presencia importante. A partir del siglo XIII, el romance se puede analizar de forma directa en los documentos medievales y en las obras literarias y no por hipótesis o datos sueltos en textos latinos.

Coetáneamente a la difusión del castellano en la península, la reconquista repercutió en otras variedades romances y sentó las bases de lo que hoy en día configura la dialectología de España. La época de los orígenes de las incipientes lenguas romances se sitúa entre los siglos VIII y XI, cuando la división dialectal del latín en el norte da lugar a variantes que pasaran a ser o bien lenguas—el gallego y su descendiente, el portugués, al oeste, el castellano y el catalán al este—o bien dialectos del castellano, como el asturleonés, el navarro, el riojano y el aragonés. Con el tiempo el castellano se impuso a los dialectos y hoy en día sólo el leonés y el aragonés han conservado sus rasgos primitivos.

Mientras que en el norte los límites entre dialectos y lenguas no quedaban muy claros, en la zona centro y sur la fragmentación lingüística era inexistente, debido a la pujante imposición del castellano y la eliminación del mozárabe y del árabe. En el oeste, en Portugal, descendiente lingüístico de Galicia, empiezan a surgir divergencias fónicas. El leonés, desplazándose hacia el sur hasta llegar a Cáceres en 1127 y a Badajoz en 1230, no siguió evolucionando, absorbido por el castellano, aunque sí quedó documentado en copias de textos castellanos. El navarro, volcado hacia Francia, acabó asimilándose al castellano también. El aragonés, tras fundirse con el mozárabe de la zona zaragozana, recibió una fuerte influencia catalana pero acabó por seguir al castellano, como se observa en algunos textos zaragozanos de los siglos XIV y XV, antes de que Aragón se uniera a Castilla en 1479. Por otro lado, el catalán, bajo la influencia franca siguió su propio camino evolutivo y ya en el siglo XII se empleó en la prosa de sermones. De este modo, el panorama lingüístico de la península del siglo XV se caracterizaba por la gran influencia del castellano en las lenguas vecinas, dejando sólo apartadas el gallego, el catalán y el vasco.

Es importante notar que el proceso de expansión cristiana duró unos siete siglos y no se llevó a cabo uniformemente. Los reinos cristianos se extendieron a costa de ocupar los territorios musulmanes, a veces lo lograron aliándose entre ellos, otras aliándose con los propios musulmanes para luchar contra otros cristianos. El proceso de expansión territorial y religiosa conllevó multiples alianzas y complicados lazos políticos entre los dos bandos hasta que se llegó a la expulsión definitiva de los musulmanes.

Desde el siglo XIII hasta finales del XV, la zona andalusí quedó reducida a las zonas montañosas del reino de Granada y sus habitantes árabes fueron finalmente expulsados en 1492, bajo el gobierno de los Reyes Católicos, Isabel y Fernando. Los nuevos pobladores llegaron de las zonas reconquistadas y ya castellanizados por lo que trajeron consigo distintas variedades del castellano. Culminaba así la reconquista, donde Castilla se había alzado con el protagonismo y con el dominio territorial desde la costa cántabra hasta la mediterránea y la atlántica.

1.4.1. Portugal: sus orígenes

En 1119, tras la muerte del rey Alfonso VI de Castilla y León, el condado de Portugal, situado en la zona de repoblación al sur del Miño, pasó a su hija Teresa de León. Este condado había pertenecido a los reyes de León hasta entonces aunque con cierta autonomía. El esposo de Teresa, Enrique de Borgoña, noble franco, comenzará una serie de movimientos independentistas contra León y expansionistas hacia el norte, por tierras de Galicia.

Las sublevaciones nobiliarias y las revueltas internas de los territorios castellanoleoneses en tiempos de doña Urraca posibilitaron la despreocupación por este condado que finalmente se independizó en 1139 cuando Alfonso Henriques (Alfonso I de Portugal) se coronó rey.

En 1143, Castilla reconoció la independencia de Portugal en el Tratado de Zamora, firmándose la paz entre este condado y los castellanoleoneses. Años después el rey Alfonso siguió con su política de soberano y de expansión, ampliando los territorios portugueses hacia el sur. Llevó los límites de su reino hasta el Tajo y en 1147 reconquistó Lisboa, ciudad que se convirtió en el centro cultural del nuevo reino, alejado del núcleo gallego primitivo, lo cual acarrearía significantes consecuencias lingüísticas. A finales del siglo XII y tras la separación de los reinos vecinos de León y Castilla, la constitución del reino portugués adquiere una dimensión totalmente nueva.[16]

EJERCICIOS DE CONTEXTO HISTÓRICO

1. Explique brevemente los siguientes términos:

1. protoindoeuropeo	2. grupo itálico	3. los celtas
4. los íberos	5. los celtíberos	6. los vascos
7. los turdetanos	8. los cartagineses	9. la Bética

2. ¿Cuáles son las lenguas del grupo itálico?

3. Indique si las siguientes lenguas pertenecen o no a la rama indoeuropea:

1. latín	2. vasco	3. celta	4. rumano
5. albanés	6. turco	7. íbero	8. persa
9. ruso	10. tailandés	11. griego	12. inglés
13. nahua	14. polaco	15. irlandés	16. sardo

4. Indique a qué familia indoeuropea pertenecen las siguientes lenguas:

1. sefardí	2. danés	3. albanés	4. griego
5. urdo	6. galés	7. catalán	8. indo
9. sánscrito	10. serbo-croata	11. checo	12. islandés

5. ¿Qué pueblos habitaban la Península Ibérica antes de la llegada de los romanos?

6. ¿Cuáles eran las lenguas que hablaban los habitantes autóctonos de la Península Ibérica a la llegada de los romanos? ¿Cuáles de ellas eran indoeuropeas?

7. ¿En qué siglo llegaron los romanos a la Península Ibérica? ¿Cuándo llegaron los visigodos?

8. Explique brevemente qué factores favorecieron la fragmentación del latín.

9. Defina las siguientes denominaciones y luego relaciónelas: latín, lengua romance, itálico, indoeuropeo.

10. ¿A través de qué fuentes es posible estudiar el llamado *latín vulgar*?

11. ¿Cómo se explica la diferencia de léxico en las siguientes lenguas a raíz de los resultados siguientes?

    a) *mesa* (port. y esp.) y *masă* (rumano) b) *taula* (cat.), *table* (fr.) y *tavola* (it.)

12. La lengua de los visigodos no influyó en el latín, sin embargo dejó huellas: ¿cuáles y por qué?

13. ¿En qué año llegaron los musulmanes a la península y cuándo fueron expulsados? Señale a grandes rasgos la importancia del componente árabe en la lengua y la cultura españolas.

14. ¿Quiénes fueron los mozárabes? ¿Qué lengua hablaban?

15. Asocie las siguientes palabras con las siguientes lenguas: latín, celtíbero, germánico y árabe.

1. Padre	2. guerra	3. jazmín	4. robar	5. aceite
6. espía	7. oliva	8. barro	9. botín	10. algodón
11. albóndiga	12. hijo	13. gorra	14. moro	15. guardia
16. gazpacho	17. azotea	18. leche	19. alberca	20. aduana
21. Rodrigo	22. León	23. Andalucía	24. Alcalá	25. Guadalupe
26. hasta	27. jabón	28. ojalá	29. azulejo	30. Gibraltar

16. ¿En qué siglos se puede situar la "época de los orígenes" del romance?

17. ¿Qué dialectos peninsulares surgieron de la fragmentación del romance en la época de los orígenes?

18. ¿Cuál es el primer testimonio escrito más importante de la escritura vernácula peninsular?

19. Explique cuál es el origen geográfico del castellano.

20. ¿Cuáles fueron los orígenes de Portugal?

21. Señale la respuesta correcta de las siguientes afirmaciones:

1. El sánscrito pertenece al grupo de lenguas indoeuropeas.
   a) verdadero b) falso
2. El vasco pertenece al grupo de lenguas indoeuropeas.
   a) verdadero b) falso
3. La palabra *Hispania* procede de:
   a) la palabra latina HISPANIA b) la palabra fenicia **isephan-im* "isla de los conejos"
   c) la palabra griega HISPANIA d) ninguna de las respuestas anteriores
4. El topónimo de *Iberia* viene de:
   a) la palabra latina IBERIA b) la palabra íbera *iber* "río"
   c) la palabra griega IBERIA d) ninguna de las respuestas anteriores
5. Los fenicios fundaron las ciudades de Cádiz y Málaga.
   a) verdadero b) falso

6. Las Guerras Púnicas se dieron entre:
   a) romanos y griegos   b) romanos y cartaginenses
   c) romanos e íberos   d) ninguna de las respuestas anteriores
7. La palabra *cerveza* es de origen:
   a) latino   b) griego
   c) celta   d) íbero
   e) ninguna de las respuestas anteriores
8. Las palabras *izquierda* y *pizarra* se consideran originarias del:
   a) latín   b) griego
   c) germánico   d) vasco
   e) ninguna de las respuestas anteriores
9. Los romanos invaden la Península Ibérica en:
   a) el siglo V   b) el siglo III
   c) 218 a. de C.   d) el siglo I a. de C.
   e) ninguna de las respuestas anteriores
10. Los pueblos germanos llegan a Hispania en:
   a) el siglo IV   b) siglo III a. de C.
   c) el siglo I   d) el siglo V
   e) ninguna de las respuestas anteriores
11. El topónimo *Andalucía*, de "Al-Andalus", es una adaptación árabe de la palabra *Vandalus* del:
   a) latín   b) griego
   c) germánico   d) vasco
   e) ninguna de las respuestas anteriores
12. Los árabes invaden la Península Ibérica en:
   a) el siglo VI   b) el año 711
   c) el siglo X   d) el siglo XV
   e) ninguna de las respuestas anteriores
13. La expulsión de los árabes fue en:
   a) el siglo V   b) el siglo X
   c) 1492   d) ninguna de las respuestas anteriores

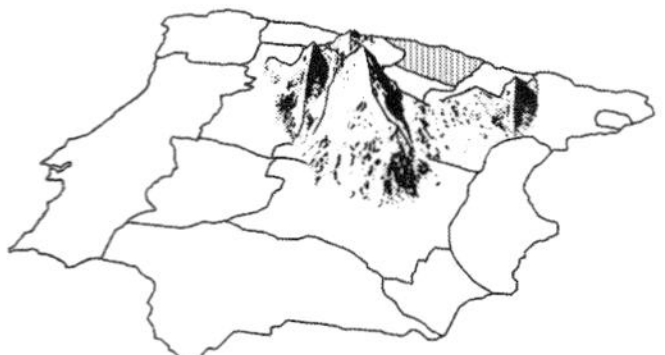

La herencia del latín vulgar y el legado de la lengua vasca

Lo que hoy se denomina Romania por los lingüistas equivale a todas las zonas geográficas en las que se habla una lengua derivada del latín como resultado de los procesos de romanización y latinización. El latín de Hispania, con una posición marginal en el conjunto del Imperio Romano, se fragmentó en distintos dialectos románicos que hoy en día se manifiestan en cuatro lenguas: el gallego, el portugués, el castellano o español y el catalán. El castellano como continuación del latín peninsular se desarrolló con vinculaciones al oeste con el leonés y gallego-portugués y al este con el navarro, aragonés y catalán. El vasco o euskera, vecino del castellano, no procede de la familia románica ni por lo tanto del tronco común indoeuropeo; su asentamiento prerrománico y su existencia milenaria constituyen una incógnita filológica difícil de resolver.

2.1. EL LATÍN VULGAR DE HISPANIA

Hasta el siglo II la lengua latina clásica y literaria influyó en el conjunto de hablantes peninsulares, pero ya en el siglo III la modalidad culta empezó a diferenciarse del habla popular. Las lenguas romances no proceden, consecuentemente, del latín clásico sino del latín hablado, del latín que se hablaba en la calle por la gente común, alejado de las normas de la gramática de los textos latinos clásicos, y al cual se le ha denominado **latín vulgar**. Todas las características que se conocen del latín vulgar que pasaron a las distintas lenguas romances en un periodo incipiente, previo al romance, quedan comprendidas en el término **prerromance**. Así mismo se entiende como **protorromance** a aquellos elementos abstractos reconstruidos comparativamente sin testimonios documentales, deducidos a partir de la evolución románica posterior (y se señalan en este volumen con un asterisco *).

Las antiguas escuelas públicas romanas desaparecieron con la caída del Imperio Romano de Occidente y fue la iglesia la que heredó esta labor pedagógica, formando a sus clérigos y acaparando el poder de la enseñanza. La mayor parte de los laicos, del pueblo, no tuvo acceso a esta enseñanza y durante siglos fueron analfabetos, ILLITERATI. Los que sabían leer y escribir latín habían pasado por una educación clerical y monástica, lo que acentuó el carácter sagrado del latín y el elitismo clerical. La iglesia se erigió como la única entidad educadora en estos tiempos. Con su labor evangelizadora democratizó la expansión del latín, por lo que cristianización y latinización vinieron a ser sinónimos. Por otro lado, y aunque fomentó el uso del latín con su tarea cristianizadora, la iglesia también llegó a crear una barrera entre la élite clerical y el pueblo, ya que éste último hablaba un latín vulgar muy distinto del latín medieval culto de los clérigos. Esta divergencia lingüística desembocó por un lado en la formación de las lenguas romances y, por otro, en el mantenimiento del culto católico en latín hasta hoy mismo.

En el sistema feudal medieval los territorios estaban divididos en entidades pequeñas, o señoríos, cuya configuración dependía en gran parte de la familia terrateniente, de los propietarios de las tierras. Esta parcelación extrema cambiaba continuamente. Las autoridades eclesiásticas se adaptaron a esta estructura jerárquica de la sociedad feudal y crearon sus parroquias en torno a las villas o pueblos para poder seguir más de cerca las actividades de la comunidad. De este modo, el cura ejercía no sólo la función de guía espiritual sino también de ejemplo de norma en el comportamiento lingüístico. La iglesia construía catedrales y escuelas episcopales como parte de su tarea formadora de sacerdotes que empezaron a utilizar, además del latín como lengua sagrada de culto, la lengua vernácula para ser entendidos por el pueblo. De hecho, en el 813, en el concilio de Tours se recomienda a los clérigos utilizar la lengua vulgar en las homilías para explicar la fe y la moral cristiana.

La fragmentación social del sistema feudal en comunidades rurales aisladas, autosuficientes, con pocos centros urbanos, impulsó también la fragmentación lingüística y el latín vulgar terminó por ofrecer distintas lenguas vernáculas locales según la región.

Es a partir del siglo XI que se desarrollan los primeros testimonios de las lenguas vernáculas escritas en toda Europa occidental y de una manera un tanto uniforme. Ahora bien, estos textos medievales no son una reproducción fiel de la realidad de la lengua hablada. La importancia de éstos reside en reflejar nuevas formas de escribir la lengua romance sin seguir los moldes latinos aprendidos. A partir de entonces el romance se convierte en un medio de comunicación escrito y lo seguirá siendo de forma continuada, dejando un tanto de lado la lengua de escritura habitual hasta entonces, el latín.

Son estos textos primitivos escritos los únicos testigos que tenemos para reconstruir las características filológicas de la vinculación del latín vulgar con su evolución al romance.

Y de ellos se infiere que la oralidad y la escritura se prestan a interpretaciones diversas, no siempre con una correspondencia clara. La mayor o menor antigüedad de los documentos se determina por la aparición de formas romances, parciales o plenas, y no por la apariencia del latín. Además conviene destacar que los primeros testimonios de lengua vulgar aparecen con otras lenguas, como se hace visible en las glosas donde las primeras palabras escritas en romance aparecen con palabras vascas. Así mismo, estas pequeñas intervenciones en lengua vulgar carecían de autonomía, ni siquiera se trataba de textos, sino de palabras sueltas en romance, relegadas a meros auxiliares lingüísticos.

Hoy separamos el latín del romance, sin embargo, las distinciones entre los dos sistemas no quedaban del todo claras en el medievo. El latín era la lengua culta europea, y no solamente en la Romania sino también en el mundo céltico y germánico, pero este latín escrito medieval ya recogía otras variedades lingüísticas emergentes.

2.2. FORMACIÓN DE LOS PRIMITIVOS ROMANCES PENINSULARES Y LA EMERGENCIA DEL CASTELLANO

El latín que llegó a la península se superpuso a las lenguas prerromanas existentes hasta que desaparecieron (a excepción del euskera), convirtiéndose en la lengua franca y la lengua general de toda la población hispanorromana. La lengua tartesia, el ibérico, el celtibérico, las lenguas célticas del noroeste, como otras lenguas de colonización como el fenicio o el griego, sucumbieron ante la presencia del latín. Incluso los visigodos adoptaron el latín y abandonaron su lengua germánica, de modo que ésta nunca dejó mucha influencia en el español como la de los francos en el francés. Con la invasión de los árabes, los hispanogodos del sur mantuvieron su lengua romance, el **mozárabe**, que evolucionó en un entorno islamizado produciendo un habla muy peculiar romanceada llamada *romandalusí*. El árabe, como lengua de los invasores, siguió siendo la lengua culta en el sur, como el latín lo era en las zonas cristianas.

El proceso de transformación del latín en romance castellano no se ve como un caso aislado sino más bien forma parte de otra dinámica lingüística mayor que también posibilita la emergencia de otras variedades románicas peninsulares. Del latín de la conquista romana surgen nuevas hablas en el marco del contexto medieval que más tarde se convertirán en lenguas romances. Estas lenguas vernáculas pasarán a convertirse en lenguas nacionales por razones políticas e históricas que facilitarán el establecimiento de una variedad determinada como norma y no otra. Durante la época medieval se crea la necesidad de identificar un espacio geográfico con una norma lingüística común que aúne esa comunidad políticamente.

El romance castellano se ha desarrollado y consolidado al mismo tiempo que lo hacía Castilla, asociado a su vecino inseparable, el vasco, y en contacto con otras variedades románicas próximas que en algunos casos desaparecieron. Con los siglos el castellano pasó a ser español, la lengua general de todo el territorio peninsular que siguió extendiéndose por América. No obstante, el castellano que se habla en Galicia o Cataluña como el de Canarias o México, no procede del latín asentado en esos lugares sino que es el resultado de fenómenos sociopolíticos y culturales ocurridos con posterioridad.

A finales de la Edad Media en el norte de la Península Ibérica se encontraban las siguientes variedades romances: por el oeste el **gallego-portugués**, muy valorado como lengua literaria poética, seguido del **astur-leonés**; en el centro el **castellano** que desde el siglo XIII adquirió el rango de lengua de cultura, junto con el **aragonés** y el **navarro**; y por el este el **catalán** vinculado al occitano. Además en el sur se hablaba el mozárabe, el árabe, el latín y el hebreo; y en el norte el vasco, lengua portadora de una tradición oral desde antiguo con una cultura escrita inexistente hasta el siglo XVI.

A raíz de la reconquista fueron apareciendo en el norte los estados cristianos continuadores del reino visigodo, y entre todos ellos el de Castilla se fue separando progresivamente desde época temprana, superponiéndose a los otros reinos. El primitivo dialecto castellano, nacido en contacto con el vasco, acabó imponiéndose a los dialectos vecinos y desde sus orígenes mostró una disposición mayor por diferenciarse y por adaptarse a la nueva realidad lingüística, empleando grafías y estructuras sintácticas romances. En la época de Alfonso X, el Sabio (c. 1260–90), se impuso la norma del *castellano derecho* que sentó las bases de la primera normativa del castellano. A partir de entonces el castellano pasó a ser la lengua general, de cultura, que con el tiempo llegó a convertirse en el español actual.

El reino de Castilla desde sus orígenes afirmó su autonomía con respecto a los demás reinos, y esa tendencia política se manifestó también en la lengua, en su modo diferente de hablar, fruto de su origen cantábrico, las continuas repoblaciones de vascos y su situación fronteriza. A partir del siglo X, el Valle del Duero recibe numerosas oleadas migratorias de gentes de diferentes dialectos que huían del Islam y de las persecuciones árabes. Dada la escasa densidad demográfica y la poca estructuración social de Castilla en esta época, la afluencia de nuevas gentes con otras hablas provocó una situación de nivelación lingüística, la cual explica que el castellano presentara elementos comunes con los romances vecinos pero también soluciones originales que no eran del todo ajenas a otros romances sino más bien resultantes de un proceso de simplificación.

La expansión de Castilla y del castellano no se puede desvincular de la absorción de los territorios y dialectos o lenguas vecinos durante el avance de la reconquista. Existió alguna zona donde la castellanización no suprimió el dialecto anterior fuertemente arraigado, como en territorios navarros, pero puede ser que la castellanización influyera en la evolución propia del romance navarro. La tendencia general a lo largo del medievo fue que la generalización del castellano se llevó a cabo a costa de suplantar los dialectos vecinos.

En su desarrollo literario, el castellano incorporó elementos regionales en los textos de la primera época, así en Berceo abundan los riojanismos y algún vasquismo. También en los textos no literarios, como en el *Fuero de Alcalá de Henares*, aparecen aragonesismos. Cabe preguntarse si estos dialectalismos se deben al autor mismo o al copista.

En cuanto al panorama literario de las lenguas romances peninsulares en el medievo, el gallego-portugués ocupaba un lugar predominante como lengua poética homogénea, siendo la corte de Portugal un centro de irradiación cultural en la península. El aragonés servía de ejemplo de la poesía provenzal. La prosa castellana se estaba desarrollando en Toledo, donde la presencia mozárabe era importante y donde se inició la escuela de traductores que alcanzó su momento de esplendor con las escuelas alfonsíes, promovidas por el rey Alfonso X, el Sabio, en el siglo XIII. La creación de la lírica castellana y el desarrollo de la prosa tuvieron lugar a partir del siglo XIV de la mano de autores como Juan Ruiz, Arcipreste de Hita, Don Juan Manuel y Pero López de Ayala.

El objetivo principal de estudiar la historia de la lengua consiste en establecer la forma interior del castellano medieval (diferente ya del latín y de otras variedades románicas, divergente también del árabe y del vasco), de una forma continua y cronológica en relación con los sistemas anteriores, los contemporáneos y los que se derivaron posteriormente de ella.

2.3. EL SUSTRATO VASCO Y SUS IMPLICACIONES LINGÜÍSTICAS

El vasco o euskera es la única lengua prerromana que ha sobrevivido en la península. Su pervivencia desde hace miles de años lo convirtió en adstrato del latín, pasando después a ser sustrato de las lenguas romances de su entorno, entre las cuales se encontraba el castellano, y posteriormente adstrato de ellas. Incluso, algunos lingüistas apoyan la teoría de un bilingüismo vasco-latino como origen del castellano y defienden la influencia del euskera en la configuración inicial del castellano primitivo. En la antigüedad el vasco se extendía por una zona más amplia que la actual, hacia el sureste por el Ebro y hacia el este más allá de los Pirineos; hoy día se reduce al territorio conocido como País Vasco (tanto del lado español como del francés).

La proximidad geográfica del vasco y el castellano originario posibilita la teoría del sustrato vasco, aceptada por unos, rechazada por otros. Este influjo de abajo hacia arriba, de la lengua autóctona sobre la lengua colonizadora, en el caso del vasco-castellano todavía despierta polémicas. Algunas de las objeciones que se han planteado se basan en el desconocimiento del sistema lingüístico del vasco primitivo, en la falta de datos en cuanto al espacio geográfico que realmente ocupó dicha lengua, al espacio temporal transcurrido desde los contactos iniciales entre las dos lenguas y la manifestación del cambio, y si se dieron esos cambios en los mismos territorios con otros grupos poblacionales.

En general la acción del sustrato se describe como un proceso de asimilación, de imitación a la lengua que se impone (por su prestigio, importancia económica, militar, cultural, etc.,) y se percibe sobre todo en el léxico (la toponimia, la onomástica) y en la fonética, no tanto en la gramática. En la zona norte peninsular, incluyendo el área vascuence, la romanización fue lenta y poco intensa, además de cronológicamente tardía, lo que prolongó la alternancia de lenguas, el bilingüismo e incluso el multilingüismo entre los hablantes aborígenes. Las primitivas lenguas indígenas acabaron por sucumbir ante la extensión del latín y fue sólo la lengua vasca la que sobrevivió a la romanización.

Ya que se desconocen en gran medida las lenguas prerromanas de HISPANIA, no se les puede aplicar la teoría de sustrato en cuanto a la formación de los romances peninsulares. Sólo queda el vasco como testigo de lengua prerromana y no indoeuropea, vecina del que será después el romance castellano. No cabe duda de que la población receptora de la lengua latina de la zona cántabropirenaica jugó un papel primordial para la emergencia del castellano, debido a lo cual un amplio sector de la crítica lingüística se inclina a admitir la teoría del sustrato vasco.

Merece destacarse la tradición oral del vascuence desde época antigua; sólo aparecen los primeros testimonios escritos de esta lengua a partir del siglo XVI. Quedan muestras escritas en las *Glosas Emilianenses* pero se trata de palabras sueltas en forma residual. Ante la falta de documentación con respecto a esta lengua en época medieval, los estudios comparativos solo pueden realizarse de forma retrospectiva, sin contar con indicios de un protovasco.

La teoría del sustrato vasco, bastante debatida en la actualidad, atribuye algunos rasgos fonéticos del castellano a la influencia del euskera, ya que estas dos lenguas comparten características que no se encuentran en otras lenguas romances. Se cree que se deben al vasco las siguientes características:

- La reducción de las diez vocales latinas a cinco (como en vasco).
- La aspiración y pérdida de la f- inicial latina (inexistente en vasco al principio de palabra).
- La falta de distinción entre los sonidos bilabial oclusivo [b] y el labiodental fricativo [v].
- El ensordecimiento de las sibilantes (no hay sibilantes sonoras en vasco).
- La aparición de una vibrante múltiple [r̄] más fuerte (como en vasco), además ni el euskera ni el castellano tienen una vibrante sencilla [r] a principio de palabra.
- La palatalización en [ʎ] de los grupos iniciales PL-, KL- y FL-, como en FLAMMAM > llama.
- La anteposición de una vocal epentética en palabras que empiezan por [r̄], como en RUGĀRE > **a**rrugar.
- A nivel morfosintáctico, tanto el castellano como el vasco coinciden en el sistema deíctico de tres grados.
- Entre algunas voces que provienen de la zona cántabropirenaica se encuentran: *arrugia* de *arroil* "foso, canal" > arroyo; *baika* "ribera" > vega; *soba* "cueva" > sobaco; *pizar* "fragmento" > pizarra; *ezker* > izquierda; *zatar* "trozo" > chatarra.[1]

Ante estas coincidencias lingüísticas mucho se ha escrito y discutido de tal manera que la teoría del sustrato vasco no está aceptada completamente. Lo que sí queda claro es que estos dos idiomas convivieron muchos siglos, gracias a su proximidad geográfica. El vasco coexistió con el dialecto romance que se estaba formando en el reino de Castilla ya desde la ocupación visigótica y durante la invasión musulmana. Es lógico deducir que el euskera influyera sobre el castellano en sus inicios, ya que éste estaba en proceso de formación y, por el contrario, el vasco era ya una lengua consolidada.

> No han faltado intentos para afirmar que el castellano procede del latín hablado por labios vascos; en la raíz de estas afirmaciones está el hecho de haber sido el euskera el fondo lingüístico común a una gran parte de su solar originario. . . , razón por la cual se atribuye la acción del sustrato o adstrato vasco a todos estos territorios.[2]

No hay que olvidar que mientras el castellano dejaba de ser un dialecto latino y se estaba convirtiendo en una lengua romance, el vasco ya llevaba cientos (quizás miles) de años de existencia. El euskera, hoy en día, sigue siendo uno de los enigmas sin resolver de la historia de la lingüística. Antropólogos, historiadores, periodistas, geógrafos, lingüistas y toda clase de eruditos han intentado solucionar la incógnita de su origen con teorías, a veces lógicas, otras dispares. Así por ejemplo Mark Kurlansky asocia los orígenes vascos con la prehistoria humana y los relaciona directamente con la especie cromañón; y lógicamente su lengua sería tan remota como sus orígenes.[3] El filólogo románico Kurt Baldinger cree que el vasco procede de un sustrato preindoeuropeo situado en los Alpes y pone en duda la teoría de Humboldt, que considera a los vascos como descendientes de los íberos; también descarta la del lingüista Hubschmid, que defiende la conexión del vasco con dos fuentes preindoeuropeas del norte de África y de la zona del Cáucaso.[4] Terence Wilbur afirma que la raza vasca no llegó desde fuera sino que ha estado en el norte peninsular desde tiempos remotos, desde el paleolítico, hace unos 10.000 años, por lo que su lengua es prehistórica.[5] Julio Cejador asegura que el euskera es la lengua primitiva de la cual provienen todas las lenguas (siguiendo una perspectiva monogenética) y es la lengua sintética por excelencia.[6]

La tradición milenaria de resistencia a la influencia exterior de este pueblo ha mantenido viva la lengua vasca a pesar de todo tipo de interferencias políticas, territoriales y lingüísticas. La censura y la prohibición del vasco durante los años de la dictadura (1939–75) no hizo sino fomentar más el arraigo cultural de esta lengua que hoy en día se imparte en la educación primaria como segunda lengua.

EJERCICIOS DE LA HERENCIA DEL LATÍN VULGAR Y EL LEGADO DE LA LENGUA VASCA

1. Defina los siguientes términos:

1. protorromance 2. latín vulgar 3. mozárabe 4. gallego-portugués
5. astur-leonés 6. catalán 7. sustrato 8. Alfonso X, el Sabio
9. vasco 10. castellano

2. ¿Qué implicaciones lingüísticas tuvo la iglesia en la época medieval? Explique.

3. ¿En qué contexto lingüístico emergió el castellano?

4. Desarrolle uno de estos temas:

1. La expansión del castellano en tiempos de la reconquista.
2. La influencia de Alfonso X, el Sabio, en la constitución del castellano.
3. El sustrato vasco y sus repercusiones lingüísticas.
4. Investigue algunas teorías sobre el origen del vasco.

5. Señale la respuesta correcta de las siguientes afirmaciones:

1. El castellano se deriva del latín clásico.
   a) verdadero b) falso
2. La iglesia fue la única entidad educadora en la época medieval.
   a) verdadero b) falso
3. Los primeros testimonios escritos de las lenguas vernáculas romances en Europa datan del:
   a) siglo IX (nueve) b) siglo XI (once)
   c) siglo XIII (trece) d) siglo XV (quince)
4. Señale la variedad que no sea de origen romance:
   a) catalán b) gallego-portugués c) navarro
   d) aragonés e) vasco
5. ¿Qué rey o reyes promovieron la regularización de la lengua castellana?
   a) Los Reyes Católicos b) Carlos V
   c) Alfonso X, el Sabio d) Alfonso VIII de Castilla
6. ¿Qué significa el término *sustrato*?
   a) Influjo de la lengua autóctona sobre la que se impone. b) Influjo entre lenguas vecinas.
   c) Influjo de la lengua colonizadora sobre la autóctona. d) Ninguna de las respuestas anteriores.
7. ¿Qué significa el término *adstrato*?
   a) Influjo de lenguas de la misma familia. b) Influjo entre lenguas que conviven en el mismo territorio.
   c) Lengua que se añade a la autóctona. d) Ninguna de las respuestas anteriores.

6. ¿Qué fenómenos se le atribuyen al sustrato vasco?

7. Relacione los términos de las dos columnas según corresponda.

a. Sustrato
b. iglesia
c. ILLITERATI
d. sociedad feudal
e. latín vulgar
f. lengua de los cristianos en tierras árabes
g. Alfonso X, el Sabio
h. expansión del castellano
i. escuela de traductores
j. adstrato
k. primeras palabras en lengua romance
l. euskera

1. latín y vasco
2. Toledo
3. reconquista
4. *castellano derecho*
5. mozárabe
6. lenguas romances
7. medievo
8. analfabetos
9. única entidad educadora
10. vasco
11. lenguas célticas
12. glosas
13. hebreo
14. latín clásico
15. lengua del País Vasco

Nacimiento y consolidación del castellano

Cambios fonéticos y fonológicos

Este capítulo está dedicado a la evolución interna del español, enfocándose principalmente en los cambios fonéticos, en primer lugar del vocalismo, y en segundo, del consonantismo; no obstante en la mayoría de los casos las relaciones de dependencia entre los sistemas vocálico y consonántico resultan numerosas. En tercer lugar se analizará como los cambios fonéticos han afectado al léxico.

Las lenguas vivas, por su naturaleza, están cambiando constantemente, la variación dialectal resulta una prueba clara de ello. Es en la fonética donde se pueden apreciar en gran medida las transformaciones que van presentando una lengua y sus dialectos. Los sonidos cambian con regularidad cuando se encuentran en un contexto similar, en un mismo periodo de tiempo y en la misma zona geográfica. Si por ejemplo tenemos en cuenta la /k/ latina, vemos que su evolución no siempre fue igual dependiendo de su posición en la palabra y las vocales que la acompañaban; tampoco evolucionó del mismo modo en otras lenguas románicas. En posición intervocálica sonorizó en /g/, lo que no ocurrió al principio de palabra o cuando seguía a la semivocal de un diptongo como /au/; esto fue común al español y al portugués.

CHARTAM > carta	CANIS > can	AMĪCUM > amigo	PAUCUM > poco
–	*cane* en ital.	*amico* en ital.	*poco* en ital.
–	*chien* en francés	*ami* en francés	*peu* en francés
carta en port.	*cão* en port.	*amigo* en port.	*pouco* en port.

La constancia de los cambios cuando se dan las condiciones antes expuestas ha llevado a los lingüistas a determinar la existencia de verdaderas leyes fonéticas. Cuando se produce una excepción a la tendencia regular, hay que explicarla por otras causas como la analogía con otras voces, el cruce semántico con otras palabras o la influencia de otro dialecto o lengua colindante. Es importante no sólo comprender las leyes o tendencias fonéticas sino también estos otros factores para poder explicar ciertas evoluciones particulares que difieren de la mayoría de las palabras.

3.1. APLICACIONES FONÉTICAS Y FONOLÓGICAS A LA EVOLUCIÓN DEL ESPAÑOL

A lo largo de la evolución del latín al castellano medieval y de éste al moderno se dieron cambios específicos que incumplieron las tendencias generales o leyes fonéticas. Para analizar estas transformaciones "anormales", se recurre a los siguientes procesos o aplicaciones fonéticas, algunos de los cuales siguen vigentes en el presente en algunas variantes dialectales en determinadas áreas geográficas, clases sociales o registros.

3.1.1. Asimilación

Es cuando un sonido modifica su realización para parecerse a otro sonido vecino, imitando sus rasgos articulatorios. Puede ser progresiva como -PT- > t en RŬPTUM > *roto* o regresiva como -MB- > m en PALŬMBAM > *paloma*.

Este fenómeno causa otros resultantes como la sonorización, la palatalización y la monoptongación. La sonorización es cuando una consonante sorda pasa a sonora como en el caso de la /k/ intervocálica que da /g/ en AMĪCUM > *amigo*. Cuando una consonante se hace palatal (normalmente por influencia de la vocal /i/) como en SENIŌREM > *señor*, se da la palatalización; en el español actual se sigue dando como en el caso de *Toñi* para *Antonia*. La tendencia a pronunciar el diptongo con una vocal se denomina monoptongación como en TAURUS > *toro*; hoy en día se sigue haciendo en palabras como **ventiuno* por *veintiuno*.

3.1.2. Disimilación

Fenómeno contrario a la asimilación, consiste en diferenciar dos sonidos iguales que pueden ser contiguos o no. El sonido disimilado puede cambiar en otro distinto o desaparecer.

ARBORE > árbol
MARMOR > mármol
CARCERE > cárcel
VĪCĪNUM > vecino
HOMINEM > homne > homre > hombre
PROPRIUM > propio
ARATRUM > arado

En las líquidas es donde mayor número de disimilaciones se registra. Los contextos más frecuentes son:

/r-r/ > /r-l/ y /l-r/ 　 /n-m/ > /l-m/ 　 /m-m/ > /n-m/
/l-l/ > /l-r/ 　 /m-n/ > /m-l/

Actualmente también se da esta disimilación eliminatoria en vulgarismos como **pórroga* por *prórroga* o **endividuo* por *individuo*.

3.1.3. Metátesis

Se define como el cambio de posición de un sonido en la palabra como en SŬPER > *sobre*. Ocurre a menudo entre las líquidas /r/ y /l/. Puede ser de un elemento o dos elementos (metátesis recíproca), por ejemplo en PERICŬLUM > *peligro*, PARABŎLAM > *palabra*.

En la actualidad se dan casos como **cocreta* por *croqueta*, **dentrífico* por *dentífrico*.

3.1.4. Aféresis ø ---

Consiste en la pérdida de un sonido al comienzo de palabra, como en APOTHĒCAM > *bodega*, EMERITAM > *Mérida*. La aféresis de A- se vio influida por el artículo femenino *la* + *a* por fonética sintáctica.

3.1.5. Síncopa --- ø ---

Se trata de la pérdida de un sonido dentro de la palabra; eso ocurre con frecuencia en el paso del latín al castellano medieval con las vocales interiores átonas (pretónicas y postónicas).

CIV(I)TATEM > ciudad 　 FI(D)ĒM > fe 　 RE(G)ĪNAM > reína
COM(I)TEM > conde 　 CRE(D)ERE > creer
CUB(I)TUM > codo

La actual pérdida de -d- en los participios, habitual en todas las clases sociales, es también un caso de síncopa: **estudiao* por *estudiado*, **comío* por *comido*.

3.1.6. Apócope --- ø

Se denomina apócope a la pérdida de un sonido al final de la palabra. La vocal /e/ final se pierde siempre en los infinitivos latinos que pasaron al español.

HONOREM > honor 　 AMARE > amar
SOLEM > sol 　 PERDERE > perder
PANEM > pan 　 DĪCERE > decir

En el habla descuidada y vulgar, hoy día se producen apócopes como **pa* por *para*, **na* por *nada*, **to* por *todo*.

3.1.7. Prótesis x ---

Se refiere a la adición de un sonido al comienzo de palabra. Ocurre sobre todo cuando en posición inicial tenemos el grupo *s + consonante.*

SCHŎLAM > escuela SPATHAM > espada SCORTAM > escolta

Se sigue haciendo lo mismo con los préstamos extranjeros: *standard* > *estándar*, *snob* > *esnob*.

3.1.8. Epéntesis --- x ---

Es la adición de un sonido en el interior de una palabra, el cual puede ayudar a la transición fonética entre los sonidos contiguos preexistentes. Este fenómeno se hizo necesario cuando la síncopa vocálica dejó en contacto dos consonantes de acústica poco similar. Los sonidos epentéticos más usados son la /b/, la /d/ y la /r/.

NOMINEM > nom**b**re STELLAM > est**r**ella tener ha > tenrá > ten**d**rá
HUMĔRUM > hom**b**ro FILIATILE > hojalde > hojald**r**e MACŬLAM > mancula > man**ch**a
SUAM > su**y**a

En el español moderno también se da la epéntesis como en **bacalado* por *bacalao*, en este caso por ultracorrección.

3.1.9. Paragoge --- x

Se llama así a la adición de un sonido al final de la palabra. Este fenómeno no se da con mucha frecuencia. Desde la Edad Media se añadía una *-s* final a la segunda persona singular del pretérito y algunos imperativos por analogía con la misma persona en otros tiempos verbales. Hoy en día se considera un vulgarismo, aunque está bastante generalizado. Así **dijistes* por *dijiste* o **ves* por *ve*.

3.2. EVOLUCIÓN DEL SISTEMA VOCÁLICO

El sistema vocálico actual del español es bastante sencillo en comparación con otras lenguas romances, ya que cuenta con sólo cinco fonemas: /a/, /e/, /i/, /o/ y /u/. Sin embargo, presenta algunas dificultades cuando hay alternancia de vocal o diptongo en palabras de la misma familia léxica o morfológica, cuando la /i/ o yod cambia las vocales o consonantes contiguas y cuando varía el acento de intensidad.

Las vocales latinas experimentaron fuertes cambios en su paso del latín al castellano: cambiaron el número (de diez a cinco elementos), modificaron las consonantes con las que quedaban en contacto, perdieron el rasgo de la cantidad (que diferenciaba vocales largas de breves), disminuyeron los hiatos, formaron la yod (con todas sus repercusiones fonéticas) y transformaron la naturaleza del acento que de tonal en latín pasó a ser de intensidad, y por lo tanto, capaz de diferenciar palabras.

Para entender el comportamiento fonético-fonológico del vocalismo hay que tener presente los principales rasgos de la acentuación latina clásica y su posterior evolución hacia el latín vulgar y el castellano medieval.

3.2.1. Acento y cantidad en latín y su evolución al castellano

Resulta esencial conocer la acentuación latina para conocer la historia evolutiva de las palabras tanto en español como en las otras lenguas románicas. De la posición del acento dependerá mucho la posterior evolución de una palabra, sobre todo en la resolución de las vocales, ya que las tónicas (las que llevan el acento de intensidad) difieren en su comportamiento de las átonas (las que no lo llevan), tanto si son iniciales, medias o finales, como si son pretónicas (antes del acento) o postónicas (después del acento).

Ya decía Menéndez Pidal que el acento era como el alma de las palabras y conformaba su identidad aunque los otros constituyentes cambiaran:

> Cada vocal tiene una historia bastante diferente, según esté acentuada o no, y según el puesto que ocupa respecto al acento dentro de la palabra... El acento se mantiene inalterable... informando como un alma a la palabra, y asegurando la identidad sustancial de ésta, a pesar de los cambios más profundos que sus demás elementos puedan sufrir.[1]

El acento en latín era **tonal** o musical, o sea, que la sílaba tónica se pronunciaba más alta que las restantes; el acento español, en cambio, es de **intensidad**, es decir, que la sílaba acentuada se articula con mayor fuerza o energía. En latín el acento no diferenciaba palabras porque su posición dependía de las dos últimas sílabas. En otras palabras, el acento latino clásico no tenía valor fonológico, ni capacidad distintiva, estaba supeditado a la cantidad silábica que sí era un rasgo pertinente.

La acentuación clásica seguía las siguientes reglas.

- En las palabras de dos sílabas, el acento siempre recaía sobre la penúltima:

  ´
  ___ ___
  2 1

ALTUS	/áltus/	BŎNUM	/bónum/
CLAMOR	/klámor/	CAPUT	/káput/
VADIS	/bádis/	AMANT	/ámant/

- En las palabras con tres o más sílabas,
  - el acento recaía en la penúltima si ésta era larga o si era breve seguida de consonante:

  $\underset{3}{\_\_\_}\ \underset{2}{\acute{\_\_\_}}\ \underset{1}{\_\_\_} = \underset{3}{\_\_\_}\ \underset{2}{\bar{V}}\ \underset{1}{\_\_\_} = \underset{3}{\_\_\_}\ \underset{2}{\breve{V}C}\ \underset{1}{\_\_\_}$

FATIGĀRE	/fatigáre/	CĂBĂLLUM	/kabállum/
COLŌNUS	/kolónus/	PĂLŪMBAM	/palúmbam/

- el acento recaía en la antepenúltima si era breve la penúltima:

´___ ___ ___ = ___ V̆ ___
(3 2 1 = 3 2 1)

FABŬLAM	/fábulam/	BIFĬDUS	/bífidus/
TREMŬLUM	/trémulum/	PAGĬNAM	/páginam/

- Cuando la penúltima vocal era breve e iba seguida de dos consonantes, hubo vacilación:

´___ ___ ___ = ___ V̆CC ___ en latín clásico
(3 2 1 = 3 2 1)

___ ´___ ___ = ___ V̆CC ___ en latín vulgar
(3 2 1 = 3 2 1)

INTĔGRUM /íntegrum/ culto > íntegro	TENĔBRAM /ténebram/	COLUBRAM /kólubram/
/intégrum/ popular > entero	/tenébram/ > tiniebla	/kolúbram/ > culebra

En el paso del latín al español, el acento latino se fonologizó, pudo diferenciar palabras (*continuo / continúo / continuó*) y la cantidad dejó de ser importante, cobrando relevancia solamente la intensidad. Las sílabas tónicas se reforzaron mucho y las átonas sufrieron grandes cambios (a veces pérdidas).

El acento de intensidad marca más las vocales tónicas, con mayor fuerza acústica, que las átonas, mucho más débiles. Esa diferencia significa que la vocal tónica tiene un tono más elevado y audible, resistente al desgaste; por el contrario, las átonas, con un tono más bajo, son tendentes a fluctuar en cuanto a su timbre, debilitarse e incluso desaparecer. Este cambio, de acento tonal a de intensidad, y la pérdida de la cantidad vocálica, desencadenaron efectos de importancia como los siguientes.

3.2.1.a. Tendencia a eliminar hiatos

Mientras que en latín clásico se acentuaban las vocales cerradas /i/ y /u/ en los hiatos, en el latín vulgar se tendió a acentuar las abiertas /a/, /e/ y /o/, creando diptongos y eliminando los hiatos. Esa tendencia continuó en época romance e incluso se da en el presente (eso explica la doble pronunciación de *periodo* y *período*).

MŬLĬEREM	/mulíerem/	FILIŎLUM /filíolum/
	/muliérem/ > mujer	/filiólum/ > hijuelo

Otra manera de evitar el hiato se logró gracias a la inserción de una consonante *-y-* que explica formas como VADAMUS > vayamos.

3.2.1.b. Síncopa

La pérdida de la vocal pretónica o postónica ya se daba en latín tardío pero esta pérdida se vuelve sistemática en latín vulgar sobre todo en contextos en contacto con /r/ y /l/.

ALTERUM > altero > alt'ro > autro > outro > otro
CALIDUM > calido > cal'do > caldo
COMPUTĀRE > computar > comp'tar > contar

3.2.1.c. Formación de la yod

La transformación de los antiguos hiatos en diptongos favoreció la aparición de la **yod**. Con este término se designa tanto al elemento semiconsonántico [j] como al semivocálico [i] de los diptongos, dependiendo de si es el primer o segundo miembro del diptongo, es decir, si precede o sigue a la vocal. Si bien la yod normalmente se emplea para el semiconsonántico [j].

La yod influyó en las vocales y consonantes contiguas, hasta el punto de crear consonantes nuevas. Además de los diptongos, la yod puede derivarse de:

- La vocalización de consonantes en posición implosiva (final de sílaba o palabra), como en NŎCTEM > *noite* > *noche*, LACTEM > *laite* > *leite* > *leche*.
- Cierre de la vocal /e/, como en VĪNEAM > *vinia* > *viña*, ARĀNEAM > *arania* > *araña*.
- Metátesis como en PRIMARIUM > *primario* > *primairo* > *primeiro* > *primero*.
- Síncopa consonántica, en CŌGITĀRE > *cuidar*, SARTAGINEM > *sartaine* > *sartén*.

Todas las lenguas románicas han heredado un acento de intensidad. El acento que en latín dependía de la cantidad vocálica y era cuasi-fijo se convirtió en un acento de aparición libre o no previsible y con valor fonológico en las lenguas romances. Aún así la mayoría de las palabras castellanas llevan el acento en la misma sílaba que lo tenía en latín.

3.2.2. Pérdida de la cantidad vocálica

El latín clásico contaba con diez fonemas vocálicos, caracterizados por el lugar de articulación (anterior, central y posterior), el grado de abertura de la lengua (cerrada, media y abierta) y la cantidad, rasgo distintivo que diferenciaba las vocales largas (¯) de las breves (˘), de mayor y menor duración respectivamente. La vocal larga era cerrada y la vocal breve abierta. Véase el recuadro 3.1.

Las vocales breves eran más frecuentes que las largas y la oposición entre largas y breves sólo era importante en la sílaba tónica o en la final. Aun así la distinción de cantidad podía diferenciar palabras, como en los siguientes casos:

LĒVIS "liso" LĔVIS > leve PĪLUM "jabalina" PĬLUM > pelo
LĀTUS "ancho" LĂTUS > lado ŌS "boca" ŎS > hueso

RECUADRO 3.1

Vocales latinas: Ī Ĭ Ē Ĕ Ā Ă Ŏ Ō Ŭ Ū

	anteriores	**central**	**posteriores y labializadas**
Altas / cerradas	Ī Ĭ		Ū Ŭ
Medias	Ē Ĕ		Ō Ŏ
Bajas / abiertas		Ā Ă	

Además de estos diez fonemas vocálicos el latín clásico contaba con tres diptongos—AE, AU y OE—los cuales monoptongaron en su paso al castellano:

AE > ĕ > ę > ie	**AE > e**	**AU > ou > o**	**OE > ē > ẹ > e**
CAELUM > cielo	FAENUM > heno	AURUM > oro	POENAM > pena
QUAERIT > quiere	SAETAM > seda	TAURUM > toro	FOEDUS > feo
	CAESPITEM > césped	PAUCUM > poco	COENAM > cena

3.2.3. El vocalismo medieval

Las vocales del latín clásico se distinguían por la cantidad y asociada a ella la abertura, de tal modo que las breves eran abiertas (˛) y las largas cerradas (.). En el latín tardío la cantidad se perdió y la abertura pasó a tener valor fonológico. Como consecuencia las diez vocales originales se redujeron a siete, que posteriormente se redujeron a cinco en castellano. Es necesario diferenciar el carácter tónico o átono de las vocales dentro de la palabra para describir la evolución del sistema vocálico del latín clásico al vulgar y de éste al castellano. Gráficamente se puede representar toda la evolución en el recuadro 3.2.

Los cambios vocálicos propiciaron frecuentes variaciones de timbre hasta que las vocales tónicas se redujeron a cinco: la Ĭ breve y la Ē larga se aproximaron a /e/; la Ō larga y la Ŭ breve se aproximaron a /o/; las dos /a/ se confundieron pronto en una; y las largas Ī y Ū se mantuvieron como /i/ y /u/.

VĪTAM > vida	PLĒNUM > lleno	FLŌREM > flor	FŪMUM > humo	CĀRUM > caro
CĬSTAM > cesta	PĬLUM > pelo	CŬPPAM > copa	CŪPAM > cuba	MĂNUM > mano

El sistema latino vulgar tenía dos /e/ y dos /o/ diferenciadas por el grado de abertura; las numerosas confusiones de timbre llevaron a la diptongación de las breves tónicas, o abiertas—ę y ǫ—en /ie/ y /ue/, creando nuevos diptongos en el sistema:

RECUADRO 3.2

Evolución de las vocales en posición tónica

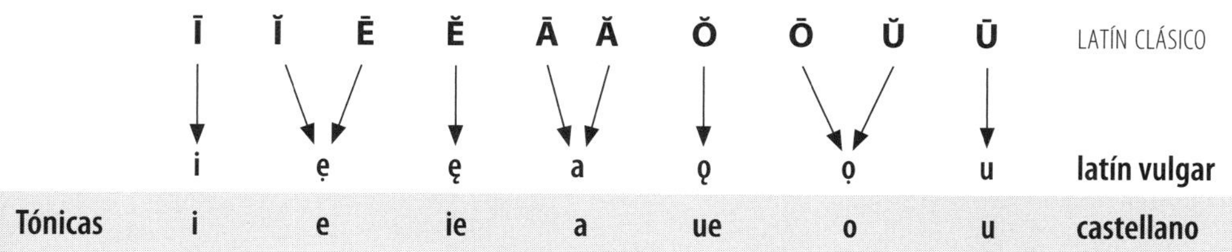

Evolución de las vocales en posición átona

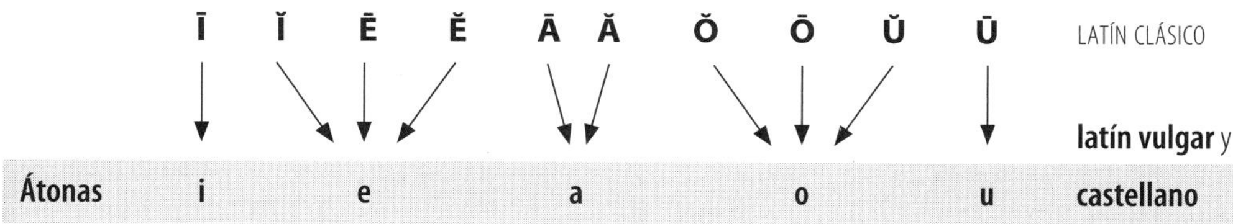

Evolución de las vocales en posición átona

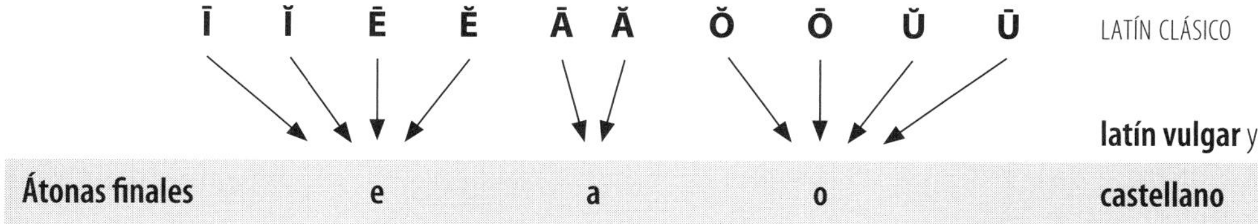

BĔNE > bien SĔRRAM > sierra BŎNUM > bueno LŎCUM > luego
PĔLLEM > piel MĔTUM > miedo ŎSSUM > hueso FŎRTEM > fuerte

Cuando la Ĕ breve y tónica estaba en posición inicial, el diptongo /ie/ se consonantizó, como se ve en los siguientes ejemplos:

ĔQUAM > yegua ĔREMUM > yermo HĔRBAM > yerba, hierba HĔDERAM > yedra, hiedra

Este proceso de bimatización de la vocal explica la alternancia de formas con y sin diptongo dentro de una misma familia léxica. De este modo, son muchos los verbos que diptongan en las personas que llevan el acento en la sílaba radical, como *vuelvo / volvemos* y *puedo / podemos*, lo mismo como sustantivos del tipo *pueblo / popular, sueño / soñar* y *tiempo / temporal*. También pueden crearse derivados a partir de la forma diptongada aunque la sílaba de la raíz sea átona como en *hueso / huesudo, miedo / miedoso, bueno / buenísimo*.

En algunos casos no siempre se produjo la diptongación de Ĕ > /ie/ y Ŏ > /ue/ debido al influjo de la yod o al carácter culto de la palabra, como en TĔMPLUM > *templo*, NŎVIUM > *novio*.

El diptongo /ie/ a veces se redujo posteriormente a una /i/, sobre todo en aquellas palabras que terminaban en el sufijo -ĔLLUM > *-iello* > *-illo*. Otras sufrieron dicha reducción sin explicación aparente.

CASTĔLLUM > castiello > castillo	PRĔSSAM > priesa > prisa
CULTĔLLUM > cuchiello > cuchillo	VĔSPERAM > viéspera > víspera
	SAECULUM (SĒCULUM) > sieglo > siglo

En la lengua medieval era frecuente la vacilación entre *o/ue*, no tanto la de *i/ie*. Así en los documentos alternan *bono / bueno, como / cuemo, conde / cuende, don / dueño* (éste último doblete se ha mantenido); *-mente / -miente / -mientre, muger / mugier, traxeron / traxieron, dixeron / dixieron*. Hay que recordar que en esa época no existía una norma ortográfica regularizada.

En resumen, para llegar al actual sistema vocálico del español, el latín vulgar siguió los siguientes pasos:

- Se perdió la cantidad vocálica latina (breves, largas).
- La cantidad fue sustituida por la apertura de las vocales (abierta, cerrada).
- El acento de intensidad adquirió valor fonológico.

En realidad no se puede afirmar cuando un sistema fue sustituido por otro, sobre todo si consideramos la lentitud de los cambios fonéticos, la variabilidad del habla y los factores sociales. Tampoco se sabe con certeza la razón del cambio vocálico aunque las principales teorías propuestas se basan en el orden estructural, la influencia sustratística y las tendencias fonéticas resultantes de la pérdida de la cantidad.

3.2.4. Vocales átonas: posiciones inicial, interior y final

Las vocales átonas (que no llevan acento) sufren cambios, reducciones o incluso pérdidas dependiendo de dos factores: su posición en la palabra (inicial, interior y final) y según el acento principal (pretónicas o postónicas).

En posición inicial las vocales son más resistentes y estables que en posición interior, aunque se dan algunos casos de pérdida como en APOTHECAM > *bodega, botica* y en el paso de los demostrativos latinos a los artículos ILLAM > *la*, ILLOS > *los*. Las palabras que empiezan por *s-* seguida de consonante añaden una /e/ (prótesis de /e/) como en SCHOLAM > *escuela* y STATUM > *estado*.

En posición interior sólo la /a/ se mantiene mientras que las otras vocales tienden a la inestabilidad o la síncopa (la desaparición). La pérdida de la vocal ya se daba en latín sobre todo en contacto con /l/, /r/ y /s/; los casos más sobresalientes vienen censurados por el *Appendix Probi* (VETULUS non VETLUS, CALIDA non CALDA, SPECULUM non SPECLUM. . .). La síncopa, por lo tanto, es muy común a todas las lenguas romances; en algunos casos ésta viene del latín, en otros se produce posteriormente. La caída de la vocal va a provocar los siguientes efectos en las consonantes que quedan en contacto:

- Asimilación o disimilación como en SEPTIMĀNAM > *set'mana* > *semana*.
- Creación de nuevos fonemas consonánticos, por ejemplo en SPECULUM > *spec'lu* > *espe**j**o*.
- Inserción de una consonante epentética como en FEMINAM > *fem'na* > *femra* > *fem**b**ra* > *hem**b**ra*.

La pérdida de estas vocales fue posterior a la sonorización de las oclusivas /p/, /t/ y /k/, pues para que se dé dicha sonorización se necesita el contexto intervocálico: POPULARE > *pob(u)lar(e)* > *pob'lar* > *poblar*.

En posición final la reducción de las vocales es más drástica, de hecho, el sistema quedó reducido a tres: /a/, /e/ y /o/. La -A y la -O se destacaron para indicar la diferencia de género y eran casi completamente estables. La /e/ final puede perderse, conservarse o transformarse. En aquellas voces donde dos /e/ quedaron juntas al final de palabra por síncopa de consonante, *-ee* pasó a *-ey* como en:

REGEM > ree > rey LEGEM > lee > ley BŎVEM > buee > buey

La apócope o caída de /e/ final fue normal después de *d, l, n, r, s* y *z*:

VERITĀTEM > verdade > verdad MĔSSEM > miesse > mies VŌCEM > voz

Durante los siglos XII y XIII se dio lo que se denomina "apócope extrema" o pérdida no sistemática de la *-e* final que afectó a cualquier consonante en posición final de palabra. Lo curioso de este fenómeno es que alternaba en los mismos contextos con la forma plena, así aparecían *noche / noch, nueve / nuev* o *nuef*. También se dio apócope de *-o* final, por analogía, como en *solo / sol, todo / tod*, pero se recuperó la vocal, lo que no ocurrió con los adjetivos de uso muy frecuente como *buen, algún, ningún, primer* y *tercer*.

Sólo terminan en /i/ o /u/ monosílabos (*mi, tu, su*), la primera persona del pretérito (*bebí, viví*), extranjerismos (*maní, jabalí*) y en el sufijo de gentilicios (*saudí, israelí*).

3.2.5. Inflexión por yod

Se denomina *inflexión* al fenómeno por el cual una vocal reduce su abertura un grado por la influencia de una vocal cerrada, generalmente la yod. Algunas vocales no siguieron la tendencia regular porque estaban en contacto con la yod o con la consonante contigua palatalizada por la yod. Lógicamente las vocales de cerrazón máxima—la /i/ o yod y la /u/ o también llamada **wau**— son las que van a provocar esta inflexión sobre /a/, /e/ y /o/.

/a/ > /e/
/e/ > /i/ } por influencia de **yod** o **wau**
/o/ > /u/

Cuando la yod actúa sobre la ŏ y ĕ breves tónicas impide su diptongación.

La incidencia de la yod (muy generalizada en las lenguas románicas) sobre el vocalismo castellano no tiene una explicación sistemática, sin embargo es evidente en numerosos casos:

FACTUM > hecho y no *h**a**cho
TRŬCTAM > trucha y no *tr**o**cha
LĔCTEM > leche y no *l**ie**che
PLŬVIAM > lluvia y no *ll**o**via
CĒREUM > cirio y no *c**e**reo
NŎCTEM > noche y no *n**ue**che

La /i/ y la /u/ nunca pueden sufrir inflexión. A continuación aparecen algunos contextos donde la vocal sufre su cierre o monoptonga:

Ā, Ă > a	Ā, Ă + yod > ai > ei > e	LAICUM > *l**ai**go* > *l**ei**go* > *l**e**go*, AMAVI > am**ai** > am**ei** > am**é**
Ē, Ĭ > e	Ē, Ĭ + yod > i	TĒPIDUM > *tepidu* > *tebidu* > *tebiu* > *t**i**bio*
		LĬMPIDUM > *limpido* > *l**i**mpio*
AE, Ĕ > ie	AE, Ĕ + yod > e	PRAEMIUM > *pr**e**mio*
		NĔRVIUM > *n**e**rvio*
ŏ > ue	ŏ + yod > o	FŎLIAM > *h**o**ja*
Ō, Ŭ > o	Ō, Ŭ + yod > u	CŌGNĀTUM > *c**u**ñado*
		MŬLTUM > *muito* > *m**u**cho*

Por otro lado, la yod en los grupos -SI-, -PI- y -RI- va a provocar metátesis y crear un nuevo diptongo AI que monoptongará con el transcurrir del tiempo en /e/, AI > *ei* > *e*, aunque se mantendrá en un estadio intermedio en portugués como /ei/.

BASIUM > b**ai**su (metátesis) > b**ei**so > b**e**so
SAPIAS > s**ai**pas > s**ei**pas > s**e**pas
RIPARIAM > ribaria > rib**ai**ra > rib**ei**ra > rib**e**ra
ŎPĔRARIUM > oberario > obr**ai**ro > obr**ei**ro > obr**e**ro
Sufijo -ARIUM > -ario > -**ai**ro > -**ei**ro > -**e**ro
MATĔRIAM > maderia > mad**ei**ra > mad**e**ra

De la misma manera se produce metátesis de yod con otros resultados:

AUGURIUM > augurio > aug**ui**ro > ag**üe**ro
CŎRIUM > corio > c**oi**ro > c**ue**ro

CICŌNIAM > cigonia > cig**oi**na > cig**üe**ña
Sufijo -TORIUM > -dorio > -d**oi**ro > -d**ue**ro > -d**e**ro,
(por analogía con -ARIUM > -ero)

Relacionada con la yod, tenemos la inflexión de wau, sonido cerrado que puede ser semiconsonántico [w] o semivocálico [u̯] según preceda o siga a la vocal en el diptongo. La wau también cierra la vocal anterior, sin embargo su repercusión es mucho menor que la de yod. De la misma manera que yod crea el diptongo AI, wau crea AU, que monoptona en /o/, AU > *ou* > *o*; el portugués se quedó en /ou/. Su procedencia es variada:

- Algunas veces ya existía en latín como en PAUCUM > ***pou**co* > ***po**co*, AUCAM > ***ou**ca* > ***o**ca*.
- Por metátesis, por ejemplo SAPUI > *saupi* > *s**ou**pi* > *s**o**pe* > *supe*, HABUI > *h**au**bi* > *h**ou**bi* > *h**o**be* > *hube*.
- Por vocalización de una /l/ implosiva como en SALTUM > *salto* > *s**au**to* > *s**ou**to* > *s**o**to*.

Es necesario apuntar que el vocalismo medieval se iguala al del español moderno, con cinco vocales. Por otro lado, presenta una abundante fluctuación vocálica como resulta propio de una lengua que comienza a desarrollarse. En los documentos aparecen variaciones vocálicas constantemente: *carraria / carraira / carreira / carrera, mejor / mijor, dizir / dezir, parte / part, dixe / dix, fuent / fuente*; sobre todo en lo que a la *-e* final se refiere, de una inestabilidad patente. La pérdida o apócope de *-e* se restituye en el siglo XIV, aunque el Arcipreste de Hita todavía la utilice en voces como *nief* "nieve", *dix* "dije", *yot* "yo te" como arcaísmos populares.

3.3. EVOLUCIÓN DEL SISTEMA CONSONÁNTICO

En esta sección se describen los cambios fonéticos que afectaron a las consonantes, empezando por la presentación del sistema consonántico latino, siguiendo con el estudio de las consonantes según su posición inicial, interior o final de palabra y finalizando con fenómenos importantes como la asibilación y la palatalización.

Para el estudio de las consonantes resulta esencial tener presente los cambios vocálicos, ya que algunos cambios consonánticos se deben al efecto de las vocales contiguas.

El cambio de una consonante viene determinado por su naturaleza, su posición en la palabra y su contacto con otros sonidos. Estos tres factores resultan determinantes para explicar aparentes excepciones a la evolución regular de una palabra. En términos generales los cambios, ya sean vocálicos o consonánticos, vienen producidos por tendencias universales como la de relajar la pronunciación, esforzar lo menos posible la articulación, ajustar combinaciones difíciles de producir y organizar los sonidos sistemáticamente.

De forma muy resumida, los principales cambios consonánticos se pueden reducir a:

- **Lenición**, o debilitamiento de la consonante, que se puede manifestar como **degeminación**, cuando las consonantes dobles se simplifican en una, BŬCCAM > *boca*; como **sonorización**, cuando la consonante sorda se sonoriza, así las oclusivas sordas intervocálicas sonorizaron, LŬPUM > *lobo*; o como **fricatización**, cuando la consonante oclusiva pasa a fricativa en posición intervocálica, HABERE > *aver, haber*. La lenición conlleva una reorganización fonológica en cadena.
- **Aspiración**, como ocurre en el caso de la F- inicial latina, FACERE > *hacer*.
- **Palatalización**, cuando una consonante pasa a ser palatal, como en SAPŌNEM > *jabón*, en cast. ant. x*abón* [ʃabón] o PLENUM > ***ll**eno* [yéno]. La yod palataliza frecuentemente la consonante a la cual acompaña, FILIUM > *hijo*, cast. ant. ***f**ijo* [fíʒo].
- Pérdida del elemento labiovelar, como en QUASI > *casi*.
- **Asibilación**, cuando por influencia de una vocal palatal la consonante se asibila en [ts] o [dz], VICINUM > *vecino*, cast. ant. *ve**z**ino* [wedzíno] o [βedzíno].

3.3.1. Consonantes latinas

El sistema consonántico latino era más sencillo que el del español medieval y actual pues carecía de consonantes palatales (/ɲ/, /y/, /ʎ/, /ʃ/, /ʒ/) y africadas (/ʧ/, /ʤ/). Tampoco tenía la fricativa velar /x/ ("ge" en *gente*).

	Labiales	Dentales	Alveolares	Velares	Laríngea
Oclusivas sordas	p	t		k	
Oclusivas sonoras	b	d		g	
Fricativas sordas	f		s		h
Nasales	m		n		
Laterales			l		
Vibrantes			r		

Algunos cambios en el latín tardío se generalizaron en todas las lenguas romances como la formación de sonidos palatales o la consonantización de [w] > /β/ e [j] > /y/ (VITAM [wítam] > *vida*, IŪSTUM [jústum] > *yusto* > *justo*). Otros como la lenición (debilitamiento de las consonantes) solo afectó a la Romania occidental.

La semiconsonante velar [w] se reforzó como fricativa bilabial [β] confluyendo con la pronunciación de la /b/ intervocálica. Esto explica las frecuentes confusiones entre -B- y

-v- intervocálicas ya en latín tardío y después en romance; en posición inicial de palabra se mantuvo la distinción entre B- [b] y v- [β].

PRONUNCIACIÓN DE LAS CONSONANTES LATINAS

	Ejemplos	Pronunciación	
B	BĪBO	[b]	[bíbo]
C	CĒNAM	[k]	[kénam]
CH	CHOLERAM	[k]	[kóleram]
D	FĪDEM	[d]	[fídem]
G	GUSTARE	[g]	[gustáre]
H	HABERE	[h]	[habére]
J	JULĬUM	[j]	[júljum]
LL	BĔLLAM	[l:]	[bél:am]
PH	PHANTASMAM	[f]	[fantásmam]
RH	RHYTHMUM	[r]	[rítmum]
Q	QUINTO	[kw]	[kwínto]
TH	THEMAM	[t]	[témam]
V	VĔNĪRE	[w]	[weníre]

3.3.2. Consonantes iniciales

Las consonantes iniciales son las más estables y muchas se mantuvieron sin cambios en su evolución al castellano.

BŎNUM > bueno	CASAM > casa	DŎMINUM > dueño	LĬNGUAM > lengua
MANUM > mano	NŎVUM > nuevo	PATREM > padre	SĔPTEM > siete
TĔRRAM > tierra	VACCAM > vaca		

B-, V-

La B- y la V- iniciales acabarán confluyendo en un mismo fonema /b/, sin embargo durante la Edad Media se mantiene la distinción en posición inicial. La V- latina se conserva en la ortografía moderna pero representa un sonido bilabial /b/.

BARBAM > barba   BĔNE > bien   VENIRE > venir   VĪCĪNUM > vecino

R-

La R- inicial, simple en latín [r], se hace múltiple [r̄] coincidiendo con -rr-. Este cambio no se manifiesta en la escritura.

RATIONEM > razón   RECTUM > recto   RŎTAM > rueda   RŪTAM > ruda

F-

La F- inicial sufrió dos tratamientos distintos: conservación o aspiración y posterior pérdida. Fue la única consonante que cayó de manera bastante sistemática en castellano y más rápidamente en el norte que en el sur peninsular. Algunas de las teorías defienden la influencia del sustrato vasco; otras, cambios internos dentro del latín.

F- > h- > ø

FARĪNAM > harina	FĔRRUM > hierro	FĪLUM > hilo	FORMICAM > hormiga	FŬRNUM > horno
en port. > farinha	> ferro	> fio	> formiga	> forno

La F- se conserva ante *r* y *l*, diptongos y en monosílabos (*fue, fui, fe*):

FRĒNUM > freno   FRONTEM > frente   FRŬCTUM > fruto   FLACCUM > flaco   FLŌREM > flor
FĔSTAM > fiesta   FŎNTEM > fuente

La F- que se ha mantenido en otros casos se debe sobre todo a:

- Cultismos: *familia, fama, fenecer, feria, fiar, fontana, fumar.*
- Restauración ante el diptongo -ue- < ŏ: *fuerza, fuera, fuerte, fuero.*
- Dialectalismos periféricos admitidos por el castellano:
  - del catalán: *faena, forja, falla, fábrica*
  - del mozárabe: *febrero, feo, fajo, faja*
  - del francés: *faceta, filete, filón*
  - del italiano: *facha, fachada, filigrana.*

Hasta los comienzos de la expansión castellana (s. X) la aspiración [h] se limitaba a su área de origen, Cantabria; otras zonas utilizaban [f]. A medida que Castilla se va extendiendo en los inicios de la reconquista (s. X–XIII), la [h] empieza a usarse en toda Castilla la Vieja, a invadir León, y pasa a territorios del centro-sur. Después del s. XVI, la [h] forma parte de la pronunciación estándar (toledana), llega con la reconquista al sur de España (excepto zonas gallego-portuguesas y catalanas). Al mismo tiempo que la articulación de [h] triunfaba en el sur y oeste, en el norte y Castilla la Vieja desaparecía la aspiración. Se produce el enfrentamiento en el s. XVI entre la pronunciación de Burgos

/ablár/ y la de Toledo /hablár/. Tras establecerse en Madrid la pronunciación norteña (sin [h]) en 1560, este modelo se convierte en la norma y llega a todas las áreas del habla castellana. La aspiración de [h] acabó perdiéndose, mientras que en Extremadura y Andalucía se conserva todavía en algunas zonas rurales, donde se mantiene en algunas palabras como *harto* [hárto] y no [árto].

La PH- inicial latina da *f-*; no hay muchos ejemplos de este grupo inicial.

PHANTASIAM > fantasía   PHYSICAM > física   PHŌCAM > foca   PHŌSPHŎRUM > fósforo

GL- Y PL-, CL- Y FL-

Los grupos iniciales se suelen mantener inalterados con algunas excepciones, como la de GL-, que pierde la primera consonante, y las palatalizaciones de PL-, CL- y, algunas veces, FL-, que pasan a convertirse en la palatal lateral /ʎ/, representada en la escritura mediante *ll*.

GLATTĪRE > latir   PLANUM > llano   PLUVIAM > lluvia   CLAVEM > llave   FLAMMAM > llama

Se dan numerosas excepciones a la palatalización de los grupos PL-, CL- y FL-, por ser bien cultismos o bien palabras populares.

PLUVIOSUM > pluvioso   PLANUM > plano   PLENUM > pleno   CLAVEM > clave   CLAMĀRE > clamar
PLANTAM > planta   PLATEAM > plaza   CLARUM > claro   CLAVUM > clavo   CLAVĪCULAM > clavija

El grupo FL- es más curioso pues hay pocas palabras en español que en latín empezaran por FL-, y la mayoría lo conservan.

FLACCUM > flaco   FLŌREM > flor   FLŬXUM > floxo > flojo   FLACCIDUM > flácido > llacio > lacio
FLŎCCUM > flueco > fleco

C- Y G-

Algunas consonantes cambian o no dependiendo de la vocal que siga. Las consonantes C- y G- con /a/, /o/ y /u/ no se alteran.

CARUM > caro   CŎLLUM > cuello   CUM > con   GALLĪNAM > gallina   GŬTTAM > gota

No obstante, se puede producir la sonorización de C- como en CATTUM > *gato*.

Por el contrario, cuando estas consonantes preceden a las vocales anteriores /e/, /i/, o a la semiconsonante [j], sí cambian: se asibilan en /ts/ (sibilante africada dental sorda) o se pierden. Así los grupos CE-, CI-, pronunciados [ke], [ki] en latín, se convierten en [tse], [tsi] en castellano medieval, representados en la escritura con *c* y *ç*. A comienzos del siglo XVI el grupo /ts/ se hizo fricativo dental y posteriormente se interdentalizó en /θ/, variante dialectal peninsular.

CĒRĔUM > cirio   CIRCĀ > cerca   CAELUM > cielo   CĬSTAM > cesta   CĪVITĀTEM > ciudad

En el caso de los grupos iniciales GE-, GI- latinos, pronunciados [ge], [gi], desapareció la consonante.

GERMĀNUM > hermano GINGĪVAM > encía GĔLUM > hielo GĔMMAM > yema GĔNERUM > yerno

En el caso de *yema* y *yerno* la consonante inicial se obtiene de la diptongación de la Ĕ breve tónica latina y no se explica por conservación o evolución de la consonante G- inicial. Todas las palabras que hoy día conservan la *g-* inicial se consideran cultismos: *gente, gemelo, germen, gesto, gigante*, etc.

3.3.3. Consonantes interiores

En posición interior, sobre todo en posición intervocálica, se producen cambios encadenados de debilitamiento consonántico que reciben el nombre de **lenición**. Este fenómeno articulatorio se da en toda la Romania occidental. La lenición se manifiesta en cuatro procesos que se originan a partir del primero de forma encadenada.

- **Simplificación** de consonantes geminadas: -PP- > -p-, -TT- > -t-, -CC- > -c-, -BB- > -b-, -FF- > -f-

CŬPPAM > copa GŬTTAM > gota BŬCCAM > boca ABBATEM > abad AFFLUENTEM > afluente

Se exceptúan los grupos -LL- > /ʎ/, escrita como "ll", y -NN- > /ɲ/, representada como "ñ", que palatalizaron; -RR-, que se mantiene como vibrante múltiple /r̄/; y -SS-, que pasó al castellano medieval como sibilante sorda /s/ (en oposición a la sonora /z/).

- **Sonorización** de oclusivas sordas: -P- > -b-, -T- > -d-, -C- > -g-

CŪPAM > cuba CATĒNAM > cadena AQUAM > agua APOTHECAM > bodega
SAPIT > sabe VĪTAM > vida SECURUM > seguro

Dicha sonorización también puede producirse cuando sigue una líquida: *l* y *r*.

APRILEM > abril CAPRAM > cabra PATREM > padre SŎCRUM > suegro

Se conservan como sordas las consonantes que siguen a la semivocal.

PAUCUM > poco AUTUMNUM > otoño

Cuando la -C- va seguida de /e/, /i/ (-CE-, -CI-), sufre los mismos cambios que en posición inicial, se asibila en /ts/ y posteriormente evoluciona a la consonante interdental /θ/.

CARCĔREM > cárcel CORTĪCEAM > corteza DICERE > decir PISCEM > pece > pez

- **Fricatización** de las oclusivas sonoras: -b- > -β-, -d- > -ð-, -g- > -ɣ-

CAPUT > cabo [ká**b**o] > [káβo] TOTUM > todo [tó**d**o] > [tóðo] LACUM > lago [lá**g**o] > [láɣo]

Aunque las nuevas consonantes se hicieron fricativas, en la mayoría de los casos no varió su escritura.

- **Pérdida** de las fricativas sonoras: -β-, -ð-, -ɣ- > ø

RĪVUM > río FIDEM > [fíde] > [fíðe] > fee > fe LEGALE > legal [le**g**ál] > [leɣál] > leal

Estos cuatro procesos de lenición están relacionados: el primero origina el segundo y así sucesivamente, en un proceso encadenado. Se pueden resumir de la siguiente manera:

-pp- > -p-	-p- > -b-	-b- > -β-	-β- > ø
-tt- > -t-	-t- > -d-	-d- > -ð-	-ð- > ø
-cc- > -c-	-c- > -g-	-g- > -ɣ-	-ɣ- > ø

Resulta destacable la desaparición de /d/ en las desinencias verbales acabadas en *-des* < -TIS; así en la época medieval alternan *amades* con *amaes* o *amáis* y *avedes* con *aveis*. En el siglo XV, la resolución es clara y se generalizan las formas sin /d/.

3.3.3.a. Otros grupos consonánticos interiores

Además de la simplificación de las geminadas, otras secuencias de consonantes interiores tienden también a reducirse o asimilarse, empezando en el latín tardío como:

PT > tt > t	**PS > SS**	**MB > m**	**NS > S**	**RS > SS > S**	**SS > S**
SĔPTEM > siete	IPSEM > ese	PALŬMBAM > paloma	MĒNSAM > mesa MĒNSES > meses	ŬRSUM > oso	ŎSSUM > hueso

Por otro lado, la síncopa de vocales pretónicas o postónicas resulta en grupos consonánticos desconocidos, lo cual provoca otros cambios para facilitar la articulación.

COMPUTARE > comptar > contar	ANIMAM > anma > alma	CAPITULUM > cabidlo > cabildo
SEPTIMANAM > setmana > semana	SANGUINEM > sangne > sangre	GENERUM > yenro > yerno
(simplificación)	(disimilación)	(metátesis)

3.3.3.b. Confusión de bilabiales /b/ y /β/

Ya se ha mencionado que en posición inicial, B y V mantuvieron su distinción en castellano medieval, pronunciándose como bilabial oclusiva [b] y semiconsonante velar [w] respectivamente. La lenición no afectó a la consonante en posición inicial en un principio. En cambio, en posición interior confluyeron las dos bilabiales: la /b/ oclusiva procedente de -P- y la /β/ fricativa procedente de -B- y -V-.

SAPERE > saber [sa**b**ér] > [sa**β**ér] MOVERE > mover [mo**β**ér]

Desde principios del siglo XIII se documentan ejemplos como *boz* por *voz* < VŌCEM, *boda* por *voda* < VOTA, que ponen de manifiesto que la confusión ya se había extendido al inicio de palabra también y que se tendía a la oclusiva [b] en posición inicial absoluta. En el siglo XV, la cofusión se generalizó en cualquier posición y se llegó a la tendencia actual: [b] oclusiva en posición inicial y tras nasal, [β] en contextos intervocálicos y de interior de palabra. Hasta el siglo XVII la escritura muestra la confusión de bilabiales hasta que en el siglo XVIII la Real Academia Española propuso una ortografía etimológica, basada en el reparto latino de *b* y *v* sin base fonética.

Por otro lado, la /b/ se vocalizó en /u/ en aquellas palabras donde se dio una síncopa vocálica y quedó en posición implosiva.

CAPITĀLEM > cabidal > cab'dal > caudal   CĪVITĀTEM > cibidad > cib'dad > ciudad

3.3.4. Consonantes finales

En latín sólo podían aparecer al final de palabra las consonantes -L, -S, -N, -R, -T, -D, -M y -C. La mayoría se perdieron en el protorromance que sólo utilizó /l/, /s/, /n/ y /r/. No obstante, en el castellano medieval, se amplió el número a /l/, /s/, /n/, /r/, /d/ y *z* /θ/, gracias a la apócope de *-e*. La pérdida de *-e* final facilitó que la palabra pudiera terminar en una consonante alveolar (/l/, /s/, /n/, /r/) o dental (/d/ y /θ/).

AD > a	ALIQUOD > algo	DĪC > di	NEC > ni	
FIDĒLEM > fiel	MĒNSEM > mes	PĀNEM > pan	MAREM > mar	PARIETEM > pared

En aquellas palabras en las que la *-e* apocopada iba precedida del grupo consonántico medieval [ts], escrito con *ç*, la consonante final pasó a ser *z*.

PĀCEM > [pátse] > paz	PISCEM > peçe [pétse] > pez	CALCEM > coçe [kótse] > coz
CRUCEM > cruz (nom. CRUX)	VOCEM > voz (nom. VOX)	NŬCEM > nuez (nom. NUX)

La -S se conservó regularmente para indicar el plural y la segunda persona de los verbos.

PISCES > peces   IŪDICĒS > jueces   LŪCĒS > luces   FASCES > faces > haces

La -M del acusativo singular cayó muy pronto y esta forma fue la que dio origen a la mayoría de los sustantivos y adjetivos españoles. En los monosílabos la -M final latina se perdió o se transformó en *–n*, como en IAM > *ya*, CŬM > *con* y TAM > *tan*.

3.3.5. Asibilaciones y palatalizaciones

En este apartado se recogen los procesos más importantes de asibilación y palatalización que se dieron en el latín vulgar y en el romance por influencia de una vocal palatal (/i/, /e/) o la yod [j].

Entre las **asibilaciones** encontramos los siguientes grupos consonánticos latinos:

-C$^{E, I}$-, QU$^{E, I}$, -TI-, -KI- > /dz/ (sibilante africada dental sonora)

El fonema /dz/ es el correspondiente sonoro del sordo /ts/. Éste último, resultante de la evolución del grupo inicial CE-, CI-, sonoriza en posición intervocálica en /dz/. En la escritura se empleó la zeta, *z*, para representarlo.

COQUINAM > cozina [kodzína] > cocina [koθína] PLACITUM > plazo [pládzo] > [pláθo]

En la Edad Media se confundió la sorda /ts/ con la sonora /dz/ hasta que desapareció la sonora a finales del siglo XV, haciéndose fricativa y posteriormente convirtiéndose en interdental.

/ts/, /dz/ > ts > ş > θ

En aquellos casos donde la consonante no absorbió la yod, la consonante no sonorizó.

PALATIUM > palacio [palátsjo], no [paládzjo] sufijo -TIONEM > -ción [tsjón], no [dzjón]

I, LI, -CUL-, -GUL-, -TUL- > /ʒ/ (sibilante fricativa prepalatal sonora)

La primera secuencia que se palataliza es LI, ya en latín vulgar; los otros grupos tuvieron que sufrir la síncopa de la vocal /u/: -CUL- > -c'l-, -GUL- > -g'l-, -TUL- > -t'l-. La consonante en posición implosiva se vocaliza en /i/, la cual palataliza a la consonante siguiente. Este fonema /ʒ/ se representa en la escritura medieval mediante *i, j* o *g*. A finales del siglo XV o comienzos del siglo XVI se ensordece en /ʃ/ y posteriormente se velariza en /x/.

-CUL- > -gul- > -g'l- > -i̯l- > -ʎ- > -ʒ- > -ʃ- > -x-

FŎLIAM > hoja	IAM MAGIS > jamás	LENTICŬLAM > lenteja	TĒGŬLAM > teja
CŌNSILIUM > consejo	IŪDAEUM > judío	APĬCŬLAM > abeja	SPECULUM > espejo

-X- > /ʃ/ (sibilante fricativa prepalatal sorda)

Este fonema procede de la -X- latina intervocálica pronunciada [ks]. En su evolución al castellano la /k/ vocaliza en /i/ y ésta palataliza a la /s/, resultando en la nueva consonante /ʃ/ que se seguirá representando ortográficamente con *x* durante siglos aunque tuviera otro valor. A finales del siglo XV o comienzos del XVI este fonema se velariza en /x/, escrito *g, j*.

-X- [ks] > -i̯s- > -ʃ- > -x-

DĪXĪ > dije FIXUM > fijo MAXILLAM > mejilla CAPSAM > caxa > caja

En la Edad Media, también se hallan algunos trueques de S- inicial por X-, por lo que esa S- inicial da el mismo resultado de -X- intervocálica, /ʃ/.

SŪCOM > xugo > jugo SAPONEM > xabon > jabón SIRINGAM > xiringa > jeringa
SALTARE > saltar, sotar > sota > xota > jota

Cabe mencionar que bastantes voces del árabe que comenzaban por /ʃ/ igualmente se velarizaron en /x/, como *jaque, jaqueca, jara, jarabe, jarra, jazmín*, etc. Lo mismo ocurrió con palabras amerindias como *jacal, jalapa, jícara, jilote*.

En el español medieval se formaron consonantes palatales que no existían en latín. Las nuevas consonantes palatales fueron /ʧ/, /ɲ/, /ʎ/ y /y/. Éstas se derivaron de los fenómenos de **palatalización** de los siguientes grupos.

-CT-, -ULT-
cons. + PL, CL, FL
cons. + LI, C'L, G'L, T'L
} > /ʧ/ (africada prepalatal sorda)

En estos grupos se produjo la vocalización de la consonante en posición implosiva en /i/ y posteriormente ésta palatalizó a la consonante siguiente.

-CT- > -i̯t- > ʧ

NŎCTEM > noche
noite en port.

MŬLTUM > mucho
muito en port.

AMPLUM > ancho

INFLARE > hinchar

En otros casos el grupo consonántico se redujo a /t/ o se perdió la -C- implosiva.

FĪCTUM > fito > hito FRĪCTUM > frito FRŪCTUM > fruto (med. *frucho*) PUNCTUM > punto

-NI-, -NN-, -MN-, -GN-, -NG- > /ɲ/ (nasal palatal sonora)

Estos grupos consonánticos con nasales se palatalizaron por influencia de la yod, derivada de la consonante en posición implosiva. En la Edad Media el sonido palatal nasal /ɲ/ se representaba en la escritura con doble *nn* o con la *ñ*, es decir con una virgulilla encima de la *n* que marcaba la abreviatura de otra *n*, origen de la grafía *ñ*.

-GN- > -i̯n- > -ɲ-

CŪNEAM > cuña HISPANIAM > España CANNAM > caña DAMNUM > daño SĬGNAM > seña

PL-, CL-, FL-, -LL-, -LI-, -FFL-, -B'L- > /ʎ/ (lateral palatal sonora)

Estos grupos consonánticos se palatalizan en /ʎ/ como ya se mencionó en la sección de las consonantes iniciales. Entre los grupos interiores, el más frecuente en palatalizar es -LL-. Por otro lado, -LI-, -FFL- y -B'L- también lo pueden hacer pero se dan pocos casos.

GALLUM > gallo CABALLUM > caballo PŬLLUM > pollo AFFLARE > fallar TRĪBŬLUM > trillo
BATTULĬAM > batalla PĪLĬARE > pillar TALĔAM > talla

I-, -I-, -DI-, -GI- > /y/ (fricativa palatal sonora)

IA-, IO-, IU- > /y/, /x/

Cuando se trata de la nueva consonante palatal /y/ hay que considerar su procedencia dependiendo de la posición que ocupaba en la palabra, la vocal que seguía y el carácter tónico o átono de la sílaba. En el siglo XIII se la representaba mediante una *y* e *i*.

Los grupos consonánticos interiores -I-, -DI-, -GI- evolucionaron regularmente a /y/ excepto cuando les precedía una vocal palatal, ya que desaparecía la consonante (absorbida por la vocal).

MAIUM > mayo	RADĪUM > rayo	FAGĔAM > haya
CŪIUM > cuyo	PŎDIUM > poyo	PLAGIAM > playa
PĒIŌREM > peor, no *peyor	VIDEO > veo, no *veyo	CORRIGIAM > correa, no *correya

Hubo algunos casos del grupo -BI- que también palatalizaron en /y/, como HABEAT > *haya*.

En posición inicial seguida de /a/, /o/ y /u/ se producen cambios dispares. Así IA- se conserva como /y/; los pocos casos de IO- velarizan en /x/ a través del paso intermedio de /ʒ/. En el grupo IU- se dan evoluciones irregulares, predominando los resultados con /x/, pero también da /y/ o desaparece.

IAM > ya	IOB > Job	IŪLIUM > julio	IUGUM > yugo	IUNGERE > uncir
IACERE > yacer	IOCOSUM > jocoso	IŪSTUM > justo	IUNCTAM > yunta, junta	

No hay que olvidar que en algunos ejemplos como *yegua, yedra (hiedra), yema, yerba (hierba), yermo, hielo*, la /y/ resulta de la consonantización de la yod procedente del diptongo de la Ĕ breve tónica. La ortografía de *hie-* en algunas de estas palabras fue un recurso ortográfico semiculto para evitar la consonantización total de la yod, que ya se estaba dando en el habla como tendencia natural de la pronunciación /yé/.

3.3.6. Yeísmo

Ya desde el siglo XVI las confusiones ortográficas entre *y* y *ll* demuestran que en el habla se estaba produciendo el trueque entre la lateral palatal /ʎ/ y la fricativa palatal /y/. Esta indistinción se expandió en gran medida en el sur y acabó generalizándose a favor de la fricativa /y/, de aquí el nombre de *yeísmo*. En los escritos notariales americanos del siglo XVI también se documentaba claramente los errores entre *y* y *ll*. Hoy por hoy, se puede afirmar que la mayoría de los hispanohablantes somos yeístas, aunque todavía quedan algunos residuos dialectales en el norte peninsular y en zonas andinas (por influencia del quechua) que distinguen entre /ʎ/ y /y/. A pesar de la pérdida del fonema /ʎ/, la realización del fonema /y/ no es homogénea y difiere de unas zonas a otras.

3.3.7. Las sibilantes

Las sibilantes reciben esa denominación por el silbido que el aire provoca al articularlas. En el castellano medieval había tres parejas de sibilantes, seis en total, con valor fonológico, oponiéndose entre sí y diferenciando significados. Podían ser fricativas o africadas, sordas o sonoras. La oposición de sonoridad ocurría en posición intervocálica, a excepción de las prepalatales que podían ocurrir en posición inicial.

Se recogen todas ellas— /ts/, /dz/, /s/, /z/, /ʃ/ y /ʒ/—con las grafías que se emplearon y ejemplos de su procedencia, en el recuadro 3.3.

Las tres parejas de sibilantes cambiaron mucho en su evolución al castellano moderno y gracias a esas transformaciones se originaron las dos normas del español actual: la castellana, del centro-norte peninsular, y la meridional, llevada después a Canarias y a América.

En el castellano centro-norte, las africadas se hicieron fricativas: /ts/, /dz/ > /ş/. La sibilante dental /ş/ se adelantó, convirtiéndose en interdental /θ/. La *s* perdió la oposición de sonoridad, por lo que la sorda y la sonora pasaron las dos a una /s/ sorda ápico-alveolar. Los testimonios notariales de comienzos del siglo XVI muestran las innumerables confusiones entre la /s/ sorda y la sonora /z/. A mediados del siglo XVI la indistinción debía estar ya generalizada.

RECUADRO 3.3

		Sorda				Sonora			
Africada	**dental**	**/ts/**	$C^{E,I}$-	$c^{e,i}$	CĔRTUM > cierto	**/dz/**	-$C^{E,I}$-	z	ĒRĪCIUM > erizo
			$SC^{E,I}$	ç	NASCERE > nacer		$QU^{E,I}$		COQUERE > cozer
			TI, DI		FŎRTIAM > fuerça		-TI-, -KI-		PŬTEUM > pozo
Fricativa	**alveolar**	**/s/**	S	s	SOLUS > solo	**/z/**	-S-	-s-	ROSAM > rosa
			SS	ss	GRŎSSUM > grueso		-NS-		SENSUM > seso
			PS, RS		IPSAM > esa				
	prepalatal	**/ʃ/**	-KS-	x	ANNEXUM > anejo	**/ʒ/**	I, LI	i	IOCUM > juego
							-CUL-	j	ALIUM > ajo
							-GUL-	$g^{e,i}$	ŎCŬLŬM > ojo
							-TUL-		RĔGŬLAM > reja
									VĔTŬLUM > viejo
		fon.	proced.	grafía	ejemplo	fon.	proced.	grafía	ejemplo

RECUADRO 3.4

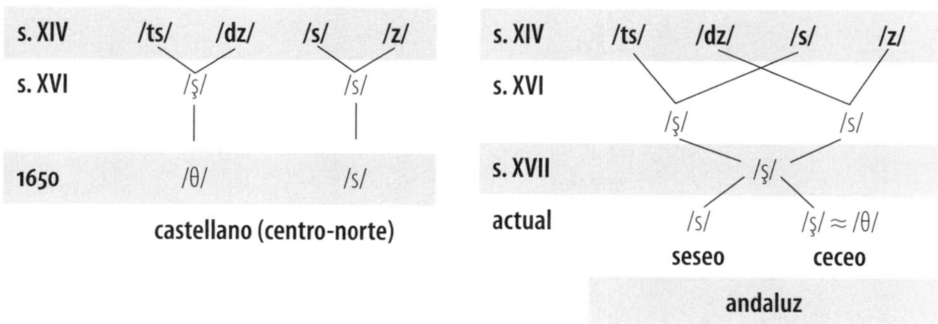

Frente al castellano del norte, en el sur la evolución fue diferente. Las dentales perdieron su carácter africado y coalescieron en dos sibilantes dentales /ş/ y /z̧/, las cuales pronto se confundieron. El origen de esta confusión parece ser que se originó en Sevilla, desde donde se irradió al resto de Andalucía. Ambos fonemas dentales confluyeron en una sibilante dental sorda /ş/ que dio paso a dos soluciones: a la sibilante sorda /s/, marca de seseo, y al mantenimiento de ese carácter dental de /ş/ en una variante dialectal llamada ceceo. Este sonido /ş/ resulta muy parecido acústicamente a la interdental del castellano /θ/ pero su origen no es el mismo.

Por lo tanto el seseo y el ceceo no tienen una evolución similar a la aparición de la interdental /θ/ del castellano. Dichos fenómenos se originaron de una confusión de los cuatro fonemas medievales que confluyeron en /ş/. De hecho, la *s* castellana de carácter ápico-alveolar se distingue de la *s* andaluza de rasgo dental o predorsal (recuadro 3.4).

Algunos ejemplos del castellano medieval:

GAUDIUM > goço [gótso] > gozo
LANCEAM > lança [lántsa] > lanza
MARTIUM > marça [mártso] > marzo
DICET > dize [dídze] > dice
FACET > faze [fádze] > hace
PLACITUM > plazo [pládzo]
MENSAM > mesa [méza]
CASAM > casa [káza]
ŎSSUM > huesso [wéso] > hueso

Para más información sobre las sibilantes léase sección 9.3. del capítulo 9.

Por otro lado, las prepalatales fricativas /ʃ/ y /ʒ/ se ven afectadas por el ensordecimiento de las otras sibilantes, por lo que desaparece la sonora a favor de la sorda /ʃ/. A mediados del siglo XVII, tras un periodo de vacilación e inestabilidad, la prepalatal /ʃ/ se retrotrae transformándose en velar /x/.

En el sur, en lugar de quedarse en una articulación velar, se retrasa todavía más y se convierte en una aspirada /h/. Este proceso es sólo característico del castellano frente a otras lenguas románicas occidentales.

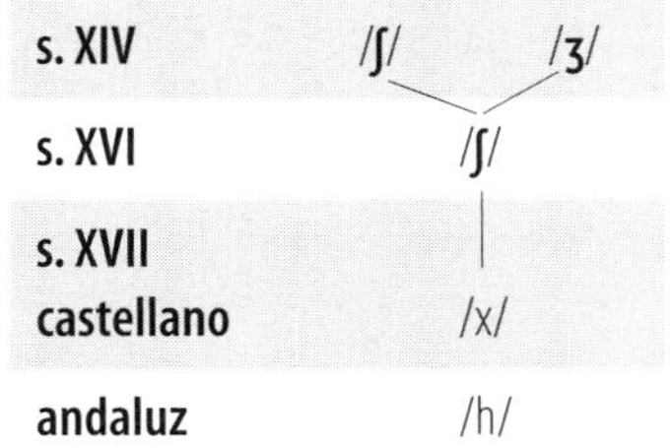

Algunos ejemplos del castellano medieval:

CAPSAM > caxa [káʃa] > caja [káxa]	FĪLIAM > fija [fíʒa] > [fíʃa] > hija [íxa]
BASSIARE > baxar [baʃár] > bajar [baxár]	MULIEREM > muger [muʒér] > [muʃér] > mujer [muxér]
DĪXĪ > dixe [díʃe] > dije [díxe]	TĒGULAM > teja [téʒa] > [téʃa] > [téxa]
MATAXAM > madexa [madéʃa] > madeja [maðéxa]	EXIIT > ixio [iʃió] (salió)

En conclusión, los seis fonemas medievales sibilantes, agrupados en tres parejas de sonidos opuestos por el rasgo sordo / sonoro, se simplificaron. Por toda una serie de factores fonéticos la oposición sorda / sonora se redujo a favor de la sorda, con lo cual a partir del siglo XV la lengua funcionaba con tres fonemas sordos /s/, /ts/ y /ʃ/.

Aunque el modelo ortográfico alfonsí seguía vigente, los escribanos y copistas confundían las ortografías de los antiguos fonemas medievales y los documentos muestran estos errores (*caza* por *casa*, por ejemplo). En el sur, en Andalucía, el sistema de sibilantes se simplificó aún más, a una única /s/, más la aspiración de [h] procedente de /ʃ/. Quedan así establecidas las dos normas lingüísticas: el castellano, distinguidor de /s/ y /θ/ y /x/; por otro lado, el español atlántico con /s/ y la aspiración de /x/.

3.4. EJEMPLOS PRÁCTICOS DE EVOLUCIÓN DE PALABRAS

A continuación siguen algunos ejercicios de evolución de palabras que recogen todos los cambios fonéticos que el étimo ha sufrido a lo largo de los siglos hasta llegar a su ortografía y su pronunciación actual.

1) **ALĬUM** > álju > áljo > áʎo > áʒo > áʃo > áxo "ajo"

Esta palabra de tres sílabas lleva el acento sobre la A, ya que la ĭ es breve. Esta vocal ĭ queda en contacto con la vocal siguiente y pasa a formar el diptongo [jo], en el que el primer elemento es la semiconsonante palatal cerrada o yod. Esta yod palataliza la consonante lateral sonora /l/, con cierto carácter rehilante, hasta pasar a una consonante prepalatal fricativa sonora /ʒ/, que en la época alfonsí se escribía como "j" ante /a/, /o/ y /u/ (como en francés *jamais*). En el siglo XVI este fonema /ʒ/ sufre un ensordecimiento en /ʃ/. En el siglo XVII la consonante prepalatal sorda /ʃ/ se velariza en /x/, representada como "j", "g" y "x" en la ortografía moderna.

La -U final latina se transforma en *-o* como tendencia regular de la evolución del vocalismo.

2) AXEM > ákse > ái̯se > éi̯se > éʃe > éxe "eje"

Se trata de una palabra de dos sílabas, por lo tanto el acento recae sobre la primera de ellas, sobre la A. El grupo [ks] para la -X- intervocálica latina, provoca la aparición de la yod, proveniente de la vocalización de la /k/ en posición implosiva. La /k/ se convierte en una semivocal palatal cerrada [i̯] o yod, que queda en contacto con la vocal anterior formando el diptongo [ái̯]. Este diptongo evoluciona posteriormente a [éi̯] hasta llegar a [e]. Esta yod tiene efectos tanto sobre la vocal precedente como sobre la consonante siguiente. A la vocal /a/ la cierra un grado en /e/, mientras que a la consonante sibilante, /s/, la palataliza, convirtiéndola en una consonante prepalatal fricativa sorda /ʃ/ que en el siglo XVII retrasa su punto de articulación, dando lugar a un fonema velar fricativo sordo /x/.

Según la ortografía actual se representa como "j" ante /a/, /o/ y /u/, y como "g" ante /e/, /i/, también en algunos casos como "x" (*México*).

3) BASĬUM > básju > básjo > bái̯so > béi̯so > béso "beso"

El acento recae en la A ya que la vocal en la penúltima sílaba es breve, ĭ. Esta vocal cerrada ya existente en latín y en contacto con la -U final es la yod, [ju]. La yod se metatiza y pasa a la sílaba anterior, quedando en contacto con la /a/ y formando el diptongo [ái̯] que seguirá evolucionando a [éi̯] hasta llegar a [e]. La yod no palataliza a la sibilante /s/ y por lo tanto hoy en día no existe la palabra **bejo* (< *beʃo).

La -U final pasa a *-o*, proceso regular del vocalismo. Este ejemplo es similar al de SAPĬAT > sepa.

4) LACTEM > lákte > lái̯te > léi̯te > létʃe "leche"

Esta palabra tiene dos sílabas y el acento recae en la primera. La consonante velar [k] en posición implosiva vocaliza en la semivocal palatal cerrada [i̯]. Esta semivocal es una yod y queda en contacto con la /a/ formando un diptongo [ái̯]. La yod influye tanto sobre la /a/ como sobre la consonante siguiente. La yod inflexiona esta /a/ cerrándola un grado, convirtiéndola en /e/. Por otro lado, la yod palataliza la consonante dental oclusiva /t/ y da lugar a una consonante palatal africada y sorda /tʃ/ (la /t/ es sorda), representada en la escritura con el dígrafo "ch" a partir de la ortografía alfonsí.

5) MARINĀRĬUM > marinárju > marinárjo > marinái̯ro > marinéi̯ro > marinéro "marinero"

El acento recae sobre la segunda A por ser breve la penúltima sílaba con ĭ. Esta vocal ĭ en contacto con la vocal final, [jo], es una semiconsonante palatal cerrada o yod, que se metatiza, pasando a la sílaba anterior y creando un nuevo diptongo [ái̯], el cual evolucionará a [éi̯] y finalmente a [e]. La -U final latina evoluciona a /o/ como proceso regular del vocalismo. El sufijo latino -ĀRĬUM > *-ero* resulta muy productivo a la hora de crear sustantivos en castellano.

6) NŎCTEM > nǫkte > nǫ́i̯te > nótʃe "noche"

Como se trata de una palabra de dos sílabas, el acento recae en la primera sílaba, sobre la ŏ breve, que en un principio debería haber evolucionado a un diptongo /ue/. La consonante velar oclusiva sorda /k/ en posición implosiva se vocaliza en una semivocal palatal cerrada [i̯] o yod. Esta yod queda en contacto con la vocal tónica /o/, formando el diptongo [ọ́i̯]. La yod actúa sobre la vocal tónica [ó] cerrándola un grado e impidiendo su diptongación. También, esta yod palataliza la consonante dental oclusiva sorda /t/ dando lugar a una consonante palatal africada sorda /ʧ/, como en la palabra *leche*.

7) ŎCŬLUM > ókulu > ǫ́k'lu > ọ́i̯lo > óʎo > óʒo > óʃo > óxo "ojo"

Se trata de una palabra trisílaba. Siendo la penúltima sílaba breve, el acento recae en la sílaba anterior, sobre la ŏ breve. Por lo tanto, es una palabra esdrújula.

La vocal postónica ŭ desaparece por lo que queda el grupo consonántico *k'l* en el que la consonante velar /k/ queda en posición implosiva. Esta consonante vocaliza en una semivocal palatal cerrada [i̯] o yod, que forma diptongo con la /o/, [ọ́i̯]. Esta yod inflexiona la /o/ y la cierra un grado, por lo tanto no diptonga como cabría esperar de una ŏ breve tónica (frente a soluciones dialectales aragonesas y leonesas donde sí se da el diptongo: *uello, ueyo*). Además la yod palataliza la /l/ con la cual está en contacto directo [i̯l], transformándola en una consonante palatal [ʎ] de cierto carácter rehilante, que dará como resultado una prepalatal fricativa sonora [ʒ], la cual se representó ortográficamente en la época alfonsí como una "j" ante /a/, /o/ y /u/. En su evolución esta consonante se ensordeció en [ʃ] y retrasó su punto de articulación, haciéndose velar [x] en el siglo XVII. Según la ortografía actual se representa como "j" ante /a/, /o/ y /u/, como "g" ante /e/, /i/, y como "x" en palabras amerindias (*Oaxaca*).

La -U final cambia a *-o* siguiendo las tendencias regulares de la evolución de las vocales latinas finales.

8) PĬGNŎRAM > pígnora > pégnora > pégn'ra > péi̯n'ra > péi̯ndra > péndra > prénda "prenda"

La penúltima vocal es breve, ŏ, por lo tanto el acento recae en la primera sílaba. Por el proceso regular del cambio de vocales del latín al castellano, la ĭ breve tónica se convierte en /e/. La vocal postónica, ŏ, desaparece. La /g/ en posición implosiva se vocaliza en la semivocal palatal cerrada [i̯] o yod, formando diptongo con la vocal anterior [éi̯] que acaba evolucionando a [e]. En el grupo *n'r* surge una consonante dental epentética de apoyo *d* y posteriormente la *r* metatiza y pasa a la sílaba anterior.

9) PŬTĔUM > púteu > púteo > pótjo > pódzo > pótso > póşo > póθo "pozo"

El acento recae en la ŭ porque la penúltima sílaba es breve, ĕ. La ŭ breve tónica se convierte en /o/, siguiendo los cambios vocálicos regulares. La ĕ postónica pasa a una semiconsonante palatal cerrada [j] o yod, que acaba asibilando a la consonante dental /t/, en la africada sonora /dz/, que después ensordece en /ts/. Esta africada sonora se representaba con una *z* en la ortografía medieval. En el siglo XVI, en el centro-norte peninsular, este grupo /ts/ pierde el rasgo africado y se convierte en una sibilante fricativa dental /ş/ que, posteriormente, en el siglo XVII, adelanta su punto de articulación y se transforma en interdental /θ/.

La vocal final -U pasa a *-o* como proceso regular de evolución vocálica.

10) SAPĬAT > sápja > sái̯pa > séi̯pa > sépa "sepa"

Ya que la vocal penúltima es breve, ĭ, el acento recae en la antepenúltima sílaba sobre la A. Se trata de la tercera persona singular del presente de subjuntivo del verbo SAPERE. La semiconsonante palatal cerrada [j] sufre metátesis y pasa a la sílaba anterior, quedando en contacto con la primera /a/ y formando diptongo [ái̯]. Este diptongo evoluciona a [éi̯] y finalmente a [e]. En este caso la -P- intervocálica no sonoriza en *-b-*.

11) SĔX > sę́ks > sę́i̯s > séis "seis"

En esta palabra la ĕ breve tónica debería sufrir diptongación en *ie*, lo cual no ocurre por la inflexión de la semivocal palatal cerrada [i̯] procedente de la vocalización de la [k] en posición implosiva. Esta semivocal es una yod. Recuérdese que en latín la grafía X representa el grupo consonántico [ks]. La yod cierra la vocal /e/ un grado e impide su diptongación. Esta yod también está en contacto con la /s/, sin embargo no la palataliza porque esta /s/ queda en posición implosiva final.

12) VŬLTŬREM > βúlture > βólture > βólt're > βọ́i̯t're > bwítre "buitre"

Como la vocal penúltima es breve, ŭ, el acento recae en la antepenúltima sílaba, otra ŭ breve. Esta ŭ breve tónica hubiera evolucionado a /o/ pero no ocurre así por estar en contacto con yod. La postónica desaparece, produciéndose la síncopa de ŭ, quedando el grupo consonántico *lt'r*. La /l/ en posición implosiva vocaliza en la semivocal palatal [i̯] o yod, la cual queda en contacto con la /o/ y la cierra un grado en la vocal velar /u/. Sin embargo, esta yod no palataliza la consonante /t/, debido a que ésta forma el margen silábico inicial de la sílaba siguiente *tre-*.

En cuanto a la labial inicial V-, se articulaba originalmente como una semiconsonante labiovelar [w], (así, por ejemplo, VITAM en latín se pronunciaba como [wítam]). En latín vulgar la [w] inicial se transformó en una bilabial fricativa sonora /β/. En la etapa medieval, se daba la oposición entre esta /β/ fricativa, escrita con V- o U-, y la /b/ oclusiva, escrita con B-. La ortografía alfonsí distinguía estas dos consonantes /β/ y /b/ iniciales. En posición inicial se mantuvo la diferencia pero en posición intervocálica se confundieron frecuentemente hasta que se produjo la desfonologización de este par de fonemas. Hoy en día tenemos un solo fonema /b/ con dos realizaciones: una oclusiva y otra fricativa. La escritura con *v* se fijó por la RAE siguiendo razones etimológicas.

3.5. EVOLUCIÓN DEL LÉXICO: CULTISMOS, SEMICULTISMOS Y DOBLETES

Es a través del estudio del léxico donde mejor se pueden ver los cambios que una lengua ha sufrido a lo largo de los siglos, alejándola o diferenciándola de otra. Como ocurre con todos los periodos formativos de cualquier lengua, el vocabulario muestra de forma clara las trasformaciones fonéticas y morfológicas y sus repercusiones en la estructura gramatical. No es de extrañar que, por lo tanto, el léxico haya acaparado mucha atención de los estudiosos de historia de la lengua y abunde en los diccionarios etimológicos, los glosarios, los manuales de voces medievales y en los repertorios léxicos de documentos históricos.

El léxico español es básicamente de procedencia latina aunque no de forma exclusiva ya que el árabe contribuyó también en gran medida. Se puede clasificar en distintos grupos de palabras según sea su procedencia o su derivación.

El primer grupo es el léxico **patrimonial** heredado del latín y documentado desde la época medieval que ha sufrido los procesos evolutivos de la lengua. Aquí se incluyen las palabras populares (siguen las tendencias evolutivas regulares), las semicultas o **semicultismos** (siguen parcialmente las tendencias evolutivas) y las palabras cultas o **cultismos** (ajenas a los cambios evolutivos regulares), así como los préstamos tomados directamente del latín por vía escrita, los **latinismos** en sentido estricto.

Las palabras patrimoniales, también llamadas **populares**, constituyen la base fundamental del español y se transmitieron oral e ininterrumpidamente a lo largo de los siglos. Estudiándolas se pueden comprobar los cambios fonéticos, morfológicos y semánticos de la lengua.

RIPARIAM > riparia > ribária > ribáira > ribéira > ribéra = "ribera"
FABULĀRE > fabulár > fab'lár > hablár > ablár = "hablar"

Las palabras semicultas están entre las populares y las cultas en cuanto a su evolución; normalmente han detenido su desarrollo o éste se ha corregido por la influencia latinizante en algún periodo de la historia del español. En ellas se encuentran tanto rasgos populares como elementos cultos.

REGULAM > régula > rég'la > régla = "regla" y también el popular "reja"
SAECULUM > saeculu > séculu > síegulu > síeg'lo > síglo = "siglo" y no *sejo
REGNUM > régnu > régno > réino = "reino" y no *reño

Las palabras cultas mantienen una forma prácticamente igual a la del latín y no presentan cambios fónicos de interés, incluso en muchos casos mantienen el acento latino original. Estas voces nos han llegado por medio de la escritura de los clásicos y de otras fuentes directas en distintos periodos de la evolución del idioma.

ESTRĬCTUM > estricto, la versión popular "estrecho"
FRĪGĬDUM > frígido, la versión popular "frío"

En términos generales, el cultismo se introduce y se usa en las clases altas y desde allí irradia a otras clases más populares. Cuando el uso se populariza, ya no tiene ninguna referencia cultista, salvo su origen, por eso es importante diferenciar entre el origen etimológico semiculto o culto de una palabra y su empleo posterior.

En un principio los cultismos eran sobre todo de origen religioso como APŎSTŎLUM > apóstol, jurídico como AUCTORITATEM > autoridad, o científico como ORIENTE > oriente; posteriormente el caudal léxico de origen culto fue aumentando a medida que se incrementaba la producción literaria y se sucedían acontecimientos culturales como el Renacimiento. Algunos cultismos de procedencia latina en realidad lo son del griego, lengua de la cual los tomó el latín originalmente.

A veces se confunden los términos cultismo y latinismo; el segundo sólo se aplica a aquellas palabras o expresiones que mantienen la forma latina original sin sufrir cambio alguno y tienen un empleo más específico. Aparecen entre comillas o destacadas tipográficamente para resaltar su origen foráneo, como *curriculum, cum laude, forum, maximum, minimum, verbi gratia*, etc.

Un segundo grupo lo constituye el léxico **derivado** que se ha formado a partir de los mecanismos propios de formación de palabras de la lengua, esto es, por **derivación** mediante prefijos y sufijos (afijación) y por **composición** mediante unión de palabras ya existentes.

En algunos casos las palabras que tenían un prefijo en latín pasaron a ser interpretadas como una palabra simple en castellano. En otros casos, el prefijo se concibió como un elemento particular y tuvo un funcionamento fonético-semántico diferenciado como en los cruces entre APREHENDERE y PREHENDERE. Los prefijos son átonos; entre los más usuales se encuentran:

AD- > *a-*, como en *agrupar, agravar, abajo, adelante*
DIS- > *des-*, en *deshacer, desconfiar, descoser*

EX- > *ex-*, *es-*, *e-*, ejemplos como *extender*, *escapar*, *escoger*, *emerger*
IN- > *in-*, *i-*, con el significado de "no, contrario", *inmortal*, *ilegal*, *irreal*
ĬN- > *en-*, *in-*, (> *em-*, *im-*, antes de /p/ y /b/) como en *emborrachar*, *enjuagar*, *incluir*, *importar*
ĬNTER- > *entre-*, *inter-*, en *entreabrir*, *interferir*, *interrumpir*
PRAE- > *pre-*, en *prever*, *presentir*, *predecir*
RE- > *re-*, como en *reaparecer*, *rebuscar*, *recalentar*
SŬB- > *sub-*, *su-*, *so-*, como en *subsuelo*, *sumisión*, *sopesar*, *someter*, *soterrar*
SŬPER- > *super-*, *sobre-*, en *superviviente*, *sobremesa*, *sobrevivir*, *sobrecarga*
TRANS- > *tras-*, ejemplos como *trasnochar*, *trastienda*

Otros prefijos que entraron después en el castellano por vía culta y en diferentes etapas de la evolución del idioma son:

ANTE- > *ante-*	INFRA- > *infra-*	PRAE- > *pre-*
CIRCUM- > *circun-*	INTRA- > *intra-*	SŬPRA- > *supra-*
CONTRA- > *contra-*	PER-, PRO- > *por-*	ULTRA- > *ultra-*
EXTRA- > *extra-*	PŎST- > *pos(t)-*	

El proceso de sufijación fue el más utilizado para crear palabras nuevas. A diferencia de los prefijos, los sufijos procedentes del latín llevan acento, son tónicos. En la evolución del latín al español algunos de estos sufijos se perdieron, otros se mantuvieron. Entre estos últimos bastantes han sobrevivido con la misma función que tenían en latín, como:

-ĀLIS, -ĀRIS > *-al*, *-ar*, en ejemplos como *carnal*, *corporal*, *real*, *señal*
-ĀNUS > *-ano* para gentilicios como *romano*, *castellano* y otras voces como *temprano*, *lejano*
-ANTIA > *-ancia* (culto), *-anza* (popular), como en *alianza*, *abundancia*, *infancia*
-ĀTA > *-ada*, como en *manada*, *temporada*, *jornada*, *patada*
-ĀTICUS > *-azgo* y *-aje* (galicismo), en *portazgo*, *portaje*, *hospedaje*, *aterrizaje*. La forma *-aje* se impuso sobre *azgo* y hoy quedan pocos derivados de este último
-ĀRIUM > *-ario* (culto), *-ero* (popular), *-er* / *-el* (galicismo), en *monedero*, *monetario*, *mercader*, *vergel*, *cuartel*
-BILIS > *-ble*, en *comestible*, *comprensible*, *estable*, *horrible*
-ITIA > *-icia* (culto), *-eza* (popular), en *malicia*, *avaricia*, *pereza*, *tristeza*
-MENTE > *-mente*, ant. *miente*, *mientre*, se utiliza con adjetivos en femenino porque originalmente el sustantivo MENTE era femenino en latín
-MĔNTUM > *-mento*, *-miento*, en sustantivos como *alimento* < ALIMENTUM, *sentimiento*
-OSUS > *-oso*, como en *hermoso* < FŌRMOSUS, *glorioso* < GLORIOSUS
-SIŌ, -SIŌNIS > *-sión*, como en *pasión*, *ocasión*, *prisión*
-TIŌ, -TIŌNIS > *-tión* (culto), *-zón* (popular), *-ción*, en *cuestión*, *digestión*, *armazón*, *acción*, *creación*, *destrucción*. La forma *-ción* ha sido la más productiva en toda época
-TŌR > *-tor*, en *acusador* < ACCUSATOR, *salvador*, *mirador*

-TŌRIUS > *-torio* (culto), *-dero* (popular), como en *notorio, obligatorio, auditorio, duradero, verdadero*. La forma popular es más productiva que la culta y sufrió los siguientes cambios: -TORIUS > *-doiro* (metátesis) > *-duero* (analogía con *ue*) > *-dero* (influencia del sufijo *-ero*)

-ŬLUS se sustituyó por -ĔLLUS > *-illo*, como en ANULUS > ANĔLLUS > *anillo*

Otros sufijos se confundieron por su similitud fónica, así ocurrió con:

-AX / -ACIUS	-ĪNU / -ĪNE	-ŪGINE / -ĪGINE
-ANU / -ANE	-IX / -ICIUS	-UDĬNE / -UMĬNE
	-ORIU / -ARIU	

La composición también favorece la formación de palabras con la unión de dos o más lexemas en una sola unidad de significado. En estas palabras suele aparecer un acento, a no ser que admita el plural, y en ese caso puede llevar un acento secundario en el primer elemento como en *ricoshombres*. Algunas palabras compuestas proceden del latín como ACUAEDŬCTUM > acueducto, AQUAMANUS > aguamanos, VINU ACRE > vinagre, sin embargo la mayoría son de creación romance.

A veces aparece la vocal /i/ uniendo los elementos, como en ***boquiabierto, carricoche***. Las combinaciones de lexemas más frecuentes son:

sust. + sust. ⟶ sust.	*agricultura, aguanieve, aguafiestas*
sust. + adj. ⟶ adj.	*pelirrojo, cabizbajo, aguardiente*
adj. + adj. ⟶ adj.	*sordomudo, claroscuro, agridulce*
adj. + sust. ⟶ sust.	*mediodía, cortometraje, malhumor, altavoz*
verbo + sust. ⟶ sust.	*abrelatas, paraguas, trotamundos*
verbo + verbo ⟶ sust.	*duermevela, quitaipón, correveidile*
adv. + verbo ⟶ verbo	*maldecir, bienpensar*

Un tercer grupo lo forma el léxico **incorporado** de otras lenguas de las cuales se han tomado préstamos a lo largo del tiempo, bien de forma oral o escrita, como los arabismos, galicismos, italianismos, helenismos, anglicismos, etc. En este grupo se integrarían también los americanismos y los **neologismos** (voces de nuevo cuño por necesidades técnicas o de otra índole). Este léxico refleja en mayor o menor medida los contactos lingüísticos que el castellano ha mantenido con otras lenguas a lo largo de su historia.

La **etimología** se encarga del estudio del origen de las palabras y su trayectoria evolutiva. Se le llama **étimo** a la forma originaria de la que procede una palabra, que también se describe como etimología. Se denominan **cognados** a las voces que proceden de un mismo étimo, ya sea dentro de una misma lengua, como es el caso de *colecta* y *cosecha* que remiten al étimo COLLECTAM, o entre varias, como el castellano *madera* y el portugués *madeira*. El **étimo remoto** designa la forma originaria que ha pasado por otras lenguas antes de llegar al español, como con *bodega*, del latín APOTHĒCAM, que a su vez procede del griego αποθήκη "almacén de provisiones". Cuando un étimo no aparece documentado ni atestiguado en ningún corpus sino que es el resultado de una reconstrucción se acompaña por un asterisco (*).

Un mismo étimo ha podido generar dos voces distintas, entonces se trata de un **doblete** léxico y, por lo general, uno de los resultados es patrimonial, es decir, ha pasado por los cambios fonéticos esperables de las leyes fonéticas, y el otro es un cultismo o semicultismo, como ocurre con las evoluciones de *entero* e *íntegro* procedentes de INTĔGRUM. Cada uno de los resultados puede originar sus derivados así de *íntegro, integrar, integridad, reintegrar*, etc., y de *entero, enterar, entregar, entereza*, formando su propia **familia léxica**, ya que las palabras que las componen están emparentadas por el mismo étimo o étimos relacionados. Resulta esencial entender el concepto de familia léxica pues representa el criterio básico de ordenación de palabras en los diccionarios etimológicos.

Las palabras pueden sufrir modificaciones a lo largo de su trayectoria evolutiva casi siempre debidas a la **analogía**, fenómeno por el cual una voz pasa a semejarse a otra, como los pretéritos *tuve, estuve, anduve* por analogía con *hube*. La mayoría de los cambios en el léxico tienen un origen analógico y se pueden manifestar de las siguientes maneras:

- Por **cruce de palabras** cuando dos formas con igual o parecido significado se cruzan, como ocurrió con *començar* de CUM INITIARE que pasó a *compeçar* en castellano medieval por influencia de *empeçar*.
- Por **contaminación** cuando se da un cruce de palabras que están relacionadas semánticamente sin desembocar en una solución híbrida, así *estrella* resultó de la contaminación de STELLAM por ASTRUM.
- Por **nivelación** cuando se eliminan alternancias morfológicas, así en castellano medieval había palabras femeninas que no terminaban en *-a* final y acabaron por adquirirla como *la infante* > *la infanta*.
- Por **etimología popular** cuando la palabra cambia por una semejanza formal con otra sin que tenga una relación etimológica alguna, de ahí la palabra *vagamundo* en vez de *vagabundo* o la sustitución de la palabra *verrojo* < VERUCULUM "barrita de hierro" por *cerrojo* ya que la barrita cerraba las puertas y *ferrojo* por ser de hierro < FĔRRUM.
- Por **reanálisis** cuando una voz cambia por un parecido casual con otra, así *escuchar* de A(U)SCULTĀRE modificó la vocal inicial por influencia del prefijo latino EX-, inicio frecuente de palabras en español.
- Por **homonimia** al coincidir dos vocablos procedentes de étimos distintos, de este modo la evolución de la palabra OLEUM en castellano antiguo [óʎo] coincidió con la de ŎCŬLUM y esta coincidencia debió determinar la elección del arabismo *aceite* para OLEUM.

Hay que destacar que en los primeros documentos castellanos abundan las voces cultas pertenecientes al contexto religioso y jurídico, fuentes importantes para el crecimiento del nuevo léxico de la lengua castellana. No se escriben en la Edad Media manuales u obras de recopilación de vocabulario castellano hasta finales del siglo XV, cuando empieza a desarrollarse la lexicografía.

El vocabulario medieval es el que presenta mayores dificultades y también es el que se aleja más del léxico de otras épocas del español. Se pueden encontrar numerosas palabras en los textos medievales que desaparecieron posteriormente en castellano (como *testa, trobar, exir, rastar*) pero que perduraron en otras lenguas romances como en italiano (*testa, trovare, uscire, restare*), en catalán (*testa, trobar, eixir, romanir*) y en francés (*tête, trouver*, antiguo *eissir, rester*). A partir del siglo XI y, gracias a la afluencia de peregrinos en el Camino de Santiago, el castellano va a adoptar numerosos galicismos y occitanismos traídos por los franceses y provenzales, como *mensaje, vergel, fraile, mesones, manjar, viandas*.

3.5.1. Dobletes

Las palabras pueden presentar diferentes grados de evolución fonética y no siempre sufren todos los cambios que se esperan. Según el grado de menor a mayor cumplimiento de las tendencias fonéticas se clasifican en cultismos, semicultismos y palabras patrimoniales. Las razones por las cuales algunas palabras siguen toda la evolución esperable y otras no son de diversa índole y no siempre se deben a la influencia de la clase culta, explicación que se utiliza con demasiada frecuencia y no siempre es acertada.

Cuando se obtienen dos o más resultados de un mismo étimo con distinto grado de evolución entonces tenemos dobletes. Lo normal es que aparezcan dos resultados: uno patrimonial y otro culto, sin embargo se dan casos donde aparecen más de dos formas, **dobletes múltiples**, o bien más de un resultado patrimonial o bien otros casos intermedios o semicultismos. En términos generales, los miembros del doblete suelen tener distintos significados: el que se acerca más al latín, el culto, coincide con la semántica del étimo y el más evolucionado, el popular o patrimonial, tiende a diferir más en su significado de tal manera que sus matices semánticos son más específicos o restringidos, aún así se dan algunos con gran similitud semántica.

En la escritura medieval, la ortografía variaba tanto que a veces resulta difícil deducir si existían diferencias semánticas entre las abundantes variantes de una misma voz. De este modo, era frecuente encontrar en un mismo documento alternancias, por ejemplo, de la forma culta y popular del sufijo -ARIUM, *-ario, -ero*; de conservación o evolución de grupos cultos latinos como de FRUCTUM, *fructo, fruto, frucho*; de diptongación o no de las vocales breves tónicas; de la apócope de *-e* como en *calle, call, cal*; de mantenimiento o pérdida de *f-* inicial, *forno, horno, orno*, etc.

Cada uno de los miembros del doblete puede crear sus propios derivados. Algunas veces, la familia léxica española procede de dos ramas de la familia léxica latina, por ejemplo, de PATER se derivan *padre, padrino, padrastro, apadrinar*, y de PATERNUS se formaron *paterno, paternidad, paternal*. Dependiendo del registro, en algunas ocasiones se conservaron dos variantes para un mismo vocablo, así *pluvioso* y *lluvioso*; sin embargo, lo más normal fue que una de las variantes se impusiera, como *fumar* ante *ahumar* y *humo* por el antiguo *fumo*.

Se recogen algunos ejemplos de dobletes que se utilizan en el español actual, ordenados primeramente por el resultado culto y segundo por el patrimonial, en el recuadro 3.5.

RECUADRO 3.5 DOBLETES

Étimo	Cultismo	Voz patrimonial	Étimo	Cultismo	Voz patrimonial
APOTHECAM	apoteca	botica, bodega	GAUDIUM	gaudio	gozo, goce, godeo
ĀREAM	área	era	HOSPITĀLIS	hospital	hostal
AUSCULTĀRE	auscultar	escuchar	INFLĀRE	inflar	hinchar
CAPITĀLIS	capital	caudal	INTĔGRUM	íntegro	entero
CATHEDRAM	cátedra	cadera	LOCĀLIS	local	lugar
CLĀVEM	clave	llave	MACULAM	mácula	mancha
CLĀVICULAM	clavícula	clavija	MĀTERIAM	materia	madera
CONCILIUM	concilio	concejo	PARABOLAM	parábola	palabra
CUBITUM	cúbito	codo	PENSĀRE	pensar	pesar
DĒBITUM	débito	deudo, deuda	PLAGAM	plaga	llaga
DECIMUM	décimo	diezmo	RADIUM	radio	rayo
DIGITUM	dígito	dedo	RATIŌNEM	ración	razón
DIRĒCTUM	directo	derecho	RECITĀRE	recitar	rezar
FABRICĀRE	fabricar	fraguar	RĒGULAM	regla	reja
FĀBULAM	fábula	habla	RŎTŬLUM	rótulo	rollo, rolde
FERVŌREM	fervor	hervor	SAECULARIS	secular	seglar
FŌRMAM	forma	horma	SIGNUM, SIGNAM	signo	seña
FŬNDUM	fondo	hondo	TITULĀREM	titular	tildar

3.5.2. El cambio semántico

Se denomina cambio semántico a las transformaciones en el significado de una palabra, bien sea por reducción o ampliación de sus valores originales o por la incorporación de matices afectivos. El significado resulta más propenso al cambio ya que no queda tan definido o delimitado como la forma fonética, la morfología y el empleo sintáctico de las palabras. Si a esto se le añade la complejidad de las relaciones semánticas y la amplitud de unidades que constituyen el léxico, se entiende que las investigaciones en el campo de la semántica histórica del español sean pocas y parciales.

A la hora de señalar el cambio semántico se recurre a causas de tipo lingüístico, histórico, social, psicológico y por influencias extranjeras. Desde el punto de vista lingüístico, los cambios vienen impulsados por el contexto discursivo, como por ejemplo el uso de *jamás* < IAM MAGIS, "siempre" en latín pasó a tener un sentido negativo por su frecuencia en estructuras sintácticas negativas. La historia, el paso del tiempo, la variación de las costumbres, el avance industrial, conllevan una transformación del léxico para adaptarse a la nueva realidad; hoy todavía llamamos *pluma* al utensilio de escritura aunque no sea ya una pluma de ave como originalmente.

Al mismo tiempo, la sociedad fomenta empleos específicos o generales de ciertas palabras según sea la profesión, el género, la religión, etc.; así la palabra *labrar* < LABORARE se ha especializado para "arar la tierra, cultivar" y ha perdido la connotación de "trabajar" del latín, que aún se mantiene en expresiones como *plata labrada*.

Por otro lado, se dan causas psicológicas relacionadas con la emotividad y con lo que se considera tabú que provocan cambios semánticos en el léxico. Ejemplos de esto es el uso de los diminutivos y aumentativos con valor apreciativo los primeros (*cafecito, pobrecito*) y despectivo los segundos (*grandullón, portazo*). El rechazo a usar determinadas palabras por ser tabú o por resultar desagradables o indecorosas conduce a su sustitución por eufemismos, a veces metafóricos, como por ejemplo *expirar, irse*, o más coloquiales como *estirar la pata, palmarla* para *morir*.

Finalmente, los préstamos semánticos de otras lenguas también contribuyen a cambiar el significado de las palabras, así se vieron modificadas palabras como "hijo de rey" por *infante* del árabe; y "orden del día" por *agenda*, "piso" por *apartamento*, "natural" por *nativo* del inglés.

En cuanto al tipo de cambio semántico hay que mencionar la productividad de la **metáfora** y la **metonimia**; se define la primera cuando hay semejanza o comparación entre significados, por ejemplo *alumbrar* para *parir, dar a luz*, ya que el recién nacido ve la luz por primera vez. La metáfora se utiliza constantemente para expresar conceptos abstractos y el lenguaje cotidiano está lleno de ellas. Así para expresiones espaciales a veces usamos metafóricamente partes del cuerpo, como la palabra "cabeza" del latín CAPUT > *cabo* en *al fin y al cabo, de cabo a rabo*; y para expresar tiempo se recurre al espacio, como *todavía* < TOTA VIA "por todo el camino" o *luego* < LOCO "en el lugar". Otros usos metafóricos se extienden a la correspondencia entre la percepción física y la intelectual, como *estar ciego* para "no darse cuenta de las cosas" o *ser de pocas luces* para "ser poco listo" o *enseñar* tanto para "exponer" como para "instruir".

Por otro lado la metonimia se da por la contigüidad de sentidos: la causa por el efecto, la parte por el todo, el continente por el contenido, el lugar por el objeto, etc., como en *siesta* del latín HORA SEXTA "mediodía" para designar el descanso después de la comida del mediodía.

EJERCICIOS DE CAMBIOS FONÉTICOS Y LÉXICOS

Cambios fonéticos

1. ¿Qué condiciones han de cumplirse para que se produzca un cambio fonético regular?
2. Explique la evolución de /k/ en AMĪCUM > amigo y PAUCUM > poco.
3. Indique los cambios fonéticos contrarios a estos:

   1. disimilación 2. prótesis 3. epéntesis 4. paragoge

4. ¿Qué elementos sufrieron más la síncopa en la evolución del latín al castellano?
5. Describa qué cambios fonéticos se han producido en las siguientes evoluciones:

   1. AMĪCUM > amigo 2. CAUSAM > cosa 3. ANNUM > año 4. PRORAM > proa
   5. VĪCĪNUM > vecino 6. EMERITAM > Mérida 7. ARBOREM > árbol 8. FI(D)ĒM > fe
   9. PARABŎLAM > palabra 10. HOMINEM > hombre 11. HABERE > haber 12. PROPRIUM > propio

6. Haga lo mismo con los siguientes coloquialismos y vulgarismos:

   1. *Bilbado 2. *oscultar 3. *peazo 4. *hicistes
   5. *ventiuno 6. nigromancia 7. *(v)amos 8. *toavía

Acento

7. Coloque el acento latino en las siguientes palabras y señale su posterior resultado español:

   1. TĔNĔO 2. SPĪCAM 3. FĪCUM 4. RESONĀRE
   5. OPERAM 6. CAPĪLLUM 7. CILĬAM 8. PŬGNUM
   9. SĪGNAM 10. CAUSAM 11. INTĔGRUM 12. CATHEDRAM
   13. TENĔBRAM 14. CAPITĔLLUM 15. DEXTĔRUM

8. Lea con atención las siguientes palabras y deduzca la cantidad de la vocal de la penúltima sílaba:

   1. MARINARIUM 2. PIGNORAM 3. PLACITUM 4. PUTEUM 5. STABULUM
   6. TAXONEM 7. VETULUM 8. VICINUM 9. VULTUREM

9. Subraye la palabra que presenta más diferencias fónicas en español moderno con respecto a la pronunciación del latín vulgar:

1. CAPĔRE, CHŎRDAM, CĔPŬLLAM   2. GĔLARE, GLATTĪRE, GERMANUM, GINGIVAM
3. QUANDŌ, QUĔ, QUĪNTU   4. THEMAM, CHARACTEREM, CHIRURGIAM, ELĔPHANTEM, RHYTHMUM

10. Explique el cambio de la posición del acento en las siguientes palabras:

1. INTĔGRUM > entero   2. TENEBRAM > tiniebla

Cambios vocálicos y consonánticos

11. Proporcione la evolución al castellano de los siguientes étimos latinos. Añada el cultismo donde sea posible.

1. NŎVEM   2. PŎNTEM   3. PRŎBAM   4. CŬM
5. SŌLUM   6. NŎVUM   7. PŎRCUM   8. ŎVUM
9. MĪNUS   10. NĪGRUM   11. BĔNE   12. GŬRDUM
13. RŎTAM   14. FŪMUM   15. HĔDERAM

12. De las vocales átonas, ¿cuáles fueron las más proclives a la pérdida?, ¿en qué posición estaban? Explique.

13. Hay ciertos procesos característicos o más propios de las vocales átonas que de las tónicas. ¿Cuáles son y cómo se manifiestan?

14. El número de vocales tónicas y átonas en castellano es el mismo desde la Edad Media. Resúmase en un cuadro los procesos desde el sistema latino, influyendo las desviaciones originadas por *yod* y *wau*.

15. Tradicionalmente se ha admitido cierta conexión entre el sistema vocálico castellano y el de alguna lengua prerromana. ¿Con cuál y en qué sentido?

16. ¿Cuál es la vocal latina más frecuentemente sincopada y por qué? ¿Cuál es la vocal castellana más resistente a la síncopa y por qué?

17. En posición final de palabra quedaron sólo las vocales /a/, /e/ y /o/ (salvo algunos cultismos y préstamos). ¿Por qué fueron precisamente estas tres vocales?

18. ¿A qué debe atribuirse que la apócope sea mayoritaria y regularmente de *-e* y no de *-a* o de *-o*?

19. ¿Cuál es la explicación para la diptongación o falta de ella de algunas personas en verbos como *perder* o *mover* en el presente de indicativo?

20. ¿Por qué no ha diptongado la Ĕ latina en las siguientes palabras?

1. NĔRVIUM 2. MĔDIUM 3. LĔCTUM 4. PĔCTUM

21. Explique la evolución de BŎVEM > buey.

22. La diptongación castellana se diferencia de la de otros dialectos peninsulares y otras lenguas romances de dentro y fuera de la península. ¿En qué se distingue, concretamente, de la del portugués, francés e italiano? Busque ejemplos y compare palabras en estas lenguas.

23. Explique la evolución de las siguientes palabras con diptongo AU latino.

1. MAURUM 2. AUGUSTUM 3. AUGURIUM 4. PAUCUM

24. Los antiguos diptongos latinos vienen a identificarse en su evolución con el de algunas vocales, ¿qué proceso es éste y con qué vocales confluyen?

25. En compensación con la desaparición de los antiguos diptongos latinos, nacen otros nuevos a causa de la resolución del hiato. Muéstrese este proceso con las siguientes palabras.

Ejemplo: PELLICĔAM [pe - li - ke - am] > [pe - li - kja]

1. CAPĬTĬAM 2. CONCILĬUM 3. DURĬTĬAM 4. PALĔAM

26. ¿Qué relación tiene la reducción de los hiatos con la estructura silábica, el número de sílabas en la palabra y la existencia de las semiconsonantes [j] y [w]?

27. La resolución de los antiguos hiatos latinos es una de las principales causas del nacimiento de una *yod* [j] o [i̯] o una *wau* [w] o [u̯]. ¿Qué otros orígenes posibles tienen estas articulaciones?

28. ¿Cuál es el efecto sobre las vocales que se atribuye a la *yod* y a la *wau*? ¿Qué trascendencia tiene ese efecto para el sistema vocálico? ¿Y cómo pueden influir ambas sobre las consonantes que le son inmediatas?

29. Descríbase el comportamiento de la *yod* en las siguientes palabras:

1. CONSĬLĬUM 2. PECTUM 3. TRŬCTAM 4. TAXUM 5. VERMĬCŬLUM

30. Las siguientes palabras dan lugar en su evolución a algún tipo de *yod*. Agrúpelas según las condiciones en que se origina esta *yod* e indique el elemento originador de la *yod*.

1. GENŬCŬLUM 2. TĔRTĬUM 3. TRACTUM 4. COGITARE 5. CANTAVĪ
6. VAGĪNAM 7. ERICĬUM 8. FASTIDĬUM 9. RISŌNEUM 10. COAGŬLUM

31. Las siguientes palabras dan lugar en su evolución a algún tipo de *wau*. Indique el elemento que origina *wau*.

1. CANTAVĬT 2. ALTARĬUM 3. RECAPĬTARE 4. HABUĪ 5. DŬBĬTAM

32. La trascendencia de *wau* [w, u̯] es menor en comparación con la de *yod*. La *wau* también puede influir sobre la consonante inmediata. Explíquese por qué el antecedente latino del castellano *osar* y *lodo* podría ser:

$$\left\{\begin{matrix}\text{Ō}\\ \text{Ŏ}\\ \text{Ŭ}\\ \text{AU}\end{matrix}\right\}\text{SĀRE} \qquad \text{L}\left\{\begin{matrix}\text{Ō}\\ \text{Ŭ}\\ \text{AU}\end{matrix}\right\}\text{DŬM} \qquad \text{L}\left\{\begin{matrix}\text{Ō}\\ \\ \text{Ŭ}\end{matrix}\right\}\text{TŬM}$$

pero no LAUTŬM

33. La importancia de la *wau* se centra especialmente en su influencia en las vocales tónicas como [u̯] y el diptongo resultante. Explique su comportamiento en las siguientes palabras, antecedentes de las palabras castellanas: *cosa, soto, cauce, deuda* y *codo*.

1. CAUSAM 2. SALTUM 3. CALĬCEM (nom. CALIX)
4. DĒBĬTAM 5. CŬBĬTUM

34. Proporcione la evolución al castellano de los siguientes étimos latinos. Añada el cultismo donde sea posible.

1. CAECUM 2. LŬPAM 3. MAPPAM 4. TŌTUM 5. ŎSSUM
6. ŬRSUM 7. ĔQUAM 8. AQUAM 9. EGO 10. PACARE
11. CŬPPAM 12. CŪPAM 13. LEGERE 14. RĪVUM 15. RŎTAM
16. SŌCRAM 17. LĪMĬTEM 18. SAECŬLUM 19. MATREM 20. RŪTAM

35. ¿Cuál es el étimo latino correcto para estas palabras? Subráyelo.

1. capa < CAPPAM, CAPAM 2. cava < CAPAT, CAVAT 3. cabe < CAPIT, CABIT
4. copa < CŬPPAM, CŬPAM 5. cuba < CŪPAM, CŪBAM

36. El triple proceso de lenición consonántica (degeminación, sonorización y fricatización) afecta específicamente a consonantes, ¿cuáles?, ¿en que posición en la palabra? Ponga ejemplos.

37. La lenición consonántica ha sido planteada por algunos autores como "cadena de tracción" y por otros como "cadena de propulsión" (A. Martinet, 1955). ¿En qué se fundamentan las dos denominaciones?

38. Tradicionalmente se habla de consonantes "antihiáticas" que aparecen con más frecuencia en ciertas palabras. ¿De qué consonantes se trata? Proporcione algún ejemplo fuera del paradigma verbal

39. Recuérdese las semejanzas y diferencias entre lo que representan los grafemas *c, g, i, x* y *z* en latín y en castellano medieval.

40. Las palabras *linde, ser* y *coto* proceden respectivamente de las latinas LĪMĬTE, SEDĒRE y CAUTUS. Justifíquese el diferente comportamiento de la consonante dental intervocálica.

41. Proporcione la evolución al castellano de los siguientes étimos latinos. Añada el cultismo donde sea posible.

1. CĪLĬAM	2. IOCARE	3. APĬCŬLAM	4. IAM
5. TECTUM	6. ŎCTO	7. PŎDĬUM	8. MAIUM
9. FŎLIAM	10. LECTUM	11. FLAMMAM	12. CLAVEM
13. MULTUM	14. PŬLLUM	15. INFLARE	16. HISPANIAM
17. SĬGNAM	18. SENIOREM	19. ARANEAM	20. ANNUM

42. Se necesita una serie de condicionamientos fonéticos específicos para que se produzca la palatalización. ¿Cuáles concretamente y cómo se explica el desarrollo del proceso? ¿Qué consonantes latinas no sufrieron el proceso de palatalización?

43. Las consonantes [ʧ] y [ʃ] tienen orígenes y procesos de palatalización semejantes y paralelos. ¿Cuáles son y en qué otros difieren?

44. ¿Cómo evolucionaron los siguientes étimos latinos al castellano? Añada el cultismo si es posible.

1. ALIENUM	2. CAPSAM	3. PALEAM	4. ŎCŬLUM
5. VĔTŬLUM	6. IAM MAGIS	7. RĔGULAM	8. MAXILLAM
9. *BASSIARE	10. IŎCUM		

45. Los derivados de los verbos latinos *BASSIARE y BASIARE se diferencian en las lenguas romances en que han perdurado. En el primer verbo, en francés *baisser* y en catalán, gallego y portugués *baixar*, la consonante se pronuncia con [ʃ]; en el segundo, en francés *baiser* y *besar* en catalán, ambos con [z], *beixar*

en gallego y *beijar* en portugués, ambos con [ʒ]. ¿Cuáles son los resultados castellanos medievales y qué tienen en común o cómo difieren de los demás romances?

46. Obsérvese el siguiente ejemplo. ¿Cuál sería la solución típicamente castellana y en qué debería apartarse de las mencionadas?

RŎTŬLUM port. *rolho*, gall. *rollo*, cat. *rull*, arag. y nav. *ruejo*.

47. ¿Puede esperarse que las palabras *faja, polea, cuello, ficha* y *trébol* procedan de las latinas FASCĬAM, POLĬDĬAM, CŎLLĬGO, FĬCTAM y TRĬFŎLĬUM? Razone su respuesta.

48. Al lado de *bautizar* existió en los siglos XIII y XIV la forma popular *batear*, procedente del mismo étimo grecolatino (< BAPTIDIARE). ¿Cómo se explican las dos soluciones? Propóngase la evolución fonética para cada caso.

49. ¿Cuál fue la evolución al castellano de los siguientes étimos latinos? Añada el cultismo donde sea posible.

1. FLŌREM	2. FĔRRUM	3. FAGEAM	4. FŎRTIAM
5. FAMINEM	6. FĔSTAM	7. FRŪCTUM	8. FĪCUM
9. PHŎCAM	10. FŬNGUM	11. FĪLUM	12. FĪLIUM
13. FACTUM	14. FACTAM	15. FŬRNUM	

50. A pesar de la variación que se observa en la documentación más temprana, finalmente el mantenimiento, la aspiración y pérdida de F- inicial latina tendió a estabilizarse según ciertas condiciones contextuales más o menos regulares, ¿cuáles?

51. En castellano medieval se escribieron con F- inicial no sólo las palabras de origen latino en las que esta consonante vino a pronunciarse aspirada, sino también las que, de otras lenguas, se pronunciaban con aspiración, sin estar relacionadas con la F- latina, como *fardido, falagar*. ¿De qué lenguas se tomó ese léxico y qué implicaciones tuvo?

52. ¿Cómo se explica la conservación de F- en palabras como *frente, fuente* y *fe*?

53. Explique en cuáles de estas palabras la *h*- inicial es etimológica y en cuáles procede de la aspiración de una F- latina. Consulte un diccionario.

1. Hacer	2. haber	3. hilo	4. hoja
5. hora	6. honor	7. horno	

54. ¿Cómo evolucionaron los siguientes étimos latinos al castellano? Añada el cultismo si es posible.

1. LAXUM 2. CŎXUM 3. CŎXINUM 4. SEXTAM 5. BASSUM

55. Si se comparan los resultados castellanos de las voces latinas en las que seguía una vocal a la -X- (AXEM por ejemplo) y los de aquellas en las que seguía una consonante (SEXTAM), ¿qué comportamiento se deduce de la consonante en posición implosiva?

56. Una vez establecida la apócope, sólo unas pocas consonantes serán esperables en posición final de palabras patrimoniales castellanas. ¿Cuáles? ¿Cabe en esta selección la -x, [ʃ]?

57. Relacione los étimos latinos con sus derivados en español, como en el ejemplo.

Ejemplo: k) CEREUM 17, cirio

a) FACTUM	1) hoja
b) FACTAM	2) ajeno
c) FŎLLEM	3) mejor
d) FĪCUM	4) mejorana
e) FOLIAM	5) haya
f) FĪLUM	6) hacha
g) MELIŌREM	7) lenteja
h) FĪLIUM	8) higo
i) ALIĒNUM	9) hilo
j) LENTĪCULAM	10) hijo
	11) fecha
	12) hecho
	13) lenta
	14) fuelle
	15) hago
	16) facha
	17) cirio
	18) falta
	19) folio

58. En los *Proverbios morales* de Sem Tob se encuentran las formas *omre* (19a), *omne* (24a), *onbres* (35d), *omes* (48b), ejemplos de estadios diferentes de la

evolución de la misma palabra. ¿Cómo se pueden ordenar para reflejar la transformación del grupo consonántico y cuál es la explicación del proceso en su conjunto?

59. La palabra castellana *amistad* del latín *AMICITATEM está documentada antiguamente de varias formas: *amictat, amizat, amizdad, amiztat*. ¿Cuál de ellas refleja una solución más cercana al resultado esperable y en qué consiste la anomalía en el resultado definitivo?

60. ¿Qué fenómenos delata como típicos de Castilla la Vieja en comparación con la lengua de Toledo el conocido texto de Fray Juan de Córdoba: "los de Castilla la Vieja dizen *(h)acer* y en Toledo *hazer*, y dizen *xugar* y en Toledo *jugar*, y dizen *yerro* y en Toledo *hierro*, y dizen *alagar* y en Toledo *halagar*", etc.?

61. ¿Con qué grafías se representaban las sibilantes medievales?

1. Alveolar sorda	2. alveolar sonora	3. dental sorda
4. dental sonora	5. prepalatal sorda	6. prepalatal sonora

62. ¿Cómo evolucionaron los siguientes étimos latinos al castellano? Explique el comportamiento de las consonantes. Añada el cultismo si es posible.

1. CAPĬLLUM 2. CAEPŬLLAM 3. CARCĔREM 4. CĬSTAM 5. CORTĬCEAM

63. En cuanto al orden de ensordecimiento y desafricación de /ts/ y /dz/ es necesario establecer diferencias entre lo que ocurrió en el castellano norteño y en el sur peninsular. ¿Cuál habría sido el orden en estas dos áreas, por qué razón y cómo se llegaría a la simplificación de la pareja?

64. ¿De dónde proceden los actuales fonemas /θ/ interdental y /x/ velar del español del centro y norte peninsular?

65. La reducción de las sibilantes en el sur peninsular desembocó en el *seseo* y *ceceo*. ¿Qué tienen estos dos fenómenos de común y de diferente?

66. El triunfo y la difusión de la variedad castellana vieja en la península tuvo que ver con circunstancias socioculturales. ¿Cuáles? Explique.

67. A veces la expresión "español castellano" se enfrenta a la de "español atlántico". ¿A qué se refieren una y otra?

Léxico

68. ¿Qué palabras se derivan del étimo latino STRICTUM?

69. ¿Qué diferencias hay entre una palabra patrimonial, un semicultismo y un cultismo? Ponga ejemplos.

70. Distinga cuáles de las siguientes palabras son cultismos y cuáles latinismos:

1. centuria	2. a priori	3. musa	4. alter ego
5. sátira	6. in vitro	7. toga	8. túnica
9. vigilia	10. grosso modo	11. viceversa	12. carpe diem
13. plebe	14. ipso facto	15. estatus	

71. ¿Qué importancia tiene la derivación y la composición en la formación de palabras? Explique.

72. Complete las columnas con la voz del doblete que falta:

1.a.	1.b. cadera
2.a.directo	2.b.
3.a. fábula	3.b.
4.a.	4.b. hinchar
5.a. íntegro	5.b.
6.a.	6.b. reja
7.a. rótulo	7.b.
8.a.	8.b. seña

73. Escriba palabras derivadas de la misma familia léxica de:

1. hijo: 2. padre: 3. agua: 4. noche:

74. Explique si las expresiones en cursivas se emplean por asociación metafórica o metonímica:

1. En el restaurante nos pusieron un *rioja* exquisito.
2. *Francia* se opuso a la integración de *Turquía* en la Comunidad Europea.
3. Juan es un *lince*.
4. A las cinco y media no vayas en coche que siempre hay *embotellamientos*.
5. Voy a comerme un *danone* de postre.
6. Las notas tienen que ir a *pie de página*.
7. No le expliques esa ecuación matemática a Ana, *tiene la cabeza hueca*.

75. Explique los siguientes casos de etimología popular:

1. *desternillarse de risa 2. *vagamundo 3. *disminutivo 4. nigromancia

76. Subraye las palabras de origen latino y distíngalas de las de origen árabe. Consulte un diccionario si es necesario.

1. alacrán	2. alguno	3. alga	4. alcalde	5. alcohol
6. altura	7. alma	8. ajedrez	9. alveolo	10. alterno
11. almohada	12. alcoba	13. alto	14. ajo	15. alba

77. Compare las siguientes palabras en distintas lenguas y distinga qué tienen en común las voces española y portuguesa. ¿Cómo se explica esa coincidencia?

español	portugués	francés	italiano	alemán	inglés
azúcar	*açúcar*	*sucre*	*zucchero*	*zucker*	*sugar*
algodón	*algodão*	*coton*	*cotone*	*cotton*	*cotton*

4

Cambios morfosintácticos

Este apartado trata de los cambios morfosintácticos más destacados en la evolución del latín al castellano, aquellos que afectaron en gran medida a los sustantivos, adjetivos, pronombres, verbos, adverbios, preposiciones, conjunciones e interjecciones. Especial atención se dedica a la formación del género en los sustantivos, a la reducción sistemática de los grados del adjetivo, a la creación del artículo y de nuevos pronombres personales y a las fórmulas de tratamiento (como *vos* y *vosotros*).

Bajo la denominación de morfosintaxis se agrupan dos disciplinas lingüísticas: la morfología, que estudia la forma y función de las palabras, y la sintaxis, que se encarga de la organización de éstas en la oración y las relaciones que establecen. Desde la perspectiva histórica resulta difícil a veces delimitar los mecanismos morfológicos de los sintácticos. Mientras que el latín era una lengua fuertemente morfológica, o sintética, donde los casos indicaban las relaciones entre las palabras, el español se ha convertido en una lengua sintáctica, o analítica, donde el orden de las palabras y la presencia o ausencia de conectores indican esas relaciones. Es decir que la evolución del latín al castellano supuso lingüísticamente el paso de una lengua sintética a otra analítica.

El latín contaba con seis casos o morfemas desinenciales para expresar la función del sustantivo en la oración. Si el sustantivo funcionaba como sujeto terminaba de una manera distinta de cuando funcionaba como complemento directo o indirecto. No importaba en qué parte de la oración se encontrara ya que la desinencia indicaba su función. Este sistema casual se redujo cuando el latín evolucionó en las distintas lenguas romances. De los seis casos latinos, fue el acusativo el que sirvió de modelo para las evoluciones de los sustantivos (aunque hay palabras que se derivan del caso nominativo). La reducción casual forzó el aumento del uso de las preposiciones ya existentes en latín y la creación de preposiciones nuevas, así también incrementó la importancia de la colocación de las palabras en la oración. Esta clara tendencia gramatical a lo analítico también inició la aparición del paradigma de las formas verbales compuestas, la construcción pasiva y las perífrasis verbales.

A pesar de las reducciones que se llevaron a cabo en el sistema casual y en la gramática en general, estos cambios no se ven drásticamente radicales ya que el romance castellano siguió muy de cerca la gramática latina aunque con transformaciones destacadas, que lo distinguieron como lengua. Es en el plano morfosintáctico, o en las estructuras gramaticales, donde se perciben las diferencias que acaban por distinguir una lengua de un dialecto. Los cambios fonéticos o los préstamos léxicos no juegan un papel tan importante como los cambios gramaticales.

Desde la perspectiva diacrónica los estudios de morfología y fonética están más desarrollados que los de sintaxis. El campo de la gramática histórica tradicional ha dejado el análisis de oraciones y de textos medievales un poco de lado a favor del análisis de los cambios fónicos y morfológicos.

4.1 EL SUSTANTIVO

En latín los sustantivos se declinaban, es decir, llevaban desinencias o sufijos que indicaban las funciones sintácticas, o casos, de la palabra en la oración. Había seis casos: el de sujeto o nominativo, el vocativo, el de complemento directo o acusativo, el de complemento de nombre o genitivo, el de complemento indirecto o dativo y el de complemento circunstancial o ablativo. Según fuera el caso, el género y el número así variaba la desinencia

1ª DECLINACIÓN: SUST. FEM.

	singular	plural
nom.	ROSA	ROSAE
vocat.	ROSA	ROSAE
acus.	<u>ROSAM</u>	<u>ROSAS</u>
genit.	ROSAE	ROSARUM
dat.	ROSAE	ROSIS
ablat.	ROSĀ	ROSIS

2ª DECLINACIÓN: SUST. MASC.

	singular	plural
nom.	DOMINUS	DOMINI
vocat.	DOMINE	DOMINI
acus.	<u>DOMINUM</u>	<u>DOMINOS</u>
genit.	DOMINI	DOMINORUM
dat.	DOMINO	DOMINIS
ablat.	DOMINO	DOMINIS

de caso. A veces estas terminaciones coincidían y, por el contexto, se deducía la función sintáctica. Los sustantivos se agrupaban en declinaciones según fueran éstos femeninos, masculinos o neutros, o según su vocal temática. Había cinco declinaciones de sustantivos. A continuación se muestra la primera declinación de los sustantivos femeninos y la segunda declinación de los sustantivos masculinos, en singular y plural.

En la época del latín tardío o vulgar se perdió la -M final del acusativo lo que provocó una reducción de los casos y un incremento en el uso de las preposiciones. Por otro lado desapareció la cantidad vocálica[1] y algunas terminaciones coincidieron (por ejemplo, no se distinguía la -Ā del ablativo de la -A del nominativo y vocativo); además se confundieron las vocales velares (O, U) en posición final de palabra. Estos cambios fonológicos tuvieron como consecuencia natural la confluencia de varios casos; por ejemplo, el acusativo, dativo y ablativo vinieron a coincidir en la -O final.

acus.	DOMINUM	-UM > -O	
dat.	DOMINO	-O > -O	> **-O**
ablat.	DOMINO	-O > -O	

La simplificación casual y los cambios fonológicos de las vocales hicieron necesarias las preposiciones para marcar la función sintáctica. El sistema de casos fue finalmente sustituido por un sistema de preposiciones ya existentes o de nueva creación. La forma base que se tomó para la evolución de las palabras fue el acusativo singular y plural, que perduró en su forma pero no en su valor de caso (complemento directo, C.D.). Con el acusativo precedido de las preposiciones correspondientes se expresaba el genitivo, el dativo y el ablativo; el nominativo, acusativo y vocativo se distinguían por su colocación en la frase o por el contexto. En general se puede afirmar que la categoría de caso sólo se conservó en parte en los pronombres.

A pesar de la pérdida de los casos, algunos dejaron restos que aún se conservan en español. Del nominativo proceden varios nombres propios (de la desinencia -US), como de CAROLUS > Carlos, DEUS > Dios, IESUS > Jesús, MARCUS > Marcos; o como IUDEX > juez, VOX > voz. Se conservan también restos del genitivo en los días de la semana: DIES MARTIS > martes, DIES JOVIS > jueves (día de Júpiter), VENERIS > viernes (día de Venus)[2]; y en los nombres de lugar como: SANCTI JOANIS > Seoanes, en Pontevedra, Santianes, en Asturias, Santibañez en otras provincias. El ablativo se mantuvo como adverbio en palabras como en HAC HORA > ahora, HOC ANNO > hogaño y LOCO > luego.

En latín se daban tres géneros—masculino, femenino y neutro—los cuales se redujeron a dos en castellano, por lo que los sustantivos neutros se distribuyeron entre los otros dos géneros. Teniendo en cuenta que la primera declinación tenía el nominativo terminado en -A y eran sustantivos femeninos, se asoció la terminación *-a* al femenino. En cambio los sustantivos de la segunda y cuarta declinación que hacían el nominativo en -US y eran mayormente masculinos, asociaron la -U > *-o* al masculino.

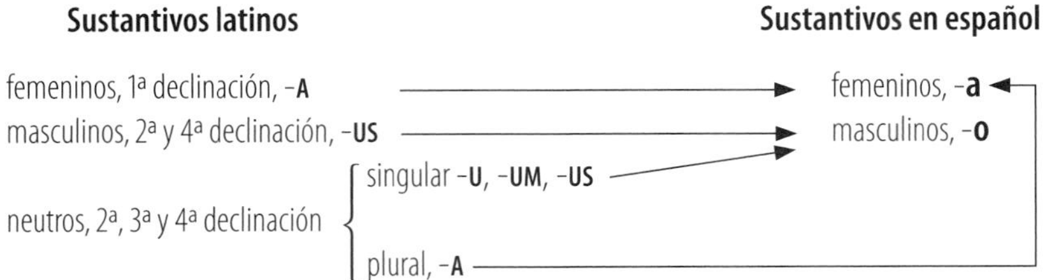

En cuanto a los neutros se asimilaron fácilmente al masculino, a excepción de aquellos que sobrevivieron en plural (terminados en -A) y pasaron a considerarse femeninos. Otros neutros que hacían el singular en -US > -os conservaron la terminación en castellano medieval y erróneamente se consideraron plural, lo que provocó la creación regresiva de singulares. Véanse algunos ejemplos en el recuadro 4.1.

RECUADRO 4.1

Neutro lat. > masc. cast.	Neutro pl. > fem. cast.	Neutro sing. > pl. medievo > sing. cast.
NOMINEM > nombre	ARMA > arma	CŎRPUS > cuerpos > cuerpo
TĔMPUS > tiempo	ANIMALIA > alimaña	ŎPUS > huebos ant. "necesidad"
VOTUM > voto	BRACHIA > braza	PĔCTUS > pechos > pecho
	DEBITA > deuda	TĔMPUS > tiempos > tiempo
	FERRAMENTA > herramienta	
	FŎLIA > hoja	
	LĬGNA > leña	
	OPERA > obra	
	ŎVA > hueva	
	PACTA > pauta	
	PĬGNORA > prenda	
	VŌTA > boda	

Los pocos femeninos que había terminados en -US pasaron a ser masculinos a excepción de MANUS > mano, que siguió siendo femenino. Por su parte, los masculinos terminados en -A, con gran vacilación entre el masculino y el femenino durante la Edad Media, se decantaron por el género etimológico masculino. Lo mismo pasó con los procedentes de los neutros griegos como *clima, tema, planeta, problema, teorema, tema*, etc.

Los cambios de los sustantivos latinos terminados en -E, de la quinta declinación, y en consonante de la tercera, siguieron una distribución inconsistente; así algunos sustantivos que hoy son masculinos fueron femeninos en latín y en la Edad Media, como *arte, valle, amor, árbol, calor, color, honor*, y *origen*. Otros siguen siendo ambiguos con respecto al género, como *azúcar, mar, calor* y *color*.

Concluyendo se puede resumir que los mayores cambios que afectaron a los sustantivos se deben a la simplificación de los casos (debido a la pérdida de la -M final del acusativo), las variaciones relativas al género y la desaparición de la cantidad vocálica.

4.2 EL ADJETIVO

El adjetivo latino concordaba en género, número y caso con el sustantivo por lo que la historia evolutiva del adjetivo se asemeja mucho a la del sustantivo. Un adjetivo regular podía llegar a tener hasta 38 formas diferentes dependiendo de su grado: positivo, comparativo y superlativo, del caso del sustantivo (había seis casos), del género (existían tres: masculino, femenino y neutro), del número (singular y plural) y de su propia declinación (los adjetivos se agrupaban en tres declinaciones). Véase la declinación del adjetivo BONUS > *bueno* como ejemplo de esta pluralidad de formas en el recuadro 4.2.

Los adjetivos del castellano se derivan todos del caso acusativo latino. Mientras que en latín precedían al sustantivo, en español moderno lo siguen normalmente (a excepción de los intensificadores). De la misma manera que pasó con los sustantivos neutros, los adjetivos neutros desaparecieron, reagrupándose en los otros dos géneros. Aquellos neutros que terminaban en consonante o en *-e* permanecieron invariables, como *dulce* o *veloz* (tanto para femenino como para masculino).

En español sólo se mantuvo la diferencia morfológica de género y número, por ejemplo: *roj**o**, roj**a**, roj**os**, roj**as***; y en algunos casos sólo sobrevivió la terminación de número: *fácil, fácil**es**, grande, grand**es***. Las terminaciones de caso y de grado se perdieron, así como el género neutro.

En cuanto al grado del adjetivo, el latín clásico se valía del sistema sintético, es decir utilizaba desinencias para construir el comparativo y el superlativo. De este modo **RARIOR** significaba "más raro" (como en inglés *-er*) y **RARISSIMUS** "el más raro", "muy raro" (como en inglés *-est*). Algunos de estos comparativos en -IOR se han mantenido por su uso frecuente: *mejor* < MELIOR, *peor* < PEIOR, *mayor* < MAIOR, *menor* < MINOR. Otros comparati-

RECUADRO 4.2 DECLINACIÓN DE BŎNUS > *BUENO*

Primera y segunda declinación

		masc.	fem.	neutro	comparativo masc. y fem.	comparativo neutro	superlativo masc.	superlativo fem.	superlativo neutro
Singular	nom.	BONUS	BONA	BONUM	MELIOR	MELIORUS	OPTIMUS	OPTIMA	OPTIMUM
	voc.	BONE	BONA	BONUM	MELIOR	MELIORUS	OPTIME	OPTIMA	OPTIMUM
	acus.	BONUM	BONAM	BONUM	MELIOREM	MELIORUS	OPTIMUM	OPTIMAM	OPTIMUM
	genit.	BONĪ	BONÆ	BONĪ	MELIORIS	MELIORIS	OPTIMĪ	OPTIMÆ	OPTIMĪ
	dat.	BONO	BONÆ	BONO	MELIORI	MELIORI	OPTIMO	OPTIMÆ	OPTIMO
	ablat.	BONO	BONA	BONO	MELIORE	MELIORE	OPTIMO	OPTIMA	OPTIMO
Plural	nom.- voc.	BONĪ	BONÆ	BONA	MELIORES	MELIORA	OPTIMĪ	OPTIMÆ	OPTIMA
	acus.	BONOS	BONAS	BONA	MELIORES	MELIORA	OPTIMOS	OPTIMAS	OPTIMA
	genit.	BONORUM	BONARUM	BONORUM	MELIORUM	MELIORUM	OPTIMORUM	OPTIMARUM	OPTIMORUM
	dat.	BONĪS	BONĪS	BONĪS	MELIORIBUS	MELIORIBUS	OPTIMIS	OPTIMIS	OPTIMĪS
	ablat.	BONĪS	BONĪS	BONĪS	MELIORIBUS	MELIORIBUS	OPTIMIS	OPTIMIS	OPTIMĪS

vos, como *inferior, superior, interior, exterior* y *ulterior*, son préstamos cultos introducidos en el Renacimiento, del mismo modo que los superlativos irregulares *óptimo, pésimo, máximo* y *mínimo*.

Este sistema de desinencias fue sustituido por una estructura analítica con MAGIS, MAXIME y MULTUM que en un principio se utilizaba solamente con aquellos adjetivos que terminaban en hiato (como por ejemplo ARDUUS):

MAGIS o PLŪS DULCIS = más dulce (que)
MAXIME DULCIS = el más dulce
MULTUM o VALDE DULCIS = muy dulce

MAGIS se prefirió a PLŪS en casi todas las zonas de Hispania para el comparativo. El superlativo latino en -ISSIMUS se conservó pero no con valor de superlativo sino como intensificador equivalente a "muy", así hoy en día *dulcísimo* se interpreta como "muy dulce" y no como "el más dulce".

En el latín peninsular el sistema comparativo se redujo a MAGIS y MULTUM.

MAGIS FORTIS > más fuerte (que), (el) más fuerte (de)
MULTUM FORTIS > muy fuerte

4.3. PRONOMBRES, ARTÍCULOS Y DEMOSTRATIVOS

4.3.1. Pronombres

Los pronombres personales, al igual que los sustantivos y los adjetivos, se declinaban con morfemas desinenciales para indicar género, número y caso. Estas desinencias coincidían con las de los sustantivos y adjetivos y también sufrieron los cambios de debilitamiento y pérdida, aunque los pronombres conservaron el género neutro (*esto, eso, aquello*, etc.) y la distinción de caso entre el acusativo (objeto directo, O.D.) y el dativo (objeto indirecto, O.I.)[3] de los pronombres de tercera persona.

En latín sólo existían pronombres de primera y segunda personas; para la tercera persona se servían de los demostrativos IS, HIC, ISTE, ILLE, entre los cuales se impuso ILLE "aquel" del que se derivaron todos los pronombres de tercera persona del español.

Los pronombres personales perdieron su acento cuando no funcionaban como sujeto y no iban con preposición, y pasaron a acompañar al verbo (delante o detrás) como formas clíticas (formando una sola palabra). La presencia o pérdida del acento determinó la clasificación de los pronombres en dos series: la tónica y la átona. El sistema de pronombres tónicos y átonos con sus étimos correspondientes se puede ver en el recuadro 4.3.

RECUADRO 4.3

Formas tónicas		Formas átonas	
Sujeto	**Tras preposición**	**Objeto directo**	**Objeto indirecto**
EGŌ > yo	MIHĪ > mí	MĒ > me	MĒ > me
TŪ > tú	TIBĪ > ti	TĒ > te	TĒ > te
ĬLLE > él	ĬLLE > él	ĬLLUM > lo	ĬLLĪ > le
ĬLLA > ella	ĬLLA (M) > ella	ĬLLAM > la	ĬLLĪ > le
ĬLLUD > ello	ĬLLUD > ello	ĬLLUD > lo	ĬLLĪ > le
NŌS > nos(otros)	NŌS > nos(otros)	NŌS > nos	NŌS > nos
VŌS > vos(otros)	VŌS > vos(otros)	VŌS > (v)os	VŌS > (v)os
ĬLLŌS > ellos	ĬLLŌS > ellos	ĬLLŌS > los	ĬLLĪS > les
ĬLLĀS > ellas	ĬLLĀS > ellas	ĬLLĀS > las	ĬLLĪS > les
	SIBĪ > sí	SĒ > se	SĒ > se

4.3.1.a. Formas tónicas

Los pronombres tónicos que funcionan de sujeto proceden casi todos del nominativo latino, a excepción de ĬLLŌS > ellos, que viene del acusativo plural (se conserva la -S como marca de plural). La doble -LL- se palatalizó en /y/ en las formas tónicas, a excepción de la forma ĬLLE > él, que por efecto de la lenición se simplificó LL > l. A continuación se anotan las evoluciones de los pronombres con más cambios etimológicos:

EGO > eo > io > yo
ĬLLE > elle > ele > él
ĬLLUD > illu > ellu > ello

Las formas actuales de *nosotros* y *vosotros* resultan de la adición de *otros* a NŌS y VŌS, combinación que no se consolida hasta el siglo XVI. Anteriormente a esta fecha, se escribía con dos palabras e incluso en el latín vulgar aparecía esta forma enfática como NOS ALTEROS y VOS ALTEROS. La generalización de *nosotros* y *vosotros* se explica por las transformaciones de las fórmulas de tratamiento a lo largo de la Edad Media y del Siglo de Oro.

En latín se empleaba TŪ para el singular y VOS para el plural; no existía ninguna forma para indicar respeto. Ya en la época tardía del latín, el VOS empezó a utilizarse para indicar trato respetuoso en singular, sin perder su valor de plural. En el castellano medieval se conservó y se acentuó esta distinción, con lo que *tú* se reservaba para el uso familiar y de confianza mientras que el *vos* para el singular de cortesía (como hoy en día en francés y portugués) y el plural.

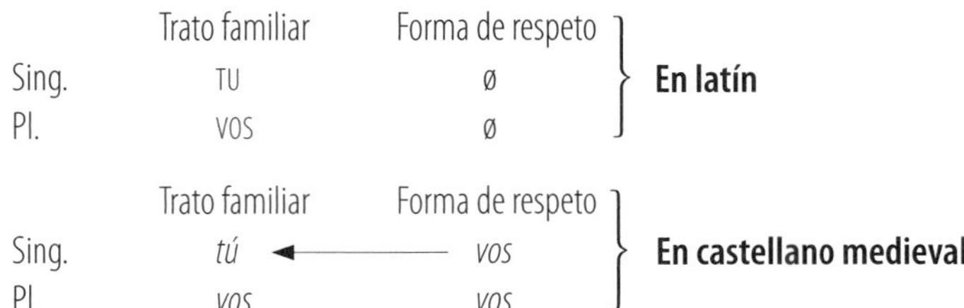

Sin embargo, el *vos* se fue generalizando más y más para el uso singular hasta el punto de que dejó de apreciarse como fórmula de respeto. Esto provocó la necesidad de crear una nueva forma de expresar respeto y cortesía, con lo que se recurrió a *vuestra merced* > vuesa merced > vuesarced > voacé > vucé > vusted, etc., y finalmente *usted*. Lo mismo ocurrió en el plural.

En esta misma época, el plural *vos* (empujado por la aparición de *vuestra merced*) se transformó en *vosotros* y, aunque esta forma ya existía para resaltar la pluralidad de la segunda persona, fue en ese momento que se consolidó. A su vez la forma *vosotros* contagió a *nos* que por analogía pasó a *nosotros*.

Por lo que a comienzos del siglo XVI, las formas de tratamiento eran las siguientes:

	Trato familiar	Forma de respeto
Sing.	*tú, vos*	*vuestra merced*
Pl.	*vosotros*	*vuestras mercedes*

Por otro lado, la segunda persona plural *ustedes* acabó utilizándose coloquialmente, perdiendo su valor deferencial, eliminando al *vosotros* en Andalucía, Canarias y América, fenómeno paralelo a lo que había ocurrido siglos atrás con el *vos*. Por lo que la distribución del español americano y del sur peninsular quedó así:

	Trato familiar	Forma de respeto
Sing.	*tú, vos*	*usted*
Pl.	*ustedes*	*ustedes*

En cuanto a las formas de la segunda persona singular *tú* y *vos* para el trato familiar, se simplificaron a favor de una u otra dependiendo de los países: en España y aquellas regiones que mantenían un estrecho contacto administrativo y cultural con la península (como México, Perú y Bolivia) prefirieron el *tú*; también en las islas del Caribe y gran parte de Venezuela; en otras zonas más distantes se impuso el *vos* (Argentina, Uruguay, Paraguay y Centroamérica); mientras que en otros países (Chile, Ecuador, Colombia) pervivieron las dos con una distribución sociolingüística compleja. (Véase la explicación del voseo en capítulo 9.)

Sea cual sea el sujeto empleado, *tú* o *vos*, los pronombres correspondientes de objeto directo e indirecto son *te* y los posesivos *tu* y *tuyo*.

Los pronombres tónicos tras preposición provienen en su gran mayoría del acusativo latino y coinciden con las formas de sujeto (*para él, con ella(s), de nosotros*, etc.), a excepción de MIHĪ > *mí*, TIBĪ > *ti* y el reflexivo SIBĪ > *sí* que proceden del dativo latino. Caso especial es el de la preposición CUM > *con* acompañando a los pronombres de la primera, segunda y tercera persona singular: *conmigo, contigo* y *consigo*. A diferencia de otras preposiciones CUM seguía a ciertos pronombres como MĒCUM, TĒCUM, SĒCUM, NŌBISCUM, VŌBISCUM (recuérdese la expresión PAX VŌBISCUM = la paz sea con vosotros). En el latín vulgar se quiso regular su uso anteponiéndolo al pronombre pero se dejó el CUM pospuesto, por lo que la preposición se repetía: CUM MĒCUM > *conmigo*, CUM TĒCUM > *contigo* y CUM SĒCUM > *consigo* (con el paso de Ē > i por analogía con *mí, ti y sí*). Las formas del latín clásico NŌBISCUM y VŌBISCUM se sustituyeron por NOSCUM y VOSCUM en el latín vulgar y, con la preposición antepuesta, pasaron a ser CUM NOSCUM > *con(n)usco* y CUM VOSCUM > *convusco*, que a su vez se reemplazaron con *con nos(otros)* y *con vos(otros)* en el siglo XV.

4.3.1.b. Formas átonas

Como ya se observa en el recuadro de los pronombres, las formas de objeto directo e indirecto se hicieron átonas, perdiendo el primer elemento vocálico aquellas derivadas de ILLE que no palatalizaron la -LL- en /y/. La pérdida del acento tónico además favoreció que estas formas se volvieran enclíticas (formando una sola palabra con el verbo).

A continuación se presentan algunas de las evoluciones etimológicas de *lo, la, le* y de *os*:

ĬLLUM > illu > illo > ello > elo > lo (masculino)
ĬLLAM > illa > ella > ela > la
ĬLLUD > illu > illo > ello > elo > lo (neutro)
ĬLLĪ > ille > elle > ele > le
VŌS > (v)os

La pérdida de la consonante inicial en *vos* > *os* se debe a su aparición enclítica, cuando iba con el verbo en imperativo. Tras un periodo de coexistencia de *vos* y *os* para el objeto directo e indirecto finalmente se acabó imponiendo *os* en el siglo XVI.

Los pronombres de objeto directo e indirecto coincidieron menos en la tercera persona (singular y plural), la cual mantuvo las diferencias de caso, o sea, de función: para el objeto directo *lo(s), las(s)*, para el indirecto *le(s)*. En otras palabras, sólo en los pronombres de tercera persona se mantiene la diferencia de caso latino entre el acusativo (O.D.) y el dativo (O.I.).

A pesar de esta distinción de caso en los pronombres de tercera persona, la distinción funcional entre el O.D. y el O.I. se ha ido perdiendo en algunas regiones donde se ha generalizado en gran medida el **leísmo** y, en menor grado, el **laísmo** y **loísmo**. El leísmo consiste en utilizar *le(s)* por el objeto directo *lo(s)* o *la(s)*. En el laísmo, *la(s)* se usa para el objeto indirecto femenino *le(s)*, y en el loísmo, a su vez, *lo(s)* se emplea para el objeto indirecto masculino *le(s)*. De estos tres fenómenos de confusión casual la RAE admite el leísmo para el masculino singular, ya que está muy extendido por todo el ámbito hispano. El laísmo y el loísmo, de uso restringido, no resultan aceptables.

Leísmo: le veo → **lo** veo (a Juan), **la** veo (a Ana)
Laísmo: la di un beso → **le** di un beso (a María)
Loísmo: lo dije → **le** dije (a Pedro), se lo dije

Mientras que en el centro y norte peninsular se confunden los casos acusativo y dativo, la variedad meridional se ha mantenido bastante fiel a la herencia del sistema latino.

El leísmo se remonta a los orígenes del castellano y aparece atestiguado en el Mío Cid (por ejemplo en el verso 655: *al bueno de mio Çid en Alcoçer le van çercar* por "lo van a cercar"). Su aparición se explica tradicionalmente por la necesidad de reforzar las categorías de persona y cosa (de rasgo más o menos animado o determinado), a lo que también obedece la anteposición de la preposición "a" ante el objeto directo de persona. Por otro lado y con el efecto contrario de enfatizar el género del pronombre, surgen el laísmo y el loísmo. Algunas explicaciones más recientes favorecen la influencia del vasco por la carencia de pronombres de acusativo de la modalidad románica de la zona vasca; otras, en cambio, apuestan por resaltar la distinción entre nombres contables y no contables, reservándose *le* para el contable masculino.

Ya desde la Edad Media se encuentra el leísmo aplicado mayoritariamente al singular que al plural, y más a persona que a cosa, tendencia que se ha mantenido hasta nuestros días.

En lo que respecta al reflexivo *se*, pronombre de tercera persona singular y plural, procedente del acusativo latino sē, hay que distinguirlo del *se* objeto indirecto, igual a *le*, del dativo latino ĭllī. Éste último en combinación con un pronombre de objeto directo de tercera persona cambia a *se* por razones fonéticas no funcionales, ya que sigue manteniendo su función de objeto indirecto.

Ana se duchó.	Ana le trajo un café a Luis			Se lo trajo
O.D.	O.I.	O.I.	⟶	O.I.

La combinación de ĭllī más otros acusativos de la misma persona—illum, illam, illud, illōs, illās—resultaba difícil de pronunciar, por lo que se acortó, sufriendo las evoluciones vocálicas y consonánticas propias del latín vulgar, hasta que se llegó a la forma medieval *gelo*, *gela* y sus variantes plurales, pronunciadas con la prepalatal fricativa sonora /ʒ/. Durante el siglo XVI esta palatal /ʒ/ se ensordeció en /ʃ/ y posteriormente se confundió con la alveolar /s/ del reflexivo *se*, por lo que *gelo* fue sustituido por *se* lo.[4]

ĬLLĪ +
- **ILLUM** > ille illo > elle ello > [elié elo] > [eʎé elo] > [eʎélo] > [ʎé lo] > [ʒélo] > [ʃélo] > [sé lo]
  "gelo" (= [ʒélo]) … "se lo" (= [sé lo])
- **ILLAM** > se la
- **ILLUD** > se lo (neutro)
- **ILLŌS** > se los
- **ILLĀS** > se las

En los textos medievales, los pronombres solían perder la *-e* final cuando iban enclíticos (pegados al verbo), siguiendo la tendencia generalizada de la apócope de la *-e*. Esta apócope se daba con mayor frecuencia con *le* y *se* que con el resto de los pronombres, de hecho pervivió hasta el siglo XV (ejemplo de Alfonso X, el Sabio, en su *General Historia*: *e cresciol mas con el dolor de lo que fue repoyada*). Con *me* y *te* pocas veces se eliminaba esta *-e* y dejó de hacerse después del siglo XIII.

Los pronombres solían aparecer tras el verbo, fuera o no conjugado, exceptuando los casos en que al verbo lo precediera otra palabra tónica, como un adverbio, relativo, conjunción, etc., (ejemplo del Mío Cid, verso 30: *ascóndense de mio Çid, ca nol osan dezir nada*). Cuando se trataba de un futuro, condicional o verbo compuesto, el pronombre podía intercalarse entre las formas verbales (ejemplo del Auto de los Reyes Magos: *¿cumo lo sabedes? / ¿la prouado lo auedes?*). Esta colocación propia del español medieval se perdió en el Siglo de Oro, sustituida por la actual.

4.3.2. Pronombres posesivos

En latín los posesivos podían funcionar tanto como pronombres como adjetivos (acompañando a un sustantivo y concordando con él en caso, género y número), siendo siempre tónicos y compartiendo la misma forma. La procedencia etimológica de estos posesivos se puede apreciar en el recuadro 4.4.

A partir del siglo XIII, los pronombres y adjetivos posesivos empezaron a cambiar de forma, en parte debido a la pérdida de la tonicidad y a la reducción de la vocal final, por lo que quedaron divididos en dos series: por un lado, los que funcionaban como adjetivos posesivos antepuestos al sustantivo (*mi, tu, su, nuestro, vuestro*); y por otro, los que se empleaban propiamente como pronombres y además como adjetivos pospuestos al sustantivo (*mío, tuyo, suyo, nuestro, vuestro*). Esta dualidad se mantuvo en español.

Los posesivos, cuando funcionaban como adjetivos, dejaron de ser tónicos, cerrando la vocal: MEUS > mio > mí, TUUS > to > tu, SUUS > so > su, o perdiendo la vocal final: MEA > mia > mi, TUA > tua > tu, SUA > sua > su. Consecuentemente la distinción de género (*-o*/*-a*) se perdió, lo que no pasó en las variantes del plural *nuestro/a, vuestro/a* que no sufrieron la pérdida de acento ni la de oposición genérica. Las formas *to* y *so* sobrevivieron durante todo el siglo XIII y después fueron sustituidas por *tu* y *su*.

RECUADRO 4.4

	masculino	**femenino**
posesor singular	MEUS > mío, mi	MEA > mía, mi
	TUUS > to, tu, tuyo	TUA > tua, tu, tuya
	SUUS > so, su, suyo	SUA > sua, su, suya
posesor plural	NOSTER, NOSTRUM > nuestro	NOSTRA > nuestra
	VESTER, VOSTRUM > vuestro	VOSTRA > vuestra
	SUUS > su, suyo	SUA > su, suya

También es en el siglo XIII cuando se empieza a anteponer el artículo al posesivo (*el mio fijo*), lo que es muy normal en el medievo hasta el siglo XVI.

La forma SUUS se empleaba en un principio con valor reflexivo (es decir, se utilizaba sólo cuando el poseedor era el sujeto de la oración con el posesivo), tanto en singular como en plural. Si había un poseedor diferente del sujeto se recurría al EIUS latino, que indicaba "de él / ella / ello", o al EŌRUM, "de ellos", ILLŌRUM en otras áreas (en francés *son livre / leur livre*, su libro de él, su libro de ellos). Esta distinción entre el SUUS y el EIUS, EORUM se perdió y SUUS prevaleció en todas las situaciones (como posesivo reflexivo y no reflexivo). Aún así para evitar la ambigüedad se recurrió a un complemento introducido por la preposición *de* con valor posesivo (*su casa de él*). Con la aparición de *vuestra(s) merced(es) > usted(es)* en la Edad Media, *su* y sus variantes pasaron a aplicarse también a la segunda persona de trato deferencial. Esta carga de valores atribuida al *su* hizo casi necesaria la frase de genitivo con *de, su hijo de usted*, construcción hoy en día muy frecuente en Canarias y en América.

En el latín vulgar el posesivo VESTER coexistía con VOSTER. Se piensa que el pronombre VESTER era más antiguo y que VOSTER surgió por disimilación o más probablemente por analogía con NOSTER y con el pronombre VŌS.

Por otro lado, cuando los posesivos funcionan como pronombres o como adjetivos pospuestos al sustantivo se mantienen tónicos y bisílabos. El pronombre de primera persona singular pasó de ser monosílabo, *mió*, a ser bisílabo con hiato, *mío*, probablemente por analogía con el femenino que solía ir con una /i/ tónica. El pronombre latino MEA / méa/ cerró la /é/ tónica en /i/ por disimilación con la /a/ final en hiato. En cuanto a los de segunda y tercera persona, se desarrolla una consonante intervocálica /y/ (TUA > tuya, SUA > suya), por dos razones: una de carácter fonológico, para romper el hiato entre /ua/, y otra de carácter analógico, por influencia del relativo posesivo *cuyo* < CUIUS. Según atestiguan los textos medievales, este cambio se produjo primero en el femenino y después se expandió al masculino.

4.3.3. Artículos

El latín clásico carecía de artículos tanto indefinidos como definidos. La necesidad de hacer referencia a un elemento no presente ante el oyente que le resultara desconocido (el indefinido), o que le resultara familiar o conocido (el definido), obligó a la lengua a recurrir a algunas partículas latinas ya existentes. Entre ellas se empleaban algunas como el numeral ŪNUS > *uno*, el adjetivo enfático IPSE o el demostrativo ILLE. Para indicar la falta de identificación o referencia concreta se acudió al cuantificador ŪNUS, que en latín sólo indicaba valor numeral. Fue durante la Edad Media que se desarrolló su valor indefinido y a menudo con el artículo definido antepuesto: *de la una parte . . . de la otra*. El masculino ŪNUS pierde la vocal final y se apocopa en *un* mientras que en el femenino ŪNA > *una* se mantiene. En el medievo el femenino se apocopaba en *un* cuando la palabra siguiente empezaba por vocal: *un onda* (y no sólo cuando se trataba de /á/ tónica inicial como hoy en día).

Del demostrativo ILLE se derivaron todas las formas del artículo definido. La pérdida de tonicidad y su carácter proclítico (delante del sustantivo) provocaron la elisión de la vocal inicial a veces, y otras, de la vocal final, con la consecuente reducción de -LL- > -l-.

Artículos definidos

nom. masc.	**ĬLLE** > el	sing.	ĬLLE > elle > ele > **el**
nom. fem.	**ĬLLA** > la, el		ĬLLA > ella > ela > **la** > ella > ela > **el**
nom. neutr.	**ĬLLUD** > lo		ĬLLUD > illo> ello > elo > **lo**
acus. masc.	**ĬLLŌS** > los	plur.	ĬLLŌS > ellos > elos > **los**
acus. fem.	**ĬLLĀS** > las		ĬLLĀS > ellas > elas > **las**

El demostrativo femenino ĬLLA evolucionó con dos soluciones diferentes: *la*, con la pérdida de la vocal inicial ante palabras que empezaban con consonante, y *el*, sin la vocal final, ante sustantivos que empezaban por vocal. Aunque en un principio coexistieron *el* y *la* ante nombres que empezaban por vocal (*el iglesia, la iglesia*), a mediados del siglo XV la forma *el* se limitó a su anteposición a *a-* (fuera esta *a-* tónica o átona); y es en el siglo XVII cuando se restringió exclusivamente a la *a-* tónica (*el alma, el arpa*). Este cambio sólo afecta al artículo y no al demostrativo, así se dice *esta agua* y *el agua*.

Como en otras lenguas romances el uso del artículo definido (que no existía en latín) se extendió a más grupos de sustantivos como los de valor genérico, colectivos, abstractos o de materia que durante la época medieval no lo llevaban. A comienzos del Siglo de Oro su uso se incrementó paulatinamente.

4.3.4. Demostrativos

Los demostrativos latinos se declinaban en caso, número y género como los pronombres y los adjetivos, concordando con el sustantivo al que acompañaban. Como ocurre con los pronombres de tercera persona tónicos (*ello*) y átonos (*lo*), los demostrativos mantuvieron el neutro para referirse a una idea o a un concepto (*esto, eso, aquello*).

Los demostrativos latinos estaban formados por tres deícticos según la proximidad que éstos expresaban con respecto al hablante: HIC, de primera persona, indicaba cercanía, ISTE, de segunda persona, una distancia media, mientras que ĬLLE, de tercera persona, se aplicaba a referentes alejados del hablante y del oyente. El español heredó también tres demostrativos: *este, ese* y *aquel*, pero no descienden directamente de HIC, ISTE e ĬLLE, los cuales sufrieron una reorganización de funciones.

HIC desapareció y en su lugar se utilizó el demostrativo de segunda persona, ISTE, con lo que se redujo el sistema a dos deícticos. Para expresar el concepto de distancia del demostrativo de segunda persona se recurrió a IPSE, pronombre enfático que en latín iba con nombres o pronombres personales como EGO IPSE, "yo mismo, yo en persona", IPSE RĒX, "el rey en persona, el propio rey, el rey mismo". Durante la época medieval sigue manteniendo este valor como identificador junto con su nueva acepción de deíctico hasta que en el siglo XV se consolidará sólo como demostrativo.

Para sustituir a IPSE se acudió a una forma expandida, MEDIPSISSIMUS > *mismo*, que acaparó también valores de IDEM. Así RĒX MEDIPSISSIMUS equivalió tanto al "mismo rey" como al "rey mismo". En los textos medievales alternaban las formas *meesmo, meísmo, mesmo, mismo*; en el siglo XVII se regulariza como *mismo* y *mesmo* queda relegado al uso rural.

En cuanto al demostrativo de tercera persona, *aquel*, se formó a partir de la partícula deíctica ACCU + ĬLLE. ĬLLE, además de funcionar como demostrativo, había acumulado valores de pronombre y empezaba a utilizarse como artículo, con lo cual se tuvo que reforzar ese valor original demostrativo y se consiguió anteponiendo una partícula como ACCU, aunque también se registran en otras zonas ATQUE, ECCE o ECCUM. ACCU también se utilizó con *este* y *ese* (*aqueste* y *aquese*) hasta el Siglo de Oro. Obsérvese el recuadro 4.5.

En resumen, *este, ese* y *aquel* del español moderno provienen etimológicamente de los nominativos ISTE, IPSE y ACCU ĬLLE, sin embargo cambiaron su valor semántico original. Era de esperar que estas formas se derivaran del acusativo (como los sustantivos y los adjetivos), es decir, de ISTUM, IPSUM y ACCU ĬLLUM, pero no fue así ya que en ese caso hubieran coincidido con el resultado de los neutros ISTUD, IPSUD, ACCU ĬLLUD que dieron *esto, eso* y *aquello* respectivamente. De este modo, por razones fonéticas y para evitar la ambigüedad, en los demostrativos se mantuvo la diferencia de género entre masculino, femenino y neutro.

RECUADRO 4.5 DEMOSTRATIVOS: ORIGEN ETIMOLÓGICO

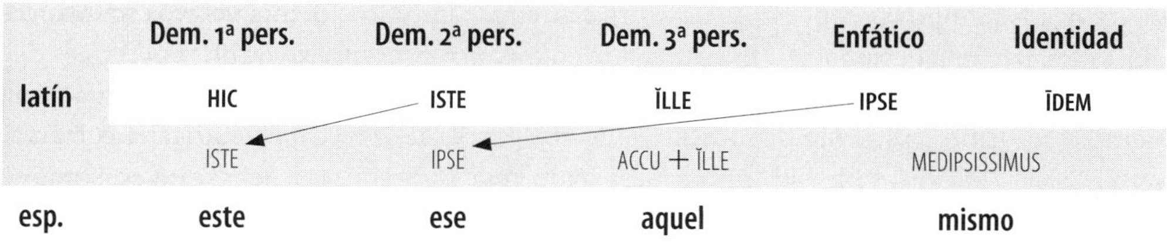

	Dem. 1ª pers.	Dem. 2ª pers.	Dem. 3ª pers.	Enfático	Identidad
latín	HIC	ISTE	ĬLLE	IPSE	ĪDEM
	ISTE ← (ISTE)	IPSE ← (IPSE)	ACCU + ĬLLE	MEDIPSISSIMUS	
esp.	**este**	**ese**	**aquel**	**mismo**	

RECUADRO 4.6

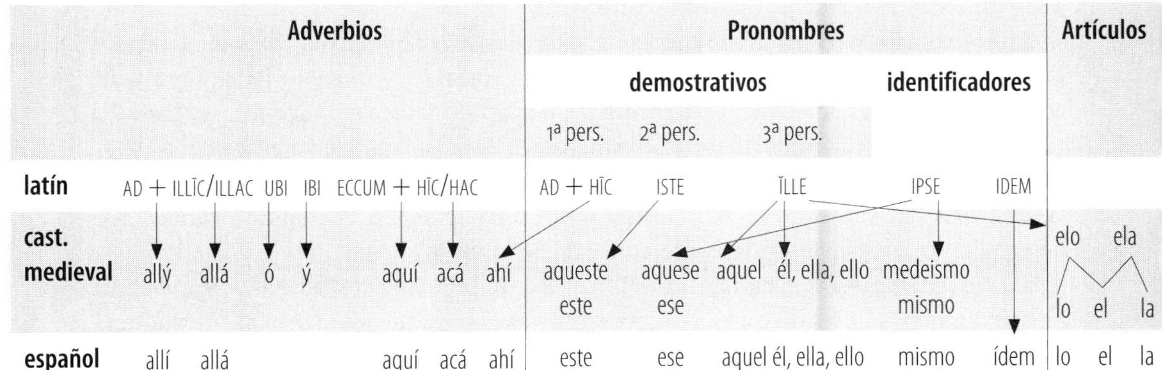

La evolución de los demostrativos, identificadores, artículos y adverbios que estaban relacionados entre sí con la importante contribución de ĭlle se recoge en el recuadro 4.6.

4.4. EL VERBO

La morfología verbal resulta uno de los aspectos más complicados de la historia evolutiva de la lengua. Las irregularidades verbales que tanto abundan en español se deben a causas diversas: algunos de los verbos ya eran irregulares en latín, otros se hicieron irregulares por analogía, por influencia de la yod, por disimilación, por préstamos de otros verbos y por razones de evolución fonética y acentuación. Entre todos los fenómenos que modificaron el paradigma verbal es la analogía la que predomina como causante de los cambios. En este apartado se analizarán los elementos etimológicos más representativos e importantes para la configuración del sistema verbal moderno.

La morfología verbal del español no difiere mucho de la latina. En latín, igual que en español, cuenta con tres modos—indicativo, subjuntivo e imperativo—con las voces activa y pasiva, verbos impersonales e irregulares y las desinencias verbales de persona, número, tiempo, modo y aspecto según sea la conjugación. Sin embargo se dan algunas diferencias: el latín contaba con cuatro conjugaciones y el español sólo tiene tres; el latín no disponía de todos los tiempos verbales existentes en español, carecía del condicional y de todos los tiempos compuestos; el futuro latino era sintético (forma verbal constituida por una raíz y una desinencia), mientras que en español es perifrástico (de la perífrasis del infinitivo + presente de *haber*); la voz pasiva en latín se expresaba de forma sintética, por ejemplo "es leído" (presente de indicativo en voz pasiva de la tercera persona singular del verbo "leer") era legitur y el futuro "será leído" era legetur, mientras que en español la voz pasiva es perifrástica, formada por el verbo *ser* + el participio (procedente del participio de perfecto latino).

Se puede afirmar de forma general que el español ha heredado casi todos los morfemas latinos que expresaban persona, número, tiempo, aspecto y modo. Las terminaciones de la pasiva latina se perdieron completamente y el español desarrolló otras formas verbales como el futuro, el condicional y todos los tiempos compuestos.

4.4.1. Presente de indicativo

El presente de indicativo no presenta muchas irregularidades en cuanto a su evolución etimológica, véase por ejemplo los verbos AMĀRE > *amar*, HABERE > *haber* y VOLVĔRE > *volver*.

AMO > amo	HA(B)EO > he (aeo > aio > ai > ei > e)	VŎLVO > vuelvo
AMAS > amas	HA(BE)S > has	VŎLVIS > vuelves
AMAT > ama	HA(BE)T > ha	VŎLVIT > vuelve
AMAMUS > amamos	HA(B)EMUS > hemos (ae > ai > ei > e)	VOLVIMUS > volvemos
AMATIS > amades > amáis	HABE(T)IS > habéis	VOLVITIS > volvéis
AMANT > aman	HA(BE)NT > han	VŎLVUNT > vuelven

En cuanto a las desinencias, el único reajuste que se produjo fue en la tercera persona plural de los verbos en -ĔRE e -IRE terminados en -UNT y que pasaron a -ENT > *-en*, VOLVUNT > *vuelven*, por presión analógica con el modelo de los verbos de la segunda conjugación (como HA(BE)NT).

La acentuación resulta de mucha importancia para entender algunos cambios fonéticos. Así en el presente de indicativo y de subjuntivo la sílaba tónica es siempre la penúltima, a excepción de la forma de *vosotros* que es la última en el español moderno; en el castellano medieval el verbo de vosotros también tenía el acento en la penúltima pero la pérdida de la *-d-* intervocálica, procedente de la -T- latina, favoreció la aparición de, primero, el hiato y después, el diptongo con el cambio de acentuación.

Esta predominancia de la acentuación llana explica que la sílaba tónica sea la de la raíz en las formas de las personas *yo, tú, él, ellos* y la de las desinencias en *nosotros* y *vosotros*. También esta acentuación explica la monoptongación de la raíz de *nosotros* y *vosotros* frente a las otras personas con diptongos. Para que la "e" y la "o" de la raíz verbal diptonguen es necesario que el acento de intensidad recaiga sobre ellas y hayan sido breves en latín. En otras palabras, la Ĕ y Ŏ breves latinas diptongan cuando son tónicas.

Por analogía, esta diptongación de verbos que tenían Ĕ y Ŏ breves tónicas se extendió a otros verbos con vocal larga en la raíz y a los cuales no le correspondía tal diptongación (tratándose de falsas diptongaciones). Como ejemplos de esta irregularidad tenemos CONSŌLARI > *consolar, cons**ue**lo*, PĒNSARE > *pensar, p**ie**nso*, SĒMINARE > *sembrar, **sie**mbro*, etc.

También se dio el caso contrario, algunos verbos a los que les correspondía diptongar porque tenían Ĕ y Ŏ breves tónicas en la raíz, no diptongaron y acabaron conjugándose como los que contaban con vocal larga (aunque en la Edad Media sí presentaron la diptongación regular), como *apuerto* por aporto (aportar), *entriego* por entrego (entregar) y *viedo* por vedo (vedar).

Otra irregularidad que se impuso en el presente fue la "g" analógica en la primera persona singular del presente siguiendo la "g" etimológica de los verbos *hacer* y *decir*. Es decir de las formas FAC(I)O > hago y DICO > digo, los demás verbos copiaron esta "g" epentética que no les correspondía etimológicamente; verbos como:

tener – tengo < TENEO
poner – pongo < PONŌ
venir – vengo < VENIO
traer – traigo < TRAHŌ
caer – caigo < CADŌ
oír – oigo < AUDIŌ
salir – salgo < SALIO
valer – valgo < VALIŌ

Al mismo tiempo, el efecto contrario se produjo en otros verbos, donde sí tenían una "g" etimológica en la desinencia *-ngo* de la primera persona y la perdieron, palatalizando la nasal por analogía con las otras personas, como en CINGERE > ceñir, *cingo*, hoy *ciño* (ciñes, ciñe . . .), TANGERE > tañer, *tango*, hoy *taño* (tañes, tañe . . .).

Es importante mencionar que dos verbos con la raíz terminada en -AP- sufrieron metátesis y cambiaron la vocal: CAPIO > *quepo* y SAPIAM > *sepa*.

Por otro lado, el paradigma del verbo *ser* latino sufrió varias modificaciones en el romance peninsular: para evitar la coincidencia de las formas de la segunda y tercera personas del singular, se sustituyó la segunda persona singular por ĔRIS (del futuro); mientras que la segunda persona del plural ESTIS se reemplazó por *SŬTIS, resultado analógico sobre SŬM, SŬMUS y SŬNT. A la primera persona singular se le añadió una *-y* final, no etimológica, en la época medieval. Esta modificación también alcanzó a otros verbos como *do, vo, estó* (> doy, voy, estoy). Se ha especulado que esta *-y* final procede del adverbio latino IBI > *y, allí*.

Presente de **ser,** SEDERE	Español medieval
SŬM	> so > soy
ĔS > ĔRIS (futuro)	> eres
ĔST	> es
SŬMUS	> somos
ESTIS > *SŬTIS (analogía)	> sotes > sodes
SŬNT	> son

Presente de **dar,** DĀRE	Presente de **estar,** STĀRE
DŌ > do > doy	STŌ > estó > estoy
DAS > das	STAS > estás
DAT > da	STAT > está
DAMUS > damos	STAMUS > estamos
DATIS > dades > dais	STATIS > estades > estáis
DANT > dan	STANT > están

Las formas del presente del verbo ĪRE que carecían de consonante radical se sustituyeron por las del verbo VADERE "apresurarse", que estaba relacionado semánticamente con *ir*, a excepción de la primera y segunda persona de plural que fueron formas analógicas.

Presente de ***ir*** en latín

ĪRE (ir)	**VADERE** (apresurarse)
EO	VADO > vo > voy
ĪS	VADIS > vas
IT	VADIT > va
ĪMUS	ĪMUS > imos > vamos (analogía)
ĪTIS	ĪTIS > ides > vais (analogía)
EUNT	VADUNT > van

El verbo *oír* presenta varias irregularidades: en primer lugar, es el único verbo en *-ir* con una "o" tónica procedente del diptongo AU > ou > o, AUDIRE > *oír*; por otro lado palataliza el grupo D + i en todas las personas excepto en la primera y segunda persona plural, así AUDIO > oyo > *oigo*, AUDĪS > *oyes*, AUDIT > *oye*, AUDIUNT > *oyen*, frente a *oímos* (< AUDĪMUS) y *oís* (< oídes < AUDĪTIS), ya que el español no permite la consonante palatal con la "i" *oyimos (tan sólo ante un sufijo, por ejemplo, *poyito*). La forma medieval *oyo* incorporó una "g" epentética, no etimológica, a finales del periodo medieval. A este modelo de *oír* se ajustan otros verbos cuyos infinitivos terminan en *-uir*.

Por otro lado, en el español medieval era frecuente que se perdiera la *-e* final de la tercera persona singular del presente, así en los textos abundan formas como *faz, diz, sal, pon, tien, vien, quier*; finalmente la lengua repuso esta *-e*.

4.4.2. Imperfecto de indicativo

El imperfecto de indicativo desarrolló dos desinencias: los verbos de la primera conjugación en -ABA > -aba mantuvieron la consonante bilabial; los verbos de la segunda, tercera y cuarta conjugación perdieron la consonante y crearon el hiato *-ía*.

1ª conjugación: AMABAM > amaba
2ª conjugación: HABEBAM > *habéa > había
3ª conjugación: FACIEBAM, FACEBAM > *fazéa > fazía > hacía
4ª conjugación: AUDIEBAM, AUDIBAM > *audía > oía

1ª conjugación	**2ª conjugación**
AMABAM > amaba	HABEBAM > *habéa > había
AMABAS > amabas	HABEBAS > habías
AMABAT > amaba	HABEBAT > había
AMABAMUS > amábamos	HABEBAMUS > habíamos

AMABATIS > amabais　　HABEBATIS > habíais
AMABANT > amaban　　HABEBANT > habían

En los siglos XIII y XIV esta terminación en *-ía(n)* pasó a *-íe(n), -ié(n)*, en las terceras personas. La "i" flexionó la "a", palatalizándola en "e", introduciendo las variantes *-íe(n), -ié(n)*. En los siglos XV y XVI se restableció *-ía(n)* como única desinencia del imperfecto para la segunda y tercera conjugaciones. La desinencia con *-e* se ha conservado como un arcaísmo dialectal en algunas zonas peninsulares. Por otro lado, los imperfectos irregulares de *ir, ver* y *ser* eran ya irregulares en latín; en el caso de *ir – iba*, se conservó la consonante, como excepción. Obsérvese los ejemplos del imperfecto en el siguiente fragmento del Cid:

Mio Çid Roy Díaz　por Burgos entróve
en sue conpaña　sessaenta pendones;
exien lo veer　mugieres e varones,
burgeses e burgesas　por las finiestras sone,
plorando de los ojos,　tanto **avién** el dolore.
De las sus bocas　todos **dizían** una razóne
"Dios, qué buen vassalo,　si oviesse buen señore!"[5]

4.4.3. Pretérito (o Pretérito indefinido)

El cambio fonético principal que desarrolló las formas verbales modernas reside en la pérdida de los grupos latinos -V-, -VI-, -VE-, lo que dejó en contacto a las vocales que dieron distintos resultados.

1ª conjugación: AMAVI > ama(v)i > amái > améi > amé
2ª conjugación: DOLUI > dol(u)i > dolí
3ª conjugación: LEGI > le(g)i > leí
4ª conjugación: PARTIVI > parti(v)i > partii > partí

1ª conjugación	**4ª conjugación**
AMA(V)I > amái > amé	PARTI(V)I > partii > partí
AMA(VI)STI > amasti > amaste	PARTI(VI)STI > partisti > partiste
AMAV(I)T > amaut > amó	PARTI(V)IT > partiit > partiut (analogía) > partió
AMA(VI)MUS > amamus > amamos	PARTI(VI)MUS > partimus > partimos
AMA(VI)STIS > amastis > amastes, amasteis	PARTI(VI)STIS > partistis > partistes, partisteis
AMA(VE)RUNT > amarun > amaron	PARTI(V)ERUNT > partierunt > partieron

En el castellano medieval se diferenciaban los pretéritos regulares o débiles con el acento en la desinencia, como *amé, partí,* de los pretéritos irregulares o fuertes con acento en la raíz en la primera y tercera persona singular, como *dije* < DIXI, *dí* < DEDI, *conduje* < CONDUXI, *hice* < FECI. Otras formas romances tardías como *tuve* y *anduve* siguieron analógicamente el modelo del verbo *ove* < HABUI, "hube"; es decir, algunos verbos latinos fueron sustituidos por pretéritos fuertes analógicos, como ejemplo tenemos el caso de *tener - tuve,* cuyo pretérito latino era TENUI pero se utilizaba *tove* por analogía con *ove.* Otros ejemplos similares son *sove,* "fui" del latín SEDI, y *crove,* "creí" de CREDIDI. Por la misma razón de la analogía se produjo el caso contrario, los pretéritos fuertes se regularizaron, siguiendo el modelo de los pretéritos regulares o débiles, más numerosos, así la forma medieval *destruxe* < DESTRUXI se sustituyó por "destruí", *mise* < MISI por "metí" o *rise* < RISI por "reí".

4.4.4. Voz pasiva

La voz, desde el punto de vista lingüístico, indica la relación entre la acción expresada por el verbo y el sujeto; puede ser *activa* cuando el sujeto realiza la acción expresada por el verbo, como en *los bomberos apagaron el fuego*; *pasiva* cuando el sujeto recibe los efectos de la acción expresada por el verbo, como en *el fuego fue apagado por los bomberos*; y *media* cuando algunos verbos indican una acción que realiza el sujeto y le afecta también a él como en *Juan se levantó de la cama.*[6]

En latín la voz se expresaba mediante morfemas verbales en todos los tiempos del presente, pasado y futuro de los modos indicativo y subjuntivo, incluyendo también las formas no personales del infinitivo y del participio. De tal modo que la estructura de la voz pasiva se concentraba en una sola forma verbal sintética, así AUDIOR era "soy oído", AUDIEBAR "era oído", AUDIAR "seré oído". Esta forma sintética fue sustituida en romance por la estructura perifrástica de *ser* + participio del verbo conjugado (transitivo).

Durante el medievo la estructura con *ser* + participio mantuvo su valor primario atributivo, resultativo, funcionando el participio como atributo del sujeto; sin embargo, aunque se utilizó con abundancia en los textos medievales, la perífrasis con *ser* no llegó a consolidarse en español, y poco a poco *haber* le fue ganando terreno. Así en este ejemplo *Un rei es nacido que es senior de tirra* (Auto de los Reyes Magos, s. XII), *es nacido* equivale a "ha nacido" en español.

Hoy en día la voz pasiva en español no se utiliza con mucha frecuencia, de hecho aparece en pocas ocasiones y lo hace en contextos muy formales o en el lenguaje periodístico. En su lugar se ha impuesto la pasiva refleja con el pronombre "se".

4.4.5. Participios y voz pasiva

El participio de la voz pasiva latina contaba con dos formas: la de presente, que terminaba en -ANDUS para los verbos de la primera conjugación, en -ENDUS para los de la segunda y tercera y en -IENDUS para los de la cuarta; y la de perfecto, con las terminaciones -ATUS e -ITUS para los verbos de la primera conjugación y las restantes respectivamente.

		1ª conjugación	4ª conjugación
Voz pasiva latina	Participio de presente:	AMANDUS (el que ama) -ANDUS > -ando	PARTIENDUS (el que parte) -IENDUS > -iendo
	Participio de pasado:	AMATUS (amado) -ATUS > -ado	PARTITUS (partido) -ITUS > -ido

De la antigua voz pasiva de participio latino, se han conservado algunas formas del participio de presente como sustantivos y adjetivos que casi resultan reliquias morfológicas.

doctorando:	que está en proceso de convertirse en doctor
dividendo:	que hay que dividir
graduando:	que va a graduarse
memorando:	que hay que recordar
multiplicando:	que hay que multiplicar
sumando:	que hay que sumar
reverendo:	que hay que respetar, reverenciar

El participio de pasado se ha conservado para formar el participio de los verbos compuestos pero perdió su carácter morfológico de la antigua voz pasiva latina. Recuérdese que en castellano la pasiva se expresa con el verbo *ser* más el participio o con el pronombre *se* más el verbo conjugado (pasiva refleja).

Del mismo modo que los pretéritos se diferenciaban en débiles o fuertes según su acentuación, así ocurre con los participios. Los participios fuertes o irregulares de la primera conjugación se perdieron; en cambio se mantuvieron algunos de las otras conjugaciones, como *abierto, cubierto, dicho, escrito*, etc.

Participios fuertes (con acento en la raíz)

abrir – abierto	poner – puesto
cubrir – cubierto	proveer – provisto
decir – dicho	romper – roto
escribir – escrito	satisfacer – satisfecho
hacer – hecho	ver – visto
morir – muerto	volver – vuelto

En otros casos, los verbos desarrollaron un participio regular que hoy se utiliza para los tiempos compuestos y la pasiva, junto con el participio irregular latino, empleado como adjetivo o sustantivo.

Verbos con dos participios: el débil (regular) y el fuerte (irregular)

	participio regular tiempos compuestos y pasiva	participio irregular adjetivos o sustantivos
bendecir	(he) bendecido	bendito
ceñir	(he) ceñido	cincho, cincha
cocer	(he) cocido	cocho, bizcocho
comprimir	(he) comprimido	compreso, compresa
confesar	(he) confesado	confieso
confundir	(he) confundido	confuso
contentar	(he) contentado	contento
convertir	(he) convertido	converso
corregir	(he) corregido	correcto
corromper	(he) corrompido	corrupto
descalzar	(he) descalzado	descalzo
desnudar	(he) desnudado	desnudo
despertar	(he) despertado	despierto
dirigir	(he) dirigido	directo, derecho
divertir	(he) divertido	diverso
elegir	(he) elegido	electo
expresar	(he) expresado	expreso
expulsar	(he) expulsado	expulso
extinguir	(he) extinguido	extinto
fijar	(he) fijado	fijo
freír	(he) freído	frito
imprimir	(he) imprimido	impreso
incluir	(he) incluido	incluso
interrumpir	(he) interrumpido	interrupto
invertir	(he) invertido	inverso
pacer	(he) pacido	pasto
prender	(he) prendido	preso
producir	(he) producido	producto
prostituir	(he) prostituido	prostituto
recluir	(he) recluido	recluso
reducir	(he) reducido	reducto
reprimir	(he) reprimido	represo, represa
revertir	(he) revertido	reverso
salvar	(he) salvado	salvo

(*continúa*)

soltar	(he) soltado	suelto
sustituir	(he) sustituido	sustituto
tentar	(he) tentado	tiento, tienta
teñir	(he) teñido	tinto
torcer	(he) torcido	tuerto

4.4.6. Formas no personales del verbo: infinitivo y gerundio

En latín existían cuatro conjugaciones verbales—los verbos terminados en -ĀRE, -ĒRE, -ĔRE, -ĪRE—de las cuales se derivan las tres españolas en *-ar*, *-er* e *-ir*. Los verbos terminados en -ĀRE pasaron a *-ar*; los verbos terminados en -ĒRE pasaron a *-er*; los de -ĪRE pasaron a *-ir*; sin embargo aquellos de la tercera conjugación latina en -ĔRE, con Ĕ breve y con acentuación en la sílaba anterior, pasaron a asimilarse a los de *-er* y algunos a los de *-ir*. Es decir, las conjugaciones latinas con vocal larga y acento en la misma sobrevivieron sin cambios notables.

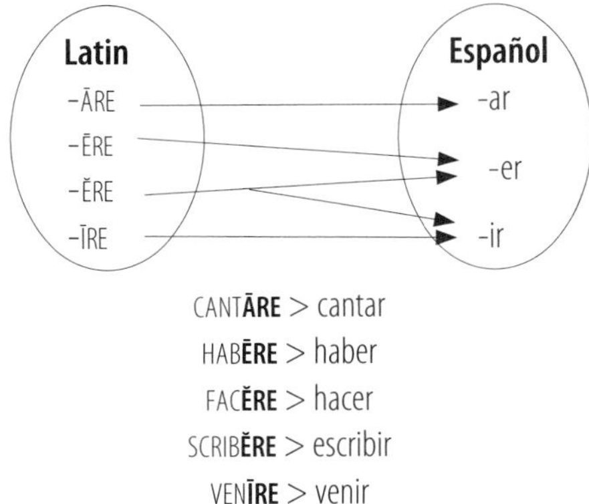

CANT**ĀRE** > cantar
HAB**ĒRE** > haber
FAC**ĔRE** > hacer
SCRIB**ĔRE** > escribir
VEN**ĪRE** > venir

Así por ejemplo BÍBĔRE de la tercera conjugación latina pasó a la segunda "beber" y RECÍPĔRE, también de la tercera, se asimiló a la tercera "recibir"; ambos con cambio de acentuación.

Teniendo en cuenta el desplazamiento acentual del infinitivo de la tercera conjugación y de la pérdida general de la -E final latina en todas las conjugaciones, el infinitivo ha sufrido muy pocos cambios. Exceptuamos dos verbos de uso muy frecuente que en la época medieval contaban con una variante acentuada en la raíz o variante fuerte. De estos infinitivos fuertes se derivan las formas de futuro y condicional: *haré, haría* y *diré, diría*.

FÁCERE > hacer (en el medievo *fazer*)
> far (con cambio de acento)

DÍCERE > decir (en el medievo *dezir*)
> dir (con cambio de acento)

En los textos medievales y hasta aproximadamente el siglo XVII se asimiló la *-r* final del infinitivo y la *l-* inicial del pronombre enclítico; así *perder lo* > *perdello*.

Entre los infinitivos irregulares latinos que pervivieron en español se pueden destacar ESSE, POSSE y los derivados de FERRE. ESSE se acomodó a la tercera conjugación y se regularizó, convirtiéndose en *ÉSSERE que paso a *ESSÉRE, con cambio de acento, en el latín hispánico. La pérdida de la E- inicial de *ESSÉRE > *ser* provocó la confusión con el verbo SEDERE > seer "sentarse". Estos dos verbos se confundieron en hispanorromance y en el medievo *se(e)r* podía referirse tanto a "ser" como a "estar sentado".

POSSE también se regularizó en latín vulgar y pasó a *POTERE > *poder*. Los compuestos de FERRE, como SUFFERRE y OFFERRE, se reestructuraron en *SUFFERIRE y *OFFERIRE, dando como resultados "sufrir" y "ofrecer" respectivamente; éste último adaptó el sufijo *-ecer* no etimológico, reemplazando al medieval *offrir*.

El gerundio del español moderno procede del ablativo del gerundio latino: CANTANDO > *cantando*, AUDIENDO > *oyendo*, LEGENDO > *leyendo*. A la hora de evolucionar, se confundieron las terminaciones en -ĔNDO de la segunda y tercera conjugación con la de -IENDO de la cuarta.

Aunque el gerundio no presenta irregularidades importantes, sí es preciso destacar la vacilación entre las vocales radicales /i/ y /e/, como entre /u/ y /o/ en el castellano medieval; así *veniendo* por *viniendo*, *sentiendo* por *sintiendo*, *dormiendo* por *durmiendo*, *sobiendo* por *subiendo*. Las variantes con las vocales cerradas (/i/ y /u/) acaban por sustituir a las abiertas que apenas sobreviven al siglo XVI. La preferencia por cerrar la vocal radical se atribuye no a la yod sino a la necesidad de diferenciar los gerundios de los verbos en *-er* y en *-ir* (los gerundios de la segunda conjugación en *-iendo*, con yod, no permiten nunca una vocal radical cerrada). Por otro lado, se encuentran aquellos verbos cuyos infinitivos medievales contenían un hiato en "ee" que normalmente conservaban la vocal radical del gerundio, como en *leyendo, creyendo*, mientras que otros la perdían como *siendo, viendo* (aunque en los textos medievales se pueden encontrar *seyendo, veyendo*).

Finalmente y teniendo en cuenta que el gerundio se forma a partir del infinitivo, en el español medieval se podían encontrar gerundios irregulares que se construían a partir del pretérito irregular más la terminación *-iendo* del gerundio, como *pusiendo* por *poniendo* o *sopiendo* por *sabiendo*; aunque esos gerundios no sobrevivieron, sí se integró en el español moderno *pudiendo* (frente a su forma medieval *podiendo*).

4.4.7. Futuro y condicional

El latín contaba con una forma verbal sintética tanto para el futuro de indicativo como para el de subjuntivo, ambos futuros simples. Estos dos futuros se perdieron y fueron sustituidos por formas perifrásticas, es decir, por formas constituidas por el infinitivo del verbo + el presente del verbo *haber*.

Latin
futuros simples sintéticos
CANTABO

>

Español
futuros perifrásticos
infinitivo + presente HABERE
CANTARE HA(B)EO

Formación romance del futuro		**Español**
CANTARE HA(B)EO	> cantar hé (áeo > áio > ái > éi > é)	> cantaré
CANTARE HA(BE)S	> cantar hes / has	> cantarás
CANTARE HA(BE)T	> cantar há	> cantará
CANTARE HA(B)EMUS	> cantar hemos	> cantaremos
CANTARE HA(B)E(T)IS	> cantar heis	> cantaréis
CANTARE HA(BE)NT	> cantar han	> cantarán

Durante el medievo coexistieron las formas analíticas originales *comer é* con las sintéticas *comeré*, incluso se intercalaban los pronombres entre el verbo y el auxiliar, como en *comer lo ía*. A veces los verbos sufrieron síncopas de las vocales, como en *sabré, vivré, tenré*; algunos de los cuales repusieron la vocal, *viviré*, mientras que otros añadieron una consonante epentética para facilitar la pronunciación como *ten**d**ré, pon**d**ré, sal**d**ré*.

Aunque hoy en día el futuro de subjuntivo haya caído en desuso y sólo aparezca raramente en algunos refranes (como en *donde **fueres** haz lo que **vieres***), expresiones fosilizadas o en textos jurídicos y administrativos, se utilizó frecuentemente hasta el siglo XVII. Solía aparecer en diversos tipos de oraciones subordinadas, alternando con el presente de subjuntivo, y en las condicionales con *si*, alternando con el presente de indicativo.

El condicional, inexistente en latín, es una nueva forma verbal romance. Como futuro del pasado, el condicional sigue muy de cerca la formación del futuro, desarrollándose del infinitivo del verbo conjugado + el imperfecto de HABERE, HABEBAM. Las irregularidades que afectan al futuro pasan también al condicional.

Formación romance del condicional		**Español**
CANTARE HA(B)E(B)AM	> cantar hía (aéa > éa > ía)	> cantaría
CANTARE HA(B)E(B)AS	> cantar hías	> cantarías
CANTARE HA(B)E(B)AT	> cantar hía	> cantaría
CANTARE HA(B)E(B)AMUS	> cantar híamos	> cantaríamos
CANTARE HA(B)E(B)ATIS	> cantar híais	> cantaríais
CANTARE HA(B)E(B)ANT	> cantar hían	> cantarían

4.4.8. Tiempos compuestos

El latín clásico no contaba con las formas verbales compuestas que son enteramente de creación del latín vulgar tardío y del romance. Éstas se originaron al añadir los verbos

HABERE "tener" y ESSE "ser" y el participio a los verbos latinos. Este nuevo sistema de giros verbales supuso la sustitución de la estructura verbal sintética latina por otra estructura perifrástica o analítica para expresar la perfectividad en el presente, pasado y futuro. Esta nueva estructura indicaba una perspectiva temporal y también aspectual ya que los tiempos perfectos o compuestos expresaban la anterioridad con respecto a las formas simples correspondientes.

TIEMPOS SIMPLES

	pres.	canto
pas.	canté	pretérito
	cantaba	imperfecto
fut.	cantaré	
cond.	cantaría	

TIEMPOS PERFECTOS O COMPUESTOS

pres.	he cantado	pret. perfecto
pas.	hube cantado	pret. anterior
	había cantado	pret. pluscuamperfecto
fut.	habré cantado	futuro perfecto
cond.	habría cantado	condicional perfecto

Todos los tiempos compuestos se formaron con el verbo HABERE, conjugado en su correspondiente forma simple más el participio del verbo conjugado en cuestión. Una de las primeras formas perifrásticas fue la del hoy llamado pretérito perfecto que se formó con el presente de HABERE, HABEO, + el participio del verbo conjugado, HABEO + CANTATUM, *he cantado*. El pasado simple correspondiente, CANTAVI, *canté*, se reservó con el valor de acción pasada puntual y completa. En el caso del pretérito anterior, el verbo se conjugó con el pretérito simple de HABERE, HABUI, + el participio, HABUI + CANTATUM > *hube cantado*. A su vez, el pretérito pluscuamperfecto tomó el imperfecto de HABERE, HABEBAM, + el participio, HABEBAM + CANTATUM > *había cantado*. El futuro perfecto se formó con el futuro de HABERE, HABERE + HABEO, + el participio, HABERE + HABEO + CANTATUM > *habré cantado*. Del mismo modo se desarrolló el condicional, con el condicional simple de HABERE, HABERE + HABEBAM, + el participio, HABERE + HABEBAM + CANTATUM > *habría cantado*.

La formación de los tiempos compuestos en subjuntivo sigue paralelamente al indicativo.

En los textos medievales, se utilizaba *haber* como auxiliar de los participios de los verbos transitivos e intransitivos y *ser* se usaba con los intransitivos (como *llegar, partir, nacer, ir*) y con los transitivos (como *pagar, usar, oír, escuchar, conocer*) para formar la voz pasiva como en el español moderno. Para más detalle sobre la gramaticalización y el cambio semántico de *haber* léase a Rodríguez Molina y Miguel Aparicio.

Añadido al valor de auxiliares, estos dos verbos mantuvieron su valor semántico pleno de posesión y atribución respectivamente. Así la construcción de *haber* + participio en sus orígenes pudo interpretarse como "haber + participio" o "tener + participio"; de manera que *de ereditates quem aveo adquisitas* (fragmento de documentos asturianos, 1083) podría significar tanto "la herencia que tengo adquirida" como "la herencia que he adquirido". En otras palabras, *haber* como verbo léxico pleno podía denotar "obtener, tener" y como verbo auxiliar equivalía al moderno "haber", por lo que en el medievo *he fecho* podría interpretarse como "tengo hecho" con valor resultativo en el presente o "he hecho" con valor de pasado en un presente reciente (valor actual).

Además de su valor de posesión y de auxiliar, "haber" también se empleaba como verbo de existencia acompañado de un complemento directo y como perífrasis de obligación; en algunos casos también denotaba futuro. Ante tal carácter polisémico, poco a poco, se fue debilitando su significado de posesión a favor del verbo "tener" que lo acabó sustituyendo. Al mismo tiempo, se perdió la concordancia del participio que, no obstante, se mantuvo hasta el siglo XV.

En cuanto al orden sintáctico, en el castellano medieval era frecuente anteponer el participio al verbo conjugado y también intercalar pronombres o adverbios entre ambos verbos, bien fuera "haber" o "ser".

4.4.9. Ser y estar

El verbo *ser* se desarrolló a partir de dos verbos latinos: de ESSE, que significaba "ser, existir", y de SEDERE, "estar sentado, parado o inmóvil". De este último se deriva el infinitivo (SE(D)ERE > seer > ser), el presente de subjuntivo y el imperativo; las restantes formas verbales provienen de ESSE. Hasta finales de la Edad Media *ser* siguió teniendo su significado locativo (equivalente al uso moderno de *estar*). El debilitamiento semántico de SEDERE como locativo se fue produciendo paulatinamente, pasando de la noción de "estar parado" a la de existencia. Esto mismo ocurrió con otros verbos latinos que indicaban posición, uno de los cuales fue STĀRE "estar de pie" y del cual se deriva "estar".

STĀRE se utilizaba con *de pie* ya en el latín vulgar, lo que ayudó a reforzar el significado de "encontrarse, hallarse" en un sitio y concretizar su valor de posición, de ahí que a menudo apareciera acompañado de complementos adverbiales o adjetivales como: *estoy de pie, estoy aquí* y *estoy sentado*. De este modo, poco a poco, concretizó su significado de localización, lugar, con lo que *estar* fue sustiyendo a *ser* con esta connotación. (Aunque *ser* mantiene todavía este valor cuando se trata de acontecimientos: *la clase es en ese edificio / la clase está en ese edificio)*. El valor de posición o falta de movimiento con facilidad pasó a indicar estado, por lo que *estar* acabó convirtiéndose en un verbo de estado. Con esta nueva acepción *estar* empezó a funcionar como verbo atributivo o copulativo a partir del siglo XVI, es decir, aparecía con adjetivos y adverbios para referirse al estado del sujeto. Hasta entonces había sido *ser* el que funcionaba de tal manera. Es en el siglo XVII cuando se produce el reparto semántico definitivo entre *ser* y *estar*.

Hoy en día y simplificando mucho, *ser* y *estar* mantienen esa diferencia semántica de existencia y estado respectivamente, a la que se le ha añadido la noción aspectual de imperfectividad y perfectividad, de tal modo que *ser* denota características sin límite temporal (*Ana es bonita*), mientras que *estar* expresa el resultado de un proceso terminado o representa circunstancias acotadas según la perspectiva del tiempo (*Ana estaba bonita ayer con su vestido nuevo*).

4.4.10. Tiempos del subjuntivo

En cuanto al modo subjuntivo, el latín contaba con cuatro tiempos: el presente, el imperfecto, el pluscuamperfecto y el pretérito perfecto; todos ellos eran formas sintéticas, ya que no existían los tiempos compuestos. La evolución de los morfemas desinenciales de este modo es bastante clara.

El presente se mantuvo en castellano: AMEM > *ame*, LEGAN > *lea*, DICAM > *diga*.

El imperfecto latino, CANTAREM, no sobrevivió pero el castellano recurrió al pluscuamperfecto de indicativo CANTAVERAM > *cantara* y al pluscuamperfecto de subjuntivo CANTAVISSEM > *cantase* para formar el imperfecto de subjuntivo.

El futuro simple de subjuntivo del español que se encuentra en desuso y resulta anticuado (*amare, comiere, fuere*, etc.), procede de la forma sintética del futuro de indicativo CANTAVERO y del pretérito perfecto de subjuntivo, CANTAVERIM > *cantare*; lo curioso es que estos dos tiempos diferían en la primera persona singular pero compartían el resto de las personas. Durante el Siglo de Oro, el empleo del futuro de subjuntivo fue decayendo hasta que en el siglo XVIII sólo se usaba literariamente y en algunas frases hechas y proverbios, rivalizando con el presente de subjuntivo (por ejemplo, *fuera lo que fuere* por *fuera lo que fuera*).

Presente de subjuntivo

AMEM > ame	HABEAM > haya	LE(G)AM > lea	DICAM > diga
AMES > ames	HABEAS > hayas	LE(G)AS > leas	DICAS > digas
AMET > ame	HABEAT > haya	LE(G)AT > lea	DICAT> diga
AMEMUS > amemos	HABEAMUS > hayamos	LE(G)AMUS > leamos	DICAMUS > digamos
AMETIS > améis	HABEATIS > hayáis	LE(G)ATIS > leáis	DICAIS > digáis
AMENT > amen	HABEANT > hayan	LE(G)ANT > lean	DICANT > digan

Entre las irregularidades del presente de subjuntivo se encuentra el caso del verbo HABERE que palataliza el grupo -BE-, HABEAM > *haya*. Las formas verbales del verbo IRE se obtuvieron del verbo VADERE "apresurarse" y también palatalizaron: VADAM > *vaya*,

VADAS > *vayas*, etc., bajo la influencia de verbos como AUDIO. Aunque los verbos SAPERE y CAPERE presentan cambios irregulares en el presente de indicativo, en el presente de subjuntivo siguen las formas latinas: SAPIAM > *sepa*, CAPIAM > *quepa*.

Imperfecto de subjuntivo

Latín

Imperfecto de subjuntivo: ~~CANTAREM~~

pluscuamperfecto de indicativo
CANTA(V**E**)**RAM**

pluscuamperfecto de subjuntivo
CANTA(V**I**)**SSEM**

cantara, cantase
imperfecto de subjuntivo
español

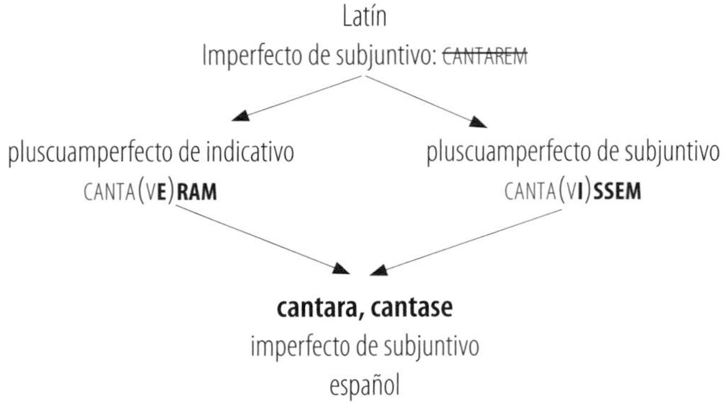

Consúltese la sección de cuestiones de interés 9.5 para la explicación de las dos formas verbales para el imperfecto de subjuntivo.

Futuro del subjuntivo

CANTA(VE)RO, CANTA(VE)RIM > (cantaro), cantare > cantare
CANTA(VE)RĪS > cantares
CANTA(VE)RIT > cantare
CANTA(VE)RIMUS > cantáremos
CANTA(VE)RITIS > cantareis
CANTA(VE)RINT > cantaren

Todas las formas compuestas del subjuntivo de creación romance, e inexistentes en latín, siguen paralelamente la formación de las formas compuestas del indicativo, es decir, que el presente perfecto se forma con el presente de subjuntivo del verbo HABERE, HABEAM + participio del verbo conjugado, HABEAM + CANTATUM > *haya cantado*.

El pluscuamperfecto, a su vez, se crea a partir del pluscuamperfecto de indicativo HABERE, HABUERAM, + el participio, o del pluscuamperfecto de subjuntivo de HABERE, HABUISSEM, + CANTATUM > *hubiera, hubiese cantado*.

El futuro perfecto de subjuntivo se desarrolló a partir del futuro de indicativo de HABER, HABUERO, o con el pretérito perfecto de subjuntivo de HABERE, HABUERIM + el participio, HABUERO / HABUERIM + CANTATUM > *hubiere cantado*. Asimismo como ocurrió con el futuro simple, el empleo del futuro compuesto fue disminuyendo hasta que desapareció, sustituido por el pretérito perfecto de subjuntivo o de indicativo. Véase la evolución de las formas verbales en el recuadro 4.7.

RECUADRO 4.7 EVOLUCIÓN DE LAS FORMAS VERBALES

Modo Indicativo

Tiempos simples		Tiempos compuestos	
Presente	AMO > amo	Pret. perfecto	HABEO AMATUM > he amado
Pret. imperfecto	AMABAM > amaba	Pret. pluscuam.	HABEBAM AMATUM > había amado
Pretérito (indefinido)	AMAVI > amé	Pret. anterior	HABUI + AMATUM > hube amado
Futuro	AMARE + HABEO > amaré AMABO*	Futuro perfecto	HABERE + HABEO + AMATUM > habré amado
Condicional***	AMARE + HABEBAM > amaría	Cond. perfecto	HABERE + HABEBAM + AMATUM > habría amado

Modo Subjuntivo

Tiempos simples		Tiempos compuestos	
Presente	AME > ame	Pret. perfecto	AMAVERIM** / HABEAM + AMATUM > haya amado
Pret. imperfecto	AMAREM** / AMARAM / AMAVISSEM > amara, amase	Pret. pluscuam.	HABUERAM / HABUISSEM + AMATUM > hubiera, hubiese amado
Futuro	AMAVERO, AMAVERIM > amare	Futuro perfecto	HABUERIM / HABUERO + AMATUM > hubiere amado

Modo Imperativo

2ª p.ª sing.	AMA > ama	TĪME > teme	DŎRMI > duerme
2ª p.ª plural	AMATE > amad	TĪMETE > temed	DŎRMITE > dormid

* Desapareció la forma latina. Creación analítica romance.

** No sobrevivió en español.

*** No existía en latín literario.

4.5. FORMACIÓN DE ADVERBIOS, PREPOSICIONES, CONJUNCIONES E INTERJECCIONES

4.5.1 El adverbio

Los adverbios son palabras invariables cuya función principal consiste en complementar la significación del verbo, de un adjetivo, de otro adverbio y de ciertas secuencias. Los hay de muchos tipos: de lugar como *aquí*, de tiempo como *hoy*, de modo como *bien*, de cantidad como *bastante*, de orden como *primeramente*, de afirmación como *sí*, de duda como *acaso*, de adición como *además*, de exclusión como *tampoco*. También pueden adquirir un valor interrogativo como *cuánto, cómo*.

Muchos de los adverbios actuales se heredaron del latín. Algunos se formaron por composición de dos partículas, sobre todo de preposición y adverbio, como *ayer* de AD HERI; otros fueron de formación romance, como los que terminan en *-mente* o los que se derivan del ablativo de adjetivos latinos como CERTO, MULTO. Este último recurso, el de utilizar adjetivos con valor adverbial, ya se empleaba en latín y se sigue utilizando hoy en día en el español peninsular (con *fuerte, dulce, cierto, alto, limpio, claro*) aunque no tanto como en el español americano (*luce lindo, maneja suave, está bueno*).

Mientras que el latín formaba adverbios derivados con los sufijos -TER (TEMPORALITER), -E (CERTE), e -IM (CERTIM), el castellano optó por el sustantivo latino femenino MENTE como sufijo adverbial. Éste se aplicaba en un principio nada más que a los adjetivos que indicaban cualidades mentales o del ánimo (benigno > benignamente). Después vino a aplicarse a toda clase de adjetivos, en género femenino, ya que el sustantivo latino era femenino.

ADVERBIOS

adverbios latinos que sobrevivieron	formación de adverbios por composición	adverbios de formación romance
ADHUC > aún	AD HERI > ayer	a ciegas
ALIQUANDO > alguandre, ant. "jamás"	AD HIC > ahí	a ratos
ANTE > antes ("s" analógica de mientras, entonces)	AD ILLAC > allá	a sabiendas
BENE > bien	AD ILLIC > allí	acaso
CERTO > cierto	AD INTRO > adentro	allí ende > allende
CIRCA > cerca ant.	AD MINUTUM > amenudo	aquí ende > aquende

(continúa)

CITO > cedo	AD RETRO > arredro, alrededor	de cuando acá, de cuando en cuando
CRAS > cras ant.	AD RIPAM > arriba	de pronto
DEORSUM > yuso ant.	AD SATIEM > asaz	de pronto (prep. + adj.)
FORAS > fuera	AD TRANS > atrás	de súbito
HERI > eri ant., AD HERI "ayer"	AD VIX > abés ant., "apenas"	de veras
HODIE > hoy	ANTE ANNUM > antaño	en fin
IAM > ya	DE EX POST > después	en fin (prep. + sust.)
IBI > y ant. (v. ha- y)	DE IN ANTE > delante (vulgar denantes)	en secreto
ILLAC > allá	DE IN POST > dimpués (vulgar)	en vano
ILLIC > allí	DE INTRO > dentro	sin más ni más
INDE > ende ant.	DE MAGIS > demás	sin más, de menos (prep. + adverbio)
INSIMUL > ensemble ant. "juntamente"	DE TRANS > detrás	tal vez
INTRO > entro ant.	DUM INTERIM > domientre, demientre, mientre, ant., mientras	tan poco > tampoco
LONGE > lueñe ant.	ECCUM HAC > acá	todos los terminados en -mente.
MAGIS > más	ECCUM, ECCE, ATQUE HIC > aquí	
MALE > mal	ECCUM, ECCE, ATQUE ILLAC > acullá	
MANE (ANA) > mañana	HAC HORA > agora, ahora	
MINUS > menos	HAC NOCTE > anoche	
MULTO > mucho	HANC HORAM > encara ant.	
NON > no	HOC ANNO > hogaño	
NUMQUAM > nunca	IAM MAGIS > jamás	
PAUCUM > poco	IN TUNCE > entonce(s)	

(*continúa*)

adverbios latinos que sobrevivieron	formación de adverbios por composición	adverbios de formación romance
QUANDO > cuando	QUI SAPIT? > quizá(s)	
QUANTUM > cuanto	TOTAM VIAM > todavía	
QUOMODO > como		
SEMPER > siempre		
SI > si		
SIC > sí		
SURSUM > suso ant., susodicho		
UBI > ove, o, ant.		
UNDE > onde, on, ant.		

4.5.2. Las preposiciones

Las preposiciones son palabras invariables que introducen elementos nominales u oraciones subordinadas sustantivas, haciéndolos depender de alguna palabra anterior. Varias de ellas coinciden en su forma con los prefijos.

La gran parte de las preposiciones latinas se conservaron en castellano, pero con la reducción de los casos estas palabras adquirieron nuevos valores y se utilizaron con más frecuencia. Algunos adverbios latinos pasaron a ser preposiciones como FUERAS > *fueras* "excepto", hoy en día con el valor de "fuera de". A veces las preposiciones se combinaron para dar lugar a adverbios como DE + TRANS > detrás, que ahora requiere la preposición "de", "detrás de" pero que en el medievo no la necesitaba.

Desde la Edad Media, el empleo de la preposición *a* ha variado según el contexto y ha causado vacilaciones ante un objeto directo (O.D.). Muchos de sus valores son herencia latina de AD: así se ha conservado el uso de locativo, cuando a veces indica movimiento (*ir a, correr a, llegar a . . .*) o sin movimiento como sinónimo de *en* (*a la mesa, a los pies de la cama . . .*); también mantuvo el uso final (*vino a recoger*) equivalente a *para*; y el valor de distancia o tiempo (*a un metro, al día siguiente, a las dos, a medianoche . . .*). Ya en el latín vulgar *a* se utilizaba delante del O.D. de persona y del objeto indirecto (O.I.), sustituyendo al caso acusativo y dativo latino respectivamente. Las dudas que esta *a* infunde se deben en parte a su presencia o ausencia ante el O.D. personificado o de persona. El uso de esta *a* se explica sobre todo para distinguir la ambigüedad entre el sujeto y el O.D.

con aquellos verbos y contextos que pueden hacer coincidir el agente de la actividad con el ente afectado. Aunque esta *a* en el español moderno sólo se antepone a un O.D. de rasgo humano o animado, en los textos medievales aparecía ante sustantivos sin el rasgo humano o en frases sin ambigüedad posible. Esta variación no explica la situación actual; numerosos factores tanto de enfatización del O.D., características del verbo y distinciones semánticas, como la contraposición entre agente y paciente y la configuración sintáctica de la oración, condicionan su presencia.

Las preposiciones *por* y *para* están intrínsecamente relacionadas en cuanto a su derivación etimológica se refiere. *Por* se deriva de la preposición latina PRO pero adapta también valores de PER. Ya en el latín vulgar estas dos preposiciones se confundían y en el castellano medieval del siglo XIII se intercambiaban como variantes fonéticas de una palabra. *Por* hereda de PRO los significados de sustitución o cambio (*lo hago por ti*), de provecho o defensa (*lo hizo por tu bien*), de finalidad o causa (*lo invitó por fastidiarte*) y el valor modal (*lo doy por sabido*). De PER adopta el sentido temporal de duración (*por la tarde*), de instrumento (*llegó por sus propios medios*), de causa (*por culpa tuya*), de espacio como sinónimo de "a través de, a lo largo de, por medio de" (*fue por la plaza*).

Por otro lado la preposición *para, pora* en el medievo, se formó con la unión de *por* + *a*, así fue una palabra nueva de creación medieval. Los valores semánticos de PRO y PER se añadieron a los de AD, de claro sentido direccional y final, sentido este último que también tenía *por*, con lo cual se obtuvo una nueva preposición *pora, para*, marcadora de la idea de finalidad y posteriormente indicadora de destinatario y de dirección. En los textos medievales *por, pora* y *para* se intercambiaban con frecuencia hasta que se consolidó la separación de sus funciones, perdiendo *por* su sentido final, aunque se haya conservado en algunos casos.

PREPOSICIONES

Prep. de origen árabe	Prep. formadas por composición	Prep. que se derivaron de nombres	Prep. latinas que sobrevivieron
fatta, hatta > fata, fasta ant., hasta	**DE EX DE** > desde	**BASSUS** > bajo	**AD** > a
	PRO AD, PER AD > pera, pora ant., para (desde s. XV)	**CAPUT** > cabe ant.	**ANTE** > ante
	FACIEM AD > faza, facia ant., hacia		**CIRCA** > cerca
			CONTRA > contra

(continúa)

Prep. de origen árabe	Prep. formadas por composición	Prep. que se derivaron de nombres	Prep. latinas que sobrevivieron
			CUM > con
			DE > de (AB y EX se perdieron)
			IN > en
			INTER > entre
			PRO y **PER** > por
			SECUNDUM > según
			SINE > sin
			SUB > so
			SUPER > sobre
			TRANS > tras

4.5.3. Las conjunciones

Las conjunciones se definen como palabras invariables que encabezan diversos tipos de oraciones, sean coordinadas o subordinadas, o que unen vocablos o secuencias sintácticamente equivalentes.

El origen de las conjunciones romances no resulta muy claro para los lingüistas; algunos piensan que se heredaron del latín, otros que fueron de nueva creación. Tradicionalmente se ha afirmado que primero se dio la coordinación y después la subordinación, siguiendo las tendencias del habla oral sobre la escrita. En un principio el castellano primitivo contaba con muy pocas conjunciones que se fueron desarrollando en torno a "que". A medida que la lengua oral y la escritura iban evolucionando se hizo necesario contar con más conjunciones para expresar oraciones más elaboradas y de mayor extensión.

Muchas de las conjunciones latinas desaparecieron, como UT, pero muchas sobrevivieron, como las coordinantes ET, AUT y NEC, o las subordinantes SI, QUIA (> ca, "pues"), UBI (> ó, "donde"), QUID, y las de valor relativo como UNDE, QUANDO, QUANTO y QUOMODO. El nexo *e* fue sin duda el más utilizado en el castellano medieval; también era muy frecuente *otrossí* "además, asimismo"; en cambio *maguer* "aunque" se perdió a pesar de su gran popularidad en la Edad Media.

Se eligió al nexo *que* como base para crear formas nuevas en combinación con una preposición, por ejemplo "porque, para que, con que", o con un adverbio, como "aunque,

RECUADRO 4.8 CONJUNCIONES

Conj. latinas que sobrevivieron	Conj. procedentes de otras palabras	Conj. formadas por composición
ET > e, y; i ant.	**QUID** > que (sustituye a UT)	**PER + HOC** > pero
AUT > o	**LOCO** > luego (sustituye a IGITUR, ERGO)	**TAN + BIEN** > también (sustituye a ETIAM)
NEC > ni; nen, nin, ant.	**POST** > pues (sustituye a NAM, QUIA)	
SI > si	**MAGIS** > mas (sustituye a SED)	
QUIA > ca ant.	**UBI** > donde; ó ant.	
QUARE > car ant.		

RECUADRO 4.9 INTERJECCIONES

Interj. latinas que sobrevivieron	Interj. de origen árabe
AH > ¡ah! (admiración, sorpresa)	**ya allah** > ¡ala!, ¡hala! (meter prisa, animar). "¡Oh, Dios!"
HEY > ¡ay! (dolor)	**way** > ¡guay!; ¡ay! ant. (¡qué bueno!)
EIA > ¡ea!; ¡eya! ant. (estímulo)	**w'Allah** > ¡ole!, ¡olé! (animar, aplaudir). "Por Dios" > ¡hola! (saludo, extrañeza)
HUI > ¡huy! (dolor, asombro)	**w'-xaa Allah** > ¡ojalá! (deseo). "Y quiera Dios"
O, OH > ¡oh! (asombro, alegría)	**uf** > ¡uf! (fastidio, repugnancia)
ST > ¡chis! (silencio)	**ha** > ¡he! (he aquí, mira)
	ya > ¡ya! ant. (invocar, frecuente en el *Mío Cid*)
	harr > ¡arre! (grito al camello)

siempre que". De todas formas en el español medieval y renacentista el uso del *que* estaba mucho más limitado y las construcciones que hoy requieren este *que* (por ejemplo, subordinadas con verbos de lengua como "decir, contar" o verbos de entendimiento como "creer, pensar, dudar") se expresaban con un infinitivo.

A la hora de leer textos medievales, no deja de resultarle sorprendente al lector moderno la reiteración abusiva de la conjunción *e*, la acumulación de oraciones sin nexos y el estilo repetitivo. La sintaxis se reducía a una secuencia de enunciados no muy bien hilvanados, con pobreza de conjunciones.

En el recuadro 4.8 se enumeran algunas de las conjunciones procedentes del latín, bien derivadas o bien compuestas por varias partículas.

4.5.4. Las interjecciones

Las interjecciones son palabras que expresan alguna impresión súbita o un sentimiento profundo como asombro, sorpresa, dolor, molestia, amor, etc. Sirve también para apelar al interlocutor o como fórmula de saludo, despedida, conformidad, por ejemplo: "¡eh, hola!".

Algunas de las interjecciones latinas se mantuvieron casi intactas, otras de origen árabe se incorporaron al caudal léxico. En el recuadro 4.9 se citan algunas de ellas.

EJERCICIOS DE CAMBIOS MORFOSINTÁCTICOS

1. Justifique la afirmación de que el español es una lengua analítica frente al sistema sintético del latín.

2. Proporcione la derivación en español de los siguientes sustantivos latinos:

1. ARMA	2. BRACHĬUM	3. BRACHĬAM	4. DĒBĬTUM	5. DEBĬTA
6. FŎLĬUM	7. FŎLĬA	8. LĬGNUM	9. LĬGNA	10. NŌMĬNEM
11. NŌMĬNA	12.OPĔRA	13. PACTUM	14. PACTA	15. PIGNORA
16. PĬRA	17. TĔMPUS	18. VOTUM	19. VOTA	

3. El género neutro de los sustantivos se perdió, ¿cómo se distribuyeron éstos en cuanto a los otros dos géneros? ¿Qué pasó con el neutro plural de algunas palabras?

4. En español antiguo y clásico, palabras como *calor, color, dolor* y otras aparecen con género femenino, mientras que en español actual son masculinos en la lengua estándar y su uso con género femenino está diastráticamente marcado. Compárense las soluciones del castellano con otras lenguas románicas y analícese su especificidad.

5. ¿Qué contribuyó a la caída del sistema de casos del latín? ¿De qué caso vienen casi todos los sustantivos españoles? ¿De dónde viene el plural español?

6. El léxico hispánico procede de un sincretismo de diversos casos, partiendo del acusativo para explicar la evolución de la mayoría de las palabras. Sin embargo, se conservan "restos fonéticos" que remiten a otros casos. Analícese las siguientes palabras españolas y justifique el caso del cual se derivan:

1. cabo	2. Dios	3. lunes
4. martes	5. miércoles	6. jueves

7. Es frecuente la conservación de la marca de nominativo en los nombres propios (como en *Carlos, Marcos* y *Jesús*). ¿A que se puede deber este hecho?

8. ¿Qué peculiaridades presentan estas palabras femeninas castellanas procedentes del neutro latino?

1. Arma	2. boda	3. ceja	4. hoja
5. hueva	6.leña	7. obra	

9. Dé la derivación en español de los siguientes nombres latinos de árboles y frutos:

1. CERASIUS	2. FAGEA	3. FĪCARIA	4. FĪCUS	5. FRAXINUS
6. ILĪCĪNA	7. NŬCALIS	8. NUCARIA	9. NUX / NUCEM	10. PĪNUS
11. PŌPULUS	12. TAXUS	13. ŬLMUS		

10. Escriba el derivado de los siguientes adjetivos y agrúpelos en los grados comparativo y superlativo:

1. EXTERIŌRE	2. EXTREMUS	3. INFERIŌRE	4. INFĬMUS	5. INTERIŌRE
6. INTĬMUS	7. MAIŌRE	8. MAXIMUS	9. MELIŌRE	10. MINIMUS
11. MĬNŌRE	12. MĬNUS	13. OPTIMUS	14. PĒIŌRE	15. PESSIMUS
16. POSTERIŌRE	17. POSTŬMUS	18. PRĪMUS	19. PROXĬMUS	20. SUPERIŌRE
21. SUPREMUS	22. SUMMUS	23. ULTERIŌRE	24. ULTIMUS	

11. ¿Cuáles son los grados del adjetivo? ¿Qué ocurrió con algunos de los antiguos comparativos y superlativos irregulares latinos?

12. Algunos adjetivos como *inferior, superior, exterior*, etc., se consideran cultismos. Determine los rasgos fonéticos que permiten considerarlos cultismos y los sintácticos que impiden considerarlos como comparativos.

13. Desarrolle la evolución de *tú, vos* y *usted*. ¿Cómo se originaron las formas *nosotros* y *vosotros*? ¿Cómo se explica el uso actual del *vos* en algunos países de Hispanoamérica?

14. Frente al latín que utilizaba NOS y VOS como formas únicas de nominativo y acusativo, surgen en castellano, ya en textos del siglo XVI, las formas compuestas *nos-otros* y *vos-otros* como pronombre sujeto o término de preposición. ¿Qué motivó la aparición de formas compuestas en castellano y en catalán cuando en otras lenguas románicas se conserva la derivada directamente de la latina?

15. La rehabilitación española del *tú* fue posterior a la primera colonización de América. Hubo capitales virreinales que se erigieron en foco de difusión del *tú*. Dígase cuáles fueron éstas y la importancia que pudo tener este hecho para el actual empleo de *tú* y *vos* en Hispanoamérica.

16. Escriba qué pronombres personales se utilizaban en el castellano medieval para las siguientes formas de tratamiento:

1. Segunda persona del singular, trato de respeto.
2. Segunda persona del singular, trato coloquial.
3. Segunda persona del plural.
4. Segunda persona del plural enfático.
5. Segunda persona del plural, trato de respeto.

17. ¿Qué casos latinos sobrevivieron en los pronombres y qué funciones desarrollan? ¿Qué variaciones dialectales afectan a los pronombres de tercera persona?

18. ¿De dónde procede el *se* de la oración *se lo dije a Juan*? Explique su evolución etimológica. ¿Es igual el *se* de *se levantó* del de *se lo dije a Juan*? Analice su respuesta.

19. ¿Cuáles son los casos latinos que sobrevivieron en los pronombres españoles? ¿Qué variaciones dialectales se presentan en el uso de los pronombres de tercera persona? Explique.

20. ¿Cómo evolucionaron los pronombres y adjetivos posesivos del latín?

21. En el siglo XIII, ¿cuál era el género de los posesivos *to, so*? ¿Y el de *tu, su*?

22. ¿Cuántos artículos tenía el latín? ¿Cuál es el sentido originario de *uno*?

23. Explique el desarrollo de ĭLLE en los artículos y en los pronombres.

24. ¿Qué cambios se produjeron en la evolución de los demostrativos? Explique.

25. Proporcione los verbos que se derivaron de los siguientes verbos latinos en presente:

1. AUDIO 2. CANTENT 3. DICIS 4. DICO 5. DŎRMIO
6. FAC(I)O 7. FUGIO 8. HABEAM 9. METIO 10. MŎVES
11. NĔGO 12. PONO 13. RIDEO 14. SAL(I)ANT 15. SAL(I)O
16. SĔNTIO 17. SĔNTIS 18. SŬBEO 19. TEN(E)O 20. VEN(I)O

26. Escriba los resultados derivados de estos verbos latinos irregulares en el presente:

1. CAPIAM 2. CAPIO 3. DO 4. HABEAT
5. HABENT 6. HABEO 7. SAPIAM 8. SAPIO
9. STAMUS 10. STEM 11. STO 12. SŬM
13. SŬNT 14. VADAMUS 15. VADIT 16. VADO
17. VIDEAM 18. VIDEO

27. ¿Cómo se explican las irregularidades del presente de indicativo de *pensar-pienso, dormir-duermo* y del subjuntivo *caber-quepa, saber-sepa*?

28. ¿Qué cambios sufrió el imperfecto de indicativo latino en su evolución al español en las tres conjugaciones? ¿Qué caracteriza al imperfecto en el español medieval?

29. Escriba la evolución de las siguientes formas verbales:

    1. AMABANT 2. AUDIEBAM, *AUDIBAM 3. BIBEBAM 4. CANTABAMUS 5. DEBEBAS
    6. FACIEBAM, *FACEBAM 7. HABEBAMUS 8. IBAM 9. VIVEBAT

30. ¿Cómo evolucionaron los siguientes verbos latinos?

    1. AMAVIT 2. CANTAVĪ 3. COXĪ 4. DEDI 5. DĪXĪ
    6. DORMĪVĪ 7. FECĪ 8. HABUĪ 9. PARTIVIT 10. SAPUĪ
    11. TRAXĪ 12. VĪDĪ 13. PŎSUI 14. PŎTUI 15. VENI

31. Escriba los participios regulares e irregulares de los siguientes verbos:

    1. bendecir 2. contentar 3. despertar 4. freír 5. imprimir
    6. matar 7. prender 8. prostituir 9. proveer 10. recluir
    11. salvar 12. teñir 13. torcer

32. ¿Cuáles son las funciones de los participios regulares e irregulares?

33. ¿Cuáles son los tiempos verbales de formación romance?

34. Explique el origen de las formas verbales del futuro y del condicional. ¿Qué relación guarda el futuro con el condicional?

35. ¿De dónde proviene el futuro y el condicional del verbo *hacer*? Proporcione otros futuros irregulares y explique la irregularidad.

36. ¿Cómo se formaron los tiempos compuestos en español? Ponga ejemplos.

37. ¿Cúal fue el nexo que se tomó como base para formar toda una serie de conjunciones romances?

38. Un caso peculiar de formación de palabras lo constituyen los adverbios en *-mente*. ¿De dónde procede este tipo de construcción? ¿Cómo se explica su gramaticalización?

39. ¿Cómo se derivan *muy* y *mucho* de MULTU?

40. ¿Por qué surgió la preposición *pora, para*?

41. Conteste las siguientes afirmaciones, eligiendo una sola respuesta:

1. El latín tenía artículos.
   a) verdadero b) falso
2. El artículo indefinido *un, uno* del castellano procede del adjetivo numeral latino.
   a) verdadero b) falso
3. Los adjetivos españoles proceden en su mayoría del nominativo latino.
   a) verdadero b) falso
4. El latín contaba con "casos" gramaticales para expresar la relación entre las palabras de la frase.
   a) verdadero b) falso, la relación se indicaba con preposiciones
5. El sufijo *-ísimo* en español moderno indica superlativo como en latín.
   a) verdadero b) falso
6. *Vos* se utilizó como forma de tratamiento respetuoso en los orígenes del castellano medieval.
   a) verdadero b) falso
7. En latín existía un futuro como forma verbal compuesta.
   a) verdadero b) falso
8. En la época medieval del castellano *-íe* fue la única desinencia del imperfecto.
   a) verdadero b) falso, la forma *-íe* coexistía con la forma *-ía*
9. El latín no tenía formas verbales compuestas.
   a) verdadero b) falso
10. Casi todos los sustantivos españoles proceden del caso.
    a) nominativo b) genitivo c) acusativo
11. El pronombre personal de O.I. *le* procede de:
    a) ILLE b) ILLI c) ILLUD
    d) ninguna de las respuestas anteriores
12. El pronombre personal de O.D. *lo* procede de:
    a) ILLE b) ILLUM c) ILLUD
    d) ninguna de las respuestas anteriores
13. El sustantivo *boda* procede de un sustantivo latino.
    a) neutro plural b) femenino singular
    c) femenino plural d) masculino plural
    e) ninguna de las respuestas anteriores
14. La forma verbal *habré cantado* procede de:
    a) HABERE CANTATUM b) HABEO CANTATUM
    c) HABERE HABEBAM CANTATUM d) ninguna de las respuestas anteriores

Cambios gráficos

A la hora de estudiar la lengua diacrónicamente se hace imprescindible analizar su historia gráfica, pues sólo por medio de la escritura podemos llegar a reconstruir el español del pasado. El conocimiento de las variaciones gráficas a lo largo de los siglos facilita la lectura de los textos medievales y nos permite entender la configuración actual de la ortografía: por qué algunas palabras se escriben con *h* y otras no, unas con *g* y otras con *j*, etc.

Teniendo en cuenta que la evolución de la escritura no sigue paralelamente la evolución fonética-fonológica sino que se retrasa en cuanto al seguimiento de la oralidad, las reglas gráficas a veces no reproducen fielmente el habla. Las convenciones gráficas para representar sonidos y palabras no dejan de ser proposiciones normativas por académicos o lingüistas que tratan de acomodar las transformaciones de la lengua oral, en continuo cambio. Al contrario, la escritura, reacia al cambio y conservadora, no evoluciona de manera gradual e inconsciente como lo hace la lengua. Por lo que la oralidad y la escritura, en numerosas ocasiones, no mantienen esa reciprocidad interpretativa que intentan lograr las escrituras de tipo alfabético.

El español moderno, de carácter alfabético ya que tiene una alta correspondencia entre letra y fonema, no siempre fue así a lo largo de su historia y no siempre estableció una escritura analógica con su sistema fonético.

Los cambios lingüísticos de la lengua oral provocaron reestructuraciones del sistema fonológico que la escritura tardó en representar o nunca llegó a reflejar. De esta forma, no se puede saber con seguridad si por ejemplo en la Edad Media dos grafías reproducían dos fonemas diferentes o eran dos alófonos de un mismo fonema o tenían un solo valor. El fundamento de que a cada grafía le correspondiera una única realización fónica trató de aplicarse, sin embargo el conservadurismo y el elitismo de la escritura junto con la lentitud de las reformas gráficas impidió que se instituyera una escritura más fonética.

Hoy en día nuestra ortografía recoge sobre todo la tradición etimológica (en ocasiones con poco respaldo fónico) constituida por las reformas llevadas a cabo por la Real Academia Española.

5.1. ESCRITURA ROMANCE

Los inicios de la escritura romance se caracterizaron por el continuo titubeo de grafías, propio de una lengua en formación y reflejo claro de la variación lingüística del momento y de la vacilación de los copistas. Para representar esta lengua incipiente, en un principio, dialecto del latín, los escribas recurrieron al sistema latino con el que ya estaban familiarizados.

Los primeros documentos escritos en romance en la Península Ibérica datan de mediados del siglo X. En realidad, no se trataba de documentos per se sino que eran una mezcla de latín y palabras sueltas romances. Habrá que esperar hasta el siglo XIII para que el romance se generalice y se imponga progresivamente al latín. Estas fechas no dejan de ser aproximadas puesto que el nacimiento del castellano (o de otras lenguas romances) con seguridad fue anterior a sus primeras muestras escritas. La gente hablaba ese vernáculo mucho antes de que se manifestara por escrito.

Es muy probable que hasta los siglos XI–XII los textos se escribieran en latín y se leyeran al estilo romance. Mientras que el latín vulgar hablado se había transformado, evolucionando en una nueva lengua, la escritura seguía estancada en el latín medieval.[1] Los escribas tuvieron que usar un mismo alfabeto para representar lenguas distintas: el latín y los nuevos romances. A veces ensayaron con distintas soluciones gráficas para adecuarse a los nuevos sonidos que se habían creado. Estas soluciones innovadoras coexistían con las etimológicas por lo que no se daba ninguna regularidad ortográfica y los documentos contaban con una apariencia caótica. Por otro lado, los copistas seguían una determinada tradición de escritura asociada al lugar en que se habían formado.

Consecuentemente, al escriba medieval se le presentaba una serie de opciones que iban desde la escritura adaptada al habla, y por lo tanto fonética, hasta la escritura heredada y etimológica poco actualizada, pasando por varias soluciones locales y como demuestran los textos de la época, las utilizaba y mezclaba sin consistencia alguna, incluso, en un mismo documento.

Se ensayaron distintas fórmulas gráficas para representar los nuevos sonidos y cada país románico optó por una solución. A la hora de representar las vocales y las consonantes del romance incipiente se siguió fielmente el alfabeto latino. La principal divergencia surgió cuando se necesitó representar gráficamente las consonantes nuevas derivadas del proceso evolutivo romance, sobre todo en lo que respecta a las consonantes palatales, inexistentes en latín. Por lo tanto hubo mucha vacilación gráfica como lo demuestran los ejemplos siguientes.[2]

CONSONANTES PALATALES

Cons.	Grafías romances	Ejemplos	Castellano	Grafías modernas
	li	relias, filio	rejas, hijo	
[ʎ]	il	pareilatas	parejas	ll
	lg	amilgoramiento, malguelo	amejoramiento, majuelo	
	gl	megloranza, maglobo	mejoranza, majuelo	
	lig	meligor	mejor	
	ll	Kastella, balle	Castilla, valle	
	l	kabalo, melor	caballo, mejor	
	ill	taillatu	tejado	
	lli	mellior	mejor	
	llg	obellgas	ovejas	
	ni	uinia, senior, kastanio	viña, señor, castaño	
[ɲ]	in	uergoina	vergüenza	ñ
	ng	uinga, kastango	viña, castaño	
	gn	uigna, cugnato	viña, cuñado	
	nn	sennor, pennora	señor, prenda	
	n	Eneco	Eneco	
	nig	senigor	señor	
	ingn	seingnale	señal	
	mgn	domgna	doña	
	nni	Riannio	Riaño	
	inn	Ocainna	Ocaña	

(*continúa*)

[tʃ]	g	Sango, Sanga	Sancho, Sancha	ch
	gg	Egga	Aita	
	ih	peihe	"peche" = pague	
	x	Sanxo, Echa	Sancho, Aita	
	ch	Sanchet		
	cc	peccet	"peche" = pague	
	cx	Sancxo	Sancho	
	cxi	Sancxio	Sancho	

(SEMI)CONSONANTE PALATAL

Cons.	Grafías romances	Ejemplos	Castellano	Grafías modernas
[j]	g	get, guso, sega	es, yuso, sea	y
	ig	arigento	argento	i
	gi	segiant	sean	
	j	Tamajo	Tamayo	
	ih	Lozoiha	Lozoya	

AFRICADAS PALATALES

Cons.	Grafías romances	Ejemplos	Castellano	Grafías modernas
[ts]	ç	Gonçalbiz	Gonzálbez	z
	z	Gonzalbiz	Gonzálbez	
	c	infancones	infanzones	$c^{e,i}$
	cc	maccano	manzano	
	z	cabeza	cabeza	
[dz]	ç	cabeça	cabeza	

(*continúa*)

SIBILANTES PREPALATALES

Cons.	Grafías romances	Ejemplos	Castellano	Grafías modernas
	x	Xymyno, dixo	Jimeno, Gimeno, dijo	
[ʃ]	sc	Scemena	Jimena, Gimena	j
	isc	laisces	dejes	$g^{e,i}$
	s	semeno	Jimeno, Gimeno	
	ss	Requessolo	Requejuelo	
	sç	Sçimeno	Jimeno, Gimeno	
	sz	Szauierrelatre	Javierrelatre	
	g	muger	mujer	
[ʒ]	j	mujer	mujer	j
	gi	mugier	mujer	$g^{e,i}$
	i	meior	mejor	

La complejidad de las consonantes palatales hizo que se recurriera a dos o más grafías, como el caso de [ɲ] en *seingnale* para "señal", palabra registrada en las *Glosas Emilianenses* del siglo X y como se ha visto en los ejemplos anteriores. Poco a poco la lengua se fue regulando, siguiendo algunas veces preferencias fonéticas, otras, etimológicas. Caso curioso resulta la conjunción *y* que se representaba de diversas maneras: con la forma latina "et", con el signo tironiano "τ", con una simple "i" y con una "e" (en los siglos XIII y XIV), hasta que finalmente queda como "y" en el siglo XVIII por decisión académica. Por otro lado la separación de palabras no coincidía con la actual que se impuso después del siglo XV. La puntuación, el uso de mayúsculas o minúsculas no seguía una tendencia uniforme por lo que hasta ahora se sabe.

5.2. LA NORMA ALFONSÍ

La norma alfonsí, así llamada en memoria del rey Alfonso X, el Sabio (1221–84), representó la primera normalización ortográfica del castellano. Se empleó primeramente en la cancillería real castellana a partir de 1250 y de allí se extendió a otros centros culturales y de producción de documentos.

El intento principal de esta norma consistía en hacer corresponder una letra a cada fonema para acabar con el polimorfismo gráfico y caótico de las etapas anteriores. Esta propuesta de letra-fonema sirvió de ejemplo para las reformas posteriores. Así se estabilizó el uso de las palatales como *nn* o *ñ, ch, ll* y *y*. Se aclaró en la escritura las oposiciones fonológicas entre la *b* oclusiva y la *v* fricativa; entre la *s* sorda /s/, escrita como *ss*, y la *s* sonora /z/, escrita como *s*; entre la dentoalveolar sonora *z* /dz/ y la sorda $c^{e,\, i}$, $ç^{a,\, o\, u}$, /ts/; y entre la prepalatal sonora *g, i, j,* /ʒ/ y *x* sorda /ʃ/.

A pesar de la gran aceptación de esta norma y de su efecto regulador, se siguió dando la inconsistencia ortográfica en los textos dependiendo de la variedad regional del copista, de su estilo de escritura o de su gusto por la *variatio*; y en ningún momento esta moda ortográfica se convirtió en normativa. No obstante, el impulso reformador y sistemático de la norma alfonsí ejerció gran influencia en la estandarización del castellano.

5.3. OFICIALIDAD DE LA ESCRITURA: LA REAL ACADEMIA ESPAÑOLA

El fonetismo defendido por la norma alfonsí se convirtió en el origen de toda normalización ortográfica. Desde finales del siglo XV, el interés por la lengua escrita como representación de la hablada se acentuó y se propusieron reformas para fijar las grafías y permitir la difusión social de la escritura.

Con la llegada de la imprenta a España en 1472, se facilitó el acceso a la escritura y creció la necesidad de disponer de una gramática coherente. En un principio, las primeras gramáticas se trataban de manuales de enseñanza de lenguas extranjeras, sobre todo de latín, lengua que servía de modelo de comparación. En 1492 Nebrija publica su *Gramática de la lengua castellana*, la primera escrita en castellano, y defiende el mismo principio del fonetismo de la norma alfonsí:

> Avemos aqui de presuponer lo que todos los que escriven de orthographia presuponen: que assi tenemos de escrivir como pronunciamos, e pronunciar como escrivimos; porque en otra manera en vano fueron halladas las letras. Lo segundo, que no es otra cosa la letra, sino figura por la cual se representa la boz e pronunciacion. Lo tercero, que la diversidad de las letras no está en la diversidad de la figura, sino en la diversidad de la pronunciacion.[3]

Nebrija propuso la supresión de las grafías *k* y *q* a favor de la *c* para el fonema /k/, aunque nunca llevó esto a la práctica en sus escritos. Durante los siglos XVI y XVII, se formularon varios tratados de ortografía en los que los autores defendían convenciones que pocas veces seguían, con lo que la escritura de este periodo presentaba tantas incoherencias como la de los siglos anteriores. Así, otro gran defensor del fonetismo, Gonzalo de Correas en su *Ortografía kastellana nueva i perfecta*, publicada en 1630, eliminaba la *c* y la *q*, la *j* y la *y* del alfabeto y ofrecía una singular ortografía fonética con 25 letras, como ejemplifica el siguiente párrafo:

> Para la buena ortografía Kastellana fazil i zierta, ke todos desean saber, son menester veinte i zinko letras xustamente, para ke eskrivamos, komo se pronunzia, i pronunziemos, komo se eskriva, kon deskanso y fazilidad [. . .] Tenemos en el kastellano veinte i zinko bozes, ó sonidos, diferentes en todas nuestras palavras, ke es, veinte i zinko letras en boz; i ke para sinifikarlas en eskrito, son menester otras veinte i zinko figuras, ó karateres, ke las rrepresenten, kada una su boz diferente de la otra.[4]

En 1713 se funda la Real Academia Española para regular la escritura y dar carácter oficial a la norma ortográfica. Su primera gran obra fue el *Diccionario de Autoridades* (1726–39), seguida por su *Orthographía* (1741) y la primera edición de la *Gramática castellana* (1780). A partir de esta fecha, se tendrán en cuenta tres factores para determinar la ortografía: la fonética, la etimología y la tradición literaria. De entre ellos se va a superponer el etimológico por lo que se produce una restitución de grafías y grupos cultos que no siempre siguen la fonética del habla. Aún así la ortografía resultante actual se puede considerar sencilla y coherente frente a la de otras lenguas romances.

A continuación se apuntan algunas de las reformas llevadas a cabo por la RAE.

a) Entre 1726 y 1739 en el *Diccionario de Autoridades*
    - **b** y **v** quedan fijadas con criterio etimológico. La **b** < B, P latinas o agrupada con ***l*** y *r*.
    - **qu** se mantiene por razones etimológicas: *querer, qual*.
    - **x, j**, y **ge** quedan fijadas con criterios etimológicos:
        - **x** cuando en latín hay **x**.
        - **ge, gi** cuando se daban en latín.
        - **j** en los otros casos.
    - **ç** se pierde y se cambia por **z** y por **ce, ci** si existían en latín. El latín no tenía **ç**.
    - **-ff-, -bb-, -dd-, -gg-, -pp-, -tt-, -cc-**, etc., se suprimen. Las consonantes dobles desaparecen excepto -**ss**-, -**cc**- ante *e, i*, -**mm**- y -**nn**-.
    - **i, u** quedan fijadas como vocales; **y, v** como consonantes, excepto la **y** vocal como conjunción, en diptongos finales de palabra en plural (se mantiene la **-i** de *mui, hoi*) y en palabras griegas.

b) En 1741 en la *Orthographia*
    - **ch** = /k/ y **x** = /ks/ se mantienen.
    - **qu** se mantiene ante *e, i* con diéresis cuando se pronuncia la *u*.
    - **cc** ante *e, i*, **mm** en compuestos y **ss** en superlativos, imperfectos de subjuntivo y en *assí* (frente a *así*, verbo) se mantienen.
    - **y** vocal aparece en todos los diptongos.
    - **z** se mantiene para aquellas palabras que en su origen la llevaban ante *a, o, u* y final de palabra.
    - Se permite la supresión de:
        - **h** en los grupos **rh**, **th**; el grupo **ph** se mantiene en los cultismos.

- **p** en **ps**- inicial como en *psalmo* > *salmo*.
- **s**- inicial de palabra se suprime como en *stigma* > *estigma*.

c) En la *Ortografía* de 1754 (2ª edición)

- **ph** se sustituye por **f**, exceptuando los nombres de gran tradición como *Joseph*.
- Se suprime de los helenismos:
  - **ch** salvo los nombres propios como *Christo*.
  - **y** vocal.

d) Posteriores ediciones de la *Ortografía*

- Se suprime:
  - **ss** doble en la edición de 1763 (3ª edición).
  - **h** en los grupos **rh**, **th** en la edición de 1779 (6ª edición).
  - **x** como grafía de [x] en la edición de 1815.
- **c** y **qu** se usa para **ca, co, cu** y **que, qui**.
- **y** se emplea para el diptongo final de palabra (*muy, ley*) y como consonante (*yema*).

La última edición de la *Ortografía de la lengua española*, revisada por todas las Academias, fue en 1999. Ésta trata de recoger una norma panhispánica que acoja las variedades dialectales sin alterar la unidad básica del español. A pesar de las reformas alternativas que se han sugerido para lograr un mayor fonetismo y acabar con la distribución de *c - q - k, g - gu, h* o sin *h*, o la diferenciación entre *b* y *v*, *g* y *j*, *y* y *ll*, e incluso entre *c, z* y *s*, estas propuestas no han llegado muy lejos ni han repercutido en los ámbitos académicos.

5.4. HISTORIA DE ALGUNAS LETRAS Y DÍGRAFOS

b

La *b* y la *v* comparten el mismo fonema oclusivo bilabial sonoro /b/, realizándose éste en posición inicial absoluta o tras nasal y como alófono fricativo [β] en los demás casos. Esta coincidencia fonética ha provocado la confusión ortográfica entre *b* y *v*.

La distribución moderna de *b* y *v* es etimológica, es decir que sigue la latina. En latín *b* y *v* representaban dos fonemas distintos /b/ y /w/; la *v* correspondía a la semiconsonante /w/ que después se consonantizó en /β/, por ejemplo la palabra VITA, pronunciada en latín como [wí:ta] pasó a [βíta]. Esta *v* se escribía en latín con U y pasa a *v* a partir del Renacimiento. Esta [β] (< [w]) se neutralizó en posición intervocálica con la [b] latina que se escribía con B, y la pronunciación resultante vino a ser la fricativa [β] que heredó el español medieval; por ejemplo, BIBERE [biβére] > *beber* y VIVERE [βiβére] > *vivir* pasaron a ser casi homófonas. Esta nivelación fonética acarreó muchas confusiones ortográficas.

En posición inicial no se detectaron tantas vacilaciones y los fonemas latinos para B- /b/ y V- /β/ mantuvieron su contraste en español medieval, dependiendo de si el étimo llevaba B- o V- (aunque en latín vulgar sí se daba este trueque como lo demuestra el *Appendix Probi*: BACULUS NON VACLUS).

Para acabar con este caos ortográfico entre *b* y *v* el *Diccionario de Autoridades* de la RAE restituyó la base etimológica de estas dos letras, por lo que se mantuvo la diferencia ortográfica pero no fonética del latín.

c

En latín clásico la *c* se pronunciaba siempre como /k/ pero en el latín tardío palatalizó ante las vocales *e, i*, convirtiéndose primero en una sibilante africada dentoalveolar sorda [ts] y después en fricativa [ş] en romance. Ante las vocales *a, o, u*, y para representar este mismo sonido sibilante comienza a emplearse el signo *ç*, inexistente en latín, y en uso a partir del siglo XIII.

Hoy en día la grafía *c* representa tres fonemas: /k/ ante *a, o, u*, y /s/ y /θ/ ante *e, i*.

ç

La *c* con cedilla, como se la ha denominado, existió desde la segunda mitad del siglo XIII hasta 1726 en que se suprimió. Proviene de la escritura visigótica (donde era un alógrafo de *z*) y fue con la norma alfonsí que se popularizó ante *e, i*, para la sibilante africada dentoalveolar sorda [ts]. Esta distribución cambió y pronto acompañó a otras vocales. Cuando en el siglo XVI las africadas sorda [ts] y sonora [dz], escrita *z*, se neutralizaron en [ş], las grafías entre *c, ç* y *z* empezaron a confundirse hasta que la Academia eliminó la *ç* a favor del reparto actual entre *c* y *z*.

ch

Este dígrafo corresponde a la consonante palatal africada /ʧ/, sonido que no existía en latín. Se empezó a utilizar en el siglo XIII, tras probar con otras grafías como *i, gg* y *ci*. Se sintió como un fonema único ya desde antiguo. Recibió el nombre propio de *che* y la RAE le dio entidad de letra en 1803 aunque en 1993 la ordenó como variante de *c*, siguiendo el alfabeto de otras lenguas romances.

g

En latín clásico esta grafía sólo reflejaba la oclusiva velar /g/, como en español moderno las combinaciones *ga, go, gu, gue, gui*. Desde la época alfonsí se la acompañó con la *u* con las vocales palatales *e, i*, para indicar la secuencia /gue/ como en *aguero* "agüero". La diéresis no apareció hasta el siglo XVII.

Con respecto a su valor fricativo velar /x/ en las secuencias *ge, gi*, la *g* sufrió distintas evoluciones según su posición en la palabra. Al inicio de palabra se perdió, como en GERMANUM > *hermano*; en interior dio la fricativa palatal sonora /y/, ejemplo EXAGIUM > *ensayo*. Aquellos casos donde se mantuvo la *g* latina ante *e, i*, se consideran cultismos o semicultismos como *general, genio, lógico* y la pronunciación evolucionó de una /g/ latina, pasando por la fricativa prepalatal sonora /ʒ/, a una fricativa velar /x/. En la Edad Media se generalizó su uso, ya que coincidía con la *g* procedente de la palatalización de L + yod, pronunciada también como prepalatal fricativa /ʒ/, como en *muger* < MULIEREM, ahora *mujer* con *j*. La vacilación entre *g*, *j* e *i* se extendió hasta que la Academia impuso la *g* para los casos etimológicos.

h

La hache ya era muda en latín y esto provocó que se eliminara en algunas palabras o que se añadiera a otras como HUMIDUS. La tendencia general fue que la *h-* se perdiera, así durante la Edad Media podemos encontrar *aver* por *haber*, *omne* por *hombre*, *estoria* por *historia*; esto no pasó en aquellas palabras que comenzaban por *he(r)-*, en las cuales se mantuvo la *h-*, e incluso se añadió una *h-* antietimológica en palabras que originalmente no la tenían pero que empezaban por *e-* como *hedad* < AETĀTEM, *edad*. Esto mismo ocurrió ante el diptongo /ue/ procedente de /ó/ abierta tónica, de aquí el contraste entre *hueso* y *óseo*, *huevo* y *ovalado*; esta preferencia de añadir la *h-* ante /ue/ se impuso en el siglo XIII, siguiendo la necesidad de distinguir este diptongo de la sílaba *ve-* y contrastarlo con la pronunciación menos cuidada de /gue/. A finales del siglo XIV y XV, la *h-* se empieza a utilizar con más frecuencia, sobre todo para demarcar el comienzo de palabra.

Por otra parte, contamos con la *h-* procedente de la F- inicial latina, que se aspiró hasta finalmente perderse como en FILIUM > *hijo*. Este sonido aspirado prevaleció como tal o no según la zona y la clase social del hablante. La *f-* inicial se mantuvo hasta el siglo XV sin representar la pronunciación del momento. Así mismo, la aspiración de la *h* tuvo valor fonológico en vocablos árabes, donde posteriormente se enmudeció y hasta se perdió en la escritura como en *hasta*, *albahaca* y *albaca*, *alhaja* y *alaja*.

Hasta 1803 se utilizaron dígrafos con *h* como *theatro*, *Christo*, *rheuma*, después se eliminó la *h*; en el caso de *ph* se sustituyó por *f*.

i

Hoy en día esta grafía se limita a su uso vocálico pero no fue así a lo largo de la historia de la lengua. En el castellano medieval se eligió para representar sonidos palatales, que no existían en latín, como la sibilante prepalatal sonora /ʒ/ (*foia* "hoja"), la fricativa palatal /y/ (*maio* "mayo") e incluso en los textos más arcaicos la africada /ʧ/ (*eiar* "echar").

j

En la actualidad equivale a la consonante velar fricativa sorda /x/ pero hace un par de siglos se utilizaba con valor vocálico, como variante de *i*, en un principio tras otra *i* como en *fijo* "hijo". En la Edad Media muchas de las palabras que tenían *g* y casi todas las que llevaban x, pronunciada como fricativa prepalatal sorda /ʃ/, hoy en día se escriben con *j*. Históricamente se han confundido mucho *i, j* y *g* ante vocal palatal *e, i*.

ll

Hasta el siglo XIII se utilizó la grafía lateral simple *l* tanto para el sonido alveolar /l/ como para el sonido palatal /ʎ/ (derivado de los grupos latinos -LL-, -PL-, -CL-); por lo que en los textos alternaban palabras como *calle* y *cale*. En el siglo XVI se introdujeron algunos latinismos que recurrieron al fenómeno contrario, usando *ll* para /l/, así se escribía *illustre* por "ilustre"; esta moda se perdió pasado el siglo XVII.

La historia de este dígrafo corre paralela a la de *ch*: la Academia la consideró una letra, la elle, en 1803 y en 1993 la redujo a una variante doble de *l*.

ñ

Letra simbólica del abecedario español cuya grafía deriva de abreviar *nn* en una sola *n* con virgulilla superpuesta. Como pasó con otros sonidos palatales nuevos en romance e inexistentes en latín, hubo varios intentos para representarla: *ni, ng, gn*, además de *nn*, así como la *n* simple, aunque el español optó por la doble *n* y finalmente por la *ñ*. No se puede precisar con exactitud cuando la *ñ* se consideró una letra, ya que la virgulilla aparecía con otras letras para indicar la nasalidad (por la pérdida de una consonante nasal) como en *cõde* por *conde*.

q

La *q* siempre va seguida de *u* para sus dos únicos usos: *que* /ke/, *qui* /ki/. En latín se empleó con más frecuencia para grupos como *qua* y *quo*, con pronunciación de la *u*, *quando, qual, quatro*, etc. Durante cierto tiempo el grupo *qu* etimológico se mantuvo en algunas palabras que perdieron la vocal velar *u* en romance, como *nunqua* "nunca", *quomo* "como"; en otras ocasiones este grupo *qu* pasó a palabras que carecían de él originalmente, por ejemplo *quenta* "cuenta", *pasqua* "pascua".

r

La grafía *r* representa la vibrante simple /r/ y la vibrante múltiple /r̄/ en posición inicial o tras las consonantes *n, l* y *s*. En posición intervocálica se utiliza el dígrafo *rr* para la múltiple /r̄/. Este reparto sigue la norma alfonsí del siglo XIII, fue defendido por Nebrija e institucionalizado por la Academia en el siglo XVIII. Durante la Edad Media hubo otras tendencias como la de utilizar para la /r̄/ la *rr* en cualquier posición o *R* mayúscula; también en la primera mitad del siglo XIII se utilizó *r* para la /r̄/ intervocálica, por lo que "perro" aparecía en un mismo manuscrito como *perro* o *pero*.

s

La grafía *s* representa el sonido alveolar fricativo sordo /s/. En la Edad Media este sonido se representaba con el dígrafo *ss* y contaba con su correlato sonoro /z/ en posición intervocálica, escrito como *s*. En posición inicial y final de palabra siempre se pronunciaba la sorda /s/. La confusión entre la sorda y la sonora en posición intervocálica fue temprana y finalmente prevaleció la sorda /s/ escrita con *s*. En el sur peninsular donde se inició el seseo, los trueques ortográficos entre *s, c* y *z*, se generalizaron a partir del siglo XV.

v

No fue hasta el siglo XVIII que la *v* adquirió valor consonántico, anteriormente representaba tanto a la vocal /u/ como a la consonante /b/, alternando con la grafía *u*. En latín la v correspondía a la mayúscula de *u*. A lo largo de toda la Edad Media predominó el uso de la grafía *u*; la forma angular *v* empezó primero a utilizarse a comienzo de palabra para evitar confusiones cuando iba seguida de letra de palos como la *i, u* o *n*. Poco a poco se fue imponiendo hasta que con el *Diccionario de Autoridades*, la Academia instituye *u* para la vocal y *v* para la consonante. Hoy en día *v* y *b* comparten el mismo fonema consonántico /b/.

x

La letra *x* equivale a los dos fonemas /ks/, pronunciados [ks] o [gs] en el habla relajada o incluso [s] en posición implosiva (*extra*). En latín tenía el mismo valor de /ks/ y aquellas palabras que lo contienen se consideran cultismos (algunos introducidos tardíamente) ya que la evolución regular de la letra *x* dio el fonema velar /x/, *caxa* > *caja, mexor* > *mejor*. Las palabras patrimoniales con una *x* latina pasaron por un proceso de palatalización por el cual [ks] se convirtió en [is] > [ʃ]. En el castellano medieval la letra *x* se pronunciaba con la prepalatal fricativa sorda [ʃ], así *caxa* [káʃa].

Cuando los españoles llegaron a México, escucharon palabras indígenas como *Texas, Oaxaca* o *México* con una pronunciación similar a la de [ʃ], por lo que escribieron estos topónimos con *x*. A partir del siglo XVI este sonido [ʃ] se velarizó en el actual [x]. En el *Diccionario de Autoridades* el sonido [x] queda distribuido gráficamente como *ge, gi* cuando aparecían en el étimo latino y *j* para los demás casos. Aunque en 1815 la Academia suprime la grafía x para el sonido velar [x], se vuelve a recuperar para topónimos de origen nahua y hoy en día contamos con dobletes como *México* y *Méjico*.

y

Esta grafía de origen griego, y por eso llamada "i griega", sirve para representar tanto a la vocal /i/ como a la consonante /y/. En latín aparecía sólo en helenismos como YDOLU >

ídolo, SYMBOLU > *símbolo*. En castellano medieval la *y* se utilizaba para la /i/, la conjunción *y*, e incluso el adverbio "allí", *ý*. Además se extendió a posición inicial (*ymagen, yglesia*) y final de palabra (*rey, ley*). En 1726 la Academia restringió la *y* a posición final, salvo las formas verbales del pasado con *-i* final tónica como *fui, leí, caí, huí* (por el hiato). Esta disposición sembró la duda con respecto a los plurales de las palabras terminadas en *-y* y se vaciló ante *ayes* y *ais*, *convoyes, convóis*, etc.

Otro aspecto importante de la grafía *y* viene de su evolución: procedente de la *(h)ie-* inicial de la diptongación de la Ē tónica y abierta latina como en ĒQUA > *yegua*, ĒREMU > *yermo*, HĒRBA > *yerba*, HĒDERA > *yedra*; también procedente del grupo $G^{e,i}$- inicial latino como en GEMMA > *yema*; y además de la F- inicial latina como en el verbo FERRA > *yerra* (marcar con hierro). En algunos casos la *y* coexiste con *hie-* en la ortografía, como *hierba, yerba, hiedra, yedra*, reflejando la consonantización de la *y-* de la realización fonética e igualmente su origen etimológico.

z

La *z* se usa por razones etimológicas en palabras de origen griego (*enzima, zelote, zeta*) y árabe (*azulejos, azucena, azotea, azote, hazaña, nazareno, zafra, zéjel*). El propio nombre de la *zeta* procede del griego. El vocablo *zigzag* resume la forma de la *z* con el movimiento de vaivén. En la Edad Media representaba al sonido sibilante dentoalveolar sonoro [dz] como en *dezir* [dédzir] que alrededor de 1650 pasó a interdental [θ] en castellano y a [s] en el sur peninsular (seseo). Antes de este periodo y cuando la *ç* no existía, la zeta reflejaba tanto la sibilante sorda como la sonora. En la actualidad esta grafía va ante *a, o, u* y pocas veces antes de *e, i*.[5]

5.5. PUNTUACIÓN Y MAYÚSCULAS

El origen de la puntuación resultó de la necesidad de marcar las pausas en la lectura cuando ésta era sobre todo de carácter oral, realizándose en voz alta. Ya en la antigüedad clásica los pequeños silencios eran significativos en el arte de la oratoria y la retórica. El escritor latino componía y puntuaba teniendo en cuenta que su texto iba a ser declamado ante un auditorio.

La puntuación medieval europea se fundamentaba en la del sistema clásico latino, aquella que utilizaban los gramáticos de los siglos IV–VII como Diomedes o San Isidoro. En este sistema ya se daba la coma, el punto y coma, los dos puntos y el punto final, aunque se representaban de otra manera, así el punto, denominado *periodo* en latín, se escribía con un punto y una raya vertical (.|). En el siglo XIII y XIV empiezan a utilizarse los signos interrogativo (?) y exclamativo (!), aunque éste último ya aparecía en los códices visigóticos. Tanto el interrogativo como el exclamativo se utilizaban sólo al final de la oración. Los primeros usos del paréntesis se recogen en España en 1492, en una traducción al castellano de Petrarca; ese mismo año su uso se explica en la *Gramática* de Juan de Pastrana.

En los primeros textos escritos en castellano, era el punto con distintos valores e indicando pausas leves el que más se utilizaba, tanto el bajo (.) como el alto (·). La coma se representaba con un punto y una tilde encima (·́); con mucha frecuencia aparecían los dos puntos (:) y la vírgula o raya (/), con variantes en las que se doblaba (//) o se combinaba con el punto bajo (/.) o el alto (/·). Después surgió el calderón (ℭ) seguido de mayúscula para indicar el inicio de un nuevo párrafo o sección. El calderón, llamado también *párrafo*, es un signo diacrítico en forma de letra C (inicial de la palabra latina CAPITULUM, capítulo) y un trazo vertical; en la tradición medieval marcaba las pausas más fuertes al comienzo de capítulos o párrafos.

Los manuscritos medievales presentaban una puntuación muy distinta de la actual, a veces desconcertante por su irregularidad. Un mismo signo podía indicar distintas funciones y alternar con otro u otros en esa misma función. Cada documento presentaba una puntuación particular según su clase, su condición de originales o copias, el tipo de letra empleado en la redacción, la calidad del manuscrito y la preferencia del escribano o copista. Así, por ejemplo, algunos copistas preferían introducir párrafos con la vírgula simple (/) o la doblada (//), otros con el calderón (ℭ).

Los documentos más solemnes como cartas reales, textos históricos y fueros notariales llevaban una puntuación más abundante y cuidada (así el uso del punto es más ordenado y sostenido) junto con una letra más sentada y esmerada. En cambio los documentos de orden menor van redactados con una letra menos cuidada y con una puntuación más reducida, donde predomina la vírgula o raya (/) para señalar pausas y divisiones en la escritura. La vírgula (/) fue sustituida por la coma (,) en el siglo XVII.

Cuando se pasó de la lectura en voz alta a la lectura silenciosa, el carácter de la puntuación cambió y se dejaron de marcar las unidades prosódicas, auxiliares de la lectura en voz alta (pausas para recuperar el aliento), para enfatizar las unidades sintácticas y de significado, necesarias para la claridad visual. La puntuación dejó de delimitar la unidad de pensamiento completo (la idea, la opinión, la sentencia) para señalar la oración (como nosotros la entendemos); y se ponía sobre todo para evitar el equívoco, haciendo al texto más inteligible y armonioso, libre de malentendidos.

A lo largo de la historia del castellano escrito, desde sus orígenes hasta el Renacimiento, la puntuación ha ido variando mucho. En los primeros manuscritos se utilizaba constantemente el punto bajo (.). En las *Glosas Emilianenses*, del siglo IX, aparece un punto alto seguido de un rasgo parecido a un siete (˙7), un punto bajo con tilde (.́) y un punto medio (·). Algunos textos poéticos medievales como el *Poema del Cid, Poema de Fernán González, Libro de Apolonio* y *Rimado de Palacio* no llevan ningún signo de puntuación. En cambio el *Auto de los Reyes Magos* puntúa con punto bajo (.), con interrogación y con cuatro puntos indicando el final. En el *Libro del Buen Amor* se usa una raya vertical (|) para separar los hemistiquios. En otros poemas se utiliza un punto y una raya (./) o raya y punto (/.) para indicar las pausas internas o los hemistiquios.

Los textos en prosa normalmente se sirven del punto bajo (.). En el manuscrito del *Conde Lucanor* aparece el calderón (₵) seguido de una mayúscula para indicar el final del periodo. Con los dos puntos, con valor de coma, y punto final, se imprime la *Comedia de Calisto y Melibea*. Con dos puntos, punto delante de τ, más punto final, aparece la *Gramática castellana* de Nebrija (Salamanca, 1492). Otras obras, como la *Cárcel de amor* (Sevilla, 1492) o la *Crónica de España* de Diego de Valera (Salamanca, 1493), utilizan el punto y los dos puntos con valor indeterminado. *El Corvacho* del Arcipreste de Talavera (Sevilla, 1498) se edita con raya, punto, dos puntos y punto con calderón.

Durante el periodo medieval en España se seguía el *artes punctandi* latino en las cancillerías y en los escritorios monacales. Cuando aparece la imprenta surgen nuevos retos para la puntuación, de hecho se imprimieron textos que carecían de ella total o parcialmente. La imprenta siguió la puntuación de los manuscritos, sobre todo en lo que al uso del punto se refiere. Durante los siglos XVI y XVII debieron circular varios manuales de puntuación y ortografía como el de Aldo Manucio (1561) para ayudar a los correctores de las imprentas a preparar el original y a poner puntos y comas. Eran estos correctores los que se encargaban de la ortografía y la puntuación, e incluso a veces anotaban sus nombres en los libros que corregían. Este proceso de corrección y puntuación se refleja claramente al final de la *Celestina* (Sevilla, 1502):

> ... Quando este muy dulce y breue tratado
> despues de reuisto y bien corregido
> con gran vigilancia puntado y leydo
> fue en Seuilla impreso y acabado.[6]

Se puede afirmar que la tradición grecolatina de la puntuación pervivió a lo largo de toda la Edad Media, sobre todo a través de los manuales de retórica, y llegó hasta el Siglo de Oro en las gramáticas latinas. Los autores medievales y renacentistas siguieron a los eruditos griegos y latinos, sin embargo, con el paso del tiempo, los signos y sus funciones llegan a diferenciarse en algunos autores. En el siglo XVI Nebrija propone las reglas de puntuación siguiendo la lengua latina como modelo. Poco a poco se llega a la homogeneidad en la denominación de los signos de puntuación, siendo los correctores y los impresores los que más influyeron en este punto. Algunos de ellos pusieron las normas de puntuación por escrito y sirvieron de modelo a la estandarización de la puntuación.

Las mayúsculas, letras de trazado alto o mayor, proceden de las *litterae notabiliores*, las antiguas letras capitales latinas, que se usaban en los manuscritos medievales para marcar el inicio de las nuevas *sententiae* u oraciones. Era un recurso visual que no obedecía unas reglas precisas (a diferencia de los signos de puntuación), aunque sí aparecían regularmente. En los manuscritos medievales se utilizaban para indicar el comienzo de secciones tanto en verso como en prosa. Los distintos apartados en los que se dividía un documento comenzaban por mayúscula según el tipo de documento, de letra y la costumbre del escribano. A veces la mayúscula se asociaba a un espacio separatorio o a un signo de puntuación o bastaba por sí sola para marcar la división de las partes del texto.

Como era normal entre muchos escribanos, la conjunción "e" aparecía escrita con mayúscula, así como la preposición "a". A veces los nombres propios de persona y de lugares se escribían con mayúscula pero no se hacía de forma sistemática, todo dependía de las preferencias de los escribanos.

La tendencia ya en latín consistía en usar mayúsculas al principio de los versos, de las coplas y de otras rimas así como de los capítulos, motivo por el cual se las denomina también *versalitas* o *capitales*. Del mismo modo se empleaban al inicio de los antropónimos y topónimos y los sustantivos referentes a títulos, cargos y nombres de dignidad (como *Rey*).

Las mayúsculas se han utilizado desde un principio para puntuar los textos, asociándose a los signos de puntuación, ya que delimitan el comienzo de las oraciones, marcan los nombres propios y las palabras destacables en los documentos. El escritor enfatizaba ciertas secuencias o palabras sobresalientes mediante las mayúsculas.

EJERCICIOS DE CAMBIOS GRÁFICOS

1. ¿Qué caracteriza a las escrituras alfabéticas?

2. ¿Por qué fue tan importante la norma alfonsí?

3. ¿Cómo se pronunciaban las siguientes palabras según la norma alfonsí?

1. Caxa (caja)	2. caça	3. casa	4. dezir
5. decir (bajar)	6. dixo	7. mexor (mejor)	8. passo
9. mugier	10 reçar	11. fijo (hijo)	12. fixo (fijo)
13. alçar	14. espesso (espeso)	15. espeso (gastado)	16. braço
17. pozo	18. peçe (pez)	19. lava (< LAVAT)	20. deve (< DEBET)
21. cave (< CAVET)	22. senior	23. feziste (hiciste)	24. cozer (cocer)

4. ¿En qué factores se fundamenta la ortografía española?

5. Explique la procedencia de *h-* en las siguientes palabras:

1. hijo   2. hermano   3. huevo   4. hueso   5. hacer   6. hasta

6. ¿De dónde viene la letra *ñ*?

7. ¿Por qué *México* y *Texas* se escriben con *x*?

8. Explique las implicaciones fonéticas de la siguiente expresión latina:

BEATI HISPANI QUIBUS BIBERE ET VIVERE IDEM EST
"Dichosos los hispanos para quienes beber y vivir es lo mismo."

9. Explique brevemente cómo era la puntuación en los textos medievales y de dónde vienen las mayúsculas.

10. Conteste las siguientes afirmaciones con una sola respuesta.

1. En la pronunciación medieval la grafía "-ss-" se pronunciaba como:
   a) [s]   b) [z]   c) [ts]   d) se aspiraba
   e) [ʃ]   f) ninguna de las respuestas anteriores
2. En la pronunciación medieval la grafía "x" se pronunciaba:
   a) [s]   b) [z]   c) [ts]   d) se aspiraba
   e) [ʃ]   f) ninguna de las respuestas anteriores

3. En la pronunciación medieval la grafía "ç" se pronunciaba:
   a) [s] b) [z] c) [ts] d) se aspiraba
   e) [ʃ] f) ninguna de las respuestas anteriores
4. En la pronunciación medieval la grafía "z" se pronunciaba:
   a) [s] b) [z] c) [ts] d) se aspiraba
   e) [ʃ] f) ninguna de las respuestas anteriores
5. Alfonso X, el Sabio, influyó en el avance de la prosa escrita en el siglo:
   a) X (10) b) XII (12) c) XIII (13) d) XIV (14)
   e) ninguna de las respuestas anteriores
6. La primera gramática de la lengua castellana se escribió en el siglo:
   a) XII (12) b) XIII (13) c) XIV (14) d) XV (15)
   e) ninguna de las respuestas anteriores
7. El autor de la primera gramática de la lengua castellana fue:
   a) Alfonso X, el Sabio b) Nebrija c) Jorge Manrique
   d) El arcipreste de Hita e) Cervantes
8. El calderón (𝕮) indicaba:
   a) comienzo de párrafo b) final de párrafo c) pausas breves d) abreviaturas
9. El término *mayúsculas* no indica:
   a) letra de trazo mayor b) letra de trazo menor
   c) letras capitales latinas d) versalitas
10. El signo de admiración (!) ya aparecía en los textos visigodos:
    a) verdadero b) falso, lo inventó la RAE

6

Comentario filológico de textos medievales de los siglos IX–XV

Durante la Edad Media nacen y se desarrollan las lenguas romances derivadas del latín. Es en esa época cuando empiezan a emerger los primeros textos literarios en tales lenguas y, por consiguiente, en el naciente castellano. Desde el punto de vista lingüístico-literario se puede delimitar la Edad Media desde los primeros textos conocidos como las jarchas mozárabes y las glosas del siglo X, pasando por el *Cantar del Mío Cid* en el siglo XI–XII, hasta llegar a la composición de *Celestina* a finales del siglo XV.

Gracias a los textos hoy en día podemos analizar la evolución de nuestra lengua castellana, sobre todo a partir del siglo XII. Los textos de los siglos IX–XI ofrecen muchas dificultades para analizar el latín vulgar o hablado y la etapa originaria del romance, aunque contemos con manifestaciones escritas en las glosas, las jarchas y los documentos notariales. Para llegar a conclusiones lingüístico-evolutivas se hace necesario recurrir a testimonios sueltos de toda la Romania (como el *Appendix Probi*), a diccionarios o glosarios latinos, inscripciones de tumbas, murallas, tablillas y a las comparaciones entre sí de las lenguas romances. Estas fuentes de suma importancia nos muestran lo que fue el latín vivo, hablado y en evolución con sus vulgarismos, confusión de géneros, errores en las declinaciones, desarrollo de las preposiciones, cambios fonéticos y morfosintácticos, lo cual dará origen a muchas formas romances. Éstas no se podrían explicar tomando como punto de partida el latín clásico o literario.

Necesitamos retrotraernos al siglo X para el estudio de los orígenes del castellano y específicamente al norte de la península, a las montañas de Burgos (cerca de los asentamientos vascos), en la zona cantábrica. Al mismo tiempo y también en el norte se estaban formando otras dos lenguas romances, el gallego y el catalán, pero será el castellano que con su empuje sociopolítico avanzará hacia el sur, asegurándose el predominio lingüístico e imponiéndose sobre el mozárabe (hablado por los cristianos del territorio ocupado por los árabes). El castellano, abriéndose en abanico, incorporará las zonas lingüísticas laterales donde se manifestaban los dialectos asturiano-leonés y navarro-aragonés, dejando al margen las otras dos lenguas relegadas a territorios periféricos y limitados. Dos siglos después en 1143, Alfonso Enríquez conseguirá la independencia de su feudo, la separación de Portugal, que desembocará, lingüísticamente hablando, en otra lengua peninsular: el portugués.

Del siglo X contamos con algunos documentos escritos: en el norte, una mezcla de latín y romance primitivo en las glosas y los documentos notariales; en el sur, una combinación de árabe y romance en las jarchas. Aunque estas primeras fuentes datan del siglo X, las diferencias entre la lengua naciente y la lengua latina de la que procedía eran ya perceptibles en el siglo VIII. De hecho, el primer texto escrito en francés corresponde al año 842 y el primero en italiano es contemporáneo de nuestra lengua castellana.

Durante el siglo XI, y con la apertura del "camino francés" a Santiago de Compostela, se impulsó enormemente la expansión del castellano y también el acercamiento a la cultura francesa. La llegada de los peregrinos fomentó el proceso de europeización y aculturación (ejemplo de esto fue la influencia de los monjes de Cluny). El casamiento entre monarcas castellanos y franceses no hizo sino fortalecer políticamente lo que ya estaba ocurriendo a nivel lingüístico. Inevitablemente el dilema entre "el Islam o Europa" se resolverá a costa de la liquidación del pasado mozárabe.

Aún así la repercusión árabe en el mundo hispánico resulta innegable. Se puede afirmar que el legado árabe a nuestra lengua es enorme y sólo la lengua latina ha proporcionado al español más palabras que el árabe.

A lo largo de la Edad Media el castellano estuvo cambiando constantemente: no existía una norma idiomática, no estaba fijado, ni obedecía a una norma comúnmente aceptada por los hablantes. Por lo tanto, la lengua literaria de los textos carecía de uniformidad.

En el siglo XII el *Cantar del Mío Cid* presentaba localismos propios de la región de Soria (en la que fue escrito), por ejemplo contiene voces como *mort* o *muort* (muerte) que en el castellano de Burgos eran ya *muert(e)*. Y en la *Representación de los Reyes Magos* se lee *clamar*, como decían en Toledo, en vez de *llamar* como se pronunciaba en otras zonas de Castilla.

En el siglo XIII resulta decisiva la figura de Alfonso X, el Sabio, para el desarrollo de la prosa escrita en romance. El castellano ya es lengua oficial del reino y se impone a la hora de escribir las leyes, la historia, la ciencia y los juegos. De poca actividad bélica y mucha acción cultural, Alfonso X consigue convertir al castellano en vehículo de cultura gracias a la gran labor traductora de estudiosos moros y judíos de los que se rodeaba. Aunque ya en el siglo XIV se presentaban rasgos lingüísticos estables, la lengua seguía careciendo de uniformidad. Los esfuerzos literarios de Juan Ruiz, Arcipreste de Hita, y de Don Juan Manuel fomentan el proceso de fijación.

Por fin en el siglo XV, con el gran influjo que ejercen algunos escritores de la Corte como Villena, Mena o Santillana, el idioma gana homogeneidad. Más aún, algunos de ellos, deseosos de que el castellano adquiera la dignidad de lengua culta, introducen numerosos latinismos en el lenguaje literario. Al final del siglo, con Nebrija a la cabeza y el respaldo de los Reyes Católicos, el castellano se implanta en la mayor parte de la península (con la reconquista de Granada) y en Canarias, goza de gran prestigio y lo emplean numerosos escritores catalanes, valencianos y portugueses. En 1492 Nebrija publica la primera gramática de la lengua castellana y nuestro idioma inicia su expansión por América. A partir de esta época nos encontramos con una producción literaria inmensa que no siempre refleja la lengua oral, si exceptuamos los casos en que algunos escritores trataron de plasmarla en sus obras.

A lo largo de los siglos XVI–XVII, el castellano florece y se presenta sin complejos, en lo que se ha denominado literariamente el Siglo de Oro. En 1713 se crea la Real Academia de la lengua española, RAE, con el emblema de "limpia, fija y da explendor". Casi inmediatamente después los textos aplicarán las normativas académicas sobre todo en lo que a la regularización de grafías se refiere según la fonética y la tradición etimológica. Es hasta este periodo donde se ha llegado con los textos del presente libro.

Merece destacarse aquí la gran deuda que les debemos a investigadores como Ramón Menéndez Pidal, Rafael Lapesa, Manuel Alvar, Amado Alonso, Dámaso Alonso, García de Diego, Antonio Quilis, Bernard Pottier y muchos otros por su contribución inmensa al desarrollo del estudio de los romances hispánicos. Ésto se refleja en las citas y notas de este volumen.

Los textos que se han elegido a continuación resultan los más representativos para los estudios de historia de la lengua no sólo por su valor filológico sino también por su valor literario. Los que más dificultad de comprensión presentan al lector son aquellos más antiguos del romance incipiente o protorromance, que no son literarios sino textos notariales, jurídicos, glosas y textos de carácter histórico.

6.1. TESTIMONIOS SUELTOS: *APPENDIX PROBI*

6.1.1. Texto: glosario

El *Appendix Probi* es un texto que se escribió aproximandamente en el siglo II a. de C. por un gramático latino llamado Valerius Probus; éste lo adjuntó como apéndice a su obra *Instituta artium*. La obra ofrecía correcciones a algunos errores gramaticales que se cometían en esa época en el latín escrito. Resulta de incalculable valor filológico pues nos muestra las tendencias que predominaban en la lengua hablada (que repercutían en el lenguaje escrito) y, al mismo tiempo, en la evolución del latín. Por ejemplo el autor corrige el uso popular de NVMQVA por NVMQVAM, lo que indica que en esa época la -M final del acusativo ya se estaba perdiendo.

Transcripción paleográfica[1]

TOLONIUM NON TOLONEUM
SPECULUM NON SPECLUM
MASCULUS NON MASCLUS
VETULUS NON VECLUS
VITULUS NON VICLUS
VERNACULUS NON VERNACLUS
ARTICULUS NON ARTICLUS
BACULUS NON VACLUS
ANGULUS NON ANGLUS
IUGULUS NON UYGLUS
CALCOSTEGIS NON CALCOSTEIS
SEPTIZONIUM NON SEPTIDONIUM
VACUA NON VAQUA
VACUI NON VAQUI
CULTELLUM NON CUNTELLUM
MARSIAS NON MARSUAS
CANNELAM NON CANIANUS
HERCULES NON HERCULENS

Comentario

Gracias a la corrección de estos errores se puede deducir como se pronunciaban estas palabras latinas en el siglo II a. de C. Por ejemplo, se puede observar que se daba la síncope de "u" en los grupos -CULUM > -clum, -CULUS > -clus, -GULUS > -glus; cambio de las consonantes agrupadas en la combinación -t'l > -c'l; pérdida de la -G- intervocálica en CALCOSTEGIS; disimilación de "l" y "n" en CULTELLUM; inicio de palatalizacion de -NN- en -ni-; e incluso casos de ultracorrección de -ENS para -ES. La mayoría de estos cambios, que entonces se consideraban errores, pasaron a ser la tendencia lingüística general en el desarrollo de las lenguas romances.

6.2. GLOSAS

Las primeras palabras escritas en castellano que se conservan aparecen en unos documentos religiosos latinos del siglo X en los monasterios de Silos y de San Millán (en el norte de España). Para facilitar la lectura a quienes no entendían el latín, los monjes escribían encima de los vocablos latinos su traducción al romance. A tales anotaciones se les denominó *glosas*. Se pueden clasificar según su lugar de origen: las glosas silenses provienen de Silos, las emilianenses de San Millán.

La mayoría de ellas son palabras sueltas o expresiones cortas en romance primitivo. La más importante por su extensión y transcendencia es la glosa emilianense número 89 que se transcribe a continuación.

Las glosas aparecen representadas entre corchetes.

6.2.1. Texto narrativo religioso: *Glosa emilianense 89*

En este ejemplo aparece primero el texto en latín con la glosa 89 entre corchetes y después la versión en español.

Transcripción paleográfica

> ... Adiubante nomino nostro Ihesu Christo cui est honor et imperium cum patre et Spiritu Sancto in secula seculorum, amen.
> [Cono aiutorio de nuestro dueno dueno Christo dueno salbatore qual dueno get ena honore e qual duenno tienet ela mandatione cono Patre cono Spiritu Sancto enos sieculos delo sieculos. Facanos Deus Omnipotens tal serbitio fere ke denante ela sua face gaudioso segamus. Amen.]

Glosa emilianense número 89[2]

Versión en español

> Con la ayuda de nuestro señor, señor Cristo, señor salvador, el cual (señor) está en el honor y el cual (señor) tiene el mandato con el Padre, con el Espíritu Santo en los siglos de los siglos. Concédanos Dios omnipotente hacer tal servicio que seamos felices en su presencia. Amén.

Comentario

Obsérvese en este texto y en los que siguen la diptongación de /e/ y /o/ abiertas en "ie" y en "ue" respectivamente, *sieculos, nuestro, dueno*. En el caso de *sieculos* se trata de una falsa diptongación (< SĒCULUM). Préstese atención al uso de las formas del artículo *ela* y de las contracciones como *cono* (con el), *delo* (de los) y *ena* (en la), *enos* (en los); y el uso de las preposiciones *de, con* y *en*; en el caso de *de* inexistente en el texto latino.

6.2.2. Texto narrativo religioso: *Glosa emilianense*

En los siguientes ejemplos las glosas se escriben entre corchetes e insertadas en el texto latino tal y como aparecen en los manuscritos originales.

Transcripción paleográfica

... Sunt enim plurime, et precipue [plus majus] mulieres, qui jn eclesia garriunt ... Adtendat [katet] unusquisque [quiscataqui] ne munera accipiendo alterius causam malam faciat suam penam si jnjuste judicauerit, accipe pecunie lucrum et jncurrit [kaderat] anime detrimentum. Non se circumueniat qui talis est [nonse cuempetet elo uamne ensiui] ... Forsitan [alquieras] quando jsta predicamus aliqui contra nos jrascuntur et dicunt: jpsi sacerdotes, presuiteres et diacones talia plura conmittunt [tales muitos fazen]; et quidam, fratres, alicotiens [alquandas beces] uerum est, quod pejus est ... causas dicere et litigare non erubescunt [nonse bergundian tramare].

Glosas Emilianenses, códice 60[3]

Versión en español

En efecto, hay muchísimos, y principalmente mujeres, que charlan en la iglesia ... Que cada uno procure no convertir en su propio castigo el pleito malo de otro, recibiendo regalos si ha juzgado injustamente, obtendrá una ganancia de dinero pero caerá sobre él la perdición de su alma. No caiga en esta trampa quien es de tal condición ... Tal vez, cuando predicamos estas cosas, algunos se irriten contra nosotros y digan: los mismos que dicen esto en sus sermones no se cuidan de cumplirlo; los propios sacerdotes, presbíteros y diáconos cometen muchas de tales faltas; y a veces es cierto, hermanos, y, lo que es aún peor, ... algunos no sienten rubor en defender causas y en urdir litigios ...[4]

Comentario

Se observa una continuidad latina en el escrito salvo por los pequeños comentarios de las glosas, que explican algún que otro vocablo latino difícil de entender. Esta mezcla entre latín y romance indica que se trata de un texto medieval y, en este caso, anterior a la norma alfonsí. Se escribió no después del siglo XII.

Desde el punto de vista fonético, las vocales presentan ya las formas romances: la /e/ abierta ha diptongado en "ue", [we], e incluso se encuentra una falsa diptongación *cuempetet.* La secuencia "ult" evoluciona a "uit", *muitos,* precedente del grafema alfonsí "ch". Se utiliza la grafía "u" tanto para *u* como *v.*

En cuanto a la morfología aparecen amalgamas como *nonse* (no se) y *ensiui* (en sí), y los verbos, aunque por un lado mantienen las desinencias verbales latinas (aún siendo una glosa), como *katet, kaderat, cuempetet,* por otro también recogen los tiempos verbales de creación romance, como *fazen.*

6.2.3. Texto narrativo religioso: *Glosa emilianense*

Transcripción paleográfica

Repente [lueco] unus de principibus ejus ueniens adorabit eum. Cui dixit diabolus ¿unde uenis? Et respondit: fui in alia prouincia et suscitabi [lebantai] bellum [pugna] et effusiones [bertiziones] sanguinum ... Et tertius ueniens [elo terzero diabolo uenot] . . . Et effunditur [uerteran] sanguinem justorum . . . ab traque partes [ambas partes] . . . et facit in frontem caracterem [seingnale] . . . et inueniebit [aflarat] illum maledictum . . . Inueniri meruimur [izioqui dugu]. Et uere fratres juste et merito [mondamientre] . . . Solliciti simus [ansiosusegamus] . . . Precipitemur [guec ajutuezdugu] [nos nonkaigamus] ingeenna. Non nobis sufficit [non conuienet anobis] . . . set potius [plus maijus] . . .

Glosas Emilianenses,[5] mediados del s. X

6.2.4. Texto narrativo religioso: *Glosa silense*

Transcripción paleográfica

Igni comburatur [kematu siegat] . . . Modica [poca] abluantur [labatu siegat] limpha [aqua] . . . Qui prebent [ministrent sierben] ducatu [por ducere] barbaris [a los gentiles paganos mozlemos]. U. annis peniteat. Si autem strages [occisiones matatas] fecerint cristianorum, relictis [jectatis] armis . . . Si quis morientibus penitentiam negat [non quisieret dare] reus [culpauiles] erit . . . Numquam [alquantre] accedant [non aplekan] ad ordinem sacerdotii . . . Per semed ipsum [per sibi eleiso] . . .

Glosas Silenses,[6] segunda mitad s. X

6.3. JARCHAS

Las jarchas eran canciones folklóricas que se transmitían oralmente y que cantaban los mozárabes (cristianos que vivían en la zona ocupada por los árabes). Se han conservado porque algunos poetas hebreos o árabes insertaron algunas en sus propios poemas, cautivados por su belleza, y las dejaron en su lengua mozárabe original. Desde el punto de vista poético estos estribillos finales de las composiciones estróficas, las *muwaxahas*, recogían, en estilo directo, el lamento de una muchacha enamorada; constaban de dos o tres versos muy repetitivos. En ellas se observa frecuentemente el hibridismo léxico entre el árabe y el romance.

Siguiendo la tradición árabe, raramente se marcan gráficamente los elementos vocálicos, o cuando se marcan sólo reflejan tres timbres vocálicos de /a/, /i/ y /u/. El desmoronamiento de la tradición latina en la Córdoba del emirato hizo que estas manifestaciones en mozárabe aparecieran siempre en caracteres arábigos; eso dificultó el conocimiento del romance meridional peninsular. En estos textos se recoge la transcripción paleográfica acompañada de la versión española. Estas cancioncillas andalusíes se descubrieron en 1948; la más antigua data de fines del siglo X y sigue a continuación.

6.3.1. Texto literario mozárabe: poesía

¡Tant' amare, tant' amare;	¡De tanto amar, de tanto amar
habib, tant' amare!	amado, de tanto amar!
enfermiron welyos nidios,	Enfermaron [mis] ojos refulgentes,
e dolen tan male.	duelen con mucho mal.

Yosef al-Katib[7]

6.3.2. Texto literario mozárabe: poesía

Mió sīdī Ibrāhīm	Señor mío Ibrahím,
yā nuemne dolye,	¡oh, nombre dulce
vente mib de nojte.	vente a mí de noche!
In non, si non queris,	Si no, si no quieres,
iréme tib:	iréme a ti:
garme a ob legarte	dime en dónde encontrarte.
¡Ven, yā sahhārā!	¡Ven, hechicero!
Alba k'est con bel vigore	Alba que tiene bello vigor
kando vene pidi amore.	cuando viene pide amor.
Si queres como bono mib,	Si me quieres como bueno,
béyame idā l-nazma dūk,	bésame entonces esta sarta de perlas,
bokella de habb al-mulūk.	boquita de cerezas.
Vénid la Pasca, ay, aún sin ellu,	Viene la Pascua, ¡ay!, aún sin él,
laçrando meu corayún por ellu.	lacerando mi corazón por él.
Non quero, non, jillello,	No quiero, no, amiguito,
Illā l-samarello.	sino el morenito.
¡Mamma, ayy habībi!	¡Madre, qué amigo!
So l-yummella Saqrella	Bajo la guedejuela rubita,
el collo albo	el cuello blanco
e bokella hamrella.	y la boquita rojuela.

Anónimo[8]

Comentario

Esta jarcha incluye elementos mozárabes, árabes, hébreos y romances. El nombre árabe de Ibrāhīm se refiere a Abraham. Los adverbios "ob" y "so" proceden del latín UBI, *donde*, y SUB, *bajo*, respectivamente. Aparece con frecuencia la sufijación romance a una palabra árabe, así el sufijo diminutivo romance "-ello" con cambio de género se añade a palabras árabes como "jill", *jillello*, amigo íntimo; "asmar", *samarello*, con metátesis y el significado de moreno; "yumma", *yummella*, cabellera; y *hamrella*, de color rojo. Se trata por tanto de formas morfológicas híbridas.

6.3.3. Textos literarios mozárabes: poesía

6.3.3.a.

Báy-se méw qorazón de mīb.	Mi corazón se me va de mí.
¡Yā Rabb, si se me tornarād!	¡Ay, Señor, no sé si me volverá!
¡Tan māl me doled li-l-habīb!	¡Me duele tanto por el amigo!
Enfermo yéd: ¿kuánd sanarád?	Está enfermo: ¿cuándo sanará?

De Yehuda Halevi,[9] c. 1170

6.3.3.b.

Gār ke fareyo.	Dime qué he de hacer.
Est' al-habīb espero:	A este amigo espero:
por el morreyo.	por el moriré.
Enfermo yéd: ¿kuánd sanarád?	Está enfermo: ¿cuándo sanará?

Abraham ibn Ezra,[10] c. 1167

6.3.3.c.

¿Ké faré, mammah?	¿Qué haré, madre?
Me-u l-habīb est'ad yana.	Mi amigo está a la puerta.

Yosef ibn Saddiq[11]

6.3.3.d.

As-sabāh bono, gārme de' on benes.	Aurora bella, dime de dónde vienes.
Yā lo se k' otrī' amas	Ya sé que amas a otra
e mībī non qeres.	y a mí no me quieres.

Todros Abu-l- Afiya,[12] c. 1285

6.4. FUEROS Y DOCUMENTOS NOTARIALES

Aquí se incluyen textos procedentes de testamentos, actas de donación, contratos de compraventa, pactos matrimoniales, partidas de nacimiento, etc. La mayoría de estas fuentes se escribían por los clérigos comunes, a quienes los campesinos, los comerciantes y señores encargaban la redacción de sus documentos. Sólo sabían leer y escribir unos pocos y éstos eran normalmente los clérigos; el pueblo, independientemente de su nivel social, era completamente analfabeto.

Entre los clérigos había algunos muy doctos familiarizados con el latín y los autores clásicos, sin embargo la inmensa mayoría de ellos no estaban muy instruidos y cometían errores. Estos errores han servido en gran medida a los estudios filológicos, ya que reflejan, por un lado, el habla popular de ese momento, y por otro, ponen de manifiesto que el latín de entonces no se entendía y se había desarrollado un nuevo lenguaje vulgar. Esta disparidad lingüística provocó que en el año 813, en el Concilio de Tours, se considerara la necesidad de celebrar las misas en la lengua del vulgo en vez de en latín.

En estos textos notariales todavía existe una fuerte presencia latina pero afloran constantemente términos romances. También se pueden observar las vacilaciones de algunas palabras o, por el contrario, la constancia de ciertas grafías.

6.4.1. Texto notarial

Transcripción paleográfica

Ego Heldoara . . . trado meos monesterios et meos solares et meas diuisas . . . In primis trado memet ipsa . . . De inde in alfoce de Oniae uilla que uocitant Arrojo . . . ; in Ual de ripa Hibrae, cella sancta Cecilia . . . ; in alfoce de Hipia, cella sancti Uincenti de la Mata . . . ; in Ualle de Uielso cella sancti Andrae . . . ; in Castella uetula, in alfoce de Tobalina, . . . mea diuisa . . . et cella sancta Maria super albeum que uocitant Hibero, cum illa peskera de remolino et illa media peskera de sancti Clementi et illos medios kannares del uado de Garonna.

Documento castellano,[13] 967

Versión en español

Yo, Heldoara, entrego mis monasterios y mis solares y mi herencia . . . En primer lugar me entrego a mí misma . . . De allí, de la comarca de Oña, una villa que la llaman Arroyo . . . ; en el valle de la ribera Hibrae, el santuario de Santa Cecilia . . . , en la comarca de Hipia, el santuario de San Vicente de la Mata . . . ; en el valle de Valdibielso, el santuario de San Andrés . . . ; en Castilla la Vieja, en la comarca de Tobalina, . . . (entrego) mi herencia . . . y el santuario de Santa María, más arriba del llamado Ebro, con la pescadería del molino y la pescadería en medio de San Clemente y las varias hectáreas del vado de Garoña.

Comentario

Se trata de un texto de apariencia notarial: de una donación de bienes personales como monasterios, solares y hereditarios (*diuisas*). Tal donación se lleva a cabo por una mujer llamada Heldoara al monasterio de Cilla en el siglo X. En primer lugar se entrega ella misma y va detallando todas las propiedades que cede y donde se encuentran. El lenguaje que se utiliza resulta intermedio entre la forma latina notarial y las formas incipientes romances. Todavía prevalece el latín como lengua culta propia de tales documentos.

Desde el punto de vista fonético-filológico predomina el sistema vocálico latino, no diptongan la /e/ y la /o/ abiertas, ni se da la apócope de /e/ final, a excepción de *val*. La desinencia verbal de tercera persona plural latina -NT todavía se conserva en *uocitant*. No se dan todavía ejemplos de lenición (como sonorización, fricatización, degeminación o pérdida de la consonante), apareciendo formas primitivas del estilo de *ego, trado, sancti, ipsa, illa* y *kannares*. La nasal palatal se escribe como "ni" en *Oniae* y como "nn" en *Garonna*.

Morfológicamente, obsérvese el uso de los posesivos *meos* y *meas* con cambio de género y el uso de las preposiciones latinas *in* (en), *super* (sobre); se mantiene la conjunción latina *et* (y) y el demostrativo latino *illa* (la), *illos* (los), que adquiere ya valor de artículo.

6.4.2. Texto notarial

Transcripción paleográfica

Ego denique Rodrig Munnioz . . . et mea germana domna Eissemena, sic donamus . . . quantum ad nos pertinet in ipsa uilla que uocitatur Solorceno . . . ; de una parte est ipsam hereditatem circa rigo de Nauanna, et de alia parte . . . carrera antiqua que discurrit de haças de Felguera, et alio pumare que est a la Petrosa . . . Et ego Rodrig Munnioz et Eissemena Munnioz qui hanc scripturam traditionis . . . fieri iussi legente audivi et manu mea + + roborabi.

Documento castellano,[14] 1085

Versión en español

Yo en suma, Rodrigo Muñoz . . . y mi hermana Doña Jimena, así donamos . . . cuanto nos pertenece en esa villa que denominan Solórzano . . . ; por una parte está esa heredad cerca del río de Navaña y por otra parte . . . la vía para carros antigua que discurre por la zona de Felguera y también el manzano que está junto a la Pedrosa . . . Y yo Rodrigo Muñoz y Jimena Muñoz que esta escritura de donación . . . ordené que se hiciera, oigo la lectura y corroboré de mi mano.

Comentario

Este texto está básicamente escrito en latín pero aparecen numerosos elementos en romance primitivo como el nombre de los donantes de las propiedades, *Rodrig Munnioz* y *Eissemena*, y las grafías (que nos indican que estamos ante una fonética romance). En

Munnioz ya aparece la palatalización de -NN- en "ni"; en *domna* ya se ha producido la síncopa de la vocal átona interna y probablemente el inicio de una palatal nasal. LA F- inicial latina tiene dos resultados, perdiéndose en *haças* y manteniéndose en *Felguera*. En los textos antiguos a veces se usa "u" por "v" como aquí: *uilla, uocitatur, Nauanna*. La palabra *rigo* puede prevenir de RIVUM > río o del verbo regar, de aquí la "g" por analogía semántica. Todavía no se ha producido la lenición de las oclusivas intervocálicas en *ego* (yo), en *antiqua* (antigua), ni en *hereditatem* (heredad).

En el plano morfosintáctico contamos con la aparición del artículo "la", inexistente en latín, en *la Petrosa*. El pronombre relativo aparece en forma singular *que* y plural *qui*, declinándose en número. El sufijo *-era* en *carrera* o *Felguera* explican el desarrollo de -ARIAM. La preposición "a" aparece tanto en romance como en latín AD. Abunda la conjunción copulativa *et* (y) para unir sintagmas y oraciones, lo que está muy acorde con los textos primitivos, caracterizados por la falta de elaboración sintáctica.

6.4.3. Texto notarial

Transcripción paleográfica

Dela pesquisda de la ecclesia de Sancti Felicis de Anero. Dissieron todos akellos enke fue fegga ke siempre uiran e hodieran e sabien por uerdat ke duen de Sancta Maria de Puerto metie abbat enna ecclesia de Sancti Felicis de Anero con el abbat de Castanneda, et ala muert del abbat de Anero uieron siempre e odieron por uerdat ke [. . .] partien la buena deakella ecclesia . . .

Documento del ayuntamiento de Ribamontán,[15] Santander, 1191

Versión en español

De la pesquisa de la iglesia de San Félix de Anero. Dijeron todos aquellos en que fue hecha que siempre habían visto y habían oído y sabían por verdad que el dueño de Santa María del Puerto había metido un abad en la iglesia de San Félix de Anero con el abad de Castañeda y, a la muerte del abad de Anero, vieron siempre y oyeron por verdad que dividieron los bienes de aquella iglesia.

Comentario

Desde el punto de vista fonético-fonológico, seguimos teniendo rasgos arcaizantes propios de textos medievales primitivos. La apócope de *muert* como la de *duen* indica que el texto sigue las tendencias del siglo XI y XII (en el XIII baja el uso de la apócope); la contracción de *enna* (en la) sólo se encuentra hasta el siglo XIII. La grafía *ssi* para [ʃ] se sustituirá por *x* en el sistema alfonsí, en el siglo XIII. La *nn* para [ɲ] sólo dura hasta el siglo XIII. Se conserva la consonante final latina en *verdat* (verdad), *abbat* (abad). Falta la lenición en *ecclesia* (iglesia). Aparecen las desinencias *-íe, -ié* para los imperfectos, las cuales se pueden encontrar desde fines del siglo XII, *sabien, metie, partien*. Estas características afirman el carácter prealfonsí del texto y su anterioridad a la reforma del siglo XIII.

La sintaxis resulta sencilla, con reiteraciones que alargan las oraciones donde se repite la coordinación copulativa con *et, e* (y) y la subordinación con *ke* (que). Se tiende a cierto paralelismo sintáctico lo que le da al texto un sentido hierático. Será con la reforma alfonsí en el siglo XIII cuando se agilice la sintaxis.

6.4.4. Textos notariales

6.4.4.a.

Transcripción paleográfica

Tradimus . . . kasa in Aubarenes et eglesia Sanci Iusti et Pastoris et mazanares et linares in Aubarenes et molino integro et orto, terras in Berceia et in Margalluli et in Balle Ampla, in Pezes Aurios, et alia terra in Fonte de Gella et uinea in Lopa Yrola.

Documentos castellanos,[16] Valpuesta, Burgos, 900

Versión en español

Entrego la casa en Aubarenes y la iglesia de San Justo y de los Pastores y los manzanares y las leñas de Auberenes y todo el molino y el huerto, las tierras de Bercea y de Margalluli y las del valle Ampla, en Peces Aurios, y las otras tierras de la Fuente de Gella y la viña de Lopa Irola.

6.4.4.b.

Transcripción paleográfica

Est ipsa uilla determinata per suis terminis antiquis, de prima parte terminum per auteiro maiore et inde per Ualle Calido et per illa fonte et inde uenit per illa carraria et inde uadit ad illo oteiro de Nido et inde uadit per illa lomba . . . ad illo frexenale.

Documentos leoneses,[17] Eslonza, 928

Versión en español

Esa villa está rodeada por los límites antiguos; la parte de delante termina por el otero mayor y de allí por el valle Calido y por la fuente y de allí viene por la vía de los carros y desde allí avanza hacia al otro otero de Nido y desde allí va por la loma . . . hacia el bosque de fresnos (fregenal).

6.4.4.c.

Transcripción paleográfica

Traderem . . . tres sernas: una in valle Passarire, de limite ad limite, ad tribus moios seminatura, et de alia pars . . . serna in illa questa de Latenia; alia serna in Campo luengo, desuper via calzata publica; alia serna in Solazarere, super illa via que discurrit ad Villa nueva. Et in Ripa luenga, tres fazas.

Documentos riojanos,[18] San Millán de la Cogolla, 949

Versión en español

Entrego . . . tres campos de labranza: uno en el valle Pajares, de linde a linde, hacia la mitad del sendero de las tribus, y de la otra parte . . . el campo de la cuesta de Latenia; otro campo en Campo largo, sobre la vía de la calzada pública; y el otro campo en Solazarere, sobre la vía que discurre hacia Villa Nueva. Y en Ripa larga, tres porciones de terreno.

6.4.4.d.

Uendimus tibi iam supranominato Belasco frater pozo de moyra in loco que dicitur Subkastello . . . et ipso poteum est inter puteum de domno Fofinu, et est in medio ribuli currentibili, et de super ipso puteo, karrera publica que discurrit de Bihurcu ad Castrello.

Documentos castellanos[19] Cardeña, 978

6.4.4.e.

Dabimus et concedimus ipsas hereditates ad uobis dompnos et patronos nostros . . . per terminum de illa ponte qui discurre de Castanedo . . . et aflige a termino de Didago Fulgenci in illo octero et in directo ad illo rego de Castanedo et per rego a iusso aflige ad illa ponte ubi primus diximus . . . , per teminum de illa uinna Donga . . . , con kasas, cubas et orreos, lagare, lectos, selas, omnia uasilia, boues III, uakas II, inter ouiculas et kabras X, guenabes II, plumbazo I . . . et otere de cizera.

Documentos asturianos[20] Oviedo, 1033

6.4.4.f.

Hec est cartula de compara de illa kasa de domna Sanxa de Botagola. Vendimus illa ad senior Lope Eneconis pro una vinea in Billa nuaba.

Documentos aragoneses,[21] San Juan de la Peña, 1035

6.4.4.g.

8. Et non dent portadgo in nullo mercado.
26. Totas las villas . . . sedeant populatas ad uso de Sepuluega et uadan in lur fonsado et lur apellido . . . Comedant assadura duas uaccas uel XII carneros et pecten in enfurcion de rege.
31. Et los caualleros scusen singulas azemilas. Et qui elmo et loriga dederit a cauallero seat scusado. Et quatuor pedones scusen uno asno.

Documentos castellanos[22] Fuero de Sepúlveda, 1076

6.4.4.h.

Ego, Godina Llaliniz . . . facio vobis kartula venditio . . . de ereditades meas proprias, quem aveo adquisitas . . . in illa vaiga de Ameves, llocus predictus, illa sorte qui fuit de Scemena Nonniz, et in alio llogo illa qui fuit de illa muliere de Zidi Materniz, valiente modio I, et illa de Scemena, valiente quarterios X, et terzio llogo illa sorte qui fuit de Oveco Llupiz.

Documentos asturianos,[23] Oviedo, 1083

6.4.4.i.

24. Qui crebantare ojo uno a otro. Otrossí, si algun omne crebantare a otro ojo, peche XXV ss. al dueynno de la plaga complidos, si non fuere con quereylla; e si fuere con quereylla, vaya todo el pecho al palacio del sennor. Si vno a otro crebare el braço, peche XXV ss. al plagado, si non fuere con quereylla; et si fuere con quereylla, vaya al palacio. Otrossí, si vna muger feriere a otra en conceyllo, peche XV ss.; et si la fiere de fuera, peche X ss.; et si'l dixiere palaura mala, no ha pecho ninguno.

Fueros navarros[24] 1125

6.4.4.j.

CII. De perros. Los qui haben uineas in las aldeas et dixerint al senior del perro: "eia garauato a tuo perro, quia dano faze in las uineas", et non lo quisere eiar, et despue[s] lo tomaren in las uineas . . . pectet V solidos, los meios al qui el per[r]o tomare in uinea et los medios a los fiadores. Et per esto non faciat manquadra.

Fueros castellanos,[25] 1202

6.4.4.k.

Qui frizier lauor en heredat agena. Qvi uidier otro laurar en su heredat e non ia demandare fasta que la lauor sea acabada, e el labrador que labrar la heredat io pudiere firmar, nol responda por la lauor . . . Mando maguer en este caso que sennor de la rayz non aya nada del frucho.

Fueros leoneses,[26] Salamanca, 1290

6.4.4.l.

---

67. Todos fijos que padre o madre ovieren muerto, si alguno de los fijos finare et partido non ovieren en uno, los otros hermanos hereden lo suyo et paguen debdas et mandas.
110. De los fornos de cozer el pan. El fornero caliente el forno et meta el pan et saquelo quando fuere fecho. Et los forneros cuegan a treinta et dos panes. Et el fornero aya el quarto de la renta del forno. Maguer si el fornero o la fornera non se levantaren grand mannana a calentar el forno, peche el danno doblado que viniere . . .

Fueros castellanos,[27] Segovia, 1300

6.5. MESTER DE JUGLARÍA

En los reinos cristianos del siglo XII surge decididamente la literatura en lengua vulgar. Las obras fundamentales de este periodo son el *Cantar del Mío Cid* (¿1191?), un cantar de gesta que relata las aventuras de un personaje semihistórico, Rodrigo Díaz de Vivar. que vivió aproximadamente entre 1040 y 1099; y la *Representación de los Reyes Magos*, teatro religioso.

La más temprana literatura en lengua romance castellana fue de carácter oral; consistía en cantos épicos y líricos que inventaban y recitaban o cantaban los juglares. Éstos eran cantores y actores errantes que divertían a las gentes en plazas y en castillos, cobrando por ello o recibiendo dádivas. En su repertorio (acrobacias, juegos malabares, bailes, etc.) figuraban como parte fundamental los cantares de gesta. El cantar de gesta consiste en una epopeya o una manifestación literaria que narra las hazañas de un héroe que representaba las virtudes que un pueblo o una comunidad consideraban modélicas en el medievo. Este tipo de poesía fortalecía y fomentaba la conciencia patriótica del pueblo. *Gesta* significa "empresa realizada, hazaña". Estos cantares empezaron a componerse en Francia, con la *Chanson de Roland* como ejemplo, escrita en el siglo XI. En España se ha averiguado que hubo cantares de gesta sobre *Los siete infantes de Lara*, *Sancho II de Castilla* (ambos del siglo XII) y *Roncesvalles* (siglo XIII).

Las obras que los juglares declamaban o cantaban eran anónimas y se denominaban *obras juglarescas*; y a la escuela literaria a la que pertenecían se le denominó *mester de ju-*

glaría. "Mester" deriva del latín MINISTERIUM que significa "oficio". Se han conservado muy pocas obras de este estilo; la principal es el *Cantar o Poema del Mío Cid*, la cual nos ha llegado casi entera.

Por otro lado el teatro medieval que se representaba era de carácter religioso y se hacía en las iglesias como parte del oficio litúrgico o al margen de él, siempre con fines moralizantes. La única obra que se conoce de aquella época es *La Representación de los Reyes Magos*, de la cual se han conservado 147 versos. Procede de la catedral de Toledo y manifiesta un cierto influjo francés. Ya no se conserva más teatro medieval hasta los intentos de Gómez Manrique en el siglo XIV.

6.5.1. Texto literario: poesía, *Cantar del Mío Cid*, ¿1207? Anónimo

Este cantar anónimo relata las hazañas heroicas del caballero castellano Rodrigo Díaz de Vivar. Se considera que fue la primera obra narrativa extensa de la literatura española en lengua romance. El poema consta de 3.735 versos de extensión variable, aunque dominan los de 14 a 16 sílabas. Trata del tema de la recuperación de la honra, perdida por el héroe.

No se sabe con certeza cuando se compuso este poema. La mayoría de los expertos se decantan por finales del siglo XI, sin embargo el único manuscrito existente data de 1207.

El poema se inicia con el destierro del Cid, primer motivo de deshonra, tras haber sido acusado de robo. Esto supone la pérdida de todas sus posesiones en Vivar. Consigue conquistar Valencia y con ello recibe el perdón real y una nueva heredad: el señorío de Valencia. Se conciertan las bodas de sus hijas con los infantes de Carrión para ennoblecer su nuevo nivel social. Paradójicamente, sufre otra deshonra cuando los infantes ultrajan a sus hijas en el robledal de Corpes. El Cid pide la nulidad de estos matrimonios y el rey concierta otros matrimonios con los infantes de Navarra y Aragón, lo que supone el máximo ascenso social posible.

Partiendo del hecho de que el Cid era sólo un infanzón (un hidalgo de poca categoría social si se compara a la de los condes, marqueses y ricos hombres), logra sobreponerse a su condición social gracias a su esfuerzo y valentía, consiguiendo prestigio y riquezas, popularidad, un señorío (el de Valencia) y rango casi real (con las bodas de sus hijas).

Los estudiosos han dividido el poema en tres cantares: el primero es el Cantar del destierro, el segundo el Cantar de las bodas y el tercero el Cantar de la afrenta de Corpes. La pérdida y la restauración de la honra y el ascenso social mediante las armas (que se producía en las tierras fronterizas con los dominios musulmanes) surgen constantemente como el hilo conector de los tres cantares.

Este fragmento pertenece al tercer cantar: *Cantar de la afrenta de Corpes*. En este cantar se muestra la cobardía de los infantes de Carrión, Diego y Fernando, que huyen despavoridos ante un león y también de los árabes. Como se sienten humillados ante la valentía del Cid deciden vengarse maltratando a sus esposas, hijas de éste. Las azotan y las abandonan dejándolas por muertas en Corpes. El Cid pide justicia a esta deshonra. El poema termina con las segundas bodas de sus hijas.

Transcripción paleográfica

Con estas ganançias yas ivan tornando;
sabet, todos de firme robavan el campo.
A las tiendas eran llegados con el que en buena nasco.
Mio Çid Roy Diaz, el Campeador contado,
con dos espadas que él preçiava algo
por la matança vinía tan privado,
la cara fronzida e almófar soltado,
cofia sobre los pelos fronzida della yaquanto.
De todas partes sos vassallos van llegando;
algo vidie mio Çid de lo que era pagado,
alçó sos ojos, estava adelant catando,
e vido venir a Díago e a Fernando,
amos son fijos del comde don Gonçalvo.

Cantar de Corpes[28]

Comentario

En tan sólo estas estrofas ya se percibe el tema de la guerra (*espadas, matança, almófar, vassallos, tiendas, campo*) que predomina en el *Cantar*. En cuanto a sus características fonéticas, se le considera un texto plenamente romance en lo que respecta al desarrollo de las vocales y las consonantes. Se ha regularizado el uso de las sibilantes "ç", "z", "ss" y "j". La única "ss" de *vasallos* corresponde a su origen etimológico. También las grafías "b" y "v" se encuentran en una distribución regular. La "d" aún aparece en las formas verbales *vido, vidie*. El adjetivo *amos* sufre la asimilación de -MB- > -m- aunque posteriormente se repuso la "b".

En el plano morfosintáctico coexisten las dos desinencias del imperfecto en *-ie, vidie*, y en *-ía, vinía*; el verbo *ser* se utiliza como auxiliar en los tiempos compuestos de los verbos intransitivos en lugar de *haber*: *eran llegados*. A su vez el participio concuerda en género y número con el sujeto. Por otro lado alternan los sufijos alomórficos *-ança* y *-ançias*: *ganançias, matança*. La aparición del imperativo *sabet* pone de manifiesto el carácter oral del poema y la llamada de atención al receptor para incorporarlo a la narración. Se da con frecuencia la anteposición de los complementos circunstanciales al verbo, recurso juglaresco muy utilizado para apelar al destinatario: *con estas ganançias ya ivan tornando,* *de firme robavan, por la matança vinía.* Obviamente la construcción sintáctica está subyugada a la estructura métrica donde no siempre se sigue el esquema: sujeto + verbo + complementos.

6.5.2. Texto literario religioso: teatro, *Representación de los Reyes Magos* o *Auto de los Reyes Magos*, fines del siglo XII. Anónimo

Transcripción paleográfica

C: Salue te el Criador, Dios te curie de mal,
un poco te dizeremos, non te queremos al,
Dios te de longa uita i te curie de mal;
imos in romeria aquel rei adorar
que es nacido in tirra, nol podemos fallar.
H: ¿Qué decides, o ides? ¿A quin ides buscar?
¿De qual terra uenides, o queredes andar?
Decid me uostros nombres, nom los querades celar.
C: A mi dizen Caspar,
est otro Melchior, ad achest Baltasar.
Rei, un rei es nacido que es senior de tirra,
que mandara el seclo en grant pace sines gera.
H: ¿Es asi por uertad?
C: Si, rei, por caridad.
H: I ¿cumo lo sabedes?
¿la prouado lo auedes?
C: Rei, uertad te dizremos,
que prouado lo auemos.
M: Esto es grand ma[ra]uila,
un strela es nacida.
B: Sennal face que es nacido
i in carne humana uenido.
H: ¿Quanto i a que la uistes
i que la percibistis?
C: Tredze dias a,
i mais non auera,
Que la auemos ueida
i bine percebida.

Caspar y los otros dos reyes a Herodes[29]

Comentario

Este fragmento relata la presentación de los Reyes Magos ante el rey Herodes. Desde el plano fonético se puede destacar la utilización latina del "non". Todavía se sigue conservando la "-d-" en las formas verbales de la segunda persona singular: *uenides, queredes, sabedes*. No se da la diptongación de la /e/ abierta en *tirra, terra*; ni la prótesis de esta vocal en *strela*. Predomina la falta de uniformidad gráfica. Se da palatalización de "n" en *senior* pero no en *sennal*.

En el plano morfosintáctico aparecen las dos estructuras de "ser" y "haber" con participio para los tiempos compuestos: *es nacido* y también *auedes prouado, auemos ueida*.

6.6. MESTER DE CLERECÍA

Se llama así a la escuela poética de los escritores cultos, normalmente clérigos, frente a la de los juglares (considerados injustamente inferiores). Tal mester se caracterizaba en la forma por lo siguiente: utilizaban la estrofa llamada "cuaderna vía" formada por cuatro versos alejandrinos (de catorce sílabas) con rima consonante. Medían las sílabas con una métrica regular, frente a los poetas juglarescos que no observaban tal regularidad. En los temas los poetas del mester de clerecía preferían los asuntos sacros (Gonzalo de Berceo) aunque no descartaban los novelescos (*Libro de Apolonio*) o los de historia antigua (*Libro de Alexandre*) y, en algún caso, los de historia nacional (*Poema de Fernán González*).

El mester de clerecía se prolonga hasta el siglo XIV con dos importantes escritores: Juan Ruiz, Arcipreste de Hita, y el Canciller Ayala.

6.6.1. Texto literario religioso: poesía, *Milagros de Nuestra Señora*

Gonzalo de Berceo, ¿1195–1264? La Rioja

Se le considera el primer poeta de nuestra literatura cuyo nombre conocemos. Nació en Berceo, La Rioja, a finales del siglo XII y murió a mediados del XIII. Fue clérigo, no sabemos si secular o regular, y su vida transcurrió vinculada a los monasterios de San Millán de la Cogolla (Logroño) y de Santo Domingo de Silos (Burgos).

Se le estima como el mayor representante del mester de clerecía en el siglo XIII ya que siempre escribió en cuaderna vía y se conservan nueve obras suyas, entre las que sobresalen aquellas dedicadas a las vidas de santos: *Santo Domingo de Silos, San Millán de la Cogolla* y *Santa Oria*; y las que tratan de exaltar a la Virgen como: *Milagros de Nuestra Señora* (la más importante) y *Duelo de la Virgen el día de la pasión*.

Transcripción paleográfica

---

59 Apareció'l la Madre del Rey de Magestat,
con un libro en mano de muy grand claridat,

el qe él avié fecho de la virginidat:
plógo'l a Illefonsso de toda voluntat.

60 Fízoli otra graçia qual nunqua fue oída:
dioli una casulla sin aguia cosida;
obra era angélica, non de omne texida,
fablóli pocos vierbos, rrazón buena, complida.

61 «Amigo, -disso'l- sepas que só de ti pagada,
hasme buscada onrra non simple ca doblada;
fezist de mí buen libro, ásme bien alavada,
fezístme nueva festa que non era usada.»

Milagros de Nuestra Señora,[30] I, s. XIII

Comentario

Desde el punto de vista del plano fonético se puede encontrar la diptongación de /e/ abierta en *vierbos* pero no en *festa* (hoy en día es lo opuesto, "verbo" y "fiesta"). Se da la apócope de /e/ final en los pronombres clíticos como *plógo'l, díssol.* Se mantiene la F- inicial latina que aparece con el verbo "hacer" en *fecho, fízoli, fecist*; fuera de este verbo sólo se encuentra en *fablóli.* La "b" y la "v" se acoplan, algo usual en la Edad Media: "v" para [w] al comienzo de palabra en *virginidat, voluntat* y para la fricativa intervocálica [β] en *avié, nueva, alavada*; y la "b" para la B- latina inicial o etimológica. Para el sonido prepalatal fricativo sonoro [ʒ] se utilizan las grafías "g" ante "e, i" en *magestat, virginidat, angélica*, y "i" ante "a" en *aguia*; para su variante sorda [ʃ] se utiliza "x" en *texida.*

En el plano morfosintáctico merece destacarse como los pronombres se apoyan enclíticamente al verbo, sea cual sea la persona: *plógo'l, fízoli, fezístme.* El imperfecto de indicativo se indica con la desinencia *-ié* y no *-ía* (lo que se dio con frecuencia entre los siglos XIII y XIV). En la sintaxis predominan las oraciones simples y el orden de los elementos obedece mucho a la rima en la estrofa.

6.6.2. Texto literario: poesía, *Libro de Apolonio*, 1250. Anónimo

Este poema es una de las primeras manifestaciones del Mester de Clerecía. El tema narrativo se basa en una famosa novela latino-medieval que narra las historias del Rey Apolonio de Tiro, escrita durante los siglos V y VI de nuestra era y que sigue el género de novela bizantina o de aventuras. El propósito de esta historia resulta exclusivamente moralizante, defendiendo la idea de que el mal conlleva un castigo y la práctica del bien un premio. Como ocurre en el *Libro de Alexandre* y en la mayoría de las obras medievales, el autor deleita al lector al mismo tiempo que lo adoctrina.

Transcripción paleográfica

1. En el nombre de Dios y de Santa María,
si ellos me guiassen estudiar, querría
conponer hun romançe de nueua maestría
del buen rey Apolonio y de su cortesía.
2. El rey Apolonio, de Tiro natural,
que por las auenturas visco grant tenporal,
cómmo perdió la fija y la mujer capdal,
cómo las cobró amas, ca les fue muy leyal.

346. "Acomiéndote la fija, dótela a criar,
con su ama Licórides que la sabrá guardar;
non quiero los cabellos, ni las hunyas taiar,
fasta que casamiento bueno le pueda dar".
347. "Fasta que esto pueda conplir e aguisar,
al reyno de Antioco quiérole dar vagar;
nin quiero en Pentápolin ni en Tiro entrar;
quiéro en Egipto tan amientre estar".
348. Dexóle la niñuela, huna cosa querida,
dexóle grandes aueres, de ropa grant partida;
metióse en las naues, fizo luego mouida,
fasta las XIII anyos, allá touo su vida.
349. Estrángilo de Tarso, su muger Dionisia
criaron esta ninya de muy alta guisa;
diéronle muchos mantos, penya vera e grisa,
mucha buena garnacha, mucha buena camisa.
350. Criaron a gran viçio los amos la moçuela.
cuando fue de siete años, diéronla al escuela;
apriso bien gramátiga e bien tocar viuela.
aguzó como fierro que aguzan a la muela.

Libro de Apolonio,[31] 1230–50

6.6.3. Texto literario: poesía, *Libro de Alexandre*, 1250. Anónimo

Este poema narra con numerosos elementos fantásticos la vida y obras de Alejandro Magno. Está escrito en cuaderna vía y supera los diez mil versos. La obra es un ejemplo de que en la Edad Media no sólo se trataban temas religiosos o locales sino que también se podían redactar temas histórico-novelescos. Al argumento principal se le añaden algunas digresiones como el discurso de Aristóteles a Alejandro (estrofas 51–85), el resumen de la guerra de Troya (335–772) y la descripción de Babilonia (1460–1533).

Transcripción paleográfica

---

1. Señores, si queredes mi seruiçio prender,
querríavos de grado seruir de mio mester,
deve de lo que sabe omne largo seer,
si non, podrié en culpa o de riebto caer.
2. Mester trago fermoso, non es de joglaría;
mester es sin peccado, ca es de clerezía
fablar curso rimado por la quaderna vía:
a sílabas contadas, ca es grant maestría.

204. Maestre Aristótiles, viejo decaído,
Con sus manos timblosas, luenga capa vestido,
sedié çerca del Rey leyendo en un libro.
¡Nunca tan rica corte vido omne naçido!
205. El rey sedié en medio a cada part catando,
quanto más los cataua, más se iva pagando;
todos oreja escucha estavan esperando
qué fablariá el rey, que estava callando.
206. Quando el vio su ora, enpeçó su sermón:
Oitme, fijosdalgo, un poco de razón,
hevos yo que gradir mucho toda sazón,
por que obedeçistes tan bien el mi pregón.
207. Sabedes vuestros parientes en quál vida finaron,
ellos a sus avuelos en tal se los fallaron,
en grant premia bivieron, nunca dent se quitaron,
qual ellos la ovieron, a nos tal la lexaron.

Libro de Alexandre,[32] 1250

6.6.4. Texto literario: poesía, *Poema de Fernán González*, 1250. Anónimo

Es un poema del mester de clerecía con el contenido de un cantar de gesta que narra las hazañas de este personaje histórico castellano, Fernán González. El argumento relata sus campañas contra los moros en defensa de los territorios castellanos, las guerras contra el rey de León y su devoción por el monasterio de San Pedro de Arlanza.

Transcripción paleográfica

145. Por esso vos lo digo, que byen lo entendades,
mejor que otras tierras es la que vós morades,
de todo bien conplida es la que vós estades.
Dezirvos he agora quántas á de vondades.
146. Tierra es muy tenprada sin grandes calenturas,
non faze en ivyerno destenpradas fryuras,
non es tierra en mundo que con atales pasturas,
árvoles pora fruta syquier' de mill naturas.
147. Sobre todas las tierras, mejor es la montaña,
de vacas e ovejas non á tierra tamaña,
tantos ha ý de puercos que es fyera fazaña.
sýrvense muchas tierras de las cosas d'España.

157. Pero de toda Spaña, Castyella es mejor,
por que fue de los otros el comienço mayor,
guardando e temiendo syenpre a su señor,
quiso acreçentarla ansý el Cryador.
158. Aun Castyella Vyeja, al mi entendimiento,
mejor es que lo hál, por que fue el çimiento,
ca conquirieron mucho, maguer poco conviento.
bien lo podedes ver en el acabamiento.

Poema de Fernán González,[33] 1250

6.7. TEXTOS HISTÓRICOS Y DOCTRINALES

6.7.1. Texto histórico

Alfonso X, el Sabio, Toledo 1221–1284 Sevilla

Ya se ha señalado la gran contribución de este rey para fijar la prosa castellana. Participó del desarrollo de la lengua no sólo escribiendo sus propios tratados sino también mandando traducir al romance obras del latín, del árabe y del hebreo, consiguiendo así poner en circulación buena parte de la cultura antigua que árabes y judíos habían conservado tras la derrota del Imperio Romano. Él mismo corregía las traducciones para ponerlas en *castellano drecho*, como él decía.

Entre las obras que promovió destaca: la primera historia de España escrita en castellano, *Crónica general*; una obra jurídica, considerada como una joya de nuestra prosa,

Las siete partidas; un tratado científico, *Libro del saber de astronomía*, y otro de entretenimiento, *Libro del ajedrez*. Obra personal suya son las *Cantigas* que suman más de cuatrocientas poesías, escritas en gallego-portugués en alabanza de la Virgen.

Transcripción paleográfica

Et finco ella alli sola, quell non pudo tener, e touo se por despreciada del; et con aquel porfazo quel acaesciera ascondios en la seluas, e de uerguença crubiosse la cara con las foias de la seluas. Et cuemo quier que la su uoz suene en otros lugares, ella dalli adelant siempre uisco en las cueuas solas; mas pero que despreciada de Narciso, apegosse le ell amor del e cresciol mas con el dolor de lo que fue repoyada.

Alfonso X, el Sabio, *General Estoria*,[34] 1280

Versión en español

Y se quedó allí ella sola, ya que no lo podía retener, y se sintió despreciada por él; y con aquella afrenta (porfía) que le había acaecido, se escondió en las selvas y, avergonzada, se cubrió la cara con las hojas de las selvas. Y como quiera que su voz sonaba por todos los lugares, de allí en adelante siempre vivió a solas en las cuevas; es más por ser despreciada por Narciso, se enamoró más de él (se le apegó más a su amor) e incluso aumentó más su amor por él que el dolor de ser repudiada.

Comentario

El argumento plantea el aislamiento de una ninfa, Eco, porque ha sido despreciada por Narciso. Su destino es vagar sola por todos los lugares y las cuevas gritando su desamor.

Este fragmento revela una ortografía bastante coherente transcrita en el sistema alfonsí. La escasa influencia de apócope, el uso de *non*, la presencia y repetición de *et / e*, la forma *cuemo* para "como" (del siglo XII al XIII) en la estructura concesiva *cuemo quier que* y la vigencia del artículo antecediendo al posesivo en *la su voz* confirman que es un texto de finales del XIII.

Desde el punto de vista del plano fonético la diptongación de /e/ y /o/ abiertas se ha regularizado en [je] y [we] sin más vacilaciones. Se dan algunas amalgamas como *del*, "de él", y *dalli*, "de allí". Se conserva la F- inicial en *fincó, foias, fue*; la sustitución de ésta por la "h-" se dará de forma uniforme en el siglo XV, exceptuando *fue*. La grafía "ss" resulta de la sufijación del pronombre reflexivo a la forma verbal *crubiosse, apegosse*.

En el plano morfosintáctico los sustantivos aparecen precedidos de los artículos *el, ell, la* y *las*. Los verbos aparecen en el pretérito indefinido, a excepción de *acaesciera*, antiguo pluscuamperfecto de indicativo que pasó a ser el actual imperfecto de subjuntivo; y *quier*, presente de subjuntivo con apócope de /a/ final. Se sigue repitiendo la conjunción *et / e* para relacionar las oraciones, aunque ya aparecen estructuras subordinadas introducidas por "que" como pronombre relativo, *quel*, y como conjunción, *cuemo quier que, mas pero que* y *de lo que*. Estas construcciones de tipo subordinante le dan cierta complejidad al texto y matizan la narración.

6.7.2. Texto doctrinal: *Buenos proverbios*

Transcripción paleográfica

Aristotiles parava mientes a quanto amostrava Platon al fijo del rey y retenielo bien y non sabiendolo Platon, nin parava y mientes . . . Y atendieron que fablasse Nitaforius, y non sopo fablar una palabra de quanto avie oydo de su maestro. Platon fue en muy grant verguença y non sopo que fazer synon que se desculpo al rey y al pueblo que non avie enseñado al moço . . . Y metio vozes a sus discipulos y dixo: "¿Ay alguno de vos que suba en este dia aca y diga algo de lo quel amostre, que sea en logar de Nitaforius?"
Respondio Aristotiles y dixo: "Yo, señor philosopho".
El maestro dedeñol y nol mando subir y torno otra vez en la palabra a sus discipulos.
Y respondio Aristotiles y dixo: "Señor, yo subre con aquesta sapiencia que tu me amostreste".
Y el maestro mandol subir y subio mal arropado y mal vestido y començo de fablar que semejava una calandria y rendio toda la sapiencia y todos los enseñamientos que amostrava Platon a Nitaforius, fijo del rey, que nol ent fallecio un vierbo. Sobre esto dixo Platon: "Rey, estas son las palabras que yo mostre a Nitaforius, vuestro fijo. Apresolas Aristotiles y sopolas bien dezir de cuer, a escuso de mi".

Buenos proverbios,[35] s. XIII

6.7.3. Texto doctrinal: *Flores de filosofía*

Transcripción paleográfica

E dixo el rrey al físico: "Tú que estos enfermos cuydas melezinar, ¿sabrás melezina para los pecados sanar?" Dixo el físico: "E tú, cauallero, ¿sabrás sofrir la amargura de la melezina?" Dixo el rrey: "Sy". Dixo el físico: "Pues escreui esta rrecebta . . . Toma de la rrayz del estudiar e las rrayzes de aturar en ello e la corteza de seguillo e los mirabolanos de la vmildad e los mirabolanos de la caridad e los mirabolanos del miedo de Dios e la simiente de la verguença e la symiente de la obediencia e la simiente de la esperança de Dios, e mételo a cozer en vna caldera de mesura e ponle fuego de amor verdadero e sóplalo con viento de perdón e cuega fasta que se alcel espuma del saber e esfríalo al ayre del vencer tu voluntad e béuelo con deuoción de buenas obras e sigue esto e sanarás de los pecados".

Flores de filosofía,[36] 1250

6.8. TEXTOS LITERARIOS DE CARÁCTER MORALIZANTE

6.8.1. Texto literario: narrativa, *El Conde Lucanor*

Don Juan Manuel, Toledo 1282–1348 Murcia

Este escritor fue sobrino de Alfonso X, el Sabio, y nieto de Fernando III, el Santo. Fue educado como un noble, adiestrado en equitación, caza, esgrima e instruido en latín, historia, derecho y teología. Su formación literaria se considera extensa para los de su época. Se le reconoce como uno de los hombres más ricos y poderosos de su tiempo en Castilla, lo que le llevó a numerosos enfrentamientos con su rey. Siguiendo los pasos de su tío, decidió escribir en lengua vulgar o castellano, lo que entonces era muy raro ya que los escritores cultos preferían el latín. De sus obras se han conservado ocho (cinco se perdieron), entre las que sobresale *Libro de Patronio o El Conde Lucanor* (1335) y su *Epistolario*, conjunto de sus cartas desde 1298 a 1347. Utilizó su obra tanto para fines didácticos y narrativos como para impulsar sus ambiciones y creencias. Su estilo se caracteriza por la sobriedad y la precisión, a las que se les añade su actitud en exceso ejemplarizante.

Transcripción paleográfica

Exenplo VII. De lo que contesció a una muger quel dizién doña Truhana

Señor conde –dixo Patronio–, una muger fue que avié nonbre doña Truana et era assaz más pobre que rica; et un día yva al mercado et levava una olla de miel en la cabeça. Et yendo por el camino, començó a cuydar que vendría aquella olla de miel et que compraría una partida de huevos, et de aquellos huevos nazcirían gallinas; et depués, de aquellos dineros que valdrían, conpraría ovejas; et assí, conprando de las ganançias que faría, que fallóse por más rica que ninguna de sus vezinas.

Et con aquella riqueza que ella cuydava que avía, asmó cómmo casaría sus fijos et sus fijas, et cómmo yría aguardada por la calle con yernos et con nueras et cómmo dizían por ella cómmo fuera de buenaventura en llegar a tan grant riqueza, seyendo tan pobre commo solía seer.

Et pensado en esto, començó a reýr con grand plazer que avía de la su buena andança, et, en riendo, dio con la mano en su cabeça e en su fruente, et entonce cayól la olla de la miel en tierra et quebróse. Cuando vio la olla quebrada, començó a fazer muy grant duelo, toviendo que avía perdido todo lo que cuydava que avría si la olla non le quebrara.

El Conde Lucanor,[37] 1335

6.8.2. Texto literario: poesía, *Libro de Buen Amor*

Juan Ruiz, Arcipreste de Hita, Alcalá 1283–1350 Hita (Guadalajara)

Se sabe muy poco de su biografía y sólo nos ha llegado una obra suya, el *Libro de Buen Amor* (1343). Este libro consta de 1.728 estrofas y recoge una colección heterogénea de cuentos unidos todos entre sí en torno a una pretendida autobiografía amorosa del propio autor, la cual relata la seducción de numerosas amantes. Gracias a ellas, se representan todas las capas de la sociedad medieval toledana. En términos generales se puede aducir que escribió esta obra con la intención de criticar al alto clero y la doctrina papal del celibato obligatorio; así como mostrar las tensiones sociales entre la incipiente burguesía y los estamentos privilegiados. Con su lenguaje popular y coloquial y su gran conocimiento de las pasiones humanas, logra llegar al lector con delicadeza e ironía.

Transcripción paleográfica

653 ¡Ay, Dios, e quán fermosa viene Doña Endrina por la plaça!
¡Qué talle, qué donaire, qué alto cuello de garça!
¡Qué cabellos, qué boquilla, qué color, qué buenandança!
Con saetas de amor fiere quando los sus ojos alça.
654 Pero, tal lugar non era para fablar en amores:
a mí luego me venieron muchos miedos e tenblores,
los mis pies e las mis manos non eran de sí señores,
perdí seso, perdí fuerça, mudáronse mis colores.
655 Unas palabras tenía pensadas por le dezir,
el miedo de las conpañas me façían ál departir:
apenas me conosçía nin sabía por dó ir,
con mi voluntat mis dichos non se podían seguir.
656 Fablar con muger en plaça es cosa muy descobierta:
a bezes mal perro atado [es] tras mala puerta abierta;
bueno es jugar fermoso, echar alguna cobierta;
ado es lugar seguro, es bien fablar cosa çierta.
657 "Señora, la mi sobrina, que en Toledo seía,
se vos encomienda mucho, mill saludes vos enbía;
si oviés lugar e tienpo, por quanto de vós oía,
deséavos mucho ver e conosçervos querría.
658 Querian allá mis parientes cassarme en esta saçon
con una donçella muy rica, fija de Don Pepión;
a todos dí por respuesta que la non quería, non:
de aquella seria mi cuerpo que tiene mi coraçón".
659 Abaxé más la palabra, díxel que en juego fablava
porque toda aquella gente de la plaça nos mirava;
desque vi que eran idos, que ome aý non fincava,
comencél dezir mi quexura del amor que me afincava.

Libro de Buen Amor,[38] 1343

6.8.3. Texto literario: narrativa, *El Corbacho*

Arcipreste de Talavera, ¿Toledo, 1398–1470?

Poco se sabe de este autor. Pasó la mayor parte de su vida en Toledo y escribió *El Corbacho o reprobación del amor mundano* (1438). Esta obra se encuentra dividida temáticamente en cuatro partes: la primera trata de la lujuria; la segunda es una sátira contra las mujeres; y las dos últimas partes profundizan en las complexiones de los hombres y sus inclinaciones a la hora de amar. Aunque por un lado el estilo se presenta como costumbrista y coloquial, también subyace un lenguaje un tanto ampuloso con abundancia de hipérbaton y cultismos.

Transcripción paleográfica

Capítulo XII. De cómo la muger parlera siempre fabla de fechos agenos.

La muger ser mucho parlera, rregla general es dello; que non es muger que non quisyere syenpre fablar e ser escuchada. E non es de su costunbre dar logar a que otra fable delante della; e sy el día un año durase, nunca se fartaría de fablar e non se enojaría día nin noche. E por ende, verás muchas mugeres que, de tener mucha continuaçión de fablar, quando non han con quién fablar, están fablando consygo mesmas entre sý. Por ende, verás una muger que es osada de fablar, las bocas de dies onbres atapar e vençerlas fablando e mal diziendo: quando rrazón non le vale, býa a porfiar. E con esto, nunca los secretos de otro o otra podrían çelar. Antes, te digo que te deves guardar de aver palabras con muger que algund secreto tuyo sepa, como del fuego . . .

El Corbacho,[39] 1438

6.9. TEXTOS DE OTRAS LENGUAS PENINSULARES

6.9.1. Textos gallego-portugueses

6.9.1.a. Texto literario: poesía, *Cancioneiro de Ajuda*

A continuación sigue una cantiga del *Cancioneiro de Ajuda* que se ha considerado como la muestra más antigua de la lírica gallego-portuguesa. Se ha propuesto el año 1189 como fecha de elaboración.

Transcripción paleográfica

No mundo non sei parella
mentre me for como me vay,
ca ja moiro por vos e ay!
Mia sennor branca e vermella,
queredes que vus retraya
quando vus eu vj en saya.

Mao dia me levantey
que vus enton non vi fea!

E, mia señor, des aquela
Me foy a mi muy mal di'ay!
E vus, filla de don Paay
Moniz, e ben vus semella
d'aver eu por guarvaya,
pois eu, mia señor, d'alfaya
nunca de vos ouve nen ey
valia d'ũa correa.

Cantiga de Guarvaya,[40] 1189

6.9.1.b. Texto jurídico

Se reproduce aquí el comienzo del testamento del rey Alfonso II, rey de Portugal, conservado en el Archivo Nacional de la Torre do Tombo.

Transcripción paleográfica

[E] no nome de Deus. Eu rei Don Afonso, pela gracia de Deus rei de Portugal seendo sano e saluo, temẽte o dia de mia morte, a saude de mia alma, e a proe de mia molier raina Dona Orraca e de meus filios e de meus uassalos e de todo o meu reino, fiz mia mãda per que depos mia molier e meus filios e meu reino e meus uassalos e todas aquelas cousas que Deus mi deu en poder sten en paz e en folgãcia.
Primeiramente mãdo que meu filio Infante Don Sancho que ei da raina Dona Orraca agia meu reino entregramente e en paz. E ssi este for morto sem semmel, o maior filio que ouuer da raina Dona Orraca agia o reino entegramente en paz. E ssi filio barõ nõ ouuermos, a maior filia que ouuermos agia-o. E ssi no tẽpo de mia morte meu filio ou mia filia que deiuer a reinar nõn ouuer reuora, segia en poder da raina sa madre, e meu reino segia en pode da raina e de meus uassalos ata quando agia reuora. E ssi eu for morto, rogo o apostoligo come padre e senior e beigio a terra ante seus péés que el recebia en sa comẽda e so seu difindemẽto a raina e meus filios e o reino. E ssi eu e raina formos mortos, rogo-li e prego-li que os meus filios e o reino segiã en sa comẽda . . .

Testamento de Alfonso II,[41] 1214

6.9.1.c. Texto literario: poesía

Alfonso X, el Sabio, Toledo 1221–1284 Sevilla

Las *Cantigas de Santa María* compuestas entre 1257 y 1279 nos han llegado todas en manuscritos del siglo XIII.

Transcripción paleográfica

Rosa das rosas e Fror das frores,
Dona das donas,
Sennor das sennores.

Rosa de beldad'e de parecer
e Fror d'alegria e de prazer,
Dona en mui piadosa seer,
Sennor en toller coitas e doores.
Rosa das rosas e Fror das frores.

Atal Sennor dev'ome muit'amar,
que de todo mal o pode guardar,
e pode-ll'os peccados perdõar,
que faz no mundo per maos sabores.
Rosa das rosas e Fror das frores.

Devemo-la muit'amar e servir,
ca punna de nos guardar de falir;
des i dos erros nos faz repentir,
que nos fazemos come pecadores.
Rosa das rosas e Fror das frores.

Cantiga X: Rosas das rosas,[42] s. XIII

6.9.1.d. Texto literario: poesía

Pero Meogo, contemporáneo del Rey Don Dinís

Según la crítica este autor abandonó su vida de monje para dedicarse a la poesía. Debió de escribir en la segunda mitad del siglo XIII. Su actividad poética se desarrolla en las cantigas de amigo.

Transcripción paleográfica

Fostes, filha, eno baylar
e rompestes i o brial:
    poys o namorado i ven,
    esta fonte seguide-a ben,
    poys o namorado i ven.

Fostes, filha, eno loir
e rompestes i o vestir:
poy'-lo cervo i ven,
esta fonte seguide-a ben,
poy'-lo cervo i ven.

E rompestes i o brial,
que fezestes ao meu pesar:
poy'-lo cervo i ven,
esta fonte seguide-a ben,
poy'-lo cervo i ven.

E rompestes i o vestir,
que fezestes a pesar de min:
poy'-lo cervo i ven,
esta fonte seguide-a ben,
poy'-lo cervo i ven.

Cantiga de amigo,[43] mitad s. XIII

6.9.1.e. Texto literario: poesía

Rey Don Dinis, Lisboa 1279–1325

La producción de Don Denis está considerada como de las más copiosas de la lírica gallego-portuguesa medieval. Se desarrolla en torno a finales del siglo XIII y principios del XIV. Se reproduce aquí una cantiga de amigo.

Transcripción paleográfica

Ũa pastor se queixava
muit'estando noutro dia,
e sigo medês falava
e chorava e dizia
com amor que a forçava:
"par Deus, vi-t'en grave dia,
ai amor!"

Ela s'estava queixando
como molher con gram coita
e que a pesar, des quando
nacera, non fôra doita,

por en dezia chorando!
"Tu non és se non mia coita,
ai amor!"

Coitas lhi davam amores,
que non lh'eran se non morte,
e deitou-s' antr' ũas flores
e disse con coita forte:
"Mal ti venha per u fores,
ca non és se non mia morte,
ai amor!"

Cantiga de amigo,[44] s. XIII–XIV

6.9.2. Textos catalanes

6.9.2.a. Texto notarial: *Usatges de Barcelona*

Redactados en diversas épocas, se nos han transmitido en varios manuscritos; el más antiguo es de fines del siglo XIII o principios del XIV.

Transcripción paleográfica

XXXV De cel qui son senyor ociurà

Qui, son scient, ociurà son senyor de man o de lenga, ho son fil leyal, ho li fotrà sa muler, o li tolrà sa muler o son castel e no l'i retrà senes penyorament, o li farà mal que no puscha esmenar ni rederdre, per una d'aquestes [coses], si provat n'és ni apoderat, deu venir enpoder de son senyor, ab tot quant per el tenga, a sa volentat a fer, cor gran baya és.
De les altres bayes e de les malafetes qui poden ésser refetes e esmenades, ferm om dret a son senyor axí com custuma és d'esta terra, e faça-lli axí com el li farà jutgar.

Usatges de Barcelona,[45] finales s. XIII

6.9.2.b. Texto literario: prosa poética

Ramon Llull, Palma de Mallorca 1232–1316

Este autor se crio en el seno de una familia noble catalana que acompañó al rey Jaime I en la conquista de Mallorca. Experimentó un ambiente de pluralidad religiosa y la convivencia de tres culturas: la musulmana, la bizantina y la latina. A continuación se ofrece un fragmento del *Llibre d'Amic e Amat* que combina elementos de la poesía provenzal, la teología árabe y cristiana y otras influencias.

Transcripción paleográfica

Dehia l'amic a son Amat: –Tu est tot, e per tot, e en tot; e ab tot tu vull tot, per ço que haja e sia tot mi.
Respòs l'Amat: –Nom pots aver tot, sens que tu tot no sies de mi.
E dix l'amic: –Ajes me tot, e jo tu tot. (67)
Demanaren a l'amic quals són los fruyts d'amor. Respòs: –Plaers, cogitaments, desigs, sospirs, ànsies, treballs, perills, turments, llanguiments. Sens aytals fruyts nos lleixa amor tochar a sos servidors. (70)
Amor, amar, amic e Amat se convenen tan fortment en l'Amat, que una actualitat són en essència. E diverses coses són l'amic e l'Amat concordants sens nulla contrarietat e diversitat de essencia. (204)

Llibre d'amic e amat,[46] h. 1283

Versión en español

Decía el amigo a su Amado: –tú eres todo, y para todo, y en todo; y con todo tú quieres todo para que lo tenga y sea todo mío. Respondió el Amado: –no me puedes tener todo, sin que no seas mío. Y dijo el amigo: –tenme todo, y yo a ti todo. (67)
Preguntaron al amigo cuáles eran los frutos del amor. Respondió: –placeres, preocupaciones, deseos, suspiros, ansias, trabajos, peligros, tormentos, fatigas. Sin tales frutos el amor no se deja tocar a sus servidores. (70)
Amor, amar, amigo y Amado se convienen tan estrechamente en el Amado, que son una actualidad en esencia. Y diversas cosas son el amigo y el Amado concordantes sin ninguna contrariedad ni diversidad de esencia. (204)

6.9.2.c. Texto literario: poesía

Ausiàs March, Valencia 1397–1459

Este poeta, cuya producción se sitúa entre 1425 y 1459, es el primer poeta que escribe en catalán puro. A veces aparecen esporádicamente algunos provenzalismos en su poesía pero casi siempre motivados por la rima.

Transcripción paleográfica

XCVII Sisé cant de Mort

I Si per null temps creguí ser amador,
en mi conech d'amor poch sentiment.
Si mi compar al comú de la gent,
És veritat qu en mi trob gran amor;
però si guart algú del temps passat
y el que Amor pot fer en lloch dispost,
nom d'amador solamen no m'acost
car tant com dech no só passionat.

II Morta és ja la que tant he amat,
mas yo són viu, veent ella morir;
ab gran amor no se pot bé soferir
que de la Mort me pusc haver llunyat.
Llà dech anar on és lo seu camí,
no sé quèm té qu en açó nom acort;
sembla que hu vull, mas no és ver, puys Mort
res no la tol al qui la vol per si.

Obra poética completa,[47] med. s. XV

Versión en español

I Si por algún tiempo creí ser amador, me reconozco poco sentimiento amoroso. Si me comparo al común de la gente es verdad que en mí encuentro gran amor; pero si contemplo a alguien del tiempo pasado y lo que Amor puede hacer en lugar dispuesto, al nombre solamente de amador no me acerco, ya que tanto como debo, no estoy apasionado.

II Muerta está ya la que tanto he amado, mas yo estoy vivo, viéndola morir; con gran amor no se puede bien sufrir que de ella la Muerte me pueda haber alejado. Allá debo ir donde está su camino, no sé quién me retiene que en esto no me decido: parece que lo quiero, mas no es verdad, pues la Muerte nada la impide al que la quiere para sí.

6.9.2.d. Texto literario: novela, *Tirant lo blanc*, 1490

Joanot Martorell, 1413–68

Parece que Martorell trabajó en la redacción del *Tirant* desde 1460 hasta poco antes de su muerte. Martí Joan de Galba preparó los últimos episodios del original y dejó el libro listo para la imprenta en 1490, año en que se publicó la princeps en Valencia.

Capítol CCXXIX

Girà's llavors devers la Princesa e dix-li:
—Tu, qui est d'alta sang eixida, pren marit tost e ben tost; e sin ton pare no te'n dóna, si no jo te'n daré; e no et daré sinó a Tirant, car gran cosa és, marit e cavaller, qui el pot haver en sa vida. Aquest, de proesa passa a tots los altres, car moltes voltes s'és seguit que per un sol cavaller són estats fets molts actes singulars, e portades a fi moltes conquestes qui de principi anaven a total destrucció. Si no, veja la majestat vostra lo desorde del vostre Imperi ni lo punt en què estava ans que Tirant vingués en aquesta terra.
—Callau, donzella, per mercè —dix Tirant—, e no vullau dir tantes demesiades paraules de mi.
—Anau a les batalles —dix Plaerdemavida— e deixaume a mi estar en les cambres de salut.
Respòs l'Emperador:

—Per los ossos de mon pare emperador Albert, tu seràs la més singular donzella del món, e com més va més de bé et vull. E ara de present te faç donació de cinquanta mília ducats d'estrenes damunt lo meu tresor.
Ella donà dels genolls en terra e besà-li la mà. La Princesa estava molt torbada del que havia dit, e Tirant estava mig empeguit. L'Emperador, quan se fon acabat de vestir, se n'anà a missa. Aprés Tirant tornà acompanyar a l'Emperadriu e a sa filla. Eixint de missa, Tirant hagué avinentea de parlar ab la Princesa e dix-li paraules de semblant estil.

Tirant lo blanc,[48] Valencia, 1490

6.9.3. Texto judeoespañol

La doncella que se viste de hombre y va a luchar en la guerra es uno de los temas folklóricos favoritos. Figura tanto en las baladas francesas, italianas, griegas, albanesas y yugoslavas como en la de otras tradiciones lingüísticas (como entre los judíos de Hungría, Asia Menor y Palestina). También lo divulgaron los sefardíes en Marruecos y Oriente y de esta última tradición se conocen textos impresos de Rodas, Bosnia y Salónica, y numerosos inéditos de todas las zonas geográficas sefardíes.

Maldiziendo iva el conde, maldiziend'a su muǰer,
que le parió sieti hiǰas, sin dingún hiǰo varón.
Todos callaron a una, denguna repuesta dio.
Saltó la más chiquitica, la qu'en buen día nació.
—No maldigax, siñor padre, no maldigax, mi siñor.
Yo entraré a la peleya, yo peleyaré por vos.
—Calla, calla, la mi hiǰa, no m'hagas tal deshonor,
Que tu bel is estrichico, no t'asentan armas, no.
—Para mi bel estrichico, kušák grande meto yo.
—Que tus pechos son limones, no t'asenta el ǰibón, no.
—Para los mis pichizicos, algodones meto yo.
—Los tu cavellos son muy muchos, no t'asentan armas, no.
—Para la mi cavilliría, toca grande meto yo.
Le dio armas y cavallos y vistidos de varón.
A l'entrada de la guerra a todos «Šalom» les dio.
Aboltó por l'otra media, la toquita le cayó.
Cayó su cavellíría, al oǰo del sol turvió.
El rey preguntó a los suyos, —¿Quén es est' hiǰo varón?
—Hiǰo del rey de la Francia, de las tierras d'Aragón.
—Rey de Francia es mi amigo; no tiene hiǰo varón.
Estas palavras diziendo, ya cayó, se desmayó.
Ni con agros ni con aguas, el rey no s'arretornó,

sino con dos palavricas, en el uyido que l'havló.
Mušdiǰis al rey su padre, que la guerra ya venció.
Envenció la guerra entera y entomó muevo amor.
Bendichas tripas de madre, que tala hiǰa parió.
Que envenció la guerra entera y tomó muevo amor.

La doncella guerrera,[49] h. s. XV

EJERCICIOS DE COMENTARIO FILOLÓGICO DE TEXTOS MEDIEVALES DE LOS SIGLOS IX–XV

1. Transcriba los siguientes textos al castellano moderno.

1.a. Ego Feles Sarraciniz, cum coniuge mea Elduara et filiis nostris Ruderico, cognomento Abolmondar, et Cristilo, una pariter . . . vendemus una vinea et serna et fonte optimas . . . in suburbio Burgiensis. Et accepimus ex vobis terra pro terra ad decem moios seminatura, et duas pelles obtimas in viginti solidos et pultrum obtimum per colore vagio.

Documentos castellanos, 939[50]

1.b. Cognosco me in ueritate que te misi fidiatore ad tibi domno meo Enneco abba contra partes de Gonsaluo Didaç per CCo solidos de argento, et non potui peitare ipso argento ego Falcon Falconez, et sic peitasti tu domno meo Enneco abba CCo solidos per ipsa fidiatura . . . habui adpeitare CCCC solidos et sic peitaui.

Documentos castellanos, 1067[51]

1.c. X. De petra. Toto homine qui tomare petra o patino uel adriello o tella aut taruulo uel huesso per a uezino uel filio de uecino, si fuerit probatum, pectet I morabetino; et si la eiare et non firiere, pecte II morabetinos; et si firiere et non habuerit liuores, pecte VI morabetinos.

Fueros castellanos, 1202[52]

2. Preste atención a la correspondencia gráfico-fónica de este fragmento y transcríbalo fonéticamente según la pronunciación medieval.

«Et por ende nos, don Alffonso . . . mandamos fazer este libro en que fablamos en la manera daquellos iuegos que se fazen mas apuestos, assi como acedrex & dados e tablas; & como quier que estos iuegos sean departidos de muchas maneras, por que el acedrex es mas noble & de mayor maestria que los otros, ffablamos del primeramientre. Pero ante que esto digamos, queremos amostrar algunas razones segunt los sabios antiguos dixieron por que fueran falladas estas tres maneras de iuegos.»

Alfonso X, el Sabio, Prólogo al *Libro de los juegos*, 1284[53]

3. Señale los rasgos arcaicos y peculiares del siguiente texto. ¿Qué palabras necesitarían cambios ortográficos según el español actual?

«Et fue así que andava una noche un ladrón sobre una casa de un omne rico, e fazia luna, e andavan algunos compañeros con él et en aquesta casa avia una finiestra por donde entrava la luz de la luna al omne bueno. Et alas pisadas dellos despertó el dueño de la casa e sintiólos e pensó que tal ora non andarían por sus tejados salvo ladrones. Et despertó a su muger et díxole: "fabla quedo, que yo he sentido ladrones que andan sobre nuestra casa, et yo fazermehé adormido, et tú despiertame a grandes bozes, de guisa que lo oyan los que están sobre la casa; et díme quando los sintieres çerca de aquí: ¡Ay marido! ¿No me dirás estas tamañas rriquezas que as, dónde las ayuntaste? Et quando yo non te quisiere responder, sigue me preguntando fasta que te lo diga". Et fízolo así como le mando el marido et oyó el ladrón lo que ella dixo. Et entonçes recudió el ome a su muger: "Tú, ¿por qué lo demandas? Ca la ventura te traxo grand algo, come, bebe, et alegrate et non demandes tal cosa casi telo yo dixere, non so seguro que lo non oya alguno, e podría acaescer cosa por ello que pesara amí et ati.»

Calila y Dimna, 1251[54]

4. Puntúe el siguiente texto. Tenga en cuenta que ésta es una de las mayores dificultades con que se enfrentan los editores de manuscritos antiguos.

«Desque la ynfanta Isonberta vido que non avía al saluo que le convenie casar por fuerça salió sola encubierta de casa de su padre e andudo tanto fasta que llegó a la rybera de vn braço de mar e falló y por ventura, vn barco que estaua y atado a vn árbol e catól e non vido en él omne ninguno e llegóse a él e desatóle de la cuerda con que estaua atado e metióse en él e cogó la cuerda a sy e dexóse correr en el mar por a ventura syn remos e syn vela e syn otro gouernador e commo quien non sabe ninguna cosa de remar nin de navío nin de fecho de sobre mar de más que lo fazía con grand sanna por el casamiento que le querían fazer tomar por fuerça e contra su voluntad mas vna cosa le acaesçió bien a esa Ynfante ca fallo en el batel vianda que comiese e a cabo de días yendo ella por aquella a ventura sobre la mar arribara a vna ribera de la mar a un desyerto e salió ally del batel e atólo y porque cuydó tornar a él.»

La gran conquista de Ultramar, h. 1295[55]

5. Lea el siguiente texto, prestando especial atención a los pronombres personales y a los verbos. ¿Qué diferencias observa?

«Caualleros de Benamarin, el vuestro rrey a perdido vn braço e la casa de Benamarin vna lança que se paraua por nos contra los nuestros enemigos: el mi fijo amado, el ynfante Abomelique nuestro heredero es muerto, e mataron lo los christianos estando seguro e non se guardando dellos . . . E bien sabedes vos, caualleros, el comienço que ouo mi hijo el ynfante Abomelique, e como paso la mar por el Estrecho e nos gano Gibraltar, espejo de los moros, e estuvo en hazes con el rrey don Alfonso de Castilla . . . E bien assi, como vos otros sois buenos caualleros e leales e de alta fama, vos rruego que vos pese de la muerte que murio mi hijo por honrra de la nuestra ley.»

Gran crónica de Alfonso XI, fines del s. XIV[56]

6. A continuación siguen dos versiones de un mismo villancico, el primero atribuido a Suero de Ribera y el segundo al Marqués de Santillana. Diga cuál de las dos versiones ofrece rasgos más antiguos. Justifique su respuesta. Se han escrito dos versos en cada línea.

A) 1 En una linda floresta de muchas flores et rosas,
vi tres donzellas fermosas que d'amores an requesta.

Et yo, con voluntat presta   lleguem por conoscellas.
E dixo la mayor d'ellas esta   cancion muy honesta:
«Aguardan a mi,   nunca tales guardas vi».
Por mirar su fermosura   d'aquestas tres lindas damas,
escondime entre las ramas   asentando'n la verdura.
La otra con gran tristura   començo de sospirar
et dezia'ste cantar   con muy honesta mesura:
«la ninya que los amores ha,   ¿cómo dormira sola?»
Non quise mas adelnte   yr, por non fazer mudança
a las que con ordenança   cantavan tan concordante,
la otra gentil bastante   dixo: «Senyoras, de grado,
pues me avedes cantado,   a mi conviene que cante:
«dexaldo al villano, y pene;   vengar m'a Dios d'ele»
Des que ove bien mirado   estas senyoras que digo,
fue a ellas sosegado   como hombre sin abrigo.
Ellas dixeron: «Amigo   non soes vos el que buscamos,
Mas cantat pues nos cantamos».   Dixe este cantar antiguo:
«Sospirando va la ninya   e non por mi,
Que no bien gelo entendi.»

Suero de Ribera, s. XV

B) Por vna gentil floresta   de lindas flores y rosas,
vide tres damas hermosas   que d'amores han requesta.
Yo, con voluntad muy presta   me llegue a conoscellas.
Començó la vna de ellas   esta cancion tan honesta:
«Aguardan a mi,   nunca tales guardas vi».
Por mirar su hermosura   destas tres gentiles damas,
yo cobrime con las ramas   metime so la verdura.
La otra con gran tristura   começo de sospirar
y a dezir este cantar   con muy honesta mesura:
«La niña que los amores ha,   sola ¿cómo dormira?»
Por no les hazer turbança   no quise yr mas adelante.
alas que con ordenança   cantauan tan consonante,
la otra con buen semblante   dixo: «Señoras, d'estado,
pues las dos aueys cantado,   a mi conuiene que cante».
«Dexaldo al villano, pene;   vengueme Dios d'ele»
Desque vuieron cantado   estas señoras que digo,

yo salí desconsolado   como hombre sin abrigo.
Ellas dixeron: «Amigo   non soys vos el que buscamos,
Mas cantad pues que cantamos».   Dixe este cantar antiguo:
«Sospirando yua la ninya   y non por mi,
41 que yo bien se lo entendi.»

Marqués de Santillana,[57] 1388–1458

7

Textos antiguos de los siglos XV–XVIII

Hasta mediados del siglo XV, los libros se difundían en copias manuscritas por los copistas. Muchos de éstos eran monjes o frailes dedicados exclusivamente, además de a la vida eclesiástica, a la réplica de ejemplares por encargo del propio clero o de nobles o reyes. A pesar de lo que se piensa, no todos los monjes copistas eran cultos, ni tampoco sabían leer ni escribir. A veces se limitaban a copiar o imitar signos que en muchas ocasiones no entendían, lo cual se volvía bastante problemático sobre todo cuando se trataba de copiar libros prohibidos (como los de medicina interna). Copiar un libro podía durar hasta diez años.

Los chinos inventaron la imprenta a mediados del siglo XI pero fue el herrero alemán Johannes Gutenberg quien apostó por el avance de este mecanismo en Europa. Llegó a España en 1472, unos diecisiete años después de que Gutenberg sacara a la luz su primer libro impreso, la *Biblia*. El primer incunable español se cree que fue *Sinodal de Aguilafuente*, impreso por Juan Párix en 1472. La primera obra impresa en América fue en 1532, *La escala espiritual para subir al cielo* de San Juan Clímaco.

7.1. TEXTO NO LITERARIO

Antonio de Nebrija, Sevilla 1444–1522 Alcalá de Henares
Estudió humanidades en Salamanca y cuando sólo tenía 19 años se trasladó a Italia. Escribió de cosmografía, botánica y teología. Ha pasado a la historia por su célebre *Gramática*

de la lengua castellana (1492) que fue la primera gramática en lengua vulgar que se escribió en Europa. La redactó por razones políticas e imperialistas ya que la lengua debía identificar a un pueblo y unir a su gente. Le dedicó su libro a la reina Isabel I de Castilla.

Un dato curioso es que Nebrija intentó llevar la imprenta a Salamanca. No se sabe si dirigió una, ya que este negocio mercantil hubiera sido incompatible con su puesto académico en la universidad. Lo cierto es que su hijo y su nieto se hicieron impresores y la mayoría de los incunables publicados en Salamanca o fueron de Nebrija o de autores relacionados con él. También fue el primer autor en reclamar derechos de autor en España.

Lo que diximos dela lenga ebraica, greiga i latina, podemos mui mas clara mente mostrar enla castellana que tuvo su niñez enel tiempo delos jueces i reies de Castilla i de Leon, i començo a mostrar sus fuerças en tiempo del mui esclarecido i digno de toda la eternidad el rei don Alonso el Sabio, por cuio mandado se escrivieron las *Siete Partidas* i la *General Istoria*, i fueron trasladados muchos libros de latin i aravigo en nuestra lengua castellana, la cual se estendio despues hasta Aragon i Navarra, i de alli a Italia, siguiendo la compañía delos infantes que embiamos a imperar en aquellos reinos.

Esta [lengua] hasta nuestra edad anduvo suelta i fuera de regla; i a esta causa a recebido en pocos siglos muchas mudanças por que, si la queremos cotejar conla de oi a quinientos años, hallaremos tanta diferencia i diversidad cuanta puede ser maior entre dos lenguas. I, por que mi pensamiento i gana siempre fue engrandecer las cosas de nuestra nacion i dar alos ombres de mi lengua obras en que mejor puedan emplear su ocio, que agora lo gastan leiendo novelas o istorias embueltas en mil mentiras i errores, acorde ante todas las otras cosas reduzir en artificio este nuestro lenguaje castellano, para que lo que agora i de aquí adelante en el se escriviere pueda quedar en un tenor i estenderse en toda la duracion delos tiempos . . .

Gramática general de la lengua castellana,[1] Salamanca, 1492

7.2. TEXTO LITERARIO: TEATRO, *CELESTINA*, H. 1499–1502

Autor desconocido y **Fernando de Rojas**, Toledo h. 1465–1541 Talavera de la Reina

Hoy en día se da por hecho que Fernando de Rojas fue el autor, al menos en parte, de *Celestina*. Fue bachiller de leyes y gobernador de Talavera. Se cree que fue de origen converso.

Acto IV, Celestina, Lucrecia y Alicia

C: ¡Paz sea en esta casa!

L: Celestina, madre, seas bienvenida. ¿Qual dios te traxo por aquestos barrios no acostumbrados?

C: Hija, mi amor. Desseo de todos vosotros. Trayote encomiendas de Elicia, y avn ver a tus señoras, vieja y moça. Que despues que me mude al otro barrio no han sido de mi visitadas.

L: ¿A esso solo saliste de tu casa? Marauillome de ti, que no es essa tu cotumbre, ni sueles dar passo sin prouecho.

C: ¿Mas prouecho quieres, boua, que complir hombre sus desseos? Y tanbien, como a las viejas nunca nos fallecen necessidades, mayormente a mi que tengo de mantener hijas agenas, ando a vender vn poco de hilado.

L: ¡Algo es lo que yo digo! En mi seso estoy, que nunca metes aguja sin sacar reja. Pero mi señora la vieja vrdio vna tela: tiene necessidad dello, tu de venderlo. Entra y espera aqui, que no os desauerneys.

A: ¿Con quien fablas, Lucrecia?

L: Señora, con aquella vieja de la cuchillada que solia biuir aqui en las tenerias, a la cuesta del rio.

A: Agora la conozco menos. Si tu me das a entender lo incognito por lo menos conoscido, es coger agua en cesto. (83)

Celestina. Tragicomedia de Calisto y Melibea,[2] h. 1499

7.3. TEXTO NO LITERARIO

Gonzalo Fernández de Oviedo Valdés, Madrid 1478–1557 Santo Domingo

Fue historiador, cronista de Indias y administrador español. Se embarcó a las Indias en 1513 y, una vez allí, ejerció los cargos de escribano real y veedor de las fundiciones de oro. Su obra más famosa, la *Historia general y natural de las Indias* (1535), describe el descubrimiento y la colonización de las Indias americanas desde la perspectiva de un minucioso observador de la naturaleza y las costumbres del Nuevo Mundo. Se reveló como firme defensor de los conquistadores y enemigo de los indígenas.

Libro V. Capítulo II

De los tabacos o ahumadas que los indios acostumbran en esta isla Española, e la manera de las camas en que duermen.

Usaban los indios desta isla, entre otros sus vicios, uno muy malo, que es tomar unas ahumadas, que ellos llaman tabaco, para salir de sentido. Y esto hacían con el humo de cierta hierba . . . con unas hojas anchas e gruesas, e blandas e vellosas, y el verdor tira algo a la color de las hojas de la lengua de buey . . . La cual toman de aquesta manera: los caciques e hombres principales tenían unos palillos huecos . . . y los dos ponían en las ventanas de las naricez, e el otro en el humo y hierba que estaba ardiendo o quemándose . . . Y quemaban las hojas de aquella hierba arrebujadas o envueltas . . . e tomaban el aliento e humo para sí, una e dos e tres e más veces, cuanto lo podían porfiar, hasta que quedaban sin sentido grande espacio, tendidos en tierra, beodos, o adormidos de un grave e muy pesado sueño . . . Esta hierba tenían los indios por cosa muy presciada, y la criaban en sus huertos e labranzas, para el efecto que es dicho; dándose a entender que este tomar de aquella hierba o zahumerio, no tan solamente les era cosa sana, pero muy sancta cosa. Y así como cae el cacique o principal en tierra, tómanle sus mujeres (que son muchas), y échanle en su cama o hamaca, si él se lo mandó antes que cayese; pero si no lo dijo

e proveyó primero, no quiere sino que lo dejen estar así, en el suelo, hasta que se le pase aquella embriaguez o adormecimiento ...
Más, porque de suso se dijo que cuando algún principal o cacique cae por el tabaco, que lo echan en la cama, si él lo manda hacer, bien es que se diga qué camas tienen los indios en esta isla Española, a la cual cama llaman hamaca; y es de aquesta manera: una manta tejida en parte, y en partes abierta, a escaques cruzados, hecha red (porque sea más fresca). Y es de algodón hilado de mano de las indias, la cual tiene de luengo diez o doce palmos, y más o menos, y del ancho que quieren que tenga. De los extremos desta manta están asidos e penden muchos hilos ... atan a un árbol o poste y, el otro al otro, y queda en el aire la hamaca, tan alta del suelo como la quieren poner. E son buenas camas e limpias, e como la tierra es templada, no hay nescesidad alguna de ropa encima, salvo si no están a la par de algunas montañas.

Historia general y natural de las Indias,[3] Sevilla, 1535

7.4. TEXTO NO LITERARIO: *BREVÍSIMA RELACIÓN DE LA DESTRUCCIÓN DE LAS INDIAS*, 1552, E *HISTORIA DE LAS INDIAS*, 1559

Fray Bartolomé de las Casas, Sevilla 1484–1566 Madrid

Este religioso español, defensor de los derechos de los indígenas en los inicios de la colonización de América, tuvo una formación orientada hacia la teología, la filosofía y el derecho. Vivió en La Española (Santo Domingo), Cuba y Guatemala. Su obra se destaca por su gran labor social y denunciadora al servicio de la defensa de los indios. En sus obras ofrece amplias muestras tanto de la corrupción reinante entre gobernantes, administradores y oficiales del Nuevo Mundo como de los crueles tratamientos y tormentos infligidos a los indígenas. Propuso a la Corona reformar las Leyes de Indias, abogando por la supresión de la encomienda, pero sus intentos, casi utópicos, fracasaron y acabó retirándose a la orden dominicana (defensora de la dignidad de los indios -frente a los franciscanos que apoyaban a los colonizadores). En su obra más significativa, la *Brevísima relación de la destrucción de las Indias* (1552), denuncia los abusos de la colonización con tal acritud que este volumen será utilizado con fines propagandísticos por los enemigos de los Habsburgo, fomentando así la "leyenda negra".

Este cacique y señor anduvo siempre huyendo de los cristianos desde que llegaron a aquella isla de Cuba, como quien los conocía, y defendíase cuando los topaba y al fin lo prendieron. Y sólo porque huía de gente tan inicua y cruel, y se defendía de quien lo quería matar, y oprimir hasta la muerte a sí y a toda su gente y generación, lo hobieron vivo de quemar. Atado al palo, decíale un religioso de Sant Francisco, santo varón que allí estaba, algunas cosas de Dios y de nuestra fe, el cual nunca las había jamás oído ... y que si quería creer aquello que le decía, que iría al cielo, donde había gloria y eterno descanso, y si no, que había de ir al infierno a padecer perpetuos tormentos y penas.

Él, pensando un poco, preguntó al religioso si iban cristianos al cielo. El religioso le respondió que sí, pero que iban los que eran buenos. Dijo luego el cacique sin más pensar, que no quería él ir allá sino al infierno, por no estar donde estuviessen y por no ver tan cruel gente. Esta es la fama y honra que Dios y nuestra fe ha ganado con los cristianos que han ido a las Indias.

Brevísima relación de la destrucción de las Indias,[4] Sevilla, 1552

Libro Tercero. Capítulo XIX

. . . Los del Consejo dieron forma de cómo había de rezar la cédula de los repartimientos que a cada uno se daban, y decía así el gobernador, o que tenía cargo de repartir los indios, que después llamaron, como se dirá, repartidor: "Yo, fulano, en nombre del rey e de la reina, nuestros señores, por virtud de los poderes que de Sus Altezas tengo, encomiendo a vos, fulano, tal cacique y tantas personas en él, para que os sirváis dellos en vuestras haciendas, minas y granjerías, según y como Sus Altezas lo mandan, conforme a sus ordenanzas, guardándolas; y no de otra manera . . . y si no lo hiciéredes, os serán quitados, y lo que os hobiéredes servido dellos, será a cargo de vuestra conciencia y no la de Sus Altezas, ni de la mía, etc." Esta era la substancia y forma de la cédula, por lo cual creían que ya quedaba todo llano y santo, y fuera bien preguntar a algunas de las justicias, si quitaron a uno o alguno los indios por los malos tractamientos . . . y con estas palabras creían los insensibles que quedaban las tiranías y muerte de los indios justificadas y sanctificadas, y su conciencia y la del rey salvas y excusadas.

Historia de las Indias,[5] 1559

7.5. TEXTO LITERARIO: TEATRO

Miguel de Cervantes, Alcalá de Henares 1547–1616 Madrid

La vida de este escritor estuvo plagada de pequeños fracasos domésticos y profesionales, en la que no faltó ni el cautiverio, ni la injusta encarcelación, ni la afrenta pública. La mala fortuna lo persiguió toda su vida y sólo al final, tras el éxito de las dos partes del Quijote, pudo disfrutar de cierta tranquilidad. Participó en la batalla de Lepanto contra los turcos donde perdió la mano izquierda, de aquí el apelativo de "el manco de Lepanto". Años después se volvió a embarcar para reanudar la misma lucha y cayó prisionero de los turcos, lo que inició un largo cautiverio en Argel. Protagonizó cuatro intentos de fuga hasta que finalmente fue liberado y regresó a Madrid. Esos diez años de guerra y prisión lo habían marcado con una crisis personal, la cual paralelamente reflejaba la crisis general del Imperio, agravada con la derrota de la Armada Invencible en 1587. Volvió a la cárcel en otras dos ocasiones en Madrid y en Sevilla: una por vender trigo requisado (trabajó como recaudador), y otra por problemas de dinero cuando fue recaudador de impuestos. En 1605 publicó en Madrid *El ingenioso hidalgo don Quijote de La Mancha* que lo hizo famoso de forma inmediata, sin mejorar mucho sus penurias económicas. A partir de esta fecha escribe a un ritmo imparable: en 1613 aparecen las *Novelas ejemplares*; en 1614 *El viaje al Parnaso*; en 1615 las *Ocho comedias y ocho entremeses nuevos nunca representados* y acaba la segunda parte del Quijote; en 1616 *Los trabajos de Persiles y Segismunda*.

LEONARDO: Amigo Sayavedra, si te arreas
de ser predicador, ésa no es tierra
do alcanzarás el fructo que deseas.
Déjate deso y escucha de la guerra
que el gran Filipo hace nueva cierta,
y un poco la pasión de ti destierra.
Dicen que una fragata de Biserta
llegó esta noche allí con un cativo
que ha dado vida a mi esperanza muerta . . .
Dice el número cierto que ha pasado
de soldados a España forasteros,
sin los tres tercios nuestros que han bajado;
los príncipes, señores, caballeros,
que a servir a Filipo van de gana;
los naturales y estranjeros,
y la muestra hermosísima lozana
que en Badajoz hacer el rey pretende
de la pujanza de la Unión Cristiana . . .

SAYAVEDRA: Rompeos ya, cielos, y llovednos presto
el librador de nuestra amarga guerra
si ya en el suelo no le tenéis puesto.
Cuando llegué cativo y vi esta tierra
tan nombrada en el mundo, que en su seno
tantos piratas cubre, acoge y cierra,
no pude al llanto detener el freno,
que, a pesar mío, sin saber lo que era,
me vi el marchito rostro de agua lleno . . .
. . . "Alto señor, cuya potencia
sujetas trae las bárbaras naciones
al desabrido yugo de obediencia:
a quien los negros indios con sus dones
reconocen honesto vasallaje,
trayendo el oro acá de sus rincones;
despierte en tu real pecho coraje

la desvergüenza con que una bicoca
aspira de continuo a hacerte ultraje.
  Su gente es mucha, mas su fuerza es poca,
desnuda, mal armada, que no tiene
en su defensa fuerte muro o roca.
  Cada uno mira si tu Armada viene,
para dar a los pies el cargo y cura
de conservar la vida que sostiene.
  De la esquiva prisión, amarga y dura,
adonde mueren quince mil cristianos,
tienes la llave de su cerradura.
  Todos, cual yo, de allá, puestas las manos,
las rodillas por tierra, sollozando,
cerrados de tormentos inhumanos.

Trato de Argel,[6] 1582

7.6. TEXTO NO LITERARIO

Sebastián de Covarrubias Horozco, Toledo 1539–1613

Fue lexicógrafo, criptógrafo, capellán del rey Felipe II y canónigo de la catedral de Cuenca. Estudió en Salamanca y escribió la mejor obra lexicográfica publicada entre el diccionario de Antonio de Nebrija y el *Diccionario de Autoridades* de la RAE: su monumental diccionario, el *Tesoro de la lengua castellana* (1611).

PRELIMINARES. Al letor

Hay poca claridad cuál fuese la lengua primera y pura que se habló en España. La que agora tenemos está mezclada de muchas, y el dar origen a todos sus vocablos sería imposible. Yo haré lo que pudiere, siguiendo la orden que se ha tenido en las demás lenguas, y por conformarme con los que han hecho diccionarios copiosos y llamádolos *Tesoros*, me atrevo a usar deste término por título de mi obra, pero los que andan a buscar tesoros encantados suelen decir fabulosamente que, hallada la entrada de la cueva do sospechan estar, les salen al encuentro diversidad de monstruos fantásticos . . . Yo he buscado con toda diligencia este *Tesoro de la lengua castellana* y lidiado con diferentes fieras, que para mí y para los que saben poco, tales se pueden llamar las lenguas extranjeras: latina, griega, hebrea y arábiga y con las demás vulgares, la francesa y la toscana, sin la que llaman castellana antigua, compuesta de una mezcla de las que introdujeron las naciones que al principio vinieron a poblar a España . . . Conviene a saber, los hebreos, los persas, los fenices, los celtas, los penos, los cartaginenses . . .

Por satisfacer a todos, siendo deudores a los sabios y a los que no lo son, en el discurso de algunas etimologías no solo se traen las legítimas y verdaderas, pero a veces las vulgares introducidas por los idiotas. Los vocablos que no se hallaren en la letra Z búsquense en la Ç, y muchas de la F en la H, y al contrario, como *fidalgo*, *hidalgo*. La letra V se divide en la vocal y en consonante. Lo demás se advierte en cada dicción. Yo pido con toda humildad y reconocimiento de mi poco saber, que todo aquello que yo errare se me emiende con caridad y se me advierta para otra impresión.

Tesoro de la lengua castellana,[7] Madrid, 1611

7.7. TEXTO NO LITERARIO: *DICCIONARIO DE LA LENGUA CASTELLANA DE AUTORIDADES*

7.7.1. Prólogo

El principal fin, que tuvo la Real Académia Eſpañóla para su formación, fué hacer un Diccionario copioſo y exacto, en que ſe vieſſe la grandéza y poder de la Léngua, la hermoſúra y fecundidád de ſus voces, y que ninguna otra la excede en elegáncia, phraſes, y pureza: ſiendo capáz de expreſſarſe en ella con la mayor energía todo lo que ſe pudiere hacer con las Lenguas mas principales, en que han florecido las Ciéncias y Artes: pues entre las Lénguas vivas es la Eſpañóla, ſin la menor duda, una de las mas compendioſas y expreſsívas, como ſe reconoce en los Poétas Cómicos y Lyricos, à cuya viveza no ha podido llegar Nación alguna: y en lo elegante y pura es una de las mas primoroſas de Európa, y tan fecunda, que ſe hallan en ella, entre otras obras de ſingular artificio, cinco Novelas de basſtante cuerpo, . . . Eſta obra tan elevada por ſu aſſunto, como de grave peſo por ſu compoſición, la tuvo la Académia por preciſa y caſi inexcuſable, antes de empeñarſe en otros trabájos y eſtúdios, que acreditaſſen ſu deſvelo y aplicación: porque hallandoſe el Orbe literário enriquecido con el copioſo número de Diccionarios, que en los Idiómas, ò Lénguas extrangéras ſe han publicado de un ſiglo à eſta parte, la Léngua Eſpañóla, ſiendo tan rica y poderoſa de palabras y locuciones, quedaba en la mayor obſcuridád, pobreza è ignoráncia, . . . sin tener otro recurſo, que el libro del Theſoro de la Léngua Caſtellana, ò Eſpañóla, que ſacó à luz el año de 1611. Don Sebaſtian de Covarrubias.

Diccionario de Autoridades, Prólogo,[8] 1726

7.7.2. Ejemplos de definiciones

CONSTELACIÓN. (del lat. *constelatio*): f. Astron. Conjunto de varias estrellas fijas encerradas en una figura arbitraria cuyo nombre ha recibido para distinguirle de otros.

. . . que se halla en la misma constelación.
José J. Landerer

—Constelación: clima o temple.

El firmamento duplicado en flores,
Se ve en constelaciones olorosas,
Ni mustias envejecen con calores . . .
Quevedo

CONSTIPADO. m. Resfriado, destemple general del cuerpo, ocasionado por supresión de la transpiración.

> . . . quién defiende que durará más que un constipado mal curado: etc.
> M. J. de Larra

CONSTIPAR. (del lat. *constipare*, constreñir): a. Cerrar y apretar los poros, impidiendo la transpiración.

> Anoche debió constiparse horriblemente cuando aquella alarma de los ladrones . . .
> B. Pérez Galdós

EMPALAGAR. (del ital. *impelagare*, embarazar): a. Fastidiar, causar hastío un manjar.

> Que el manjar, más sabroso y sazonado
> Os deja cuando es mucho empalagado.
> Ercilla

> Lo dulce luego empalaga,
> Y como el amor es fruta
> Suele comerse al principio
> Y enfadar después madura.
> Tirso de Molina

b. Empalagar: fig. Cansar, enfadar, fastidiar.

> Sólo el padre no se cansa; que todos los más de poco se empalagan y enfadan.
> Mateo Alemán

Diccionario de Autoridades,[9] 1726

7.8. TEXTO NO LITERARIO: GÉNERO EPISTOLAR, CARTA DEL MÉXICO COLONIAL

Se reproduce aquí una carta escrita desde ciudad de México por Nuño de Guzmán a su criado Antonio de Godoy en 1529. Nuño de Guzmán, nacido en Guadalajara (España) fue conquistador y gobernador de Pánuco, así como presidente de la primera Audiencia de la Nueva España. Fue rival de Hernán Cortés. Por su carácter sanguinario y cruel y por sus abusos contra los indígenas fue depuesto de su cargo en la Audiencia. Aún así continuó "a sangre y fuego" con la conquista. En la presente carta se habla del engaño y la posible prisión del *caltzontzi* (gobernante de los tarascos) y de su hermano, así como del reparto del maíz y de la explotación de las minas por los esclavos indios. Un año después de que se escribiera esta carta se conquistó Michoacán y su *caltzontzi* fue quemado vivo por orden de Nuño de Guzmán. La carta está firmada por Nuño de Guzmán mientras que el texto fue dictado a otra persona que no era escribano profesional.

Especial amigo. Esta noche resçibi una carta vuestra de qujnze de agosto. Y en lo que dezis del caçonzi y su hermano, parezeme que en algo teneys razon. Y si pareçiere Gonzalo Lopez que ay los jnconvinyentes que escrebis en traellos a entranbos y benjr presos, que deje el hermanoy venga el cazonçi. Y si pareçiere que debe venjr suelto, hagase y diganle de mj parte que yo no le mandava prender, sino que vinjese aca para informarme e quién le avja dicho que no avja de servir al rey, sino a Hernando Cortés; y que para esto le enbjé a llamar, y no para otra cosa, y para que crea qye me parto. Y si con esto os pareçiere que verna, venga suelto y si no, traygase preso. Y quanto a lo del rapartymjento del mahiz, creo que no se podra aver por sel al cabo del año, nj tampoco creo que se podra aver tanta cantidad. Repártase la más que se pudiere para lo nuevo, y mjll o dos mjll hanegas de frisoles y su agi y sal, y esto esté repartido por los señores de los pueblos pra que acudan a su tiempo a donde les hordenaredes. Y quanto a lo de las mjnas, yo no querria que vos os apartesedes dello, sino que enbiasedes el oro que ay y que procureys de que en ese rio que se ha allado se hechen mjs quadrillas. Y que pague el canzonçi los esclavos que por su cabsa se fueron y murieron. Y en todo lo demas, dad horden con el que quedare para que se provea, de manera que no aya falta para quando yo fuere. Y porque en lo demas os tengo escrito poco ha con Diego Hernándes, vuestro conpañero, no digo más, syno que Dios sea en vuestra guarda. En Mexico, xx de agosto de Dxxjx. [Con otra letra] A lo que os cunpliere. Nuño Guzman.

Carta de Nuño de Guzmán a su criado, Antonio de Godoy,[10]
ciudad de México, 1529

EJERCICIOS DE TEXTOS ANTIGUOS DE LOS SIGLOS XV–XVIII

1. Compare los dos textos siguientes y analice su contenido.

A) «Esta lengua dela qual damos aquí preceptos, se llama Hespañola; llamasse assi, no porque en toda Hespaña se hable vna sola lengua, que sea vniuersal a todos los habitadores della, porque ay otras muchas lenguas: sino, porque la mayor parte de Hespaña la habla ... Ciertamente esta lengua propriamente se deue llamar Castellana, porque es propia a la nacion que llaman Castellana, que los Romanos antiguamente, contaban por Hespaña Tarraconense.»

Gramática anónima de Lovaina, 1555

B) «A esta que io nombro Vulgar, algunos la llamaron lengua Española, en lo qual, a mi parescer, erraron, pues vemos que en España hai mas de una lengua; i otras mas antiguas, que no esta, i de mas lustre, por los mas escritores que han tenido. Otros la llamaron Castellana, dandole el nombre de la provincia de Castilla, donde (según dizen) ella mas floresce; lo qual, aunque no paresce desaforado, todavía es nombre ambicioso, i lleno de imbidia, pues es mas claro que la luz del sol, que los reinos de León y Aragón tienen maior y mejor derecho en la lengua Vulgar, que no el reino de Castilla.»

Gramática de Lovaina,[11] 1559

2. ¿Qué se observa en este texto en cuanto al uso de los pronombres átonos? Subraye todos los sustantivos y adjetivos de origen verbal.

«Porque dejando aparte el perdimiento del reyno y la ruyna del templo y el assolamiento de su ciudad y la gloria de la religión y verdadero culto de Dios traspassada a las gentes, y dexados aparte los robos y males y muertes innumerables que padescieron los judíos entonces, y el eterno captiverio en que viven agora en estado vilíssimo entre sus enemigos, hechos como un exemplo común de la ira de Dios: assi que, dexando esto aparte, ¿puédese imaginar más desventurado sucesso que, aviéndoles prometido Dios que nascería el Mesías de su sangre y linaje, y aviéndoles ellos tan luengamente esperado, y esperando en él y por él la summa riqueza, y en duríssimos males y trabajos que padescieron aviéndose sustentado siempre con esta esperanza, cuando le tuvieron entre sí no le querer conoscer, y cegándose hazerse homicidas y destruydores de su gloria y de su esperanza y de su summo bien ellos mismos?»

Fray Luis de León, *De los nombres de Cristo*,[12] 1572–76

3. ¿Cómo adaptaría este texto para actualizarlo? ¿Qué signos ortográficos cambiaría? ¿Modificaría la puntuación?

«Algunos años ha que boluí a mi antigua ocioſidad, y penſando que aun durauan los ſiglos, donde corrian mis alabanças, boluí a componer algunas comedias: pero no hallé paxaros en los nidos de antaño: quiero dezir que no hallé autor que me las pidieſſe pueſto que ſabían que las tenía: y aſſi las arrinconé en vn cofre, y las conſagré y condené al perpetuo ſilencio. En eſta ſazón me dixo vn librero, que el me las comprara, ſi un Autor de título no le huuiera dicho, que de mi proſa ſe podía eſperar mucho, pero que del verſo nada: y ſi va a dezir la verdad, cierto que me dio peſadumbre el oyrlo, y dixe entre mí: O yo me he mudado en otro, o los tiempos ſe han mejorado mucho, ſucediendo ſiempre al reues, pues ſiempre ſe alaban los paſſados tiempos. Torné a paſſar los ojos por mis comedias, y por algunos entremeſes mios, que con ellas eſtauan arrinconados, y vi no ſer tan malas, ni tan malos que no merecieſſen ſalir de las tinieblas del ingenio de aquel Autor, a la luz de otros Autores menos eſcrupulosos, y mas entendidos. Aburrime, y vendíſelas al tal librero que las ha puesſto en la eſtampa, como aquí te las ofrece, el me las pagó razonablemente, yo cogí mi dinero con ſuauidad, ſin tener cuenta con dimes, ni diretes.»

Miguel de Cervantes, *Ocho comedias y ocho entremeses*,[13] 1615

4. ¿Cuáles son los rasgos gráfico-fónicos que caracterizan el texto?

Capítulo I, cuarto. De la convalecencia y ida a estvdiar a Alcala de Henares

«Entramos en cassa de Don Alonso, y echaron nos en dos camas con mucho tiento: por que no se nos desparramasen los huesos, de puro roydos de la ambre. Trujeron esploradores, que nos buscasen los ojos por toda la cara; y a mi como auia sido mi trauajo mayor y la ambre imperial, que al fin me trataban como a criado, en buen rato no me los allaron. Truxeron Medicos, y mandaron, que nos limpiassen con Zorras el poluo de las vocas, como a retablos, y bien lo eramos de duelos. Ordenaron, que nos diessen sustancias, y pistos; ¿quien podra contar a la primera almendrada, y a la primera aue, las luminarias, que pusieron las tripas de contento? Todo les hacia nouedad. Mandaron los Dotores que por nueue dias no ablasse nadie recio en nuestro aposento; por que como estauan guecos los estomagos sonaba en ellos el ecco de qualquier palabra.

Con estas, y otras preuenciones començamos a boluer, y cobrar algun aliento; pero nunca podian las quixadas desdoblarse, que estauan magras, y alforzadas. Y assi se dio orden que cada dia nos las aormassen con la mano del almirez. Leuantauamonos a hazer pinicos dentro de quarenta dias, y aun pareciamos sombras de otros ombres, y en lo amarillo, y flaco simiente de los Padres del yermo. Todo el dia gastauamos en dar gracias a Dios, por auernos rescatado de la captiuidad del fierissimo Cabra. Y rogauamos al Señor que ningun cristiano cayesse en sus manos crueles.»

Francisco de Quevedo, *Vida del Buscón*,[14] 1626

5. Subraye los pronombres personales átonos y analice qué función realizan.

«De verdad, dize el pobre, ridículo me haze la pobreza, mas a ti te haze lamentable el dinero; que desde que le tienes, andas inquieto . . . y al cabo, por tener al oro le vienes a tener por señor. Tú le sirves, tú le desentierras, tú le guardas y él aun no te halla digno de algún agradecimiento . . . Y si mueres, él es el primero que le pesa de que te lloren, pues luego enxuga las lágrimas a quien te hereda . . . ¿Quién bastará a entender al auariento? Para tenerte, caba y te desentierra; y en teniéndote, por no tenerte (que es por no gastarte), torna a cabar y te entierra otra vez.»

Francisco de Quevedo, II, v. 248, *La cuna y la sepultura,*[15] 1634

6. La mezcla de *tú* y *vos*, origen del *voseo* americano, tiene su antecedente en el tránsito de un tratamiento a otro dentro de una misma frase o en frases vecinas, con ejemplos castellanos desde el siglo XIII. A continuación se presentan algunos textos con distintas fórmulas de tratamiento, analícelas y compárelas.

A) Fecha la sepultura con todo cunplimiento,
entró el buen diçiplo de grant entendimiento,
llegóse al maestro con su abenimiento.
295 -"Fijo, dixo el maestro, grant amor me fiziestes,
gradézcovoslo mucho porque tal ora viniestes.
Somos en hun ministerio, atal otro non viestes:
vn cuerpo que fallamos, bien cuydo que lo oyestes".
"Desque Dios te aduxo en tan buena sazón,
finca con tu maestro en esta proceción;
ondremos este cuerpo, ca debdo es razon;
quiero de la ganançia que lieues tu quinyón".
297 "Por tu bondat misma por mi amor
prende en huna ampolla del bálsamo meior" . . .

302 Tornó ha su maestro, que estaua a la puerta:
"Senyor, esta reýna que tenemos por muerta,
cosa veyo en ella que mucho me conuerta".
303 "Yo entendo en ella espirament de vida,
ca ell alma de su cuerpo non es encara exida.
Por mengua de recabdo es la duenya perdida.
Si tú me lo condonas, yo te la daré guarida".

Libro de Apolonio,[16] h. 1250

B) 668 «El yerro que otro fizo, a mí non faga mal;
avet por bien que vos fable allí so aquel portal:
non vos vean aquí todos los que andan por la cal;
aquí vos fablé vno, allí vos fablaré ál.»
669 Paso a paso Doña Endrina so el portal es entrada,
bien loçana e orgullosa, bien mansa e sosegada . . .»

670 «Escúcheme, señora, la vuestra cortesía,
un poquillo que vos diga la muerte mía;
cuidades que vos fablo en engaño e en folía,
e non sé qué me faga contra vuestra porfía.»

Libro de Buen Amor,[17] 1343

C) «Unos dicen "Dios mantenga"; otros "manténgaos Dios" . . . Todas estas maneras de saludar se usan solamente entre los aldeanos y plebeyos, y no entre los cortesanos y hombres polidos, porque si por malos de sus pecados dixese uno a otro en la Corte "Dios mantenga" o "Dios os guarde", le lastimarían en la honra y le darían una grita. El estilo de la Corte es decirse unos a otros "beso las manos de vuestra merced"; otros dicen "beso los pies a vuestra Señoría" . . . Lo que en este caso siento es que debía ser el que esto inventó algún hombre vano y liviano . . . porque decir uno que besará las manos a otro es mucha torpedad, y decir que le besa los pies es gran suçiedad.»

Antonio de Guevara, *Epístolas familiares*,[18] h. 1533

D) «Eres mochacho –me respondió– y no sientes las cosas de la honra . . . Pues hágote saber que yo soy como ves, un escudero; mas ¡vótote a Dios!, si al conde topo en la calle y no me quita muy bien quitado del todo el bonete . . . Acuérdome que un día deshonré en mi tierra a un oficial y quise poner en él las manos, porque cada vez que le topava, me dezía: "Mantenga Dios a Vuestra Merced". "Vos, don villano ruyn –le dixe yo– ¿por qué no soys bien criado? ¿Manténgaos Dios me aveýs de dezir, como si fuesse quienquiera?" De allí adelante, de aquí acullá me quitava el bonete y hablava como debía.»

Lazarillo de Tormes, III,[19] 1553

E) «El primero y más baxo (de los tratamientos o títulos) es TU, que se da a los niños, o a las personas que queremos mostrar grande familiaridad o amor. VOS se dice a los criados o vasallos. VUESASTÉ, VUESA MERCED, VUESTRA MERCED, que significan una misma cosa . . . , se da a todos, grandes e pequeños. VUESTRA SEÑORIA, a los condes, marqueses y obispos . . . , VUESA EXCELENCIA a los duques, virreyes y generales de armadas. VUESTRA ALTEZA, a los hermanos del rey o a los príncipes soberanos. A los reyes, VUESTRA MAGESTAD.»

Juan de Luna, *Diálogos familiares*,[20] 1619

F) «Se usan quatro diferenzias de hablar con las personas, conforme cuatro calidades dellas, que son *vuestra merced, él, vos, tú*. Con *merzed* hablamos a las personas de rrespeto, como xuezes, eclesiásticos, cavalleros, damas, i gente de capa negra, i es lo mas despues de *señoria*. *El* usan los maiores con los que no quieren darles *merzed*, ni tratarlos de *vos*: la xente vulgar i de aldea, que no tiene uso de hablar con *merzed* . . . De *vos* tratamos a los criados, i mozos grandes, i a xente de pardo adeanos. De *tu* se trata a los muchachos i menores de la familia, que es hablar mas senzillo i concordante.

A *vos* le usavan los antiguos entero, i dura oi en escritos viexos, i formulas por autoridad i venerazion de la antigüedad.»

Gonzalo Correas, *Arte Kastellana*, v. 49–59, 805,[21] 1627

G) César: Admítolos. Yo os haré
mercedes, andad con Dios.

Gascón: «¿Os haré?» y «¿andad?» ¿Ya es *vos*
lo que *tú* hasta agora fue?
Pues, vive Dios, que hubo día,
aunque des en vosearme,
que de puro tutearme
me convertí en atutía.

César: Gastón, tu estancia es abajo;
vete y despaja.

Gascón: Eso sí,
tú por *tú*: «vete» de aquí,
y no «andad» en tono bajo,
que esto de *vos* me da pena.

Tirso de Molina, *Celos con celos se curan*, acto II,[22] 1635

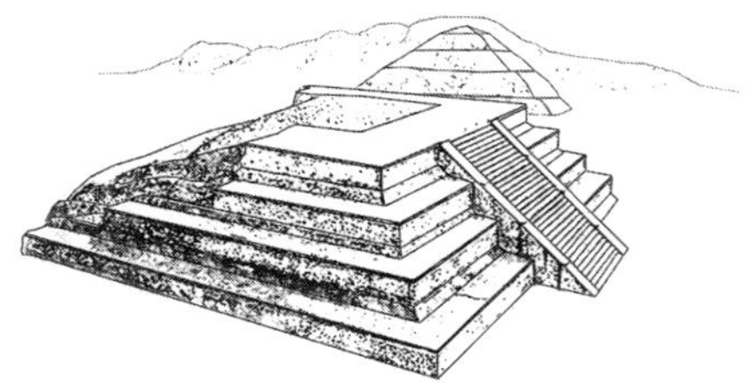

El legado de las lenguas amerindias y el español de la colonización

Desde finales del siglo XV hasta la primera mitad del siglo XVII se llevó a cabo el descubrimiento, la conquista y la colonización de América. En esta época y hasta la independencia de las colonias en el siglo XIX, el español se extiende por el Caribe, Centroamérica y Sudamérica, primero hablado por los colonos y sus descendientes, después por los criollos o mestizos y finalmente por la mayor parte de la población cuando se convirtió en lengua oficial única para la educación y la administración.

El gran empeño de Colón de llegar a Asia por occidente, siguiendo una ruta marítima que diera la vuelta a la tierra, se vio culminado en 1492 cuando llegó a La Española (actual República Dominicana). Tras su fracaso de financiación con el reino de Portugal, Castilla va a apostar por esta nueva ruta comercial con oriente. Los Reyes Católicos respaldaron el descubrimiento del continente americano que se convirtió en otro logro territorial más, añadido al de la reconquista de la Península Ibérica.

Colón murió sin reconocer que aquellas tierras no pertenecían a Asia, sin embargo su hallazgo promovió una sucesión de expediciones que resultaron en el asentamiento progresivo de españoles en los nuevos territorios americanos. En un principio se asentaron en la zona del Caribe, que se colonizó rápidamente; seguidamente se dirigieron al altiplano mexicano, donde se encontraban los imperios azteca y maya. Desde aquí partieron otras expediciones que incorporarían las zonas de la actual América central. Por último llegaron a las tierras andinas donde vivían los incas, es decir, lo que hoy es Perú y los Andes centrales. Siguiendo el orden diacrónico y diatópico del desarrollo de la conquista, fueron precisamente estas lenguas indígenas de las regiones antillanas, mexicanas y andinas las que más americanismos aportaron a la lengua española.

8.1. PRÉSTAMOS LÉXICOS DE LAS ANTILLAS, CENTROAMÉRICA Y SUDAMÉRICA

Los intercambios políticos y administrativos entre España y las Américas se daban principalmente a través de los tres núcleos centrales en las tierras del Nuevo Mundo que se habían organizado según las fases y rutas del descubrimiento. El primer núcleo destacado fue el Caribe, ya que las Antillas fueron los primeros territorios a los que llegó Colón; el segundo fue el altiplano de México, conquistado por Cortés; y el tercero la zona de los Andes centrales, colonizados por Pizarro. El desarrollo geográfico y diacrónico de la conquista explica que las lenguas que más léxico aportaron al español fueran las antillanas, entre ellas el arahuaco, taíno y caribe; el nahua de México; y el quechua de Perú (del Imperio Inca).

Cuando los españoles llegaron a las Américas se encontraron con otro mundo diferente, desde la flora y la fauna hasta los alimentos, casi todo representaba una realidad distinta que había que "nombrar" de alguna manera. Para ello recurrieron a los indigenismos autóctonos de los lugares por los que iban pasando.

A continuación siguen algunas voces de lenguas prehispánicas que se usan con frecuencia en el español de las regiones donde se hablan e incluso también en el español general. Muchas de estas palabras se usan hoy en día en el español estándar, otras están restringidas exclusivamente a América.

8.1.1. Léxico de origen antillano

El primer contacto que se estableció entre los conquistadores y el Nuevo Mundo fue en la zona antillana. A partir de ese momento, los indigenismos presentarán un caudal léxico de enorme importancia para acomodar el español europeo a la realidad americana.

Una de las primeras palabras que se incorporaron al español fue la palabra *canoa* que Colón documentó en su *Diario* de 1492 y poco después recogió Nebrija en su *Dictionarium*. Desde esta fecha los descubridores y los indios del Caribe iniciaron un proceso asimilatorio de comunicación que facilitó la acogida de americanismos en el vocabulario general del español.

En las Antillas se hablaban varias lenguas indígenas como el arahuaco, el taíno y el caribe. El arahuaco se extendía por varias islas tanto en la zona antillana como en el norte de Sudamérica, de hecho el taíno se considera una variedad del arahuaco. En lo que hoy en día es Puerto Rico, Jamaica, Haití y República Dominicana se hablaba el taíno. En las Antillas Menores se comunicaban en la lengua caribe, que se propagó a otras islas y a las costas del continente americano. A continuación se anotan algunos de los indigenismos antillanos de mayor relevancia.

Palabras de origen **arahuaco:**

cayo
comején (termita)
guacamaya (papagayo)
guanajo (pavo)
guira (cierto fruto)
hutia (roedor)
iguana
jabia (cangrejo)
macana (arma de madera)
naboría (indio libre)
nigua (pulga)

Palabras de origen **taíno:**

ají (guindilla)
arcabuco (bosque espeso)
barbacoa (parrilla)
batata
batea (bandeja)
batey (juego de pelota)
bejuco (enredadera)
bohío (choza)
cacique (jefe)
caoba
cazabe (pan de yuca)
ceiba
coa (palo para cavar)
conuco (plantación pequeña)
guajiro (nuestro compañero)
guanábana (fruta)
hamaca
huracán
jaba (cesto)
jaguey (hoyo)
jíbaro (campesino)
macana (porra)
maíz
mamey (fruta)
maní (cacahuete)
naguas (faldas de las indias)
pita (hilo)
sabana
tabaco (¿?)
yuca

Palabras de origen **caribe:**

arepa (pan de maíz)
butaca (asiento)
canoa
caimán
caníbal
caribe (indio indomable)
colibrí (pájaro, gorrión)
guasa (burla)
guateque (jolgorio)
guayaba (fruta)
loro
manatí (vaca marina)
mico
papaya (fruta)
piragua
tiburón (¿?)

Las lenguas antillanas se extinguieron aunque dejaron su legado léxico en el español recién llegado a América. A partir de mediados del siglo XVI, su función como lengua-fuente lo tomará el nahua en México.[1]

8.1.2. Léxico de origen nahua

Una vez conquistada la zona de las Antillas, salen nuevas expediciones en dirección al continente, hacia los territorios que hoy conforman México y Centroamérica. Como consecuencia de esta expansión geográfica y política, surge otra nueva realidad lingüística. Los españoles se encontraron con una civilización superior y bien organizada, comparable a la suya, y con otras lenguas como el nahua de la cultura azteca del centro y noroeste de México y el maya de la zona centro-sur.

El nahua, que todavía se habla en México, ha contribuido con muchos vocablos al español general, lo que no ha sucedido con la lengua maya. No obstante, en las regiones bilingües, se oyen numerosos regionalismos tanto del nahua como del maya, propios exclusivamente de esa zona. Algunos de los préstamos de origen **nahua** son:

aguacate
cacahuate
cacao
camote (batata)
chicle
chile
chocolate
comal (disco de barro para cocer tortillas)
coyote (lobo americano)
cuate (mellizo)
ejotes (judías verdes)
elote (mazorca de maíz)
galpón (cobertizo)
guacamole (ensalada)
guajolote (pavo)
huipil (camisa de las indias)
hule (goma, caucho)
jacal (choza)
jícama (tubérculo)
jícara (vasija de calabaza)
jilote (mazorca de maíz por cuajar)
mecate (cordel)
metate (piedra para moler)
milpa (sementera de maíz)
molcajete (mortero)
nagual (hechicero)
nopal (chumbera)
ocelote (tigre)
papalote (cometa)
petaca (baúl)
petate (esterilla)
pozole (guisado)
pulque (bebida alcohólica)
quetzal
tamal
temascal (baño de vapor)
tequila
tianguis (mercado)
tilma (manta)
tiza
tomate
totopo (tortilla tostada)

A pesar de la gran riqueza lingüística de las Américas, fueron las lenguas antillanas y después el nahua los que iniciaron al español en el Nuevo Mundo. Los colonizadores aprendieron y adoptaron nuevas palabras de la zona caribeña y mexicana que a su vez llevaron a otras partes del centro y sur del continente. Con lo cual, algunos antillanismos y nahualismos se extendieron por Sudamérica.

El triunfo y la difusión de las voces antillanas reflejan el diacronismo del proceso colonizador y la necesidad súbita de nombrar cosas desconocidas. Esta necesidad disminuye regresivamente a medida que avanza la expansión territorial. La intensidad lingüística de la experiencia antillana y posteriormente la mexicana no se vuelven a repetir en otras regiones americanas. Véase en la siguiente cita las cifras aportadas por López Morales.

> Un examen de la literatura cronística del siglo XVI indica que 63 de los 69 términos taínos que en ella aparecen se usan fuera de Las Antillas, mientras que de las 95 palabras nahuas, solo 39 se recogen en textos ajenos a México, y tan sólo ocho de un total del 24 voces quechuas son utilizadas fuera de la zona incaica.[2]

8.1.3. Léxico de origen quechua

Cuando los colonizadores llegaron a América del Sur, el caudal léxico del español ya se había enriquecido con los antillanismos y los préstamos del nahua por lo que las lenguas sudamericanas como el quechua, el aimara, el araucano o el tupí-guaraní no influyeron tanto. De todas ellas, la que más aportó fue el quechua, lengua precolombina, que todavía se habla en Ecuador, Perú y Bolivia, extendida desde los Andes hasta el Pacífico.

Algunas de las palabras de origen **quechua** son:

alpaca (animal)
anaco (pollera, falda)
callana (plato de barro)
cancha (terreno llano)
carpa (tienda de campaña)
chacra (huerta)
chancar (romper)
chapar (atisbar)
china (india o mestiza)
chirimoya (fruta)
choclo (maíz)
chupe (cierto guisado)
coca (planta)
cóndor (buitre)
corotos (trastos)
gaucho (de la pampa)
guagua (niño)
guanaco (animal)
guano (estiércol)
jarana (pendencia)
llama (animal)
mate (infusión de hierbas)
mote (maíz desgranado)
ojota (sandalia)
palta (aguacate)
pampa (llanura)
papa
pichana (escoba rústica)
pilche (calabaza)
pisco (aguardiente de uva)
pisco (pavo)
poroto (alubia)
puma
quena (instrumento musical)
quipu (cordel de nudos)
soroche (mal de montaña)
tipa (cesta)
vicuña (animal)

El quechua comparte bastante vocabulario con su vecino el **aimara**, que todavía se habla en Perú y Bolivia. El **araucano**, también vecino del quechua, se habla en el centro de Chile aunque en comunidades muy pequeñas. Algunos araucanismos se utilizan en el español chileno, como léxico dialectal, pero no se reconocen en el español estándar. Por último, las lenguas del grupo **tupí-guaraní** se hablan en la zona amazónica hasta la costa atlántica, en Brasil, Uruguay, Paraguay, país este último en donde es lengua oficial junto con el español, y norte de Chile. Algunas voces como *ananá* (piña), *jaguar, mandioca* (yuca), *petunia* (planta y su flor), *piraña*, han pasado al español, sin embargo la mayoría de los tupí-guaranismos de estos países son dialectales y propios de estas regiones.

Teniendo en cuenta que, en la mayoría de los casos, se tomó el neologismo indígena para designar un concepto inexistente en el español peninsular, en otros, se adaptó un vocablo ya presente en el caudal léxico para designar algo similar a la realidad americana. Así por ejemplo: *ananá*, del tupí-guaraní, pasó a denominarse *piña*, del latín PĪNĔA, por su parecido al *piñón*, fruto del pino. Al *cóndor*, del quechua, se le llamó *buitre*. El *caimán*, del caribe, pasó a ser *cocodrilo* o *lagarto*, voces latinas. Al *jaguar*, del tupí-guaraní, se le denominó *tigre*, palabra latina para el felino asiático. Y para el *guajolote* del nahua, o *pisco* del quechua, se usó *pavo* del latín (en México y Centroamérica *pavo* significa *pavo real*).

Hoy en día subsisten voces de distintos orígenes para indicar la misma idea; básicamente se consideran sinónimos, procedentes de varias lenguas amerindias. El *ají* taíno equivale al *chile* nahua y al *pimiento* latino; la *batata* taína es el *camote* azteca y el *boniato*, de origen desconocido; el *maíz* taíno corresponde al *elote* nahua y al *choclo* quechua; y el *maní* taíno es el *cacahuate* o *cacahuete* del nahua.

El factor indígena en el desarrollo del español de América resulta incuestionable aunque la cuestión del *sustrato indígena* se ha debatido ampliamente en lo que al aspecto cuantitativo se refiere. Donde más se manifiesta el influjo de lo indígena es en el léxico, como se ha visto con los ejemplos de americanismos ya expuestos, y en la entonación. Parece que la entonación, muy peculiar en algunas regiones americanas, se deriva del sustrato indígena. Ésta cuenta con una rica variación de ascensos y descensos melódicos muy pronunciados, frente a la entonación peninsular con inflexiones más moderadas y neutrales.

8.2. EL ESPAÑOL DE AMÉRICA EN LOS TIEMPOS DE LA COLONIZACIÓN

Ante la creciente expansión de la dominación española en tierras americanas, se hace necesario establecer un sistema político-administrativo capaz de controlar el Nuevo Mundo. Es así como la corona española funda los virreinatos, asociados a un territorio con jurisdicción propia. Entre 1535 y 1543 se crearon los dos grandes virreinatos de la monarquía de los Austrias: el virreinato de la Nueva España (México) y el del Perú. Paralelamente, en España se abren dos instituciones de suma importancia: la Casa de Contratación (1503, en Sevilla) para regir el comercio entre España y América y el Consejo de Indias (1524, en Madrid), para consultas administrativas y jurídicas.

Esta distribución administrativa en virreinatos repercutió en el desarrollo lingüístico del español en América. No cabe duda de que los virreinatos trajeron consigo un amplio despliegue de centros culturales que promovieron la irradiación del español como lengua franca y oficial. Sin embargo esa imposición del español supuso la extinción de muchas lenguas indígenas, del mismo modo que la conquista resultó en el aniquilamiento de algunos pueblos amerindios. Aún así, la colonización también trajo el mestizaje y, aunque en el siglo XVI todavía la mayoría de los indios no hablaban español, son muchos los que empiezan a comunicarse en esta lengua.

A raíz del descubrimiento se crea un nuevo género literario, la *crónica de Indias*, muy prolífico en los siglos XVI y XVII. La nueva realidad americana despertó mucha admiración y promovió la descripción de los viajes, expediciones y conquistas, de la geografía, la naturaleza, los pueblos indígenas y sus costumbres. Los principales autores de estas obras van a ser los mismos conquistadores o los misioneros, así tenemos las primeras crónicas escritas por Bernal Díaz del Castillo y Bartolomé de las Casas. También aparecen obras redactadas por los indios mestizos y criollos nacidos en América, como es el caso del conocido Inca Garcilaso de la Vega. Tal es la importancia de esta literatura colonial que en 1571 se crea el puesto del cronista mayor de Indias, persona encargada de ordenar y redactar toda la información concerniente a los aspectos históricos, geográficos, económicos y etnográficos de los pueblos amerindios.

Durante los primeros años de la colonización, el español no se extendió de forma generalizada sino que fue más bien una lengua trasplantada que convivió con las lenguas indígenas. Fue importada al nuevo continente por los colonos que se asentaron en las nuevas tierras, se trataba más bien de un "español en América" y no tanto de un "español de América". Cabe preguntarse qué tipo de español llegó al nuevo continente y qué cambios experimentó en esa etapa de colonización.

Los recientes estudios demográficos y migratorios sobre los colonos llegados a América indican que la gran mayoría era de clase popular, de nivel sociocultural bajo, y de zonas meridionales, es decir, de Andalucía y Extremadura. Hubo otras migraciones no meridionales de castellanos e incluso de vascos, pero no se pueden comparar numéricamente al peso de la influencia meridional. Léase a continuación las estadísticas de Boyd-Bowman.

> En la época primitiva o antillana, el grupo más numeroso, en cada año, y en todas las expediciones, fueron con mucho los andaluces, de los cuales más del 78% procedían de las dos provincias de Sevilla y Huelva [. . .] De cada tres colonizadores, por lo menos uno era andaluz; de cada cinco, uno era oriundo de la provincia de Sevilla.[3]

Siguiendo las tendencias demográficas, el español llevado a América era sobre todo de tipo meridional por lo que esta afirmación fundamenta la hipótesis andalucista del español americano y explica las similitudes y coincidencias lingüísticas de nuestro idioma a ambos lados del Atlántico. A pesar de que hoy en día esta teoría está ampliamente aceptada y comprobada por las investigaciones histórico-demográficas, en el pasado hubo algunos detractores como Amado Alonso y Henríquez Ureña que defendían la teoría poligenética, según la cual el español americano no se derivaba del andaluz sino de procesos evolutivos independientes.

En el momento en que se llevaba a cabo la conquista del Nuevo Mundo en la península rivalizaban dos tendencias lingüísticas: la norma toledana (que fue sustituida en 1560 por la de Madrid) y la norma sevillana.

La norma de Toledo seguía retrospectivamente las pautas establecidas por Alfonso X, en el siglo XIII, quien contribuyó a crear una forma estándar del castellano. Posiblemente reflejaría la manera de hablar de las clases altas de Toledo y aquel castellano de Burgos que se había extendido con la reconquista hasta la zona toledana. Madrid, seguidora y continuadora de Toledo, sirvió de norma para la literatura del Siglo de Oro, momento en el cual el castellano alcanzó gran éxito, convirtiéndose en la lengua literaria y culta.

Por otro lado, la norma de la recién conquistada Sevilla, ciudad de gran tamaño y de economía floreciente, se caracterizaba por un habla peculiar que ya desde antes del siglo XVI presentaba cambios notables. Su distanciamiento geográfico del núcleo castellano así como la mayor duración de la presencia árabe causaron este alejamiento lingüístico. El seseo, el yeísmo, la conservación del fonema aspirado /h/ (proveniente de la F- inicial latina), la pérdida de la /s/ implosiva, el debilitamiento y la confusión de /r/ y /l/ al final de sílaba identificaban el habla sevillana.

Mientras que la norma de Toledo, reemplazada por la de Madrid, se impuso como norma literaria y culta en la mayor parte de la península, fue la de Sevilla la que se extendió en las zonas extrapeninsulares (recuadro 8.1).

El andalucismo del español americano resulta hoy incuestionable: la mayoría de los

RECUADRO 8.1

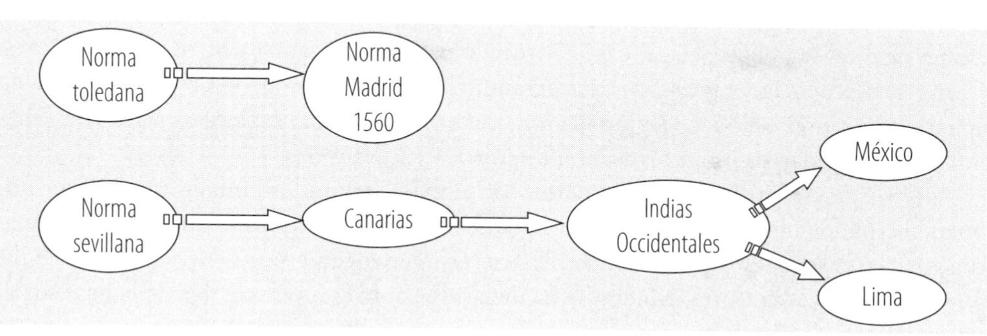

pobladores eran andaluces y aquellos que no lo eran se veían obligados a pasar largas temporadas en Sevilla por lo que se contagiaban de los rasgos lingüísticos de esta zona, además el monopolio del comercio y las relaciones con América lo tenían las ciudades de Sevilla y Cádiz. La influencia andaluza fue y es más notoria en las Antillas y las costas, mientras que las altiplanicies se acoplaron más a la base castellana.

El protagonismo de la variante andaluza conformó el tipo de español que se extendería por América, sin embargo conviene recordar que en el siglo XVI el español de España distaba de presentar una estandarización y todavía estaba sufriendo un alto grado de variación interna en las normas norteña y meridional.

8.3. EL PROCESO DE NIVELACIÓN LINGÜÍSTICA

La necesidad de comunicación entre todos los españoles llegados al Nuevo Mundo, bajo las circunstancias de la conquista, hizo que la lengua se redujera y adaptara, sufriendo un proceso de nivelación o **koinización**.[4] Las distintas variedades lingüísticas, tanto regionales como sociales, se simplificaron en una variedad resultante que fue la que se extendió y la que hablaron los criollos, nacidos en el Nuevo Mundo de padres españoles y cuya lengua materna sería esta nueva modalidad.

Esta dinámica niveladora no afectó a todos los rasgos lingüísticos ni con la misma intensidad ni al mismo tiempo por lo que algunos fenómenos, como el seseo, se impusieron rápidamente mientras que otros tardaron más tiempo en extenderse. La variante andaluza fue determinante en esta nivelación, no sólo por la aportación demográfica durante esos años sino también porque esta variante ya presentaba una tendencia a la simplificación (seseo, yeísmo, generalización de ustedes por vosotros, etc.).

Esta modalidad resultante, en mayor o menor medida nivelada, siguió su evolución particular según la zona geográfica, la rapidez de la colonización, el grado de aislamiento, la comunicación con otras áreas americanas, el sustrato indígena, las sucesivas inmigraciones de nuevos pobladores, el carácter rural o urbano de la zona y otros tantos factores. Como consecuencia, el grado de nivelación de la lengua se desarrolló regresivamente en cuanto a la conservación de regionalismos: cuanto mayor eran los rasgos regionales, menor era la estandarización o nivelación lingüística y a la inversa.

Además de esa configuración andaluzada, se le ha atribuido también un carácter popular al español americano, debido al origen diastrático de la mayoría de los expedicionarios, de clases sociales bajas. Esto justifica ciertas tendencias a una fonética y a un léxico populares, a veces vulgares. Mucho se ha debatido sobre esta perspectiva de la base social sin que exista un absoluto consenso.

> Puesto que la emigración a Indias predominó con mucho el elemento popular, para más señas salido de todos los rincones de España, será necesario preguntarse si al Nuevo Mundo se trasplantó un español básicamente nivelado o más bien un español con específicos rasgos regionales, sujetos a una ulterior y original nivelación americana. Esta es la cuestión, la insoslayable cuestión.[5]

Hoy día defender que el léxico hispanoamericano se fundamenta en la variedad rústica o popular resulta arriesgado, ya que el habla importada que llegó de España tampoco era enteramente popular o vulgar. Los barcos procedentes de Sevilla traían consigo un mosaico de clases sociales: por un lado, los magistrados, letrados, eclesiásticos, gobernadores, cronistas, que eran conocedores de la lengua literaria y de la corte; por otro, la clase trabajadora, más numerosa—marineros, carpinteros, campesinos, herreros, mercaderes, artesanos, soldados, etc. No toda la gente que se trasladaba a América eran personas sin educación de la misma manera que el pueblo que vivía en España. Los pobladores españoles que dejaron la península para ir al nuevo continente representaban en un grupo minoritario lo que era la constitución del pueblo español.

> La composición sociológica de los pobladores americanos no difería sustancialmente de la del "pueblo" que se quedó en España. Si la base del español en América, cronológicamente, es la lengua hablada a lo largo de todo el siglo XVI, puede decirse que, diastráticamente, se debe entender también como una koiné, promedio o norma de las hablas españolas en sus diversos niveles socioculturales.[6]

Si consideramos la documentación que nos ha llegado tanto de España como de América del español del seiscientos, no cabe duda de que hubo un predominio meridional en el español de la colonización, de que éste contribuyó a la nivelación lingüística y de que la diversidad interna del español importado posibilitó el multidialectalismo del español americano actual. No obstante, no se puede hablar de una generalización del andaluz en el más amplio sentido de la palabra sino más bien de un proceso lingüístico de reducción y adaptación de aquellos fenómenos de la variedad meridional necesarios en el contexto comunicativo americano.

8.4. RASGOS MÁS DIFERENCIADORES DEL ESPAÑOL DE AMÉRICA

A continuación se mencionan los rasgos más característicos del español americano, aunque hay que tener en cuenta que no todos se han extendido con la misma intensidad geográfica y cronológica.

8.4.1. Rasgos fonéticos

Desde el punto de vista fonético y de manera sucinta se pueden destacar algunas características en el consonantismo.

- El *seseo* se presenta como un fenómeno muy temprano y generalizado. En América no existe el fonema /θ/, es decir, no se da la oposición entre *caza* y *casa*. La /s/ americana se pronuncia predorsal, mientras que la castellana es apical.
- El *yeísmo* se produce cuando la lateral palatal /ʎ/ y la fricativa palatal /y/ se neutralizan en /y/; no hay diferencia entre la pronunciación de *pollo* y *poyo*. Este fenómeno está bastante generalizado excepto en la zona andina donde prevalece la lateral /ʎ/ por influencia del quechua. En la zona rioplatense se da el žeísmo o rehilamiento de /y/, cuando la <ll> y la <y> se pronuncian con la prepalatal fricativa sonora /ʒ / o sorda /ʃ/.
- La *h*- inicial, procedente de F- inicial latina, se pronuncia aspirada en casi toda la Hispanoamérica rural.
- Es frecuente la aspiración de *j*, $g^{e,i}$, [x], coincidiendo con el sonido aspirado de F- inicial latina, así [hamón] por *jamón*.
- El debilitamiento articulatorio de las consonantes en posición implosiva (final de sílaba o palabra) conlleva la simplificación de los grupos cultos latinos, por ejemplo *efeto* por *efecto*, la aspiración y perdida de la -*s*, [kóhtah] por *costas*, y la neutralización de líquidas -*r* por -*l*, [pwélta] por *puerta* o [árma] por *alma*. Estos fenómenos predominan en las zonas costeras.

La mayoría de estos rasgos coinciden con los del dialecto andaluz del sur peninsular, variante principal que conformó el español americano.

8.4.2. Rasgos léxicos

Junto con los rasgos fonéticos, los léxicos son los que presentan más variedad en el ámbito dialectal del español americano. España e Hispanoamérica comparten un fondo léxico importante, aun así se encuentran bastantes divergencias dependiendo del país en cuestión. Algunos vocablos se utilizan en grandes zonas de América, otros son de uso más restringido. Entre los primeros citamos algunos ejemplos como:

alcancía por *hucha*
aló, bueno, hola por *diga*
apurarse por *darse prisa*
balde, cubeta por *cubo*
boleto o *ticket* por *billete*
botar por *arrojar* o *tirar*
carro por *coche*
chequear por *facturar* o *reconocer*
cuadra por *manzana*
durazno por *melocotón*
enojar por *enfadar*
estampilla por *sello*
fólder por *carpeta*
fósforos por *cerillas*
guapo por *valiente*
jugo por *zumo*
liviano por *ligero*
manejar por *conducir*
medias por *calcetines*
papa por *patata*
parquear por *aparcar*
placa por *matrícula* del coche
plata por *dinero*
saco por *chaqueta*
soya por *soja*
vitrina o *aparador* por *escaparate*
vocero por *portavoz*

Otras palabras se utilizan en regiones más concretas, a continuación se mencionan algunas de las más generales:

En **Argentina:**

aceto [atʃéto] por *vinagre*
agarrar el tranvía por *coger*
alistarse por *arreglarse* o *vestirse*
atorrante por *atrevido*
birome por *bolígrafo*
boliche por *discoteca*
facturas por *pasteles, bollos*
gil por *tonto*
laburo por *trabajo*
masas por *pastas de té*
percudido por *muy sucio*
vereda por *acera*

En **Venezuela:**

afeitarse es *cortarse el pelo*
comer es *cenar*
una chica *mona* es *presumida*

En **Colombia:**

apetecer es *provocar*
febrático es *febril*
hospedaje por *hostal*
mona es una chica rubia
pieza por *habitación*
un *tinto* es un café negro

En **México:**

bañarse por *ducharse*
camarón es *gamba*
camión es *autobús*
mero significa *mismo*
popote es *pajita*
¿Qué onda?, para *¿qué tal?*

En **Puerto Rico:**

aburar a alguien por *importunar*
arracadas por *pendientes, aretes*
bregar por *trabajar*
desbaratarse por *triturarse*
estadía por *estancia*
guinda por *cuesta empinada*
guagua por *autobús*
palo por *árbol*
tapón por *atasco*
ujier por *portero*
virar por *girar*
zafacón por *papelera*

Hay palabras de significado neutral que han adquirido connotaciones obscenas en distintas regiones americanas como *coger* en México, Argentina, Venezuela y Cuba; *acabar* en Argentina, Chile y Nicaragua; *concha* en Argentina; *pico* en Chile; y *bicho* en Puerto

Rico. También se utilizan eufemismos en Hispanoamérica para evitar una expresión demasiado directa o que pueda resultar desagradable: *moreno* por *negro*, *trigueño* por *mulato*, *transpirar* por *sudar* (en Argentina, Chile), *papá* y *mamá* en lugar de *padre* y *madre* (por las múltiples frases ofensivas al padre o la madre).

Por otro lado hay voces que se usan hoy en Hispanoamérica y que han desaparecido o se usan sólo en el lenguaje literario en España, a las que se les denomina arcaísmos y seudoarcaísmos. *El diccionario* de la RAE define **arcaísmo** como aquel elemento lingüístico cuya forma o significado, o ambos a la vez, resultan anticuados en relación con un momento determinado. Según esta definición un vocablo puede resultar un arcaísmo para el español de España pero no para el de México, por ejemplo; o puede ser que la palabra se haya dejado de utilizar en el español peninsular y americano pero todavía aparezca en el lenguaje rural y popular de América; o incluso aunque haya desaparecido del español peninsular, subsista como forma dialectal en algunas regiones de España y en el habla rural de Hispanoamérica. Es decir, el ámbito de lo que se considera arcaísmo resulta amplio dependiendo del lugar donde se dejó de usar y donde sí se usa. Haciendo estas salvedades se pueden destacar algunas palabras vigentes en América y prácticamente inusuales en España como:

acalenturado por *febril*
alcanzar por *tender, ofrecer, hacer llegar*
alcayata por *clavo grande*
aldaba por *travesaño*
alistar por *tener a punto*
amarrar por *atar*
apeñuscarse por *amontonarse*
avante por *delante*
bordo por *borde, orilla*
botar por *arrojar*
bravo por *enojado, enfadado*
candil por *lámpara*
carpeta por *tapete de mesa*
chabacano por *hombre vulgar*
chícharo por *guisante*
chiquero por *corral*
cobija por *ropa de cama*
coger por *fornicar*
correr por *despedir, expulsar*
dilatar por *demorar*
ensartar por *enhebrar* la aguja
escobilla por *cepillo*
frazada por *manta*
frijol por *judía, habichuela*
friolento por *friolero*
gresca por *riña*
halar o *jalar* por *tirar*
hético por *tísico*
lindo por *bueno, excelente*
liviano por *ligero*
luego por *al instante*
mercadería por *mercancía*
palangana por *jofaína, vasija*
palo por *árbol, madera*
pálpito por *presentimiento*
prieto por *negro*
recibirse por *terminar la carrera*
renco por *cojo*
sancochar por *cocer*
valija por *maleta*
zonzo por *tonto*

Según los estudios de Isaías Lerner se pueden encontrar más de 300 voces que conservan la acepción antigua a veces en todo el continente americano, otras sólo en algunos países. Estas voces arcaicas en España se usan en mayor o menor medida en Hispanoamérica según su origen: aquellas que se adaptaron en la época de la conquista, se generalizaron más ampliamente.

Si la voz en cuestión está registrada en las hablas rústicas de España y de América, lo que tenemos no siempre es un arcaísmo, sino una palabra que se ha dejado de usar en la lengua común de todo el territorio hispánico, pero que se sigue oyendo en las zonas rurales de este mismo territorio. El olvido en el español común de la península y la generalización en los diversos países americanos es la base firme del estudio de los arcaísmos léxicos en el español de América.[7]

Otro tipo de arcaísmos son los **marinerismos** o palabras procedentes del vocabulario propio de los marineros de los siglos XVI y XVII. No sorprende, dado el carácter marítimo de la conquista, que los primeros colonos se comunicaran con un habla plagada de vocablos relacionados con el mar y la navegación. Los puertos representaban auténticos centros lingüísticos de irradiación de léxico tanto general como dialectal, así como de distinta variación social. Algunas de estas voces han extendido su valor semántico, alejándose de su significado original marinero y generalizándose en el español americano. Algunas de ellas son:

abarrotar por *proveer de género*
amarra por *atadura*
amarrar por *atar*
aparejo por *conjunto de cosas*
arbotante por *candelabro* o *lámpara*
arrumarse por *juntarse*
balde por *cubo*
boliche por *tienda pequeña* o *pescado menudo*
botar por *tirar*
chinchorro por *hamaca de cordeles*
flete por *pago de transporte*
guindar por *colgar*
jalar por *tirar*
rancho por *choza*
remontar por *ir hacia arriba*
tienda de *abarrotes* por *comestibles*
zafar por *librarse, excusarse*

Aquí se mencionan algunos ejemplos de marinerismos que sólo sobrevivieron en el español de América por influencia de los colonizadores. Hay otros que pertenecen al ámbito general del español tanto de España como de América y que por lo tanto, no interesa mencionar.

La formación de nuevas palabras o **neologismos** por derivación se da con mucha frecuencia en América y en todas las clases sociales, desde el habla de los gauchos hasta la de los periódicos. Este mecanismo lingüístico aparece con profusión por lo que aquí se mencionan algunos de los ejemplos más abundantes, como el uso del sufijo *-ada* con nombres de acción o valor colectivo como *caballada, criollada, limpiada*, *muchachada*, o en expresiones como *echar una bailada, echar una sudada, dar una caminada*; las formaciones verbales en *-ar* o *-iar* como *ameritar* (merecer), *incertivar, lechar* (ordeñar), *carniar* (matar reses), *promediar*; los adjetivos en *-oso* como *empeñoso, exitoso*, *molestoso, riesgoso, ruidoso*; y el uso del sufijo *-ote* en México, como en *abrazote, besote, grandote*.

El español americano cuenta con numerosos **extranjerismos** o préstamos extranjeros del inglés (anglicismos), del francés (galicismos), del italiano, de lenguas africanas y del portugués (lusitanismos). Estas influencias se dan con mayor o menor intensidad dependiendo de las regiones americanas. Así, en Argentina y Paraguay hay bastantes italianismos, muchos de los cuales se desconocen en otros países. En Puerto Rico, por su situación política como estado libre asociado de los Estados Unidos y por compartir el español la oficialidad con el inglés, abundan los anglicismos. En el Caribe se encuentran vocablos de origen africano. Hoy día los anglicismos predominan en todos los dialectos de la lengua española debido al poder de los Estados Unidos, presente en el cine, la economía, los deportes, la tecnología, el comercio internacional, la política y en otros tantos medios. A continuación se señalan algunos ejemplos de extranjerismos del español americano general:

Anglicismos:

agenda (programa)	*counter* (mostrador)	*panti* (medias)	*trailer*
aplicación (solicitud)	*evento* (suceso)	*ponchar* (registrarse)	*tropas* (soldados)
asistente (ayudante)	*locación* (lugar)	*rentar* (alquilar)	viajar *por* avión (en)
bife (chuleta)	*mofle*	*salón* (clase, aula)	*weekend* (fin de semana)
chance (oportunidad)	*orden* (pedido)	*sóquet*	*ziper* (cremallera)

Galicismos:

buró (mesilla de noche)	*consomé*	*fuete*	*omelette*
caguar	*constelado*	*gigoló*	*primar*
canapés	*elite*	*matiné*	*puntaje*
chambonear	*ensamble*	*mofle*	*rastacuero*
chicana	*flamboyán*	*morgue*	*rouge*

Italianismos:

antipasto	*cucheta*	*pibe* (muchacho)	*rostizado*
bacán	*mina* (muchacha)	*primadona*	*salami*
chau	*osobuco*		

Lusitanismos:

balay	*carimbo*	*naco*
bolacha	*fulo*	*rasquiña*
cachimbo	*mucamo*	*siringa*

Africanismos:

banana	*congo/a/al*	*machango*	*motete*
batuque (ruido)	*chévere*	*mambo*	*ñame*
bemba (labio)	*cumbero*	*marimba*	*okra*
bunda (trasero)	*garandumba*	*milonga*	*rumba*
burundanga (lío)	*guarapo*		

En la región caribeña se da cierta influencia africana que ha dejado su huella en la entonación, la articulación (como la abundante nasalización) y en algunas voces, incorporadas al español en los primeros siglos coloniales. Entre los **afrocriollismos** que se siguen utilizando se encuentran *changa* (insecto roedor), *chango* (mono), *chiringa* (volantín, cometa), *gongolí* (gusano), *guineo* (plátano crudo), *mangó* (fruta) y *monga* (malestar, gripe).

Como conclusión merece destacarse que tanto América como España comparten un léxico general común que conforma la lengua española a pesar de las diferencias dialectales. El español americano igualmente presenta variantes dialectales según las zonas geográficas y el sustrato indígena. En realidad esas divergencias enriquecen el caudal léxico del español y lo acercan más a su realidad histórica.[8]

8.4.3. Rasgos morfosintácticos

Las diferencias morfosintácticas no son tantas en comparación con las fonéticas y léxicas, ya que se reducen a las fórmulas de tratamiento, el empleo verbal del pasado, la colocación de palabras en las preguntas y algunos usos preposicionales generales.

Desde el punto de vista morfológico el español americano se caracteriza por la conservación del voseo y la eliminación del *vosotros*. El *voseo* consiste en utilizar *vos* por *tú* entre iguales o inferiores. En su origen el *vos* se utilizaba para indicar respeto frente al *tú* informal. Después el *vos* acaparó usos del *tú* por lo que surgió *vuestra merced* para acomodar el significado formal del *vos*. Cuando llegaron los españoles a América se empleaban *vos* y *tú* para el trato familiar y *vuestra merced* para indicar respeto. *Vuestra merced* acabó por acortarse en la forma *usted*. En gran parte de América se prefirió la oposición *vos* / *usted* frente a la de *tú* / *usted*.

Tú / vos ⟶ *tú, vos / vuestra merced* ⟶ *tú / vuestra merced* ⟶ *tú / usted* **TUTEO**

⟶ *vos / vuestra merced* ⟶ *vos / usted* **VOSEO**

El reparto geográfico del *vos* y el *tú* en las regiones americanas fue lento y vacilante y, de hecho, hoy conviven paradigmas mixtos. El *vos* domina sobre el *tú* en Argentina, Uruguay, Paraguay, América Central (excepto Panamá) y el estado de Chiapas en México. Por el contrario no se da en las Antillas, Perú, Bolivia ni México. En otros países alternan el *vos* con el *tú*.

En cuanto al plural, en el siglo XVI se produce en América la neutralización de los pronombres *vosotros* y *ustedes*, con la consecuente pérdida del primero y la generalización del segundo. En toda Hispanoamérica se utiliza *ustedes* tanto para el trato familiar como para el de respeto.

En España: tú ---------- vosotros; usted ---------- ustedes

En Hispanoamérica: tú / vos ---- ustedes; usted ---- ustedes

Otra diferencia importante se da en el reparto entre el pretérito perfecto e indefinido, ya que en el español peninsular el empleo del perfecto compuesto resulta mucho más amplio que en América donde se prefiere el indefinido, es decir en lugar de *hoy lo hemos pasado bien* (uso peninsular), *hoy lo pasamos bien* (uso americano). Se destaca que en las provincias de Galicia, Asturias y León también se sigue la tendencia del pasado simple.

La forma en *-ra* del imperfecto de subjuntivo se utiliza frecuentemente en Hispanoamérica con valor del pretérito o pluscuamperfecto de indicativo:

Desde que se sentara, no dijo ni una palabra. Desde que se sentó / había sentado no dijo ni una palabra.

Algunas palabras en Hispanoamérica cuentan con otro género como en los siguientes ejemplos:

Español americano	**Español peninsular**
animala	*animal* (el / la animal)
batida	*batido* (de leche)
bombillo	*bombilla*
hipócrito	*hipócrita* (el / la hipócrita)
intelectuala	*intelectual* (el / la intelectual)
la sabática	*el sabático*
sujeta	*sujeto* (el / la sujeto)
tigre	*tigra*
tipa	*tipo*
el vuelto	*la vuelta* (de dinero)
yerna	*yerno / nuera*

Las adverbializaciones de adjetivos son más frecuentes en el español americano: *¡qué lindo cantas!, maneja suave, caminaban lento, lució débil* (brilló débilmente). Además el adverbio *bien* se usa más con carácter superlativo: *una cerveza bien fría* (muy fría); y *recién* con valor de ahora mismo, apenas: *recién habíamos comido* (apenas habíamos comido).

Desde el punto de vista sintáctico es frecuente en la zona caribeña la intercalación de pronombres sujeto entre el pronombre interrogativo y el verbo: *¿qué tú quieres?, ¿dónde tú vas?* En algunos casos el español americano presenta distintos usos preposicionales que resultan inusuales en el español peninsular. Siguen algunos ejemplos recogidos del lenguaje periodístico:

Llegará el jueves en la mañana a Estados Unidos (por)
Deberíamos llegar a la Caverna Sagrada en la tarde (por)
De acuerdo a los niveles de su conciencia (con)
Nos intruyó de colocar pedazos de alimentos (a)
Me mandé a hacer un traje (-)
En esa forma no saben jugar (de)
Llegó de último
Entró al restaurante (en el)
Para esa época ganaba 800 bolívares (en)
Padecía de un dolor a los oídos (de oídos)

8.5. UNIDAD Y NORMA

La implantación del español en el nuevo continente no fue tarea fácil ante la diversidad de lenguas indígenas que proliferaban y ante la resistencia de sus hablantes a abandonarlas. Algunas de ellas todavía se conservan y se hablan como el nahua y el maya en México, el araucano en Chile, el guaraní en Paraguay, donde es lengua oficial, y el quechua en Perú, Bolivia y Ecuador. Además, los misioneros se oponían a la imposición por la fuerza del español y favorecían la cristianización de los indígenas en sus propias lenguas. Hubo que esperar hasta el siglo XVIII, cuando Carlos III decretó la suspensión de todos los idiomas indígenas y la implantación obligatoria del español para que la hispanización se generalizara. Aun así, no se consiguió una auténtica hispanización lingüística hasta que, paradójicamente, los países hispanoamericanos se independizaron. Esta hispanización no se realizó de forma homogénea sino todo lo contrario, vino de la mano de numerosas diferencias dialectales que hoy caracterizan los particularismos del español de América. La diversidad dialectal obliga a plantearse si la unidad del idioma está en peligro o si los regionalismos acabarán por fragmentar al español en lenguas hermanas como ocurrió con el latín. Para algunos la fisura lingüística es inminente, para otros, más optimistas, las divergencias no son una amenaza sino parte del enriquecimiento de la lengua.

A pesar de las muchas diferencias entre las variedades del español en los registros populares, familiares y rurales, no ocurre así en los niveles cultos y literarios. La lengua culta es bastante uniforme y presenta diferencias mínimas a ambos lados del Atlántico. Los medios de comunicación se sirven de ella para llegar a todas las audiencias hispanohablantes. Un periódico de cualquier país hispanoamericano y otro español reflejan una misma lengua salvo ligeras variantes. Los vínculos culturales y económicos y la intercomunicación entre españoles y americanos favorecen que se dé esa unidad.

Por otro lado la floreciente literatura hispanoamericana actual con escritores de la talla de García Márquez, Borges, Rulfo, Cortázar, Neruda, Paz, etc., ayuda a mantener la unidad lingüística, ya que de hecho estos autores emplean la lengua culta, sin temor a usar en ocasiones algunos regionalismos. Así mismo la intervención unificadora de la Real Academia de la Lengua Española que cuenta con organismos de la misma naturaleza en Hispanoamérica favorece la uniformidad y la actualización del léxico, engrosando el diccionario con la incorporación de nuevas voces procedentes de América.

Aun así la idea de la separación entre una lengua culta, común a España y a Hispanoamérica, y las hablas dialectales, populares y locales, se hace cada día más presente. Sin embargo, este desmembramiento puede evitarse con la difusión de la cultura, haciéndola llegar a todas las clases sociales y considerando como referencia a seguir esa norma culta, ideal de lengua española, que emerge por encima de todas las variedades.

La norma hispánica, en contra de lo que opinan muchos, no corresponde al español de España sino que engloba a todos los hispanohablantes sin excepción. En el aspecto lingüístico del idioma, no hay subordinación ni hegemonías impuestas. El español es patrimonio de todos. No hay que defender, por lo tanto, que el español normativo sea establecido por los españoles, primero porque representamos una minoría en la gran comunidad hispanohablante y, segundo, porque no habla mejor un campesino extremeño que un jíbaro puertorriqueño. Lo que es normativo debe compartirse por los hablantes peninsulares y americanos y las instituciones competentes deben acomodar y coordinar las innovaciones que surjan tanto en España como en Hispanoamérica.

> La buena política idiomática consistirá en fomentar que cada uno de los pueblos hispánicos se familiarice con las aportaciones lingüísticas de los demás, en procurar que éstas se extiendan en amplia convivencia con las propias. Frente al narcisismo localista hay que impulsar la formación de una koiné hispanófona que neutralice divergencias y asegure por unos siglos más la unidad de nuestra lengua.[9]

La norma es prácticamente la misma a niveles culto y literario, no ocurre lo mismo a nivel popular y coloquial. Desde el punto de vista morfosintáctico, la norma poco varía de un país a otro; es en el léxico y en la fonética donde la lengua difiere más según las regiones dialectales tanto en España como en Hispanoamérica. Aun así esas diferencias léxicas y fonéticas no atentan estructuralmente contra la esencia del idioma.

EJERCICIOS DE LAS LENGUAS AMERINDIAS Y EL ESPAÑOL DE LA COLONIZACIÓN

1. ¿Qué lenguas amerindias contribuyeron más al léxico del español general y por qué?
2. Indique el origen antillano, nahua o quechua de las siguientes palabras:

1. aguacate	2. alpaca	3. barbacoa	4. cacahuate
5. caníbal	6. canoa	7. choclo	8. chocolate
9. coca	10. cóndor	11. elote	12. huracán
13. maíz	14. papa	15. poroto	16. tomate

3. ¿Cómo se designa el nuevo género literario que trata de la conquista de América?
4. ¿Cuál fue el perfil dialectal predominante de los primeros colonos españoles?
5. Diga en qué consiste el proceso de nivelación lingüística.
6. ¿Cuáles son los rasgos fonéticos más sobresalientes del español americano?
7. Explique algunas de las características del léxico del español americano.
8. ¿En qué zonas se impuso el *voseo*?
9. Señale el origen de los siguientes extranjerismos (anglicismos, galicismos, italianismos, africanismos y lusitanismos):

1. bife	2. canapés	3. chévere	4. consomé
5. elite	6. evento	7. mambo	8. matiné
9. okra	10. pibe	11. ponchar	12. primadona
13. rasquiña	14. rumba	15. salami	16. sóquet

10. Subraye con una línea los vocablos que le parezcan propios de España.

1. guiar / conducir / manejar	2. baca / portaequipajes / parrilla
3. suéter / jersey / chompa / pulover	4. chaqueta / saco / blazer
5. chícharos / gandules / guisantes	6. sello / estampilla / timbre
7. boleto / pasaje / billete	8. tablilla / matrícula / placa / patente (del automóvil)
9. aparador / vidriera / exhibidor / escaparate	10. chisme / cotilleo
11. bueno / aló / diga (para contestar el teléfono)	

11. Lea a continuación esta cita de López Morales (1998: 56) y analíce sus implicaciones en cuanto a la expansión del español americano.

El español americano se bifurcó entonces en dos variedades: de una parte, la original andaluzada, producto de una decisiva etapa de nivelación, en la que se pierden pronto los rasgos lingüísticos discrepantes de otros dialectos peninsulares; se mantenía principalmente en aquellos lugares más estrechamente conectados con los puertos andaluces a través de la flota; de otra, una variedad surgida algo después en los centros virreinales en sus ámbitos de influencia, imitadora de la lengua cortesana.

12. ¿Qué repercusiones lingüístico-sociales se pueden deducir de la siguiente cita de Boyd-Bowman (1976: 597 y 600)?

Continually surrounded as they were by the Indian servants of their households and no doubt lording it socially over the native wives and concubines that the majority of Spanish settlers had taken, these Spanish women of the initial colonial period must have exerted a linguistic influence far in excess of their numbers. Women have traditionally tended to play a conservative and stabilizing role in the history of language. Spanish women, of whom over half were *sevillanas*, must have played an important part in the development of the first Antillean dialect, envied and imitated as they were, both in speech and in conduct, by the more numerous Indian women of the island settlements. [. . .] It is a striking fact that better than four of every five white women who made their way to the New World in the sixteenth century were from Andalusia, New Castile and Extremadura (the South) and that better than one of every three was born and raised in the city of Seville itself. The importance of Seville therefore in forging the character of Spanish colonial society (speech, manners, attitudes, fashion) can scarcely be overemphasized, particularly when we consider that Andalusia and Seville were the birthplaces of a high proportion of the men also.

9

Cuestiones de interés

9.1. FÓRMULAS DE TRATAMIENTO: EL VOSEO

En latín clásico VOS significaba "vosotros" o "ustedes" para la segunda persona plural, del mismo modo que NOS significaba "nosotros". En cambio para la segunda persona singular sólo existía el pronombre TU, de la misma manera que en inglés moderno sólo se da *you*. El tuteo se utilizaba en todos los registros, tanto formal como informalmente, tanto para hablar con el emperador como para dirigirse a un esclavo. Ya en latín tardío y vulgar se sintió la necesidad de crear una forma de respeto para dirigirse a los superiores con cierto protocolo y para eso se utilizó el VOS. Al mismo tiempo que uno se dirigía al superior con VOS, el superior por su parte y para engrandecimiento de su persona, en lugar de utilizar EGO, yo, comenzó a decir NOS, nosotros, a lo que se le ha denominado *plural mayestático* y ha perdurado hasta nuestros días.

Cuando las lenguas romances empezaron a desarrollarse, los pronombres de segunda persona del singular eran ya dos: *tu* para hablar con inferiores o iguales y *vos* para hablar con superiores o respetuosamente (en italiano *voi*, en francés *vous*). Por el contexto se deducía si "hablo con vos" indicaba "hablo con usted" o "hablo con vosotros"; si resultaba ambiguo se decía "hablo con *vos otros*" (en italiano *voi altri*, en francés *vous autres*). Con respecto a la morfología verbal, tanto la forma singular *vos* dirigida a una persona como *vos* dirigido a más personas llevaban el verbo en plural: *vos sois, vos otros sois*.

En el siglo XVI, *vos* todavía podía indicar la segunda persona plural "vosotros" pero se estaba generalizando el uso de *vosotros*, que se impuso posteriormente en España pero nunca se extendió a Latinoamérica.

El *vos* de segunda persona singular, aunque empezó siendo una forma de respeto, acabó acaparando poco a poco los valores de *tú*. Es decir que pasó de ser un *vos* de cortesía a un *vos* familiar, de confianza, que se utilizaba entre iguales. De hecho, en el español medieval se daba con frecuencia el paso de *vos* a *tú*, o viceversa, en una misma frase, o en frases continuas. En el siglo XV era frecuente la confusión entre *tú* y *vos*. El *vos* en esta etapa se consideraba rural y rústico frente al *tú* principalmente urbano y de las clases altas. También durante la Edad Media hasta el siglo XVI se daban casos en que *vos* concordaba con las formas verbales equívocas, cuando *vos* iba con verbos en segunda persona singular en vez de plural; estas ambigüedades desaparecieron cuando en España se regularizó el tratamiento de *vosotros* con verbos de segunda persona plural, mientras que en las regiones americanas se generalizó *vos* con verbos de segunda persona singular: *vos dame, vos eras, vos ibas*, etc, con un solo paradigma pronominal con *te* y *tuyo*.

El *vos* familiar, principalmente rural y rústico y el que se utilizaba entre soldados, marineros, etc., fue el que se llevó a América. Mientras que este *vos* se iba degradando poco a poco en España, utilizándose para dirigirse a inferiores y de manera despectiva y como estigma de las clases más bajas de la sociedad, en Latinoamérica se extendió ampliamente con los valores del *tú*. Ya que el *vos* asimiló los valores del *tú* se impuso la necesidad de crear un pronombre de respeto que sustituyera los valores perdidos de *vos*; surgiendo así *vuestra merced*, que derivó en *usted*. Esta sustitución de *vuestra merced* por *vos* ocurrió rápidamente, casi de la noche a la mañana, al contrario de lo que suele ocurrir con los cambios lingüísticos. Entre 1615 y 1635 *vuestra merced* pasó por numerosos acortamientos de la palabra por un lado: vuestra merced > vuesarced > voarced > vuarced > voacé > vucé; y por otro vuestra merced > vuasted > vuested > vusted > usted o uced.

El proceso de sustitución pronominal se puede ver como una reacción en cadena: el *tú* reemplaza al *vos* en el trato familiar y el *vos* se sustituye por el *usted* en el trato de cortesía.

Después del siglo XVII, se abandona el *vos* casi por completo en España y en aquellas regiones americanas más cercanas a los hábitos de la corte de Madrid, como los virreinatos de Lima y México y las provincias del Caribe. Las otras zonas americanas más alejadas geográfica y culturalmente de la corte peninsular alternan los usos del *vos, tú* como trato familiar y el *usted* como trato de cortesía.

Por lo tanto en América, hay zonas donde tutean (como en toda España) y zonas en que subsiste el voseo (área rioplatense, centro América, partes de Colombia, Ecuador, Chile, etc.), algunas de éstas con tuteo parcial. Tanto en unas como en otras, el pronombre de segunda persona plural es siempre *ustedes*; por lo que la diferenciación de respeto

RECUADRO 9.1 CAMBIOS DE LOS PRONOMBRES DE TRATAMIENTO DE SEGUNDA PERSONA

	2ª persona singular			2ª persona plural	
latín clásico		TU		VOS	
lenguas romances y castellano primitivo	**vos** respeto		**tú**	**vos (vos otros)**	
castellano medieval	**vos** respeto	**vos** familiar	**tú**	**vos (vos otros)**	
castellano s. XV		**vos, tú** confusión		**vos** (poco uso)	**vosotros** (se generaliza)
castellano s. XVI	**vos** respeto (poco uso) **vuestra merced** respeto	**vos** familiar (se degrada)	**tú**	**vos** (poco uso) **vuestras mercedes** respeto	**vosotros**
castellano s. XVII	**usted** respeto	**vos** despectivo	**tú**	**ustedes** respeto	**vosotros**
castellano post. s. XVII	**usted** respeto		**tú**	**ustedes** respeto	**vosotros**
Latinoamérica voseante	**usted** respeto	**vos** familiar	**tú** (parcial)	**ustedes**	
Latinoamérica no voseante	**usted** respeto		**tú**	**ustedes**	

entre *tú* y *usted*, *vos* y *usted*, no se da en el plural. Lo que sí ocurre en el español peninsular entre *vosotros* y *ustedes*. De la misma forma que el *vosotros* no se da en América, el *vos* no se da en España. En la península, el esmerado cuidado por mantener claros los matices de tratamiento impidió que las confusiones entre *tú* y *vos* llegaran a convertirse en norma; en la sociedad colonial americana se dio un sentido más igualitario. Véase el recuadro 9.1.

El voseo dialectal americano denota familiaridad con el interlocutor y no tiene nada que ver con el antiguo voseo reverencial y de cortesía. En general presenta numerosas variantes dependiendo de la zona geográfica. Por un lado se dan los cambios pronominales cuando el *vos* se utiliza como sujeto, vocativo, complemento preposicional o en comparaciones. En estos casos han desaparecido las formas *os* y *vuestros* a favor de *te*, *tu* y *tuyo*. Compárese el voseo pronominal en el recuadro 9.2.

La morfología del voseo americano es complicada. En la región rioplatense la conjugación del verbo en presente de indicativo sigue la segunda persona plural, con caída de la "i" y mantenimiento del acento prosódico, así "cantáis" pasa a ser "vos cantás" frente a "tú cantas". En el imperativo se pierde la "-d" final de la segunda persona plural y se sigue manteniendo el acento, de "cantad" se deriva "cantá vos" frente a "canta tú". Para las formas del subjuntivo, se suelen preferir los verbos en la segunda persona singular—"que vos duermas bien"—pero también se utiliza la segunda persona plural—"que vos durmás bien" de "durmáis" (en Centroamérica, zonas de Colombia, etc.). En otros lugares se mezcla la conjugación del *vos* con la del *tú*. Obsérvese la variación verbal en el recuadro 9.3

RECUADRO 9.2 VOSEO PRONOMINAL

Sujeto: **Vos** hablás.

Vocativo: ¡**Vos**, vení!

Complemento preposicional: **Te** dije a **vos**.

Comparación: Es baja como **vos**.

Posesión: **Vos** me aseguras**te** que era **tuyo**.
Te preguntó a **vos** si necesitabas **tu** auto.

RECUADRO 9.3 EJEMPLOS DE VOSEO VERBAL

verbo	usted	tuteo	voseo	vosotros
cantar	canta	cantas	cant**ás**	cantáis
beber	bebe	bebes	beb**és**	bebéis
poder	puede	puedes	pod**és**	podéis
ir	vaya	vas	vas	vais
	presente de indicativo			

En la región rioplatense (Argentina, Uruguay y Paraguay) se utiliza el *vos* en todos los ámbitos sociales: a nivel familiar, en la prensa, en el mundo académico, etc. Su uso está generalizado y sólo se ve excluido por el uso formal de *usted*. En Bolivia aparecen los dos fenómenos: en la zona más noreste utilizan el voseo ampliamente; sin embargo en la zona oeste del país el tuteo predomina y el voseo es mínimo. En Venezuela, el *vos* está considerado regional, rural, y las clases sociales más pudientes lo evitan. En Chile el uso del *vos* implica mucha confianza y se considera muy informal, a veces, hasta con connotaciones de menosprecio. En Colombia y Ecuador se da tanto el *tú* como el *vos* dependiendo del área geográfica. En Centroamérica predomina el *vos* en el habla pero se escribe con *tú*; esto está cambiando últimamente y se está siguiendo el modelo argentino. En Nicaragua, por ejemplo, el *vos* ha desplazado totalmente al *tú*. En Honduras y El Salvador, el *vos* se considera una forma de tratamiento entre *tú* y *usted* y está poco a poco sustituyendo al *tú* en los medios de comunicación y en la lengua escrita.

EN ESPAÑA

	familiaridad	respeto
2ª pers. sin.	**tú** te quieres	**usted** se quiere
2ª pers. pl.	**vosotros** os queréis	**ustedes** se quieren

EN LOS PAÍSES VOSEANTES

	familiaridad	respeto
2ª pers. sin.	**vos** te querés **vos** te quieres	**usted** se quiere
2ª pers. pl.	**ustedes** se quieren	

9.2. EL NOMBRE DE LA LENGUA: ¿CASTELLANO O ESPAÑOL?

Históricamente hablando, primero fue el castellano y después el español. El uso de una u otra denominación tiene justificaciones diversas y ocasionales, aludiendo a circunstancias socio-culturales y políticas. Hoy en día la alternancia de estos términos designa un mismo significado, un mismo idioma. Depende del hablante y de sus preferencias nacionalistas o regionalistas la elección de uno u otro. Contamos con una lengua común con dos significantes, dos nombres, que expresan igualmente el mismo concepto. La visión afectiva o valorativa que el hablante sienta no determina que haya distinciones o que nuestros antepasados lingüísticos las crearan impulsivamente.

El nombre de "castellano" como "lengua de Castilla" se documentó por vez primera en la obra de Alfonso X, el Sabio (1221–84). Anteriormente se hablaba de "romance" o "romanz", como cualquier otro dialecto de origen latino. De la misma manera que la "langue d'oïl" pasó a ser "français" en el siglo XIII; y el "toscano" pasó a llamarse "italiano" en el XVI; así el "castellano" vino a ser "español", designando todavía la lengua de una región, que se expandió a otros territorios, unificados bajo un propósito político imperialista.

En un principio el castellano era el dialecto que se hablaba en el reino de Castilla; se le llamó "romance castellano" para distinguirlo del romance que hablaban los gallegos, leoneses, aragoneses, navarros y catalanes. El matrimonio de Isabel y Fernando, los Reyes Católicos, aunó los reinos de Castilla y León y promovió la reconquista del sur de España, entonces bajo el poder de los moros. Bajo una propuesta religiosa y política, los Reyes Católicos consiguieron crear una unificación territorial y una conciencia nacionalista que se tradujo en una coherencia lingüística. Gracias a su labor centralizadora el castellano se impuso como lengua nacional.

Hasta entonces el concepto de nación o de país, o de lengua de una nación, no se había concebido, ni España se concebía como tal. De hecho, el concepto de España, del topónimo latino HISPANIA, no comprendía la totalidad de lo que bajo el Imperio Romano había sido la provincia HISPANIA. Es a partir de finales del siglo XV que aparece "español" para designar la lengua que unía a todas las gentes bajo el gobierno de Castilla y León y la lengua que llevarían a los nuevos territorios americanos.

El español se institucionalizó como un medio de entendimiento administrativo y político, en una creciente economía urbana y dineraria, con fines puramente colonizadores. La unificación gubernamental-geográfica vino de la mano de la unificación lingüística. A partir del siglo XVI el término "español" gana terreno a "castellano" y además consigue prestigio cultural, político y social, nacional e internacionalmente. La exaltación de una lengua nacional común, el español, obedecía en parte a estrategias de carácter expansionista de una sociedad soberana que se imponía en el Nuevo Mundo. No cabe duda de que la lograda expansión geográfica, la realidad político-administrativa y la necesidad de un dispositivo de difusión cultural fomentó la legitimización de un idioma nacional propio, "el español".

Hoy en día es "español" y no "castellano" el término que más se ajusta a la realidad histórica de la lengua que habla la inmensa mayoría, millones de españolhablantes, a ambos lados del Atlántico.

Merece destacarse que, aunque los hispanoamericanos usan ambos nombres indistintamente, en general se advierte una preferencia clara por el "castellano", como tendencia culta y noble para legitimar un pasado lingüístico. Utilizar "español" acercaría psicológicamente al hispanoamericano a la historia colonial europea con sus respectivas connotaciones. El afán de diferenciación, de autoestima patriótica, de afectos e intereses que envuelven al idioma inducen al distanciamiento de una lengua de cultura occidental, evitando el nombre nacional europeo. Mientras que "castellano" no se identifica con ningún estado constituido, el "español" sí lo hace, aportando además otros significados solapados como de "conquistador, colonizador" o incluso de "inmigrante".

Para algunos espíritus americanos el uso de "español" encuentra todavía cierta resistencia y recelos; esquivar el nombre del idioma suponía cautelosamente esquivar el de una nación extranjera dominadora, reacia a conceder la independencia a las jóvenes repúblicas americanas. Como afirma Amado Alonso, los motivos que han respaldado esta tendencia americana hacia el "castellano" se deben al arcaísmo (sobre todo fuera de las grandes ciudades), academismo, academicismo y celo patriótico.[1]

En las ciudades de España se prefiere llamar a nuestro idioma "español", como expresión de la nacionalización de todos los pueblos: gallegos, vascos, catalanes, castellanos, aragoneses, extremeños, andaluces, etc. Aun así, en general, "castellano" y "español" alternan según la preferencia y hábitos de la gente. "Castellano" conlleva un sentido regionalista, queda bien para la lengua del Poema del Cid; para restringir matices geográficos; o para designar particularidades de Castilla. También se prefiere en las provincias bilingües, donde "español" puede entrar en conflicto con su identidad vernacular nacional. "Español" engloba principalmente una entidad lingüística globalizadora y nacional: así el vasco, el gallego, el catalán se instituyen como idiomas españoles. En la Constitución de 1978, *tít. Preliminar, art. 3*, se estipula:

1. El *castellano* es la lengua *española* oficial del Estado.
2. Las demás lenguas *españolas* serán también oficiales en las respectivas Comunidades Autónomas de acuerdo con sus Estatutos.

Por otro lado, se viene oyendo en los EE.UU. "lengua hispana" por aquello de que en este país residen "hispanos" procedentes de América Central y del Caribe. Esa lengua no ha existido, ni existe; tal sobrenombre no tiene ninguna justificación porque ya no existe HISPANIA, sino España, por lo tanto carece de legitimidad histórico-política. A ningún español o chileno se le ocurre decir que habla "hispano" y todavía no existe una "Academia de la Lengua Hispana".

En conclusión, se entiende por "lengua española" o "español" el medio de comunicación oral con el que se entiende la comunidad hispánica. El concepto de "español" sobrepasa los criterios de nación, etnia, geografía, política y cultura. Desde el punto de vista filológico-etimológico "hispánico", del latín HISPANICUM, es un adjetivo que se asocia tanto a España como a Portugal pero por cuestiones socio-históricas se ha reducido a lo propio de España. Identificar nuestra lengua como "castellana" a favor de "española" resulta incongruente hoy en día puesto que ninguna lengua hablada o escrita se adscribe en su estructura y funcionamiento a ninguna región, aunque fuera ésta la raíz de sus orígenes.

9.3. LA LEYENDA DEL REY CECEANTE

La existencia del sonido interdental fricativo sordo [θ] para las grafías "z" y "$c^{e,i}$" en el español moderno no se debe a la popular leyenda del ceceo de un rey español; que a veces se le atribuye al Rey Fernando, el Católico, y otras al rey Pedro de Castilla, o incluso a Alfonso X, el Sabio. Teniendo en cuenta que el rey Pedro reinó en el siglo XIV y Fernando en el XV, y este sonido empezó a generalizarse a partir de 1650 en el norte y el centro de España, y solo allí, hace que este mito se vea como un absurdo desde el punto de vista fonético y cronológico. La leyenda no deja de ser, eso, una mera leyenda, sin ningún fundamento lingüístico ni documental a la hora de explicar la distinción peninsular entre los fonemas /s/ y /θ/.

El sonido [θ] resultó una innovación fonética en el español hablado del centro y norte peninsular, que no se dio en otras lenguas romances, ni siquiera en las vecinas como el portugués o el catalán. La aparición de [θ] se debe a la evolución fonética de otros dos fonemas medievales: /ts/ de las grafías "c^{e,i}" y "ç + vocal", y /dz/ de la grafía "z". Estos dos fonemas africados dentoalveolares sordo y sonoro respectivamente redujeron su carácter dental que se amalgamó con la sibilante /s/ dando como resultado una "s" dental o [ş]. En el caso del fonema /dz/ se ensordeció en el proceso. Este nuevo sonido [ş] estaba ya sólidamente afincado en el centro y norte de España cuando en 1620 Juan Pablo Bonet, en su *Arte* para enseñar a hablar a los sordomudos, escribía:

> Para que pronuncia esta letra, ha de poner el mudo de la punta de la lengua entre los dientes y expeler la respiración, que salga sin que la lengua se aparte de aquel lugar.[2]

En el siglo XVII este sonido fricativo dental sordo [ş] refuerza su carácter dental, haciéndose interdental y convirtiéndose en el actual fonema castellano /θ/.

EVOLUCIÓN DE /θ/

ejemplos	calça	fizo	cossa	casa
grafías	ç, c^{e,i}	z	-ss-	-s-
sonidos	[ts]	[dz]	[s]	[z]
s. XVI	[ş]		[s]	
1650	[θ]		[s]	

castellano: centro y norte peninsular

Los cuatro antiguos sonidos sibilantes, perfectamente diferenciados en tiempos de Alfonso X, el Sabio (1221–84)—[ts], [dz], [s] y [z]—quedaron reducidos a dos en el siglo XVII—[θ] y [s], los dos sonidos sordos. Aunque rigurosamente distinguidos en la ortografía medieval por "ç, c^{e,i}", "z", "-ss-" y "-s-", en la época de Nebrija (1441–1522) se confundían a menudo, aunque de forma diferente en el norte y en el sur. Mientras que en Burgos, en la zona castellana, se perdía la distinción entre la "s" sorda [s] y la sonora [z] a favor de la sorda, y las africadas dentales [ts] y [dz] convergían en una fricativa dental sorda [ş], predecesora de [θ]; en la zona meridional se igualaban los sonidos sordos [ts] y [s] en la dental sorda [ş], y los sonoros [dz] y [z] en la dental sonora [z]. Posteriormente estos sonidos resultantes [ş] y [z] se redujeron a uno sordo [ş], a esto se le reconoce como *seseo*; en la zona de la costa (Huelva, Cádiz, Málaga) surgió una variedad de [ş] más frontal, similar a la pronunciación de [θ], a lo que se le ha denominado *ceceo*.

De este modo el poeta andaluz, Juan de Padilla, contemporáneo de Nebrija, refleja muy bien estos cambios cuando hace rimar *meses* y *vezes* en una estrofa y *recibiesses* y *padeçes* en otra, lo cual quiere decir que él igualaba la [z] de *meses* con la [dz] de *vezes* y la [s] de *recibiesses* con la [ts] de *padeçes*.[3] Probablemente cuando él escribía, ya sus coetáneos andaluces menos cultos pensaban que todas esas palabras—*meses*, *vezes*, *recibiesses* y *padeçes*—rimaban a la perfección, con [ş].

La reducción meridional, que se manifiesta en Padilla, fue la que mantuvieron los judíos que en 1492 salieron de España. La pronunciación del sefardí o judeoespañol, conservada en romances y canciones populares, constituye un testimonio fonético fidedigno de los cambios que se estaban produciendo a finales del siglo XV.

Por caminos diferentes y con resultados diversos, las sibilantes medievales se redujeron a dos: en castellano a [s] y [θ] y en andaluz a [s], seseo. Tal es el seseo que se implantó en Canarias y en el Nuevo Mundo, de arraigo andaluz.

EVOLUCIÓN DEL SESEO ANDALUZ

ejemplos	**calça**	**fizo**	**cossa**	**casa**
grafías	ç, c^{e,i}	z	-ss-	-s-
sonidos s. XIV	[ts]	[dz]	[s]	[z]
s. XVI	[ş]			[z]
s. XVII		[ş]		
actual	[s] seseo			[ş] ≈ [θ] ceceo
		andaluz		

9.4. EL JUDEOESPAÑOL

Los judíos fueron expulsados de España en 1492 por decisión de los Reyes Católicos, siguiendo una actitud de antisemitismo puro. Esta hostilidad que jamás existió en la

España musulmana se instigó desde la monarquía y se fomentó con el papel de la Inquisición. Los sefardíes o judíos españoles, así llamados por el nombre hebreo de España, *Sefarad*, habían escrito en lengua castellana desde la época alfonsí y consideraban el español su lengua materna, aunque nunca dejó de haber entre ellos un uso restringido, sinagogal, de la lengua hebrea.

Se calcula que se expulsó a unos 200.000 pero también fueron muchos los que se convirtieron, de ahí el nombre de *conversos*, y se quedaron en la península bajo una constante discriminación racial. Además de estar excluidos de los cargos públicos, no podían tener acceso a responsabilidades civiles o eclesiásticas. Entre ellos se encuentran sabios, artistas y escritores como Fray Luis de León, Juan Luis Vives, Santa Teresa y Mateo Alemán: todos ellos descendientes de judíos. Siempre se dudó de la sinceridad de su conversión. Durante los siglos XVI y XVII, tanto en la literatura como en la sociedad, se dan muestras claras del profundo rechazo que sufrían y, lingüísticamente, las denominaciones de cristiano nuevo o confeso, equivalentes de converso, se convirtieron en verdaderos insultos frente al antónimo de "cristiano viejo". Incluso surgieron palabras y expresiones derivadas de "judío" de carácter puramente peyorativo como "judiada" o "judiquería" (acción cruel), "no seas judío" (como sinónimo de avaro, tacaño, usurero) y "préstamo judío". No cabe duda de que esta expulsión significó una gran pérdida cultural y económica para España: un grave error histórico.

La mayoría de estos judíos expulsados se refugiaron en Marruecos y Turquía; los más sabios y literatos eligieron países europeos como Inglaterra y los Países Bajos. Los que se establecieron en el Imperio Otomano (Turquía, los Balcanes, Asía Menor) siguieron hablando el castellano del siglo XV, el mismo de los tiempos de Nebrija. Los del norte de África adoptaron influencias del árabe y del español moderno. De todas las modalidades de sefardí, el oriental, aunque cuenta con bastantes préstamos del turco y del griego, es el que ha conservado mejor la fonética y el vocabulario, resistiéndose al cambio y manteniendo su lengua de origen en su tradición oral y en sus romances. El alejamiento cultural y la falta de contactos con la península, favoreció que el sefardí no sufriera las transformaciones que adaptó el español a partir del siglo XVI. Como consecuencia, se puede afirmar que el folklore de los sefardíes resulta fundamentalmente español. A pesar del holocausto y de la desaparición de comunidades enteras de sefardíes por los nazis, hoy en día todavía se conserva su lengua en el moderno estado de Israel y en algunas ciudades de Estados Unidos aunque, con el empuje del hebreo y del inglés, está sentenciada a desaparecer.

El aislamiento lingüístico de estas comunidades judeoespañolas y la cohesión ideológica que las unía permitieron que su lengua se neutralizara, ajena a los cambios del español peninsular, y a veces tildada de arcaizante por los lingüistas. Si bien el judeoespañol de oriente difiere de aquel del norte de África, se pueden establecer una serie de rasgos lingüísticos generales que caracterizan esta lengua:

- Distinción entre [b] y [v].
- La F- inicial latina se conserva en algunas zonas; en otras se da la aspiración. Así decían *fazer, furmiga, fambri.*
- Se mantiene el grupo -MB- como en *palombika* (palomita).
- La [ş] predorsodental, como la andaluza, tendió a palatalizarse en [ʃ] en posición final de palabra y en posición implosiva ante consonante velar (fenómeno que se consideraba propio de moriscos en la península); así *mosca* y *escola* se pronunciaban como [móʃka] y [eʃkola].
- De los fonemas sibilantes, el judeoespañol ha conservado cuatro: de la serie palatal el sonido fricativo sordo [ʃ], por ejemplo en *dixo*, y el sonoro [ʒ] como en *ojo*; de la serie dental los sonidos predosodentales, uno sordo [ş] como en *passo* y otro sonoro [z], como en *casa* o *dezir*.
- Se usa la fricativa palatal [y], es decir, se da el yeísmo. Cuando este sonido está en contacto con "a", "o" o "e" a veces es absorbido por ella: *gaína* por "gallina", *amarío* por "amarillo", *ea* por "ella".
- La oposición entre las vibrantes simple [r] y múltiple [r̄] ha desaparecido. Sólo se utiliza la simple en cualquier posición.
- La nasal bilabial [m] inicia las formas pronominales de primera persona plural, *mos, muestro* en lugar de [n]. Este cambio se extiende a todas las palabras que empiezan por nasal seguida de vocal velar (u, o) como en *muez.*
- Uso del verbo "tener" con los tiempos verbales compuestos como en "tengo venido".
- Se encuentran paradigmas verbales como *só* (soy) y *estó* (estoy) sin el antiguo adverbio pronominal integrado ("y" < IBI, allí).
- En la segunda persona plural de los verbos se absorbe la vocal "i" del hiato en *cantás, tenés* que se pronuncian como [kantáʃ], [tenéʃ].
- Conservación del artículo ante el posesivo "la mi madre".
- Se mantiene el uso del *vos* átono y no aparece nunca la forma *usted.*
- Tampoco llegó a conocerse la forma plural analógica de *quien, quienes.*

A pesar de la importancia del judeoespañol desde el punto de vista lingüístico, su futuro no es muy halagüeño. Ha quedado relegado al habla familiar en muy pocas zonas: algunas ciudades en Turquía, Israel y en Nueva York, donde ha sucumbido bajo la presión de otras lenguas.

A continuación sigue un romance del legado judeoespañol de Sefarad y Turquía.

Romance de la esposa engañada

1 Dúrmete mi ama,
dúrmete mi hisho,
que tu padre el malo
se fue ande la mueva amiga,

muevo amor, muevo dolor.

Me iba ande se iba,
por ver lo que hacía,
vide mesas puestas
con ricas comidas.
Muevo amor, muevo dolor.

Ni es más hermosa,
ni es más jenosa,
la cara encalada,
la cesha enteñida.
Muevo amor, muevo dolor.

Entrí más adrientro,
por ver lo que había,
vide camas con lindas cortinas
a ella en camisica
a él en antirico.

Torní a mi casa
triste y amarga:
¡Durmir non podía!
Ni es más hermosa,
ni es más jenosa.

A fin de la media noche
tocó a la puerta;
¡Abridme que vine cansado
de arar las viñas!
Muevo amor, muevo dolor.

Non vinitesh de arar las viñas,
sino que vinitesh
de ande la mueva amiga y muevo amor
ande estuvitesh de prima
estavos hasta el día.

Ni es más hermosa,
ni es más jenosa,
la cara encalada,
la cesha enteñida.
Muevo amor, muevo dolor.[4]

9.5. ¿POR QUÉ TENEMOS DOS TIEMPOS VERBALES EN IMPERFECTO DE SUBJUNTIVO?

En latín existían las dos formas verbales simples: CANTAVISSEM (yo), pluscuamperfecto de subjuntivo, y CANTAVERAM (yo), pluscuamperfecto de indicativo. Tanto uno como otro pluscuamperfecto fueron sustituidos por las formas compuestas con "haber", que no existían en latín, quedando relegados a los usos del imperfecto.

A lo largo del siglo XIII, la forma verbal en *-ara* fue desplazándose hacia el subjuntivo, primero como pluscuamperfecto y después como tiempo simple. Hoy en día las formas *cantase* y *cantara* pertenecen al imperfecto de subjuntivo.

En el español actual las dos formas simples del imperfecto de subjuntivo *cantara* y *cantase*, y sus correspondientes verbos compuestos, son exactamente iguales y equivalentes en los contextos donde resulta obligatorio el uso del subjuntivo. Sólo *cantara* se puede utilizar como pluscuamperfecto (del indicativo) o como condicional. Así, en el lenguaje periodístico y en la narración histórica se pueden encontrar ejemplos como: *el rey visitó la ciudad que fundara su padre*, equivalente a "que había fundado su padre".

Como condicional, con las oraciones que indican improbabilidad o imposibilidad, se utilizaba en el castellano medieval: *si lo tuviesse, gelo diera*, "si lo tuviese, se lo daría". El uso de la forma en *-ara* en la oración principal se extendió a la subordinada con "si": *si lo tuviesse / tuviera, gelo diera*, alternando con la forma en *-ese*, lo que supuso su igualación definitiva con la forma en *-ese*, procedente del imperfecto de subjuntivo latino en -AVISSE. En las oraciones condicionales con verbos compuestos sí se ha mantenido la correlación medieval: *si lo hubiese sabido se lo habría / hubiera dicho*.

Hoy en día se ha mantenido la alternancia del condicional y la forma en *-ara* para expresar cortesía: *querría / quisiera una invitación formal*.

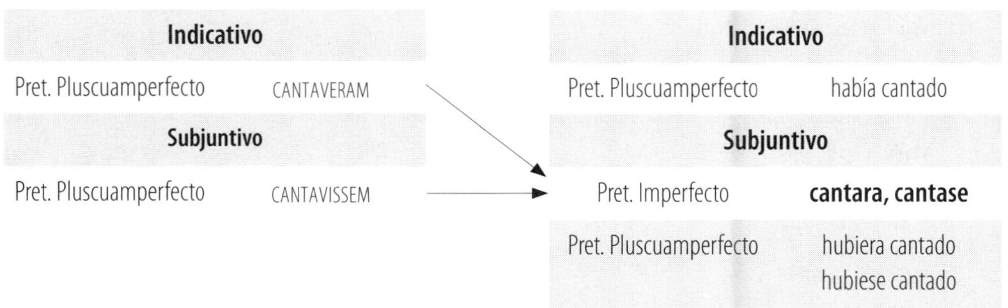

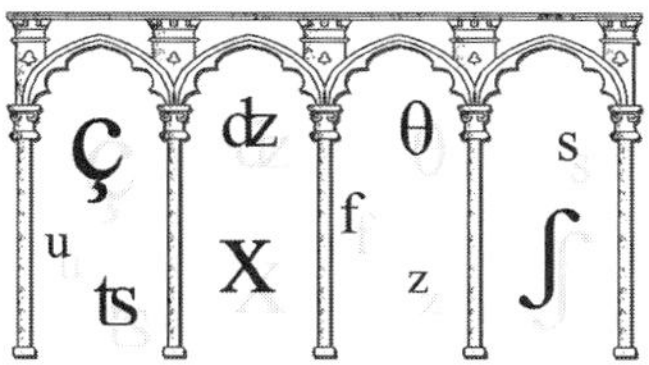

Pronunciación medieval

El castellano medieval planteaba numerosos problemas a los escritores a la hora de representar los nuevos sonidos romances que no existían en latín. De hecho, aunque las primeras reglas ortográficas fueron regularizadas por Alfonso X, el Sabio, y permanecieron vigentes hasta siglos después, la fijación fonética de nuestro idioma se fue realizando durante los siglos XVI y XVII.

Con el fin de que se puedan leer los textos tal y como se pronunciaban en la época, se examinan a continuación algunas de las particularidades fonéticas que, en realidad, afectan sólo al sistema consonántico. La diferencia más importante con respecto al español moderno reside en que en el romance medieval existían más grupos de consonantes sordas y sonoras, como sucede todavía en el gallego, el catalán, el italiano y el francés. Muchos de los cambios consonánticos se produjeron en la articulación de las sibilantes.

10.1. SIBILANTES

- Existía una "s" sorda [s], como la "s" actual, que se escribía como "ss" entre vocales y "s-" en posición inicial o tras una consonante, así *condessa, viniesse, silla, pensar*; y una "s" sonora [z] que se escribía como "-s-" entre vocales, *casa*. Ambas, la sorda y la sonora, coincidieron para dar en el s. XVI la actual "s" sorda.
- Se distinguían la africada sorda [ts] para la grafía "ç" y "$c^{e,i}$", en *plaça*, de la africada sonora [dz] para "z", en *hazer, dezir*. En el siglo XVI ambos fonemas se redujeron a

"ç" [ts] y después [ts] dio una [ş] dental que, a lo largo del XVII, se hará interdental [θ] como es hoy. Los testimonios indudables de ese cambio datan del s. XVIII.

- Se daba una prepalatal fricativa sorda [ʃ] para la grafía "x", como el sonido consonántico de "she" en inglés, y su correspondiente sonora [ʒ] para "j" y "$g^{e,i}$", como en inglés "vision". De esta manera, tales fonemas se pronunciaban de modo distinto en *dixo* y en *hijo* o *coger*. En el s. XVI se perdió la sonora y la sorda empezó a velarizarse. A principios del siglo XVII se daba ya la variante sorda velarizada [x] que ha permanecido hasta hoy.

EJEMPLOS DE SIBILANTES MEDIEVALES

ejemplos	calça	fizo	cossa	casa	caxa	ojo, meior
grafías	ç, $c^{e,i}$	z	-ss-	-s-	x	j, i, $g^{e,i}$
sonidos	[ts]	[dz]	[s]	[z]	[ʃ]	[ʒ]
s. XVI	[ş]		[s]		[ʃ]	
s. XVII	**[θ]**		**[s]**		**[x]**	

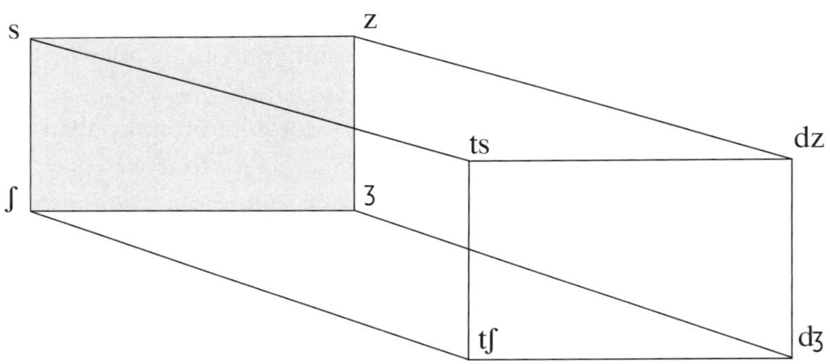

10.2. OTRAS CONSONANTES

- Se distinguía entre la [b] bilabial oclusiva sonora, procedente de la -P- latina, CUPAM > cuba, que sonaba como la actual "b" de *boa*; y la [β] bilabial aproximante, escrita "u" o "v", procedente de la B y V latina, como actualmente en *cabe* o *nave*. En el siglo XVI, tanto la "b" como la "v" intervocálica coincidieron en una [β] aproximante, escrita "b" o "v", como es hoy.

- La F- inicial latina pronto se convirtió en una [h] aspirada que luego desapareció; ésta aspiración se conserva todavía en algunas zonas dialectales de Andalucía e Hispanoamérica. Dicha aspiración se fue perdiendo a lo largo del siglo XVI.
- La "ll" se pronunciaba como una lateral palatal [ʎ]. A finales del siglo XV se generalizó el paso sistemático de la lateral [ʎ] a la fricativa [y] en el sur peninsular, fenómeno al cual se le ha denominado yeísmo.

EJEMPLOS DE OTRAS CONSONANTES MEDIEVALES

ejemplos	cuba	uos, Viuar	fijo	anno	uilla	antjguas, mil, yr
grafías	b < -P-	u, v	f-	nn	ll	i, j, y
sonidos	[b]	[β]	[h-]	[ɲ]	[ʎ]	[i]
s. XVI	[β] intervocálica		ø		[ʎ] [y]	

Al leer los textos medievales se ha de tener en cuenta que las elisiones, apócopes, contracciones y otros fenómenos de pérdida de vocales resultan muy habituales. De este modo, formas como *drecho* por *derecho*, *desto* por *de esto*, *fuerdes* por *fuéredes*, *metiós* por *metióse*, etc., resultan perfectamente normales y muy frecuentes.

10.3. EJEMPLO DE LECTURA DE UN TEXTO MEDIEVAL CASTELLANO CON TRANSCRIPCIÓN FONÉTICA

Pero López de Ayala, canciller de Ayala, Vitoria 1332–1407 Calahorra

De procedencia noble, vivió una época de turbulencia religiosa durante el Cisma de Occidente. Sus intenciones literarias se dirigen a la inmoralidad imperante de la sociedad de su tiempo. Entre sus obras resalta *Rimado de Palacio* (1385), poema satírico y didáctico que recoge una confesión general de sus pecados, una descripción irónica de sus contemporáneos de la jerarquía civil y religiosa (y sus hipócritas valores políticos, sociales y morales), y una mezcla de cuadros realistas y disquisiciones doctrinales.

Transcripción paleográfica y fonética

---

322 "Yo non quiero conbusco algunt presçio tajado:
[jó noŋ kjéro kombúsko‿alɣúṇt préstsjo taʒáðo|]

como yo razonare, asi me faredes pagado,
[kómo‿jo radzonáre|azí me haréðes paɣáðo]

mas tengo vn buen libro en la villa empeñado,
[mas téŋgo‿úm bwén líβro‿en la βíʎa‿empeɲáðo]

vos traed me veynte doblas o por ellas buen recabdo".
[bós traéð me βéin̪te ðóβlas‿o por‿éʎaz βwén rekáβðo||]

323 "Señor, dize el cuytado, cometen me pleytesía
[seɲór |dídze‿el kwitáðo | kométem me pleitezía]

que me dexe deste pleyto e dar me han vna quantia.
[ke me ðéʃe ðéste pléito‿e ðár me‿an‿úna kwan̪tía||]

E quanto a mi muger, en este consejo seria.
[e kwán̪to‿a mi muʒér |en‿éste konséʒo sería||]

E a mi, en confision, asy mandan cada dia".
[e‿a mí |eŋ koɱfizjón |azí mán̪daŋ káða ðía||]

324 "Seria grant vergüença, le dize el bachiller,
[sería ɣrán̪t βerɣwén̪tsa |le ðídze‿el βaʧiʎér]

que podiendo vos algun tienpo lo vuestro defender,
[ke poðjén̪do βós‿alɣún̪ tjémpo lo βwéstro ðefen̪der]

syn prouar vuestros derechos o lo que puede ser,
[sim proβár βwéstroz ðeréʧos‿o lo ke pwéðe sér]

asi baldia mente vos ayades a uençer".
[azí βaldía mén̪te βós‿ajáðes‿a βen̪tsér||]

325 Los pleytos en sus comienços todos atales son:
[los pléitos‿en sus komjén̪tsos tóðos‿atáles són|]

quien lo cuyda tener malo, despues falla opinion
[kjén lo kwíða tenér málo |despwés fáʎa‿opinjón]

de algunt doctor famado que soterna su razon,
[de‿alɣún̪t ðoktór famáðo ke sotérna su radzón]

e pasando asi el tienpo, nasçe otra conclusion".
[e pazán̪do‿azí‿el tjémpo |nástse‿ótra koŋkluzjón||]

Rimado de Palacio,[1] 1385

APÉNDICE 1
FORMAS ROMANCES DE LOS TEXTOS

Las voces incluidas en este índice han sido seleccionadas en virtud de su frecuencia en los textos. Son las más representativas para la creación y derivación de las formas romances. Los vocablos aparecen ordenados alfabéticamente.

Al final del glosario se adjunta una lista de las obras literarias más antiguas y representativas de la lengua española.

A

A: a, junto a
Acaesçiera: presentara, concurriera
Accipiendo: recibiendo, aceptando
Adelant: ante, delante, enfrente
Adriello: ladrillo
Adtendat: atienda
Affilgatura: prohijamiento
Affilgot: prohijó
Afincava: punzaba, apremiaba
Aflarat: hallará
Aflige: llega
Agia: haya, tenga
Agora: bien, tanto
Aguisar: preparar, disponer
Aiat, ajat: haya, tenga
Aiutorio: ayuda
Al: otra cosa
Albeum: cauce, lecho de un río
Albo: blanco
Alcel: alce, v. alzarse, subirse
Alçó: levantó, alzó, elevó
Alfoce: comarca (ár.)
Algo: bienes, dinero, riqueza
Alia: otro(a), el otro, la otra
Alicotiens: algunas veces, a veces
Allascot: dejó
Almófar: capucha del guerrero
Alquandas: algunas, a veces
Alquantre: nunca
Alterius: otro
Amientre: mientras
Amor: favor, amor
Amos: ambos
Anima: alma
Ansiosusegamus: estemos ansiosos, solícitos
Aplekan: acceden, llegan
Apresolas: las aprendió, las tomó
Apriso: aprendió
Arrojo: arroyo
Ascondios: escondidos
Asmar: juzgar, estimar, pensar, creer
Assaz: bastante, más
Atender: esperar, cumplir, lindar
Aturar: durar, permanecer
Audivi: oí, escuché
Auteiro: otero
Ave: tiene
Aveo: tengo
Avié: había

B

Bay: va
Beigio: beso

Bened: viene
Bergudian: avergüenzan
Bernad: vendrá
Bertiziones: efusiones, derramamientos
Bicoca: nadería, pequeñez, insignificancia
Bine: bien
Bisara: albricias
Bokella: boca, boquita
Bono: bueno
Boues, boes, bos: bueyes
Brial: túnica

C

Ca: (por)que
Cabo: cabeza, extremo, fin, final, junto a, hacia, de lado, al fin, extremadamente
Capdal: importante, principal
Carrera, carraria, carrieria: vía para carros, camino
Cartula: carta, documento
Casios: quesos
Castella: fortalezas, castillos, fuertes
Casulla: vestidura eclesiástica con capuchón
Catar: tomar, registrar, probar, gustar, mirar, cuidar, recatar
Çe: estás
Celar: ocultar
Cella: santuario, parte de un monasterio
Circumueniat: se enrede, se caiga, se obsesione
Cisso: tributo, impuesto
Cizera: sidra
Coita: cuita, apuro, necesidad
Collo: cuello
Conas: con las
Conceyllo, conceiho: consejo
Condonas: concedes
Conmittunt: cometer, realizar, unir
Conno, cono: con el
Conquirieron: conquistaron
Contado: considerado, llamado
Conuerta: anima
Conviento: número, reunión de gente
Crebantare: quebrantar
Crebar: quebrar
Crubiosse: cubriose, del v. cubrir
Cuega(n): cueza(n), del v. cocer
Cuemo: como
Cuempetet: cuente, juzgue, comprometa
Cuer: corazón, de memoria
Cuydo: supongo, pienso
Cum: con

D

Da: desde
Dalli: de allí, desde allí, de allí en adelante
Dar guarida: curar
Debina: adivina
Debinas: adivinas
Demandar: pedir, preguntar, buscar
Dendes: de ella(s), de él(los), de aquí, de allí, después
Denique: luego, después, por fin, por último
Der: diere
Des: desde
Desque: desde que, después de que
Desusso: encima
Dioli: le dio
Disso'l: le dijo
Diuisas, divisas: particiones
Dixo: dijo
Doita, dita: dicha
Dolce: dulce
Domna: dueña, señora, esposa, dama
Domno, duen, dueno, dueynno: don, dueño, señor, jefe, soberano
Ducere: guiar, dirigir
Duelo: dolor
Duenya: mujer, dueña, dama

E

Eclesia: iglesia
Ego, eo, io: yo
Eiar: echar, poner
Ela, ella: la, ella
Eleiso, eleisco: mismo
Ell, el(l)o: el, él
Elmo: yelmo
Ena(os), enna(os): en la(s), en lo(s)
Encara: todavía
Enfurcion: tributo sobre el solar de las casas
Enim: sin duda, por cierto, en realidad
Enplirnosamus: nos llenaremos
Ent: de allí, de ello, de él
Entendo: percibo, entiendo
Erubescunt: enrojecen, se ponen rojos
Escuso: a escondidas
Esfríalo: enfríalo, del v. enfriar
Espirament: soplo
Et: y
Etuiras: y tú irás
Exie: salió
Ey: he, tengo

F

Fablóli: le habló
Faca, faza: haga
Face: hace
Fallecio: faltó
Fallesçer: faltar, fallar
Fare, fer(e): hacer
Fareyo: haré
Fartarse: hartarse, cansarse
Faza: hacia
Faza(s): hazas, porción de tierra labrada
Fegga: hecha
Fen: ven
Feni: del heno
Fer: ver
Fer(e): hacer
Festa: fiesta, festivo, día de fiesta
Fidanças, fideiussores: fiadores
Fidiatura: fianza, deuda
Fieri: ser hecho, hacerse, suceder
Fillos, filios, fijos: hijos
Finar: morir, perecer
Fincar: quedar, apoyar, dejar
Finiestra: ventana
Firmar: afirmar, probar
Fízoli: le hizo
Foias: hojas
Folgaçia: descanso
Folgar: holgar, descansar, vacar
Fonsado, fosado: prestación del servicio militar, tributo por exención de ese servicio
Fornos: hornos
Forsitan: tal vez, acaso, quizá
Fratres: hermanos, frailes
Frexenale: fresneda, bosque de fresnos, fregenal
Frizier: hiciere
Froncida: fruncida, arrugada
Frucho: fruto
Fryuras: fríos

G

Garauato: gancho, garfio, bozal
Garid: decid
Garnacha: vestidura talar
Garriunt: gorjear, charlar, croar
Gaudioso: gozoso
Geenna: gehena, infierno
Germana: hermana
Get: es, está
Gradir: agradecer
Guay: ay
Guec ajutuezdugu: nosotros no nos arrojamos (vasc.)
Guenabes: cobertores, mantas

H

Habib: amigo, amado
Haças: porción de tierra; banda, faja, cinta
Hamrella: roja
Heredad, hereditat: propiedad
Heuos: he vos, os he
Hibero: Ebro (topónimo)
Hodieran: habían oído
Hunyas: uñas
Hy: allí

I

I: aquí, allí, entonces, y
Ia, io: se la, se lo
Illi, li: le, él
Illo(s), illa(s): el, los, la(s)
In: si (ár.)
Inde: de allí, ende
Inna: en la
Io, ia: se lo, se la
Ipse, ipsa: mismo(a), en persona
Ipse, ipsa(s): ese, esa(s)
Iussi: ordené, mandé, dispuse
Iusso, yuso, juso: abajo
Ixo, ixio: salió
Izioqui dugu: lo hemos encendido, lo hemos perdido ardientemente ¿? (vasc.)

J

Jerras: yerras
Jes: eres
Jet: es, está
Jmplere: henchir, llenar, cumplir
Jncurrit: se lanza sobre, cae sobre
Jniuste: injusto, inicuo, injustamente
Jrascuntur: irritan, enojan
Jo: yo
Judicauerit: ha juzgado, ha sentenciado

K

Kaderat: caerá
Kand: cuando
Kannares: medida agraria
Kasa: casa
Katet: mire, atienda, ponga atención
Ke: que
Kematu: quemado
Kom: como
Kor: corazón
Kosina: prima

L

Lacs: balsas, estanques
Laisces: dejes
Lecto, leio, leyto: lecho
Lela, lelo: se la, se lo
Lenna, lenia: leña
Lexar: dejar, legar
Liuores: cardenales, contusiones
Liyorar: llorar
Loco: luego, lugar
Lombo, lomba: lomo, loma
Lucrum: lucro, provecho, ganancia
Lueco, luego: al punto, inmediatamente
Luenga: larga
Lur(es): su(s)
Luuas, luvas: guantes
Ly: él

M

Maguer, mager, magar: aunque, sin embargo, a pesar de que
Mandas: encargos, promesas
Mando: dejó en herencia, prometió
Manquadra: juramento de cuatro personas
Matança: destrucción, sacrificio, matanza
Mazanares: manzanares

Media: en el centro, mediano, regular
Melezina: medicina
Melezinar: medicinar
Memet: a mí mismo
Menester: necesidad, pobreza, ministerio, oficio
Mengua de recabdo: falta de cuidado
Meo(s), mea(s): mis
Mesura: proporción
Mib: a mí
Ministerio: rito funerario
Mirabolanos: mirobálanos, nuez moscada
Modio, moios: moyos, medida de capacidad
Mondamientre: limpia, puramente
Morabetinos: morabetinos, moneda medieval
Movida: marcha
Moyra: salmuera
Mozlemos: musulmanes
Muito(s): mucho(s)
Mulier, muger: mujer
Munera: remuneración

N

Nai, ni, n: allí
Nasco: nació, nacido, naciente
Ne: que no
Ne(n): ni, por ello
Nidios: limpios, claros
Noite, nojte: noche
Nol: no lo, no le
Nuemne, nomen, nompne: nombre
Nullo(a), null, nuil, nuill: ningún

O

O(be): donde
Octero: otero
Odieron: oyeron
Odir: oír
Olga: huerta
Omne, ome: hombre
Ondremos: honremos
Ora: ahora
Orreos, orrios: hórreos
Orto: huerto
Otere: odre
Otrossí: además, por otro lado
Oui: tuve
Ouiculas: ovejas

P

Pagar: complacer, contentar, satisfacer
Parar mientes: prestar atención, estar atento
Parella: pareja
Pareyllado: aparejado, dispuesto
Parlera: habladora
Partida: partes, cantidad, región
Partien: repartían, dividían, partían
Partituero: lugar en que se reparten las aguas de riego
Patino: zueco
Peche: pague
Pecho: multa
Pectar: pagar
Pecten: paguen
Pecunie: riqueza, hacienda, patrimonio
Pedones: peones
Peitare: pagar
Pejus: más malo, peor
Penna, peña: peña, piedra, piel
Peña grisa: piel de marta de color pardo
Peña vera: piel de armiño
Pero: porque
Pertinet: incumbe, afecta, corresponde
Peskera: pescadería, pesquería
Petrosa: pedregosa, rocosa, peñascosa
Plagado: herido
Plogo'l: le plugo, le agradó, le deleitó
Plumbazo: colchón
Plurime: muchísimo

Plus majus: más bien, más mayor
Poner mientes: poner, prestar atención
Ponte: puente
Pora: para, de
Porfazo: desaire, afrenta, injuria
Porfiar: insistir, perseverar, disputar
Pozo, poteum, puteum, puteo: pozo
Preçiava: apreciaba, estimaba
Premia: opresión, aprieto
Prender: tomar
Primis: en primer lugar, ante todo
Primus: primero
Proceción: asunto, proceso
Proe: pro, provecho
Profaçar: difamar
Pultrum: potro
Pumare: huerta, árbol frutal, manzano
Punnar: esforzarse, luchar

Q

Qualbis: cualquier
Quantol: cuanto le
Quantum: tanto como, cuanto, todo lo que
Quarterios, quarteros: cuarta parte del modio
Quasi: como
Queças: prenda de abrigo
Quel: que le
Quemo: como
Quereylla: queja, acusación
Qui: que
Quinyón: quinta parte de algo, parte correspondiente a cada colaborador
Quiscataqui: cada uno
Quitar: separar

R

Recabdo: recaudo, pago, resultado, remedio, socorro, proporción, entendimiento, precaución, prevención
Rege: rey, realeza
Rego: surco, reguero, arroyo
Repoyada: repudiada
Ribuli: río
Rieto: acusación
Rigo: río
Ripa: rivera, orilla
Roborabi: corroboré, confirmé, firmé
Robro: confirmo
Ros: rojo

S

Sabedes: sabéis
Scusado: eximido
Scusen: se eximan
Seclo, seglo: mundo
Sedeant: sean
Seeya: estaba
Segamus: seamos
Seguillo: seguirlo, del v. seguir + pron. lo
Seia: era, estaba
Seingnale: señal
Sela: silla, silla de montar
Semdairo, semedeiro, semtero: sendero
Seminatura: sembrado
Semper: mientras
Senna, sina: seña(l), enseña, bandera
Serna, senra: serna, campo de labranza
Sey: está
Si: así, ojalá, aunque
Sic: así, de este modo
Sidi: señor, dueño (ár.)
Siegat: sea
Singulas: sendas
Siquier: aun, aunque, al menos, es decir
Siui: a sí, en sí
So: bajo
Solidos: sueldos, *ss*, moneda medieval

Sorte: parte de una herencia, porción de una tierra de labor
Sos: eres
Sos: su, sus, suyo
Spillu: espejo
Super: sobre
Suso: arriba, encima
Sy quier: al menos, ojalá

T

Tarauulo: trangallo, tranca, palo, garrote
Tardarsan: se retrasarán, descuidarán
Tella: teja
Tenerias: fábricas de curtidos
Tenet: limita
Terra(s), tirra: tierra(s)
Tib, tibi: a ti, te
Ticum: contigo
Tolgas: quites
Toller, toylliere: quitar
Tornar: dar vueltas, girar
Touo: tuvo
Trado: transmitir, entregar, confiar, pasar
Tramare: atravesar, cruzar, pasar, tramar
Traque: una y otra
Traxo, troxo: trajo
Tueleisco: tú mismo
Tulliuit: quitó

U / V

Uado: vado
Uamne, uemne: hombre
Uasilia: vasijas, vasos
Ubi, obi: donde
Uços: puertas
Uel: o el
Uello: velo, ojo
Uelo: velo, pretexto, apariencia
Uenot: vino
Uerguença: vergüenza
Uerum: verdadero, cierto
Uetula: vieja
Uinea, uinna, uinga: viña
Uiran: habían visto
Uita: vida
Unusquisque: cada uno, cada cual, cada
Uo, **uos**: vos
Uocitant: llaman, denominan
Uocitare: llamar, denominar
Uosso: vuestro
Uotas: bodas
Uusco: con vos
Vagio: bayo, amarillento
Vaiga, veica: vega
Valiente: valioso, fuerte, robusto
Vidie: veía, miraba
Vierbos: verbos, palabras, voces
Visco, uisco: vivió

W

Warda: guarda
Welyos, weliyos: ojos

Y

Y: allí, en él, ello, en ello
Yaquanto: algo, bastante
Yas: ya
Yase: está
Yde: allí
Yed, yes: es
Yesed: sale
Yire: iré
Yuso: abajo
Yxia: salía

A continuación, y por orden cronológico, se apuntan los documentos literarios más antiguos o más representativos de la lengua española; también las obras que constituyen hitos importantes en el desarrollo de nuestro idioma a lo largo de la historia.

II a. de C.	*Appendix Probi*
princ. s. X	Las glosas
s. X	Las jarchas
h. 1190	*Cantar de Mío Cid*
fines s. XII	*Representación de los Reyes Magos*
1241	*Fuero Juzgo*
h. 1195–1264	Gonzalo de Berceo: *Milagros de Nuestra Señora*
h. 1250	*Libro de Apolonio, Libro de Alexandre*
h. 1250	*Poema de Fernán González*
1221–84	Alfonso X, el Sabio
1282–1348	Don Juan Manuel: *El Conde Lucanor* (1335)
1283–1350	Juan Ruiz, Arcipreste de Hita: *Libro de Buen Amor* (1343)
1332–1407	Pero López de Ayala: *Rimado de Palacio* (1385)
1388–1458	Marqués de Santillana
h. 1398–1470	Arcipreste de Talavera: *El Corbacho o reprobación del amor* (1438)
1411–56	Juan de Mena: *Coronación* (1438), *Laberinto de la fortuna* (1444)
h. 1499	*Celestina, Comedia de Calisto y Melibea*
1441–1522	Antonio de Nebrija: *Gramática de la lengua castellana* (1492) *Diccionario español-latino* (1495)
1535	Gonzalo Fernández de Oviedo Valdés: *Historia general y natural de las Indias*
1552	Bartolomé de las Casas: *Brevísima destrucción de las Indias*
h. 1580	Fr. Luis de León: *De los nombres de Cristo* (1572–76)
1539–1613	Sebastián Covarrubias: *Tesoro de la lengua castellana* (1611)
1547–1616	Miguel de Cervantes: *Quijote* (1605, 1615, 1ª y 2ª parte) *Novelas ejemplares* (1613)
1561–1627	Luis de Góngora: *Fábula de Polifemo y Galatea* (1612) *Soledades* (1613)
1562–1635	Lope de Vega
1580–1645	Francisco de Quevedo: *Vida del buscón* (1626) *La cuna y la sepultura* (1634)
1584–1648	Tirso de Molina
1726–39	RAE: *Diccionario de Autoridades* (6 volúmenes)
1707–82	Esteban Terreros: *Diccionario castellano* (1765–83)
1771	RAE: *Gramática de la lengua castellana*

APÉNDICE 2
FORMAS LATINAS Y ETIMOLOGÍAS

Los étimos latinos aparecen siempre en mayúsculas y tanto los resultados romances como las grafías en letra minúscula. Los antecedentes latinos de formas nominales romances figuran inicialmente en el caso acusativo, terminado en -M. El asterisco * que precede a algunas palabras indica que éstas no se han encontrado documentadas y por lo tanto se trata de una forma supuesta, no atestiguada.

A

ABBĀTEM > abad
ABHORRĒRE > aburrir
ABSCONDERE > esconder
***ĀCĬĀRĬUM** > acero
***ACŪCŬLAM** > aguja
***ACŪCŬLĀRĬUM** > agujero
ACUTUM > agudo
AD > a
ADDĪCTUM > adicto
AEGYPTĬĀNUM > gitano, egipcio
AEQUĀLE > igual
AERĀMĬNEM > alambre
AETĀTEM > edad
***AFFILĬĀTUM** > ahijado
ALIĒNUM > ajeno
ALIQUOD > algo
ALLĬUM > ajo
ALTARIUM > altar, otero
ALTUM > alto
AMAUERAM > amara
AMATUS > amado
AMAVISSEM > amasen
AMICUM > amigo
AMĬNDŬLAM > almendra
ANIMAM > alma
ANNUM > año
APĔRIRE > abrir
APĬCŬLAM > abeja
APPRĒHĔNDĔRE > aprender
APRĪLEM > abril
APTĀRE > atar
AQUAM > agua
AQUĬLAM > águila
ARANĔAM > araña
ARBĬTRĬUM > albedrío
ARBŎREM > árbol
ARĔAM > área, era
ARTĔM > arte
ATTENDĔRE > atender
AUCTŌREM > autor
AUDIVISTI > oíste
AURĬCŬLAM > oreja
AUSCULTARE > escuchar
AUT > o
AUTŬMNUM > otoño
AXEM > eje

B

BALBUM > bobo
BALNĔUM > baño
BAPTĬZĀRE > bautizar
BASIĀRE > besar
BASSUM > bajo

***BATTĔRE** > batir
BĔLLAM > bella
BĔNE > bien
BĔNEFACTŌREM > benefactor, bienhechor
BĬBĔRE > beber
BĬTŪMEN > betún
BLANDU > blando
BŎNU > bueno
BŎVEM > buey
BRACCHĬUM > brazo
BŬRSAM > bolsa

C

CADERE > caer
CAECUM > ciego
CAELUM > cielo
CAEMĔNTUM > cimiento
CAESAREM > César
CALIX > cáliz
CANE > can, perro
CANNAM > caña
CANTĀVĪ > canté
CANTHARUM > cántaro
CANTĬŌNEM > canción
CAPĬLLUM > cabello
CAPĬŌ > quepo
***CAPĬTĬAM** > cabeza
CAPRAM > cabra
CAPTĬĀRE > cazar
CAPŬT > cabo
CARCĔREM > cárcel
CARRĬCĀRE > cargar
CASTĒLLUM > castillo
CATĒNĀTUM > candado
CATHĔDRAM > cátedra, cadera
CAULEM > col
CAUSAM > causa, cosa
CĔNTUM > ciento
CĒRĔŎLAM > ciruela
CĒRĔUM > céreo, cirio
CĔRĔVĪSĬAM > cerveza
CERTĪTŪDĬNEM > certidumbre
CESSĀRE > cesar
CHARTAM > carta
CHŎRDAM > cuerda
CĬLĬAM > ceja
CĪMĬCEM > chinche, chisme
***CĬNĬSĬAM** > ceniza
CIPPUM > cepo
CLAVEM > clave, llave
CLAVUM > clavo
CŎAGŬLUM > coágulo, cuajo
COCHLEAREM > cuchara
COENAM > cena
CŌGĬTĀRE > cuidar
CŌGNĀTUM > cognado
COLLECTAM > cosecha
CŎLLĬGĬT > coge
CŎLLĬGŌ > cojo
CŎLLUM > cuello
CŎLŬBRAM > culebra
COMEDĔRE > comer
COMPRĔHĔNDĔRE > comprender
CŎMPŬTŌ > computo, cuento
CONCĬLĬUM > concilio
CONDŪXĪ > conduje
CŌNSĬLĬUM > consejo
CŎNSTĀRE > costar
CŎNSTAT > cuesta
COOPĔRĪRE > cubrir
CŎPHĬNUM > cofre
CŎRĬUM > cuero
CŎRNUM > cuerno
CORTĬCĔAM > corteza
CŎXU > cojo
CRASSAM > grasa
CREĀRE > crear, criar
CRĒDĬT > cree

CRESCĔRE > crecer
CRUDELĪTĀTEM > crueldad
CRŬSTAM > costra
CŬBĬTUM > codo
CŬĬUS > cuyo
CULMĬNE > cumbre
CŬM > con
CŬMŬLUM > colmo
CŬNĪCŬLUM > conejo
CŪPAM > cuba
***CUPĬDĬTĬA** > codicia
CŬPPAM > copa
CŬRRĔRE > correr
CŬSCŬLĬUM > coscojo

D

DAMNUM > daño
DĒBĬTAM > deuda
DĔCEM > diez
DE EX DE > desde
DELĬCĀTUM > delicado, delgado
DENĀRIUM > dinero
DENTEM > diente
DĔORSUM > yuso (debajo)
DĔSPECTŬM > despecho
DĔXTĔRAM > diestra
DĔXTRŬM > diestro
DĬABŎLUM > diablo
DĪCŌ > digo
DĪCTUM > dicho
DIES LŪNĪS > lunes
DIES MARTĪS > martes
DIES MĔRCŬRĪ > miércoles
DIES JŎVĪS > jueves
DIES VĔNĔRĪS > viernes
DIES DOMĬNĬCŬS > domingo
DĪRĒCTUM > directo, derecho
DĪXĪ > dije
DŎMĬNAM > dueña, doña
DŎRMIS > duermes
DRACŌNEM > dragón
DRAPPUM > trapo
DŬBĬTAM > duda
DŬCTUM > ducho
DŬODĔCĬM > doce
DŬPLE > doble
DŪRĬTĬAM > dureza

E

ĔCCE > he aquí, aquí está, aquí tienes
EFFĬCAX > eficaz
ĔGO > yo
ĒLĔGANTĬAM > elegancia
ĔQŬAM > yegua
ĔRĒMOS > yermo
ESTĔPHANU > Esteban
ĔT > y
EXTIRARE > estirar
EXTRANĔUM > extraño

F

FĂCERE > hacer
FĂCĬT > hace
FACTAM > fecha
FACTUM > hecho
FAGĔAM > haya (árbol)
FALX > hoz
FAMĬNEM > hambre
FARĪNAM > harina
FASCEM > haz
FASCĬAM > faja
FASTĪDĬUM > hastío
FATAM > hada
FATUM > hado
FĔBREM > fiebre
FELĪCE > feliz
FĔNESTRAM > hiniestra (ventana)
FĔRRUM > hierro

FĔRVĒRE > hervir
FĔSTAM > fiesta
FĪBRAM > fibra, hebra
FĪCATUM > hígado
FĪCUM > higo
FĪDEM > fe
FĪLĬCTUM > helecho
FĪLĬUM > hijo
FĪLUM > hilo
FĪSTULĀRE > chillar
FĪXĀRE > fijar
FLACCUM > flaco
FLAMMAM > llama
FLŬXUM > flojo
FŎCUM > fuego
FOEDUM > feo
FŎLĬAM > hoja
FŎLĬUM > folio
FŎLLĪCŬLUM > folículo, hollejo
FŎLLIS > fuelle
FŎNTEM > fuente
FŎRAS > fuera
FORMĪCAM > hormiga
FORMŌSUM > hermoso
FŎRTEM > fuerte
FRĀTĔR > fraile
FRAXĬNUM > fresno
FRENUM > freno
FRĪCĀRE > fregar
FRĪGĔRE > freír
FRĪGĬDUM > frígido, frío
FRŎNTEM > frente
FRŪCTUM > fruto
FŪGĬO > huyo
FŪMĪGĀRE > fumigar, humear
FŪMUM > humo
FŬNDUM > hondo
FŬNGUM > hongo
FŬRCAM > horca
FŬRNUM > horno
FŪRTUM > hurto

G

GANGRAENAM > cangrena, gangrena
GĔLŪM > hielo
GEMMAM > yema
GĔNĔRUM > género, yerno
GENŬCŬLUM > hinojo
GERMĀNUM > hermano
GRAECUM > griego
GRATĬAM > gracia
GRĔX > grey, rebaño
GRŎSSUM > grueso
GŬRDUM > gordo
GŬSTUM > gusto
GŬTTAM > gota
GΫPSUM > yeso

H

HABĔO > he
HABUĪ > hube
HAC > acá
HALT > alto
HĔDĔRAM > hiedra
HĔLM > yelmo
HĔRBAM > hierba
HĔRĪ > ayer
HĪBĔRNUM > invierno
HĪC > aquí
HĬSPANĬAM > España
HŎDĬEM > hoy
HŎMĬNEM > hombre
HORDĔOLUM > orzuelo
HŬMĬLĬTATEM > humildad

I

IĂCĔO > yago
IAM > ya

ĬBI > allí
ĬLLA > ella, la
ĬLLAC > allá
ĬLLAS > ellas, las
ĬLLE > el, él
ĬLLIC > allí
ĬLLOS > ellos, los
ĬLLUD > ello, lo
ĬN > en
ĬNĬTĬUM > inicio
INIŪRĬAM > injuria
INIŪSTITĬAM > injusticia
ĬNSĬGNĀRE > enseñar
INSŬLAM > isla
ĬNTĔGRAM > íntegra, entera
ĬNTĔNDĔRE > entender
ĬNTER > entre
ĬNVŎLŪTUM > envuelto
IŎCUS > juego
IPSE > ese
ĪRE > ir
ĬSTĔ > este
IŪDAEUM > judío
IŪDEX > juez
IŬGUM > yugo
IŪLIUM > julio
IŪNŌM > junio
IURARE > jurar

L

LACRĬMAM > lágrima
LACTEM > leche
LACŬS > lago
LAMBĔRE > lamer
LATRĀRE > ladrar
LATRŌNEM > ladrón
LĒGĀLE > legal, leal
LĔVĀRE > llevar
LĬBRĀRĬUM > librero
LIGĀRE > ligar, liar
LĬGNA > leña
LĪMĬTĀRE > limitar, lindar
LIMPĬDUM > limpio
LĬTTĔRA > letra
LŎCUS > luego
LŪCEM > luz
LUCTŬM > luto
LŬMBRĪCEM > lombriz
LŬMBUM > lomo
LŪMĬNEM > lumbre
LŬPUM > lobo

M

MĂCŬLAM > mancha
MAGĬS > más, mas
MAGĬSTRUM > maestro
MAIŎR > mayor
MĂLĬTĀTEM > maldad
MĂLĬTĬAM > malicia
MANCĬPĬUM > mancebo
MANĬCAM > manga
MANSĬŌNEM > mansión, mesón
MAPPAM > mapa
MARĪTUM > marido
MARMŎREM > mármol
MARTĔLLUM > martillo
MARTĬUM > marzo
MASCŬLUM > macho
MĀTER > madre
MĀTĔRĬAM > materia, madera
MAURUM > moro
MĔL > miel
MELĬŌREM > mejor
MĔNSAM > mesa
MENSEM > mes
MĔRDAM > mierda
MĔUM > mío
MĪCAM > miga

MIHI > me, mí
MĬNUS > menos
MĬSCĔRE > mecer
MĬTTĔRE > meter
MĬTTŌ > meto
MŎLAM > muela
MONACHĔLLUM > monaguillo
MŎNSTRŌ > muestro
MŎRTEM > muerte
MŎVĔNT > mueven
MŬLĬĔR > mujer
MŬLTĬTŪDĬNEM > muchedumbre
MŬLTUM > mucho
MŪSCŬLUM > músculo
MŪSCUM > musgo
MŪSTĔŪS > mustio

N

NASCĔRE > nacer
NĂTĀRE > nadar
NATĪVUM > nativo
NĔBULAM > niebla
NĔGAT > niega
NĔRVUM > nervio
NĬGRUM > negro
NŎCTEM > noche
NŌMĬNARE > nombrar
NŌMĬNEM > nombre
NŎVEM > nueve
NŎVUM > nuevo
NŪMQUAM > nunca
NŬX > nuez

O

OCCULTUM > oculto
OCCŬPĀRE > ocupar
ŎCTŌ > ocho
ŎCŬLUM > ojo
ŎPĔRAM > ópera, obra
ŎPĔRĀRĬUM > obrero
ORDĬNĀRĬUM > ordinario
ŎRPHĀNUM > huérfano
ŌSCŬLUM > beso
ŎSSUM > hueso
ŎVĬCŬLAM > oveja
ŌVUM > huevo

P

PACĀRE > pagar
PACEM > paz
PALĔAM > paja
PALŬMBAM > paloma
PANNUM > paño
PASSĬONEM > pasión
PĂTĔR > padre
PAUCUM > poco
PAUPĔRE > pobre
PAX > paz
PĔCCĀRE > pecar
PĔCCĀTUM > pecado
PĔCTUM > pecho
PĔDEM > pie
PĔĬŌRE > peor
PĔLLEM > piel
PĔNSĂNT > piensan
PĔRĪCŬLUM > peligro
PĔRNAM > pierna
PĔTRAM > piedra
PETRUM > Pedro
PHARUS > faro
PHLEGMAM > flema
PHOCAM > foca
PHRASEM > frase
PĬCEM > pez
PĪLĬĀRE > pillar
PĬRAM > pera
PĬSCARE > pescar
PLAGAM > plaga, llaga

PLANCTAM > llanta
PLANCTUM > llanto
PLANUM > plano, llano
PLATEAM > plaza
PLĒNUM > pleno, lleno
***PLŎVĔRE** > llover
PLŬMBUM > plomo
PLŬVIAM > lluvia
PŎDĬUM > poyo
POENAM > pena
PŎNTEM > puente
PŎPŬLUM > pueblo
PŎRCUM > puerco
PŎRTAM > puerta
PŎRTUM > puerto
PŎRUM > poro
PŎST > pues
***PŎTĔRE** > poder
***PŎTĔT** > puede
PRAESCINDĔRE > prescindir
PRAEVĬUS > previo
PRĀTUM > prado
PREHENSĬŌNEM > prisión
PROFECTUM > provecho
PROXĬMUM > próximo, prójimo
PŬGNUM > puño
PŬLLUM > pollo
PŪMEX > pómez
PŬTĔUM > pozo

Q

QUADRAGĒSĬMAM > cuaresma
QUADRUM > cuadro
QUAERŌ > quiero
QUAESTĬŌNEM > cuestión
QUALIS > cual
QUANTUM > cuanto
QUASI > casi
QUATERNO > cuaderno
QUATTUOR > cuatro
QUATTUORDĔCĬM > catorce
QUĬD > que
QUIETĀRE > quedar
QUĪNDĔCĬM > quince
QUĪNTUM > quinto
QUIRITĀRE > gritar
QUŌMŎDO > como
QUŎTAM > cuota
QUŎTĪDĬĀNUM > cotidiano

R

RADĬUM > rayo
RĂDĪX > raíz
RĀPUM > rabo
RAUCUM > ronco
RAUPAM > ropa
RECĬTĀRE > recitar, rezar
REDDĔRE > leer
REFŪSĀRE > rehusar
RĔGE > rey
RĒGĪNAM > reina
RĒGŬLAM > regla, reja
RĔLĀTĬONEM > relación
RĒNĬUM > riñón
RĒTEM > red
RĪVUM > río
RŌBŎRE > roble
RŎTŬLUM > rótulo, rollo
RŬGAM > arruga
RŬPTUM > roto
RŬSSĔUM > rojo

S

SABBĂTUM > sábado
SACCUM > saco
SAGĬTTAM > saeta
SALĀRĬUM > salero
SALEM > sal

SALTŬM > salto, soto
SAPĬĀMUS > sepamos
SAPŌNEM > jabón
SĂPŌREM > sabor
SĂPUI > supe
SATĬONEM > sazón
SATISFACTUM > satisfecho
SCHŎLAM > escuela
SCŌPAM > escoba
SCRĪBŌ > escribo
SCRĪPTUM > escrito
SĒCULUM > siglo
SĔCUNDUM > según
SĔCŬNDUM > segundo
SECŪRUM > seguro
SĔMĬNĀRE > sembrar
SĔMPĔR > siempre
SĔNĬŌREM > señor
SĔPTEM > siete
SĔPTĬMĀNAM > semana
SĔX > seis
SEXUM > sexo
SĪ > sí
SĪC > así
SĬCCUM > seco
SĬGĬLLUM > sigilo
SĬGNALEM > señal
SĬGNAM > seña
SĬLVAM > selva
SĬNĔ > sin
SĬTIM > sed
SŎCRAM > suegra
SŎLĔAM > suela
SŌLUM > solo
SŎLUM > suelo
SŎMNĬUM > sueño
SŎRTEM > suerte
SPĂTĬUM > espacio
SPĪNAM > espina
SPONSUM > esposo
SQUAMAM > escama
STĔRCŎREM > estiércol
STERNŪTĀREM > estornudar
STŎMĂCHUM > estómago
STRĬNGĔRE > estreñir
SŬCIDUM > sucio
SŪCUM > jugo
SŬMŬS > somos
SŬNT > son
SŬPĔRBĬAM > soberbia
SŬU > su
SŬUS > suyo
SYRINGAM > jeringa

T

TĂBŬLAM > tabla
TALĔAM > taja, tajo, talla
TALIARE > tajar
TARATRUM > taladro
TAURUM > toro
TAXUM > tejo
TĒCTUM > techo
TEGULAM > teja
TĔMPTĀRE > tentar
TĔMPUS > tiempo
TĔNĀX > tenaz
TĔNĔŌ > tengo
TĔPĬDUM > tibio
TĔRRAM > tierra
TĔRTĬUS > tercio
TĔXĔRE > tejer
THALLUM > tallo
THĔSIS > tesis
THIUS > tío
TĬBĪ > ti
TĬNGĔRE > teñir

TRACTUM > trecho
TRĀDĬTĬŌNEM > tradición, traición
TRAXĪ > traje
TREDĔCĬM > trece
TRĔMŬLĀRE > temblar
TRĬFŎLĬUM > trébol
TRĬPALĬUM > trabajo
TRŬCTAM > trucha
TŪ > tú
TŬRREM > torre
TŬSSIS > tos
TŬU > tuyo

U

ŬNCĬAM > onza
ŬNDE > donde
ŬNDĔCĬM > once
ŬMBĬLĪCUM > ombligo
ŬNGŬLA > uña
ŬRSUM > oso
ŪSUM > uso

V

VACĪVUM > vacío
VĒNĪ > vine
VĔNTUM > viento
VĔRĒCUNDIAM > vergüenza
VERMĬCŬLUM > bermejo
VERSŪRAM > basura
VĔTŬLUM > viejo
VĬDĔŌ > veo
VĬDET > ve
VĬDŬAM > viuda
VĬNCĔRE > vencer
VINDĒMĬAM > vendimia
VĬRĬDIS > verde
VĪTIS > vid
VĬTĬUM > vicio
VĪVĔRE > vivir
VŌTAM > boda
VŌTUM > voto
VŌS > vos, vosotros
VŌX > voz

APÉNDICE 3
CRONOLOGÍA GENERAL DE LOS CAMBIOS DE LA LENGUA

Los cambios fonológicos y fonéticos que produjeron la evolución del latín vulgar al castellano se ofrecen a continuación. Éstos se realizaron de una forma muy lenta (a lo largo de siglos) y no siempre regularizada por lo que no se puede ofrecer una precisión cronológica detallada. En algunos momentos se dieron interferencias complicadas entre cambios, y no necesariamente un cambio venía seguido de otro sino que convivían hasta que se generalizaban. Aquí se colocan los cambios por orden de épocas (latín vulgar, romance primitivo, nacimiento del castellano, castellano medieval, Siglo de Oro y español moderno) en cuanto a su comienzo o primeras realizaciones.

Resulta importante resaltar que estos cambios se refieren al castellano; otros dialectos y otras lenguas peninsulares evolucionaron de forma diferente, sufriendo o no los mismos cambios que pudieron coincidir o no con las fechas de las transformaciones del dialecto castellano.

PERIODO DEL LATÍN VULGAR

Consonantes

1. Pérdida de la -M final del caso acusativo latino: ROSAM > rosa.
2. Reducción de la nasal final /-m/ > /n/: TAM > tan.
3. Pérdida de la H- inicial latina: HĬSPANĬAM > España.
4. Relajación de las consonantes oclusivas finales, pero no de todas ya que las marcas de personas del verbo están en mozárabe y leonés /-t/ > /-t/.
5. Asimilación de consonantes y simplificación de las consonantes dobles como:

/rs/ > /ss/	/pt/ > /tt/	/mb/ > /m/ (no es general)
/ps/ > /ss/	/tt/ > /t/	/mn/ > /nn/
/ns/ > /s/	/pp/ > /p/	

6. Simplificación del grupo implosivo /ks/ > /s/.
7. Pérdida de cons. oclusivas y fricativas intervocálicas: HO(D)IE > hoy, PROBA(V)I > probé.
8. Formación de la yod de distintos orígenes.
9. Vocalización de la velar sonora en posición implosiva (formación de yod): LEGNAM > leina.
10. Palatalización de las cons. por influencia de yod: LEGNAM > leina > lenja > leɲa, leña.
11. Primer proceso de palatalización en los grupos /ti/, /ki/, /di/, /gi/ y /bi/.

12. Segundo proceso de palatalización en los grupos /g^e,i^/, /k^e,i^/ > /ʧ/.
13. La /v/ y la /w/ pasan a [β]. También la -B- y la -V- intervocálicas pasan a [β].

Vocales

1. Reajuste vocálico en general. Pérdida de la cantidad vocálica como rasgo distintivo; de largas y breves pasan a abiertas y cerradas.
2. El acento de cantidad se sustituye por el acento de intensidad.
3. Monoptongación de /ae/ > /ę/ y /au/ > /o/.
4. Síncopa. Pérdida de la vocal átona (a excepción de la "a") interna (postónica o protónica), con "l", "r" o "s". En algunos casos la pérdida de ésta impide la sonorización de la consonante: PŎSITUM > puesto.
5. Prótesis vocálica de /e/ ante /s/ inicial seguida de consonante: SPĪNAM > espina.
6. Consonantización de /-i-/ > [j] y de /-u-/ > [w].
7. Formación de diptongos a partir de hiatos: BANEUM > banju, baño.
8. Pérdida de /w/ en el grupo /kw/.

ROMANCE PRIMITIVO (PERIODO GERMÁNICO E ISLÁMICO), S. VI–X

Consonantes

1. Sonorización de consonantes oclusivas sordas intervocálicas: SAPĔRE > saber.
2. Continúan los procesos de lenición (fricatización y elisión).
3. Degeminación: SACCUM > saco.

Vocales

1. Diptongación de /ę/ y /ǫ/ en /ie/ y /ue/: SĔPTEM > siete.
2. Metátesis de yod.
3. Desaparición de yod en los grupos /ti/ y /ki/: RATIŌNEM > rat'on > razón
4. Inflexión de la vocal por influencia de yod: MŬLIĔR> m**o**ʎer > m**u**ʎer, mujer.
5. Vocalización de /l/ en /u/ en grupos consonánticos: ALTĔRUM > a**u**teru > **ou**tero > **o**tro.
6. Vocalización de velar sorda (yod) en grupos consonánticos /kt/ > /it/: LACTEM > la**i̯**te > leche.

NACIMIENTO DEL CASTELLANO, S. X–XI

Consonantes

1. Aspiración de la /f-/ > /h-/ y finalmente pérdida (sobre todo en el norte): FŬNGUM > hongo.
2. Comienzo de erosión de /f/ y /v/ en el norte. Según muchos lingüistas la /v/ nunca existió allí, sino que siempre fue [β].
3. Palatalización de cons. + /l/, como en los grupos /pl-/, /kl-/ y /fl-/: PLENUS > lleno.
4. Resolución de geminadas /nn/ > /ɲ/, /ll/ > /ʎ/ y /rr/ > /r̄/.

5. Absorción de la yod y palatalización de la cons. en los grupos /li/ > /ʎ/ y /ni/ > /ɲ/.
6. Absorción de la yod en los grupos /di/ y /gi/: VĪDĔŌ > veo.
7. Paso a dental del grupo /k^{e,i}/ > /ʧ/ > /ts/ o /dz/: BRACCHIUM > brazo, *braço* en el medievo.

Vocales

1. Pérdida de la vocal átona interior, posterior a la sonorización: DŎMIN(I)CUM > domingo.
2. Monoptongación /au/ > /o/, /ai/ > /e/: ALTARIUM > altariu > altario > autai̯ro > **ou**t**ei**ro > **o**t**e**ro.
3. Apócope (pérdida de la vocal final).
4. Inflexión de /a/ por la yod: LACTEM > l**a**i̯te > l**e**i̯te > l**e**che.

Morfosintaxis

1. Asimilación y amalgamas como *enna* > *en la*, del s. X al XII.
2. Mezcla de formas latinas y romances.

CASTELLANO MEDIEVAL, S. XII–XV

Consonantes

1. Pérdida de la fricativa /d/ en la desinencia *-des* a finales del s. XII.
2. Comienzo del ensordecimiento de sibilantes en el s. XIII.
3. Disimilación de nasales e inserción de cons. epentética: nom'ne > nomre > nom**b**re.
4. En el s. XIV ejemplos de grafía *h* por *f*. A partir de 1501 predomina la *h*.
5. Comienzo de la velarización de [ʃ] > [x].
6. Fricatización de las africadas [ts], [dz] y [ʤ].
7. Absorción de /s/ por la palatal [sʧ] > [ʧ]: MASCULUM > maʧo, macho
8. La *-t* final deja de usarse a fines del s. XV: *verdat* > verdad.
9. A finales del s. XV comienza la pérdida de *-d-* de la 2ª persona pl. precedida de vocal tónica: cantades > cantaes. Hasta 1470 coexisten *cantades, cantaes*; hasta 1550 se encuentran *cantaes, cantáis, cantás*. Después de esta fecha, sólo *cantáis* en España y *cantás* perdura en América con el voseo.

Vocales

1. Hasta el s. XIII apócope extrema, *muert*, hasta en los clíticos: *quel* > que le.
2. Comienza la monoptongación del diminutivo *-iello* > -illo.
3. Cambios de acento: *mi**ó*** > m**í**o.
4. Vocalización de /d/, /b/ y /l/ en posición implosiva: CAPTIVUS > cautivo.

Morfosintaxis

1. Alternancia de las desinencias *-ía, -íe, -ié* en el imperfecto, con predominio de *-íe, -ié* del s. XII al s. XIV; en el s. XV se impone *-ía*.

2. A finales del s. XIII se pierden los posesivos de 2ª y 3ª persona *to* y *so* por *tu* y *su*.
3. El posesivo *mío* antepuesto perdura hasta fines del s. XIV.
4. En el s. XIV desaparecen formas como *convusco* y *connusco*.
5. En el s. XIV alternan *qui* y *quien*, pero en el s. XV se generaliza *quien* y en el s. XVI *quienes*.
6. La forma *negún* es sustituida por *nengún* o *ningún* en el s. XIV; *alguien* y *nadie* aparecen en el s. XV.
7. En el s. XV *vos* se reduce a *os*: *vos digo* > os digo.
8. En el s. XV se pierde el uso del artículo más el posesivo: *la su casa*.
9. Hasta el s. XV alternan *este / aqueste*.

SIGLOS DE ORO, S. XVI–XVII

Consonantes

1. A fines del s. XVI desaparece la *b* en posición implosiva: *cobdo* > codo.
2. Aparece el yeísmo ll > ʎ > y.
3. En el s. XVI se produce la interdentalización de [ts] > [ş] en [θ] y la velarización de [ʃ] en [x] o [h].
4. Finalizan los procesos de ensordecimiento.

Morfosintaxis

1. En el s. XVI se imponen las formas *nosotros* y *vosotros* sobre *nos* y *vos* que quedan como formas mayestáticas de tratamiento. El *vos* perdura en América.
2. En el s. XVI se supera la alternancia de *so/soy* y *do/doy*.
3. En el s. XVI *haber* se pierde como verbo transitivo para indicar posesión y se sustituye por *tener*; paralelamente, *haber* se afianza para los verbos compuestos.
4. La forma *ge* se sustituye por *se* en el s. XVI.
5. En el s. XVII desaparece la forma *hombre* como indefinido por la extensión del *se* impersonal y la de *uno*.
6. Se extiende el uso de la preposición *a* ante acusativo tanto de persona como de cosa.
7. En el s. XVI se pierden las formas verbales de *vos* aunque perdurarán en América.
8. A fines del s. XVI se pierde la *-d-* intervocálica de la 2ª persona pl. cuando va precedida de vocal átona: *cantades* > cantáis.
9. En el s. XVI los futuros y condicionales se regularizán: *porné, verné* por *pondré, vendré*.
10. En el s. XVI se regularizan los perfectos fuertes: *ovo* > hubo, *ovieron* > hubieron.
11. En el s. XVII desaparecen las formas analíticas del futuro y el condicional: *cantar he* > cantaré.
12. Hasta el s. XVII se anteponen los clíticos al imperativo, infinitivo y gerundio: *cómo lo decir*.

ESPAÑOL MODERNO, S. XVIII– XIX

La creación de la Real Academia de la Lengua Española, o también conocida como RAE, en 1713 impulsó en gran medida la consolidación de la tendencia normativa del español.

Gracias a sus esfuerzos, años después se publicaron grandes obras como el *Diccionario de Autoridades* (1726–39), la *Ortografía* (1741) y la *Gramática* (1771). La RAE siguió las siguientes medidas para modernizar el sistema de la lengua:

1. En 1726 y 1763 respectivamente se suprimen la cedilla *ç* y la *ss*: *cabeça* > cabeza, *esse* > ese.
2. En 1726 se usa el grafema *u* para representar sólo a la vocal /u/ y la *v* para el fonema bilabial: *ulterior* > ulterior, *selua* > selva.
3. En 1726 se normalizó el uso de los grafemas *b* y *v*. La *b* se escribirá para las palabras con B o P en latín; la *v* para aquellos vocablos con V en latín.
4. Se sustituyen los grupos consonánticos *ph, th, ch*, por *f, t, c* o *qu*: *theatro* > teatro.
5. En 1815 se sustituye *q* por *c* en *cuatro, frecuente*, etc.
6. También en 1815, el fonema /x/ (fricativo velar sordo) ya no se representa por *x* sino por *j* como en *dixo* > dijo. El grafema *x* se utiliza para /ks/.
7. Además en 1815 se normaliza el uso de *i* e *y* para la semivocal de los diptongos; la *y* cuando la vocal termina palabra: *ley, buey*.

APÉNDICE 4
CRONOLOGÍA DE LA HISTORIA DE LA LENGUA

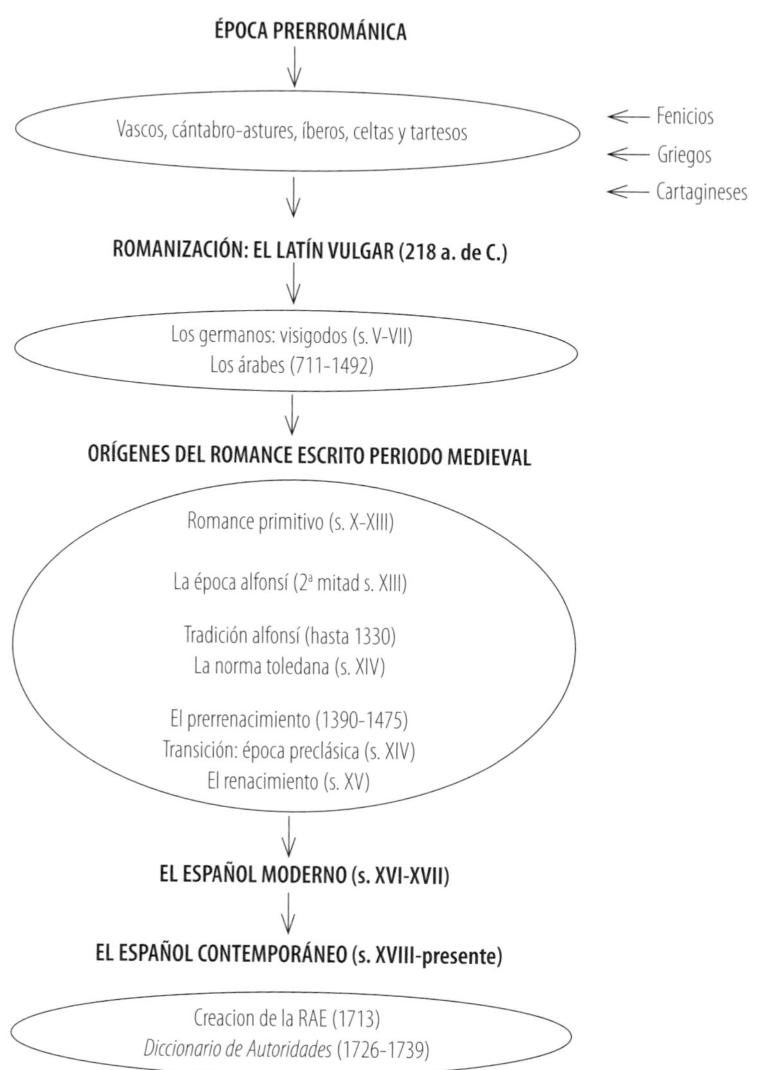

APÉNDICE 5
ABREVIATURAS Y SÍMBOLOS FONÉTICOS

La mayoría de los símbolos fonéticos utilizados en este libro pertenecen al AFI (alfabeto fonético internacional). A continuación se apuntan algunas de las correspondencias de este alfabeto con el alfabeto RFE (de la revista de filología española).

SÍMBOLOS FONÉTICOS

[ ]	corchetes, encierran alófonos y transcripciones fonéticas
/ /	barras, encierran fonemas y transcripciones fonológicas
-C-	consonante en posición intervocálica
-V	vocal final
C-	consonante inicial

VOCALES

ā	a larga	ă	a breve	ą	a abierta	ạ	a cerrada
ē	e larga	ĕ	e breve	ę	e abierta	ẹ	e cerrada
ī	i larga	ĭ	i breve	į	i abierta	ị	i cerrada
ō	o larga	ŏ	o breve	ǫ	o abierta	ọ	o cerrada
ū	u larga	ŭ	u breve	ų	u abierta	ụ	u cerrada

En diptongos crecientes:

j	i semiconsonante palatal sonora, **yod**
w	u semiconsonante velar sonora, **wau**

En diptongos decrecientes:

i̯	i semivocal palatal sonora, **yod**
u̯	u semivocal velar sonora, **wau**

CONSONANTES

ʃ	fricativa, prepalatal, sorda – RFE š
ʒ	fricativa, prepalatal, sonora – RFE ž
ʤ	africada, palatal, sonora – RFE ŷ
ʧ	africada, palatal, sorda – RFE ĉ
s	s fricativa, alveolar, sorda
z	s fricativa, alveolar, sonora
ts	africada, dentoalveolar, sorda – RFE ŝ
dz	africada, dentoalveolar, sonora – RFE ẑ
ş	s fricativa, dental, sorda
ẓ	s fricativa, dental, sonora
r̄	vibrante múltiple
β	b fricativa, bilabial, sonora – RFE ƀ
ð	d fricativa, dental, sonora – RFE đ
ɣ	g fricativa, velar, sonora – RFE ǥ
θ	fricativa, interdental, sorda
x	fricativa, velar, sorda
χ	relajación de implosiva, aspirada
ʎ	lateral, palatal, sonora – RFE ḷ
ʝ	fricativa, palatal, sonora – RFE y, ǰ
ɲ	nasal, palatal, sonora – RFE n̮

APÉNDICE 6
ABREVIATURAS Y SIGNOS

$>$	evoluciona fonéticamente a: $x > y = x$ evoluciona a y
$<$	procede por evolución fonética de: $x < y = x$ procede de y
$\approx$	similar a
*	forma hipotética o reconstruida, existencia no documentada
ϕ	nada o pérdida de un elemento: [h] $> \phi =$ la [h] deja de pronunciarse, se pierde

acus.	acusativo
ant.	anticuado, antiguo
aprox.	aproximadamente
ár.	árabe
arag.	aragonés
arc.	arcaico
cast.	castellano
cat.	catalán
C.D.	complemento directo
C.I.	complemento indirecto
cons.	consonante
dial.	dialectal
ed.	edición
esp.	español
fem.	femenino
fr.	francés
h.	hacia
ital.	italiano
lat.	latín
lat. clás.	latín clásico
lat. vg.	latín vulgar
masc.	masculino
med.	medieval
mod.	moderno
nav.	navarro
nom.	nominativo
O.D.	objeto directo
O.I.	objeto indirecto
pª, pers.	persona
pl.	plural
por ej.	por ejemplo
port.	portugués
post.	posterior
pp.	participio de pasado
prep.	preposición
s.	siglo
sing.	singular
son.	sonora
sor.	sorda
subj.	subjuntivo
v.	verbo
vasc.	vasco, vascuence, euskera
voc.	vocal

Las voces latinas aparecen en letras VERSALES. Las vocales latinas breves y largas se indican cuando resulta significativo para su evolución etimológica.

Los signos fonéticos y fonológicos utilizados se correponden con los del alfabeto de fonética internacional, AFI, con algunas modificaciones:

[y] se usa para la fricativa palatal sonora como en "rayo". En AFI es [ʝ]; en RFE [y] y [ǰ].

[i̯] se emplea para la semivocal como en "Cairo" [kái̯ro].

[j] se utiliza para la semiconsonante palatal como en "diario" [d**j**ár**j**o].

[ş] y **[z̧]** son las sibilantes fricativas dentales, se utilizan en Andalucía y América.

[s] y **[z]** son las sibilantes fricativas ápico-alveolares, características del español central peninsular.

[l̦] y **[n̦]** representan la lateral y la nasal dental respectivamente.

[l̩] y **[n̩]** se usan para la lateral y nasal interdental respectivamente.

APÉNDICE 7
RECUADROS DEL VOCALISMO Y DEL CONSONANTISMO

1. ALÓFONOS DE LAS CONSONANTES Y LAS VOCALES DEL ESPAÑOL

ALÓFONOS DE LAS CONSONANTES

PUNTOS de articulación

	Labial				Dental				Alveolar		Palatal				Velar		Lar.	
	bilabial		labiodent.		interdent.		dental		alveolar		alveopalatal		palatal		velar		laríngea	
MODOS	sor	son	sor	son	sor	son	sor	son	sor	son	sor	son	sor	son	sor	son	sor	son
oclusivas	p	b					t	d							k	g		
aproximantes		β				ð										ɣ		
fricativas			f	v	(θ)[1]				s	z	(ʃ)[2]	(ʒ)[2]		ǰ = ʝ, y	x		h	
africadas											ʧ = ĉ	(ʤ = ŷ)						
nasales		m		ɱ		(ṇ)[1]		n̪		n		n,		ɲ		ŋ		
laterales								l̪		l		l,		(ʎ)[3]				
vibrantes										r, r̄								
semiconson.														j		w		

(θ, ṇ)[1] Dialectal del castellano.

(ʃ, ʒ)[2] Dialectal de Andalucía, Argentina, Paraguay, Uruguay y Chile.

(ʎ)[3] Dialectal del norte-centro de España (Cantabria, La Rioja y partes de Castilla-León) y algunas zonas andinas de Perú y Bolivia.

ALÓFONOS DE LAS VOCALES

	anteriores	central	posteriores y labializadas
semiconson. / semivocales	[j, i̯]		[w, u̯]
altas / cerradas	[i]		[u]
medias	[e]		[o]
bajas / abiertas		[a]	

2. EVOLUCIÓN DE LAS VOCALES EN POSICIÓN TÓNICA Y ÁTONA

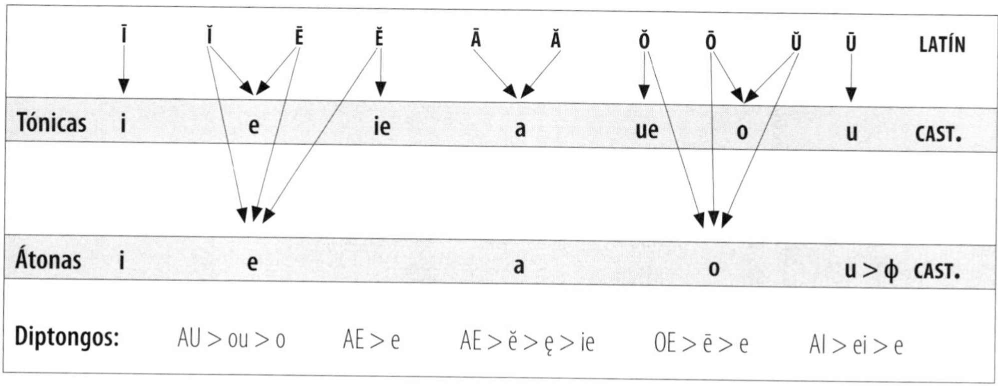

3. GRUPOS DE YOD E INFLEXIÓN VOCÁLICA

	Clases de yod	ę	ǫ	a
1ª	**TI, CI** > [θ] "ç, z"	**PĔTTIAM** > pieza	**FŎRTIAM** > fuerza	**MINACIAM** > amenaza
2ª	**LI, C'L** > [x] "j" **NI, GN** > [ɲ] "ñ"	**APĪCŬLAM** > abeja **SĔNIOREM** > señor	**FŎLIAM** > hoja **SŎMNIUM** > sueño	**PALEAM** > paja **ARANĔAM** > araña
3ª	**GI, DI** > [y] "y" **BI, MI** > [y] "y", "bi, mi"	**GĔLUM** > yelo > hielo **NĔRVIUM** > nervio	**PŎDIUM** > poyo **FŎVEAM** > hoya	**EXAGIUM** > ensayo **LABIUM** > labio
4ª	**CT** > [ʧ] "ch" **X** > [x] "j" **RI, SI, PI** > [ir], [is], [ip] "ir, is, ip" **síncopas varias**	**LĔCTUM** > lecho **MATĔRIAM** > madera **GRĔ(G)E** > grey	**NŎCTEM** > noche **CŎXINUM** > cojín **CŎRIUM** > cuero **CŎLLI(G)Ō** > cojo	**FACTUM** > hecho **MAXĪLLAM** > mejilla **RIPARIAM** > ribera **PROBA(V)I** > probé

4. METÁTESIS DE YOD

La yod provoca metátesis en los siguientes grupos:

-RI-	**-ARIUM** > -ario > -**ai**ro > -**ei**ro > -ero
-SI-	**BASIUM** > b**ai**so > b**ei**so > beso
-PI-	**SAPIAT** > s**ai**pa > s**ei**pa > sepa

5. EVOLUCIÓN DE ALGUNAS CONSONANTES SIMPLES Y AGRUPADAS

Cons. del latín > cast.	Etimologías	Excepciones[1]
-PP-, -TT-, -CC- > -p-, -t-, -k-	CŬPPAM > copa, GŬTTAM > gota, BŬCCAM > boca	
-P-, -T-, -C- > -b-, -d-, -g-	APOTHECAM > bodega	
-B-, -V-, -D-, -G- > ϕ o mantienen	HABEBAM > había, RĪVUM > río, SEDERE > ser, LEGERE > leer	ŌVUM > huevo SCRIBERE > escribir
-NS-, -RS-, -SS- > -s-	MĒNSAM > mesa, ŬRSUM > oso, PASSUM > paso	
-PT- > t	SCRIPTUM > escrito	

(continúa)

-CT- > ct, it **-CT-** > tt > t	RESPECTUM > respecto, respeto	
F- > ϕ **f-** + **ĕ, ŏ, r, l,** se mantiene	FAMINEM > hambre FĔSTAM > fiesta, FŎNTEM > fuente, FRUCTUM > fruto, FLOREM > flor	FĔRRUM > hierro
P-, T-, C- > p-, t-, k-	PĔDEM > pie, TOTUM > todo, CŎRPUM > cuerpo	CRASSAM > grasa CREMARE > quemar
S- + **cons.** > es + cons.	SPERARE > esperar, SCRIBO > escribo, SCHŎLAM > escuela	
-M > ϕ	NUMQUAM > nunca	

CONSONANTES NUEVAS EN CASTELLANO

(El latín no tenía sonidos palatales; ni **[θ]** "z, $c^{e,i}$"; **ni [x]** "j, $g^{e,i}$, x")

-LL-, PL-, CL-, FL- > ll [ʎ] **[y]**	palatales	PLUVIAM > lluvia, CLAVEM > llave, FLAMMAM > llama, PŬLLUM > pollo	PLĬGARE > plegar
-FFL-, -B'L-, -T'L-, -LI- > ll [ʎ] **[y]**	palatales	AFFLARE > fallar, TRIB(U)LUM > trillo, ROT(U)LUM > rollo, ALIUM > ajo	
-CT-, -ULT- } > ch [ʧ]	palatales	NŎCTEM > noche, CULTELLUM > cuchillo, MŬLTUM > mucho	
Cons. + **PL, CL, FL** } > ch [ʧ]	palatales	AMPLUM > ancho, MANC(U)LAM > mancha, INFLARE > hinchar	
Cons. + **LI, C'L, G'L, T'L** } > ch [ʧ]	palatales	CING(U)LUM > cincho	
-NI-, -NN-, -MN-, -GN-, -NG- > ñ **[ɲ]**	palatales	BALNEUM > baño, ANNUM > año, SŎMNUM > sueño, PUGNUM > puño	
I-, -I-, -DI-, -GI- > y **[y]**	palatales	IAM > ya, MAIUM > mayo, PŎDĬUM > poyo, FAGĔA > haya	GERMANUM > hermano SEDEAT > sea
C $^{E, I, AE,}$ **-TI-, -CI-** > $c^{e,i}$, z **[θ] [s]**		DICERE > decir, CAELUM > cielo , FŎRTIAM > fuerza, PLACITUM > plazo	
-LI-, -C'L-, -G'L-, T'L- > j } **[x]**	velares	FĪLIAM > hija, ŎC(U)LUM > ojo, RĔG(U)LAM > reja, VĔT(U)LUM > viejo	MIRACULUM > milagro
-X- > j } **[x]**	velares	LAXUS > lejos	
I- + **ó, ú** > j } **[x]**	velares	IOCARE > jugar, IUDEX > juez	

[1] Las excepciones recogen los ejemplos más sobresalientes.

6. ALGUNOS EJEMPLOS DE LA EVOLUCIÓN DEL VOCALISMO Y EL CONSONANTISMO DE LAS LENGUAS ROMANCES PENINSULARES

VOCALISMO TÓNICO

lat. clás.	lat. vulgar		castellano		gallego-portugués		catalán	
Ĕ	ę	PĔTRAM	ie	piedra	e	pedra	e	pedra
AE	ę	CAECUM	ie	ciego	e	cego	e	cec
Ŏ	ǫ	NŎVUM	ue	nuevo	ǫ	novo	ǫ	nou
OE	ẹ	POENAM	e	pena	ẹ	pena	ẹ	pena
AI	ai	HABEO	e	he	ei	hei	ẹ	he
	ei	DIRECTUM	e	derecho	ei	direito	ę, i	dret
	oi	ŎCTUM	o	ocho	oi	oito	u, o	vuit
	ui	LUCTAM	u	lucha	ui, u	luta	ui	lluita
AU	au	AURUM	o	oro	ou	ouro	o	or

CONSONANTISMO

Consonantes simples							
latín		castellano		gallego-portugués		catalán	
G-	GERMANUM	ϕ	hermano	ϕ	irmau	g	germà
	GENERUM	y	yerno	g	genro		gendre
L-	LUPUM	l	lobo	l	lobo	ll	llop
F-	FILIUM	ϕ	hijo	f	fillo, filho	f	fill
I-	IŎCUM	j	juego	x	xogo, jogo	j	joc
	IAM	y	ya	j	xa, ja		ja
V-	VINUM	v	vino	v	vinho	v	vi

(continúa)

-P-	**CAPUT**	**b**	cabo	**b**	cabo	**p**	cap
-T-	**PRATUM**	**d**	prado	**d**	prado	**t**	prat
-C-	**AMICUM**	**g**	amigo	**g**	amigo	**c**	amic
-B-	**BIBERE**	**b**	beber	**b**	beber	**ϕ**	beure
-D-	**NUDUM**	**d**	nudo	**ϕ**	nú	**ϕ**	nus
-G-	**LEGERE**	**ϕ**	leer	**ϕ**	lêr	**g**	llegir
-F-	**PROFECTUM**	**v**	provecho	**v**	proveito	**f**	profit
-PH-	**ORPHANUM**	**f**	huérfano	**f**	orfo	**f**	orfe
-M	**LUNAM**	**ϕ**	luna	**ϕ**	lua	**ϕ**	lluna

Consonantes agrupadas

latín		castellano		gallego-portugués		catalán	
PL-	**PLACERE** **PLANUM**	**pl** **ll**	placer llano	**pr** **ch**	prazer chão	**pl**	plaure pla
CL-	**CLAVEM**	**ll**	llave	**ch**	chave	**cl**	clau
FL-	**FLAMMAM**	**ll**	llama	**ch**	chama	**fl**	flama
S- + cons.	**SPONSUM**	**es**	esposo	**es**	esposo	**es**	espos
-L + cons.	**ALTĔRUM** **MŬLTUM**	**u**	otro mucho	**u** **i**	outro muito	**l**	altre molt
-MB-	**LŬMBUM**	**m**	lomo	**mb**	lombo	**m**	llom
-MN-	**DAMNUM**	**ñ**	daño	**n**	dano	**n**	dany
-NS-	**MENSAM**	**s**	mesa	**s**	mesa	**s**	mesa
-SC$^{E, I}$-	**FASCEM** **PISCEM**	**z**	haz pez	**x**	feixe peix	**x**	faix paix
-PS-	**CAPSAM** **IPSEM**	**j** **s**	caja ese	**x** **ss**	caixa esse	**x**	caixa eix

(*continúa*)

Consonantes agrupadas							
latín		castellano		gallego-portugués		catalán	
-GN-	LĪGNAM	ñ	leña	nh	lenha	ny	llenya
-NN-	ANNUM	ñ	año	n	ano	ny	any
-LL-	CABALLUM	ll	caballo	l	cavalo	ll	cavall
-X-	MAXILLAM FRAXĬNUM	j s	mejilla fresno	x	meixela freixo	ll	maixella freixe
-CT-	NŎCTEM	ch	noche	it	noite	it	nit
-SC'L-	MASCŬLUM	ch	macho	ch	macho	scl	mascle
-TI-	RATIONEM	z ci	razón ración	z	razão	ϕ	raó
-CI-	VĪCĪNUM	z	vecino	z	vizinho	ϕ	vehí
-DI-	PŎDIUM HODIEM	y ϕ	poyo hoy	i j	poio hoje	ig y	puig avui
-GI-	CORRIGIAM	ϕ	correa	i	correia	tj	corretja
-SI-	BASIARE	es	besar	eix	beijar, beixar	es	besar
-SSI-	BASSIARE	j	bajar	ix	baixar	ix	baixar
-NI-	HISPANIAM	ñ	España	nh	Espanha	ny	Espanya
-LI-	FŎLIAM	j	hoja	lh	folha	ll	fulla
-T'L-	VETŬLUM	j	viejo	lh	velho	ll	vell
-C'L-	OCŬLUM	j	ojo	lh	olho	ll	ull
-G'L-	UNGŬLAM	ñ	uña	nh	unha	ngl	ungla
-M'N-	FEMINAM HOMINEM	mbr	hembra hombre	m	femea nome	mbr m	fembra hom
-M'L-	TREMŬLARE	mbl	temblar	m	tremar	m	tremolar

(*continúa*)

-N'R-	**GENĔRUM** **TĔNĔRU**	**rn**	yerno tierno	**nr**	genro tenro	**ndr**	gendre tendre
-ARIUM	**FERRARIUM**	**ero**	herrero	**eiro**	ferreiro	**er**	ferrer
-URIUM	**AUGURIUM**	**uero**	agüero	**oiro**	agoiro	**uri**	auguri
-ATEM	**CALAMITATEM**	**dad**	calamidad	**dade**	calamidade	**at**	calamitat
latín		**castellano**		**gallego-portugués**		**catalán**	

MAPAS

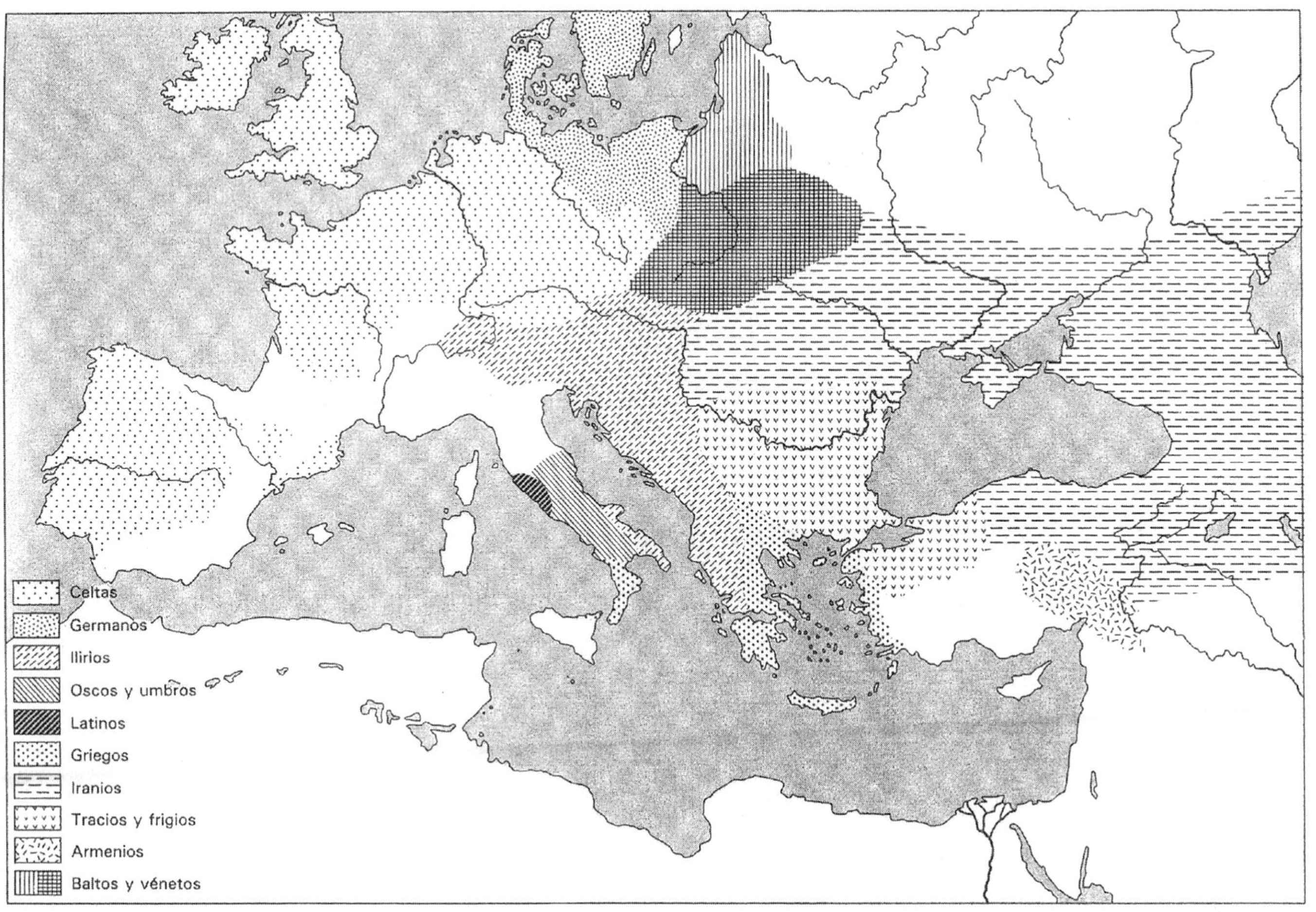

1. Pueblos indoeuropeos

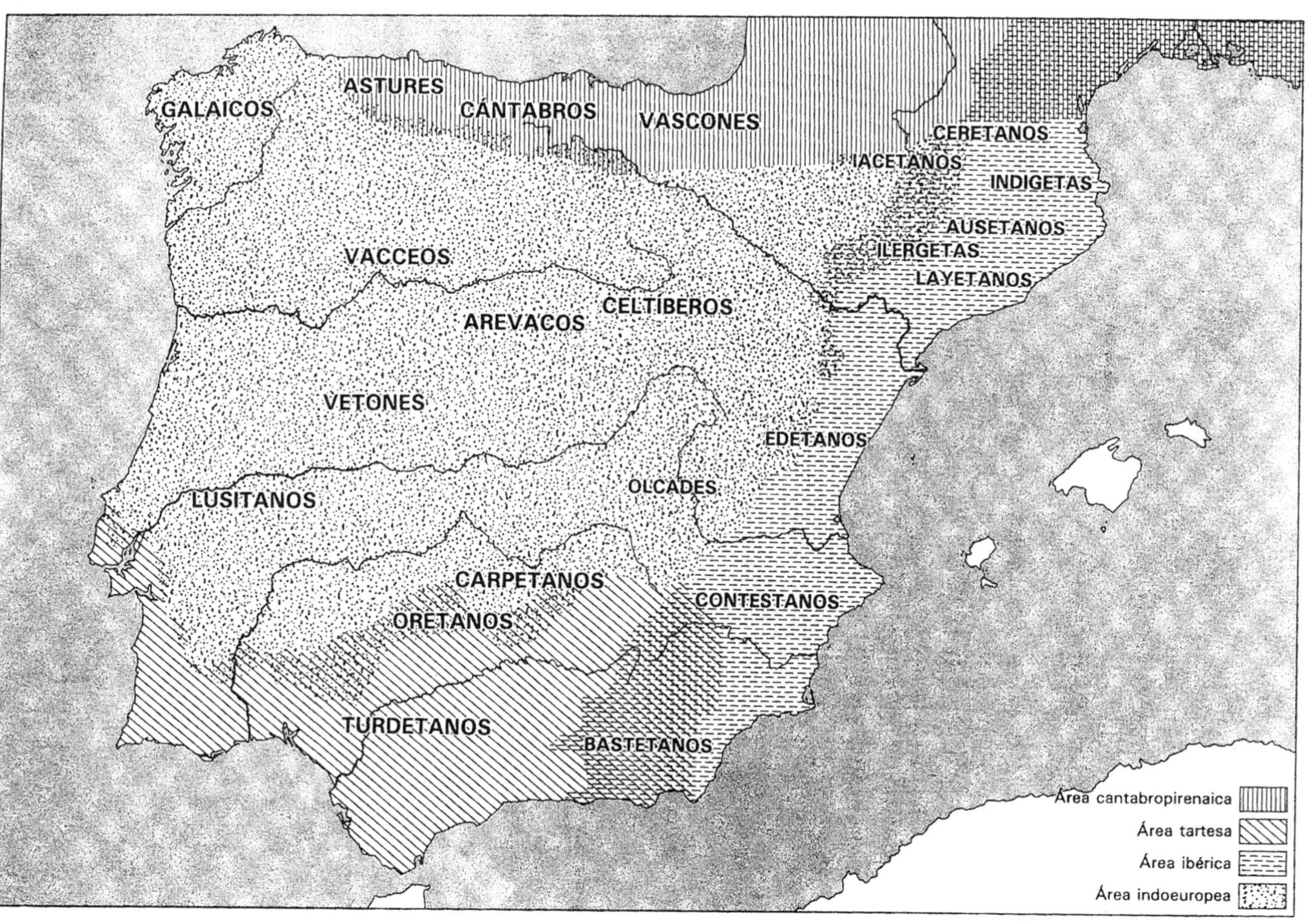

2. Pueblos hispanos prerromanos

3. Hispania romana

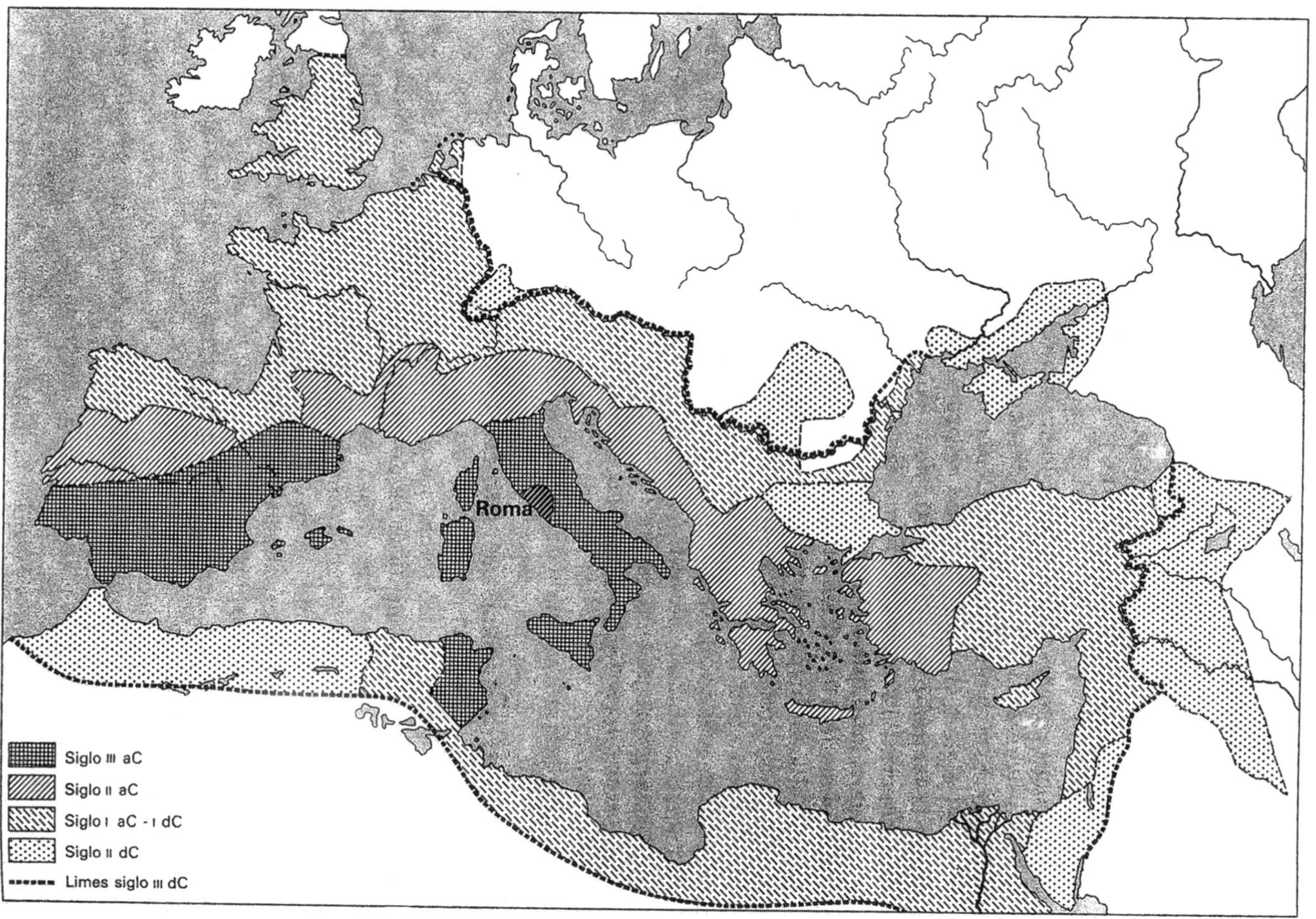

4. Las conquistas romanas del s. III a. de C. al III d. de C.

Limes en el siglo III
Frontera lingüística en el siglo III
Frontera entre la Romania oriental y la Romania occidental
Frontera lingüística actual
Zona de romanización intensa
Zona de romanización superficial
La Romania en el siglo III
La Romania en la actualidad

5. La Romania del s. III y la actual

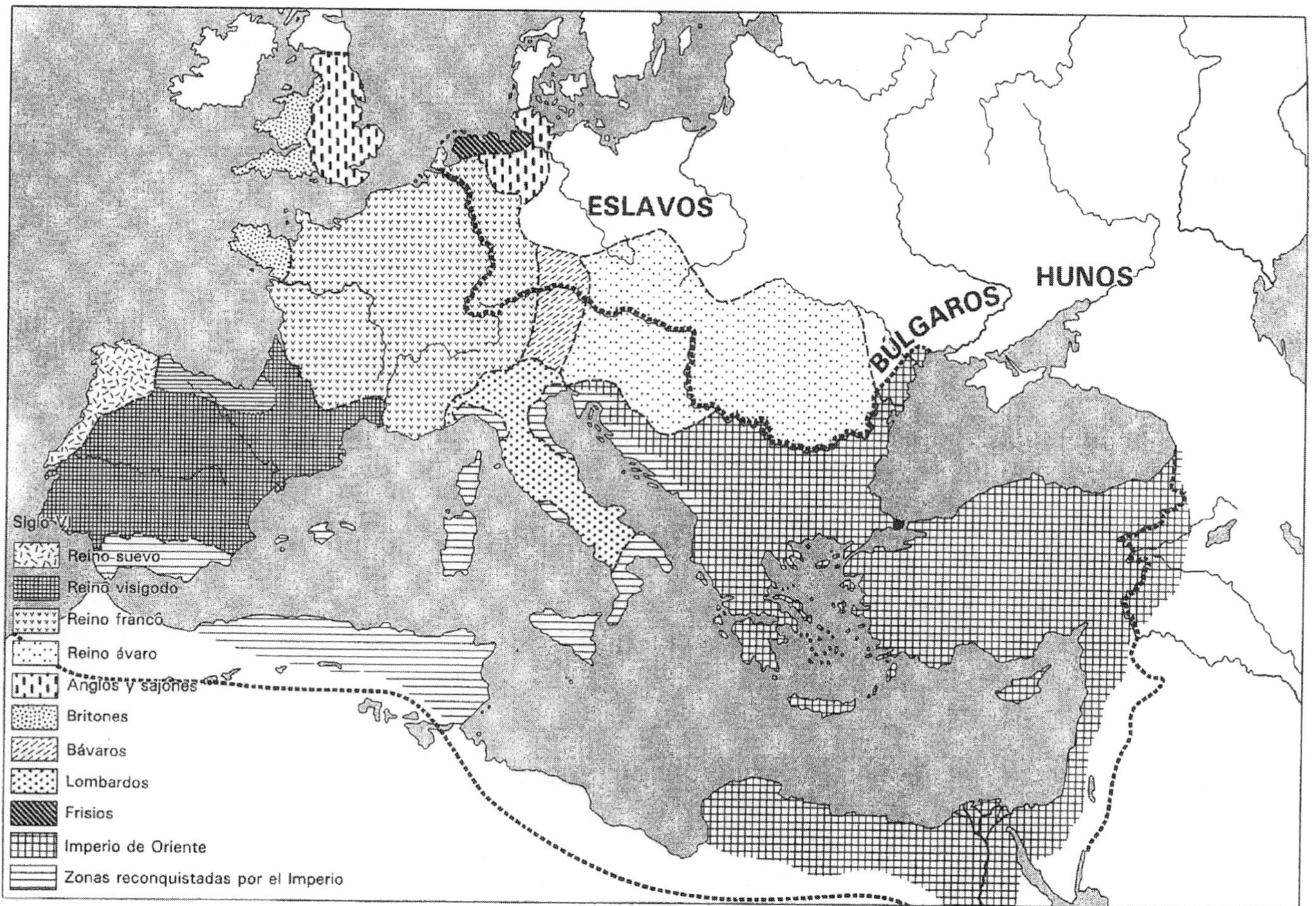

6. Fin del Imperio Romano, s. V

REGNUM FRANCORUM
NARBONENSIS
REGNUM SUEVORUM
GALLÆCIA
TARRACONENSIS
REGNUM VISIGOTORUM
LUSITANIA
CARTHAGINIENSIS
BÆTICA
Reino suevo hasta el 570
Posesiones bizantinas hasta el 570
Zonas no dominadas hasta finales del siglo VI
Zonas no dominadas a mediados del siglo VII

7. Reino visigodo peninsular, s. VI–VII

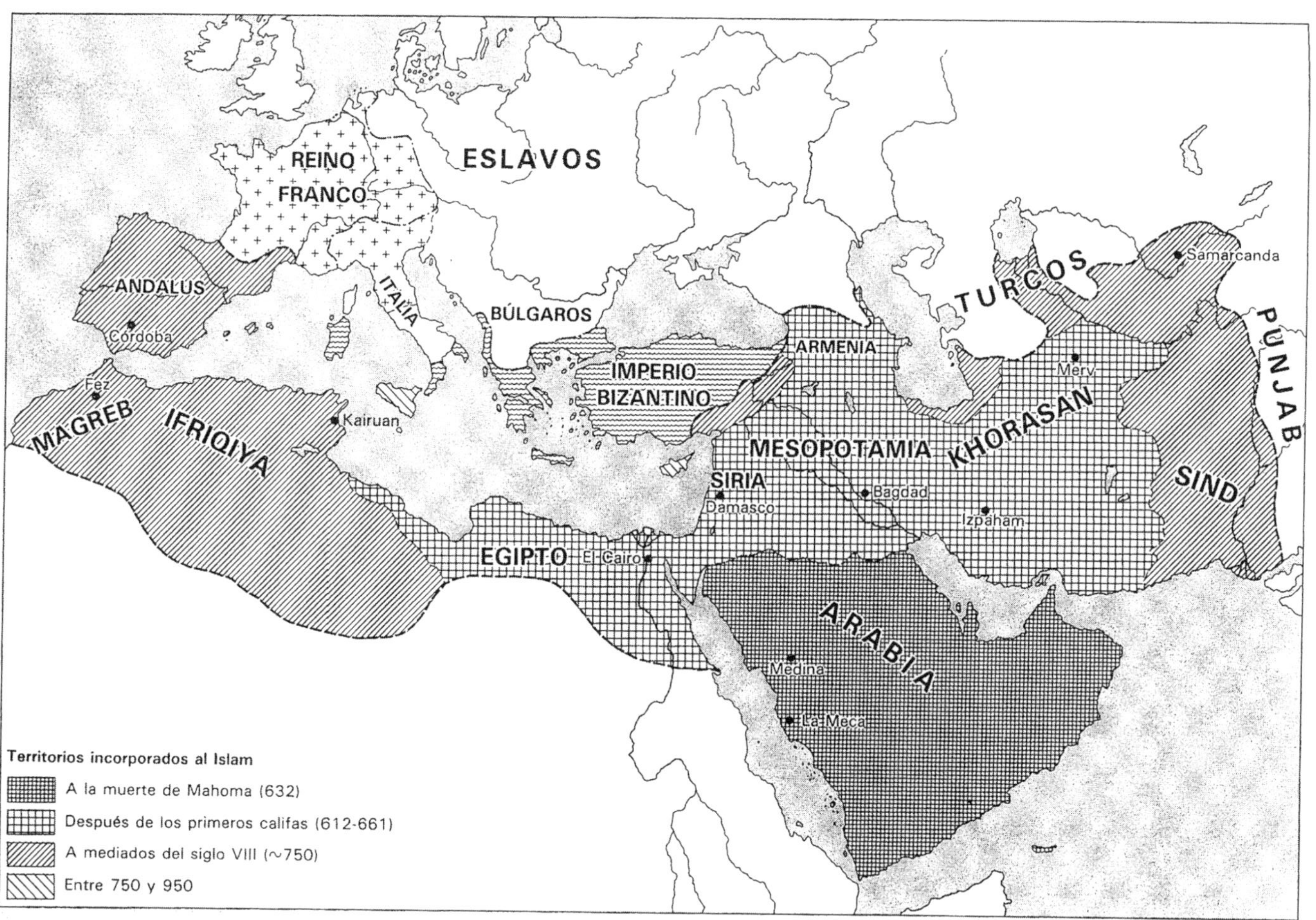

8. Expansión del Islam, s. VII–X

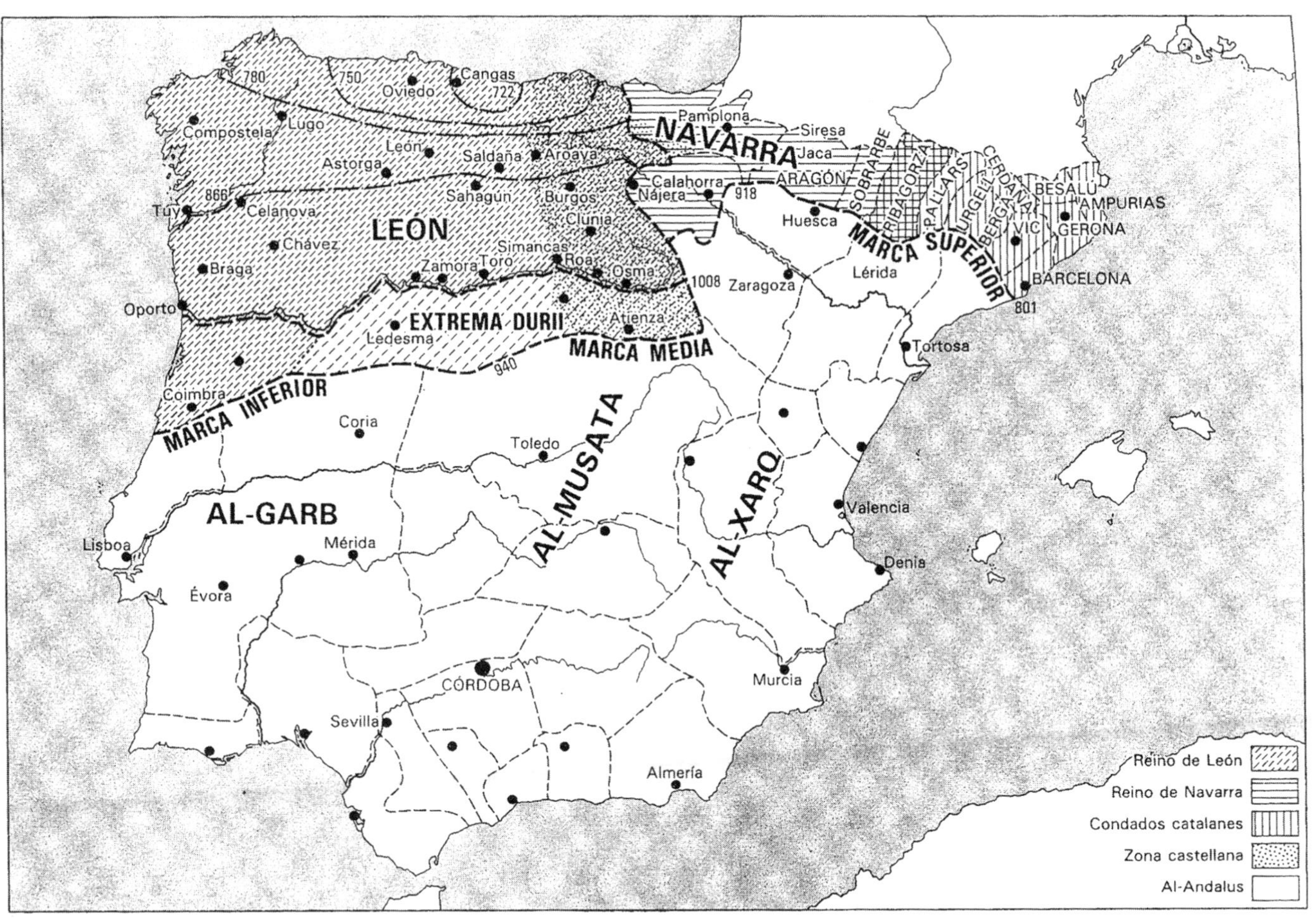

9. La Hispania cristiano-árabe del s. X

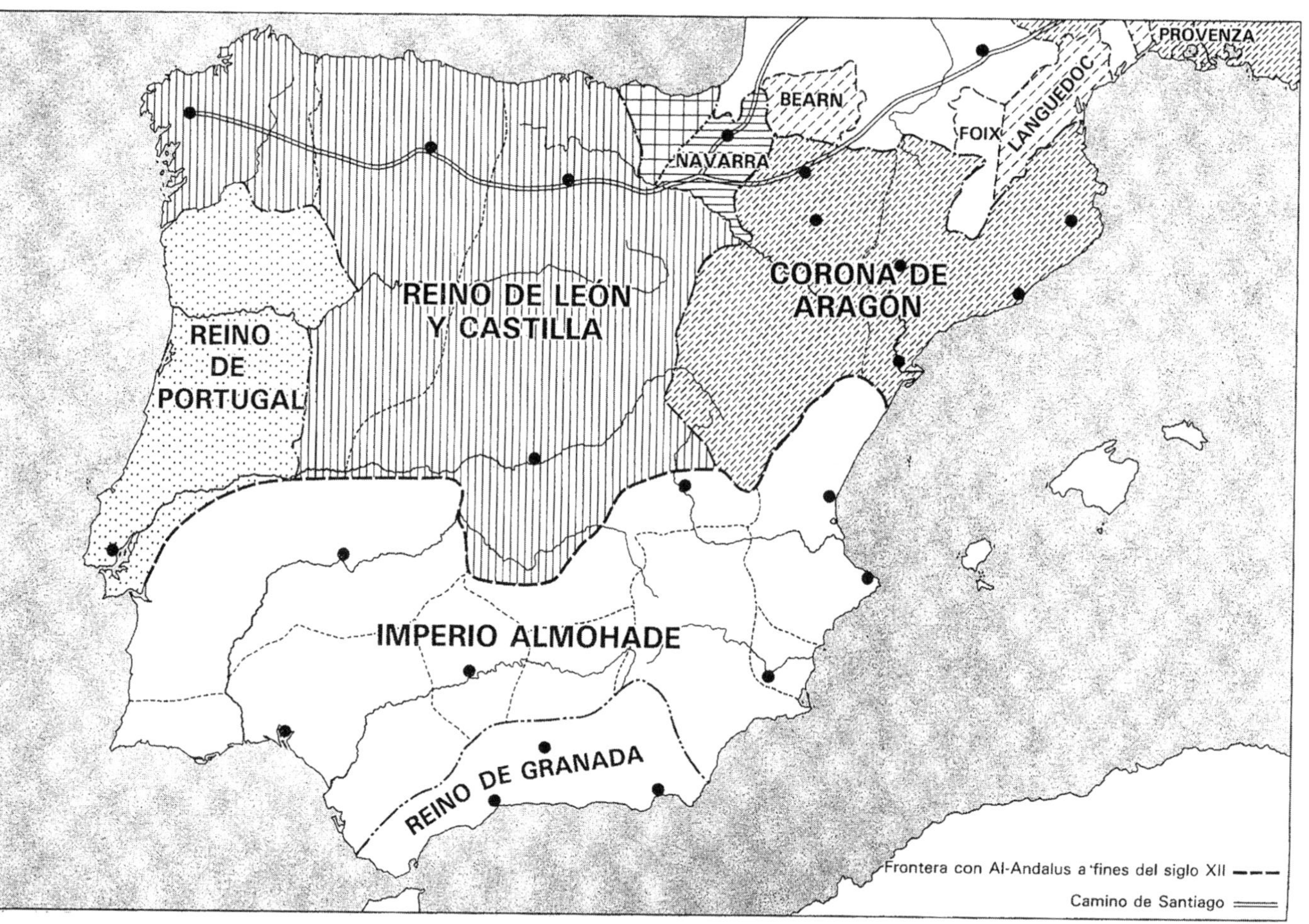

10. La Hispania cristiano-árabe del s. XII

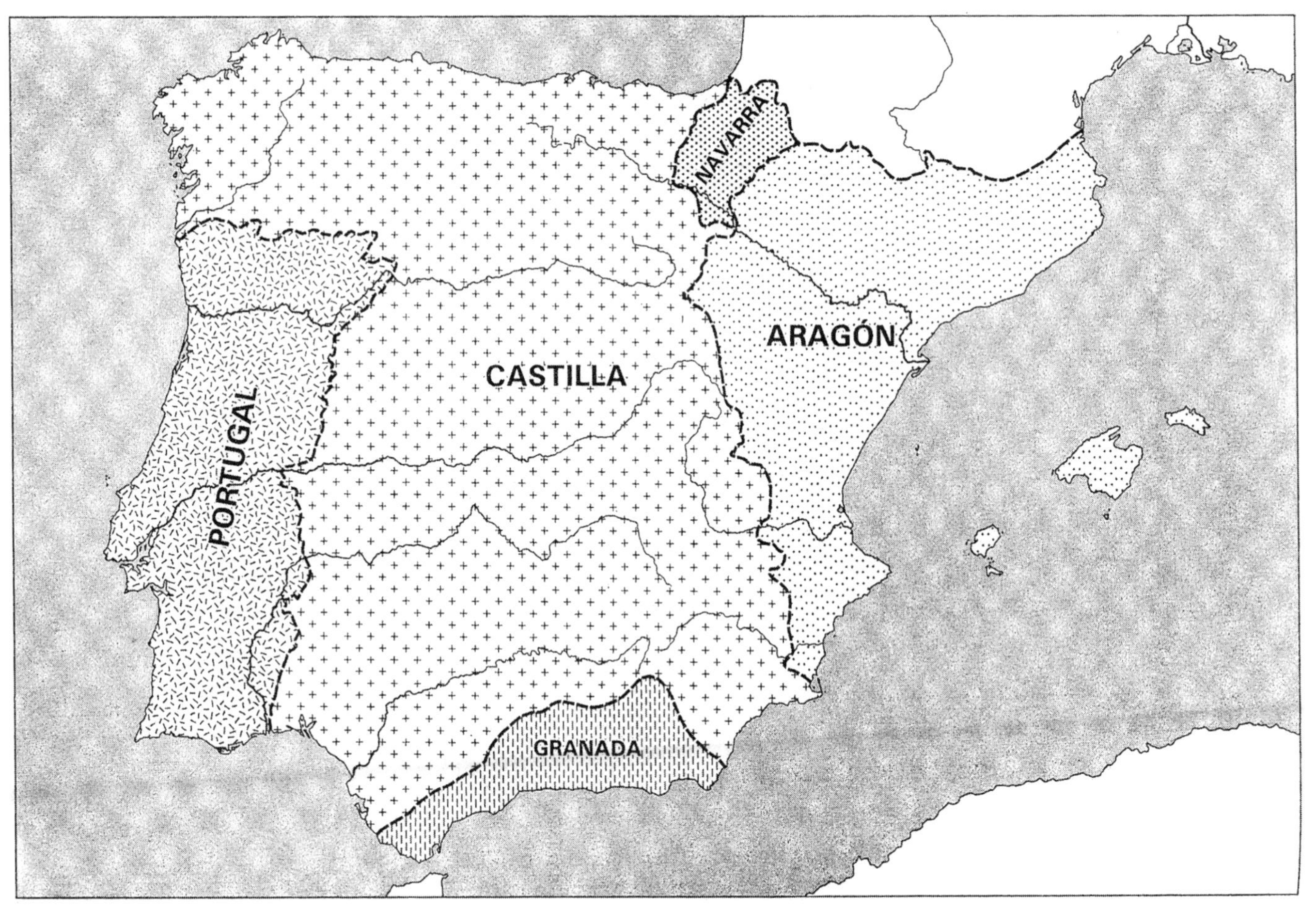

11. La Hispania cristiano-árabe del s. XIII

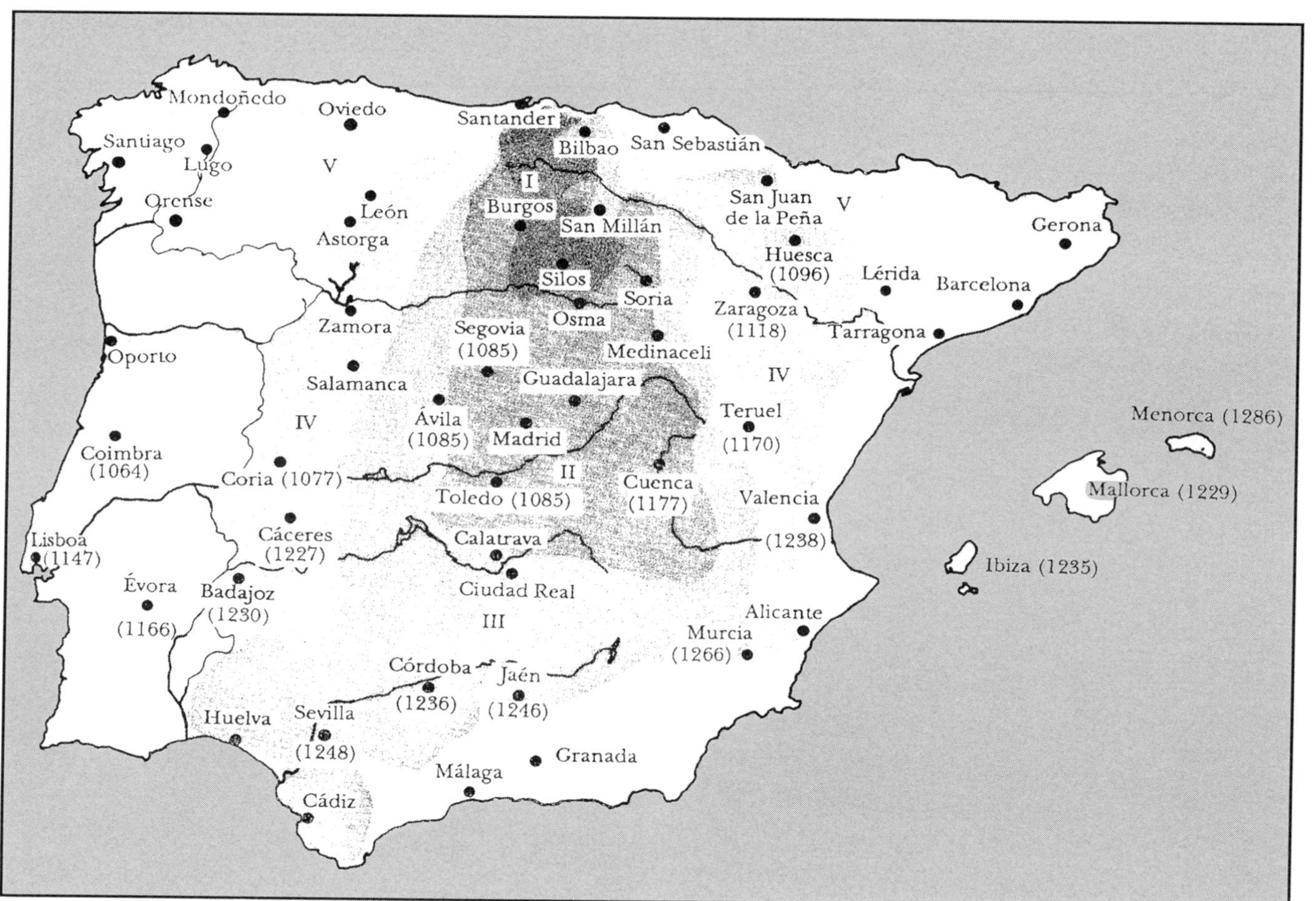

12. La reconquista de algunas ciudades árabes

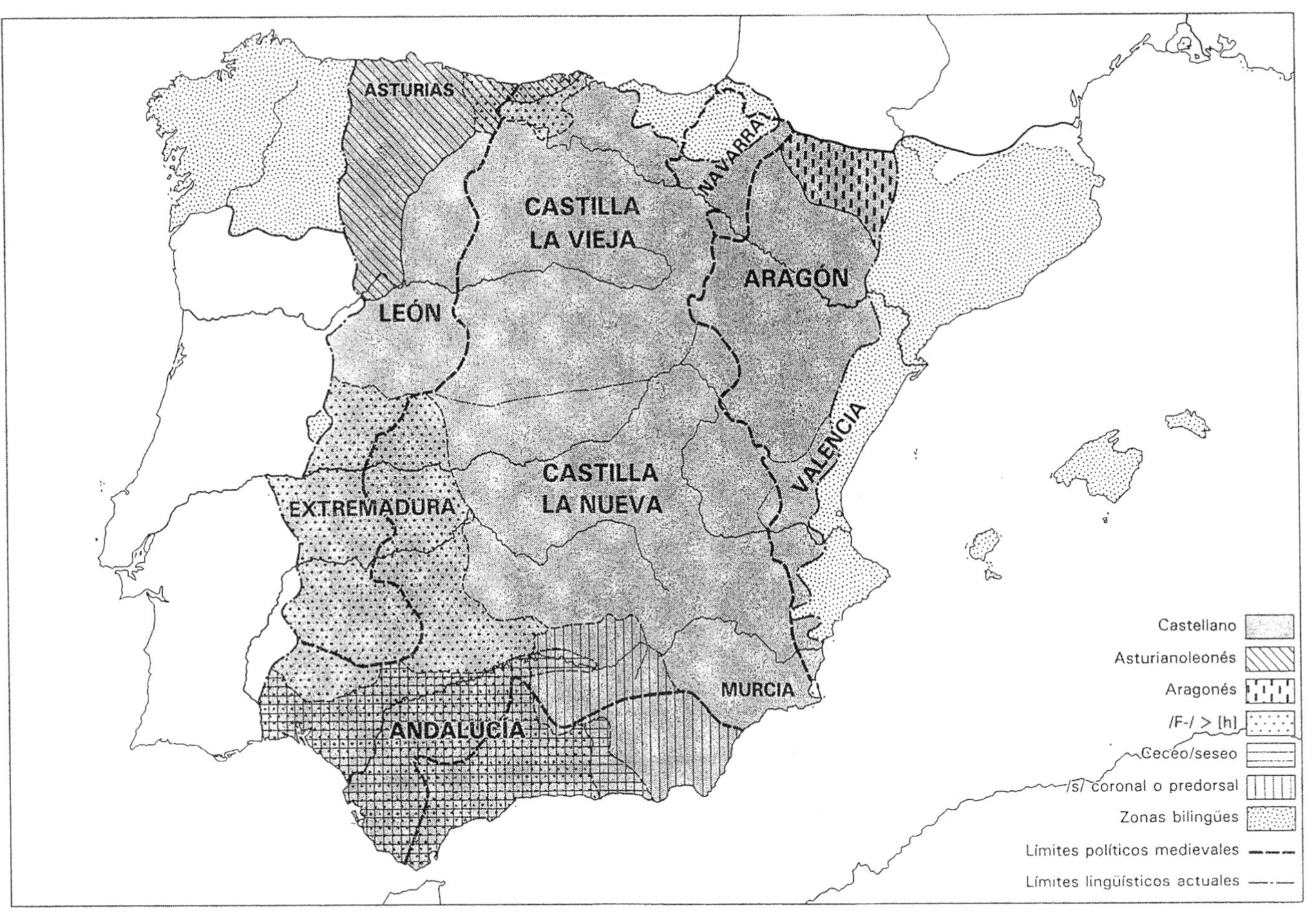

13. Variantes dialectales

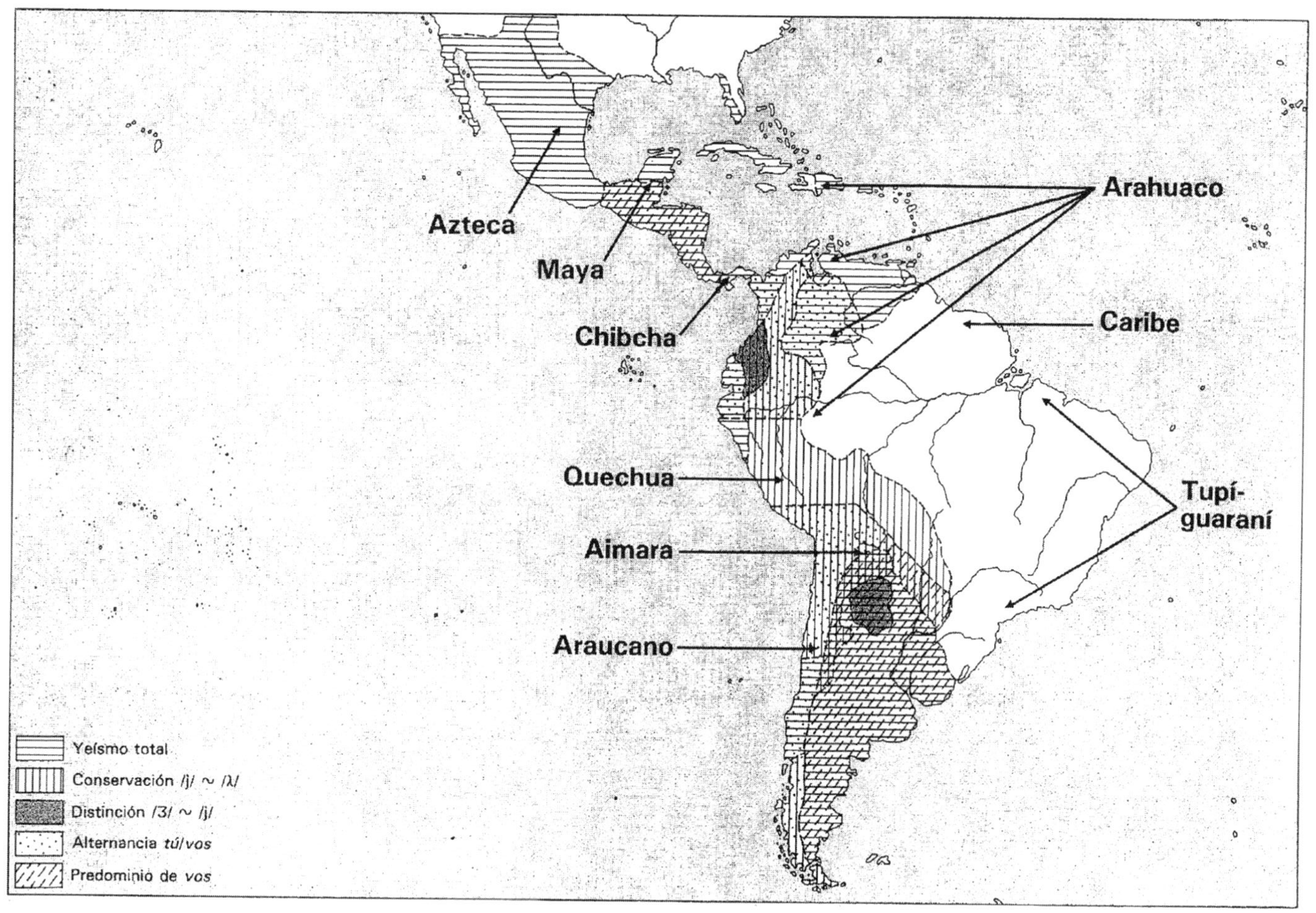

14. Principales pueblos indígenas en el español americano

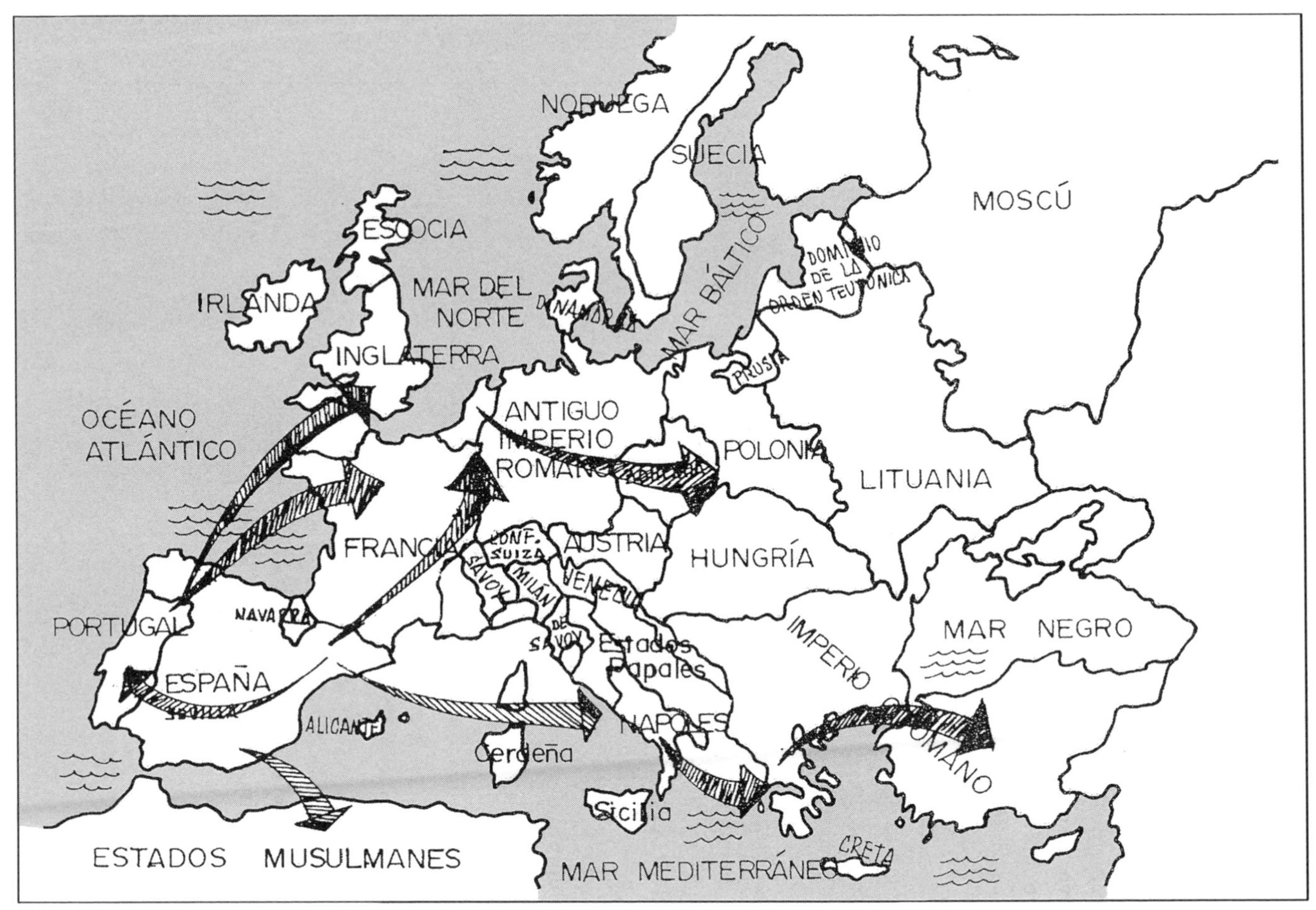

15. La diáspora sefardita en 1492

GLOSARIO

Ablativo: caso que expresa circunstancia como por ej. lugar, tiempo, modo, manera e instrumento.

Acusativo: caso que corresponde al objeto directo.

Adstrato: influencia de un sistema lingüístico sobre otro con el que está en contacto, que puede ser recíproca.

Aféresis: supresión de un sonido al principio de un vocablo, por ej. en APOTHECAM > bodega. La aféresis de A- estuvo influida por la presencia del artículo femenino *la* + *a* por fonética sintáctica.

Alófono: variante de un fonema.

Alomorfo: variante de un morfema.

Analítico: cuando las palabras o su orden en la oración indican las relaciones sintácticas. En una lengua analítica cobra más importancia la sintaxis que la morfología.

Analogía: semejanza formal entre elementos lingüísticos que desempeñan igual función o tienen entre sí alguna coincidencia significativa. Creación de nuevas formas lingüísticas, o modificación de las existentes, a semejanza de otras, por ej. los pretéritos *tuve, estuve, anduve* se formaron por analogía con *hube*.

Anglicismo: préstamo del inglés.

Antropónimo: nombre de persona, por ej. *Ricardo*.

Apicalización: fenómeno que se aplica a la /s/ castellana pronunciada con el ápice de la lengua.

Apócope: supresión de algún sonido al fin de un vocablo, por ej. en SOLEM > sol.

Arabismo: préstamo tomado de la lengua árabe.

Arcaísmo: elemento lingüístico cuya formación o significado, o ambos a la vez, resultan anticuados en relación con un momento determinado.

Asibilación: articulación sibilante de un sonido.

Asimilación: alteración en la articulación de un sonido para asemejarse a otro inmediato o próximo, por ej. /ns/ > /ss/ > /s/, INSULAM > isla. Puede ser regresiva (SEPTEM > siete) o progresiva (PALŬMBAM > paloma).

Aspiración: articulación aspirada procedente de la transformación de otro sonido de la lengua, bien de la F- inicial latina, bien de una -s implosiva, etc.

Asterisco (*): signo gráfico para denotar una forma reconstruida que no está documentada.

Átona: vocal o sílaba sin el acento prosódico.

Calco: adopción del contenido semántico de una palabra o expresión extranjera, traduciendo su significado mediante unidades lingüísticas propias de la lengua de recepción, por ej. *banco de datos* es un calco del inglés *data bank*.

Caso: el caso indica la función gramatical de una palabra en la oración, viene indicado normalmente por la terminación.

Castellano drecho o derecho: el modelo de castellano que siguió la normativa alfonsí.

Ceceo: articulación de /s/ y /θ/ como /θ/.

Clítico: un tipo de pronombre que va obligatoriamente ligado al verbo.

Cognado: término relacionado etimológicamente con otro; puede ser del mismo sistema lingüístico, de otro u otros que pertenezcan a la misma familia lingüística.

Consonantización: cuando una vocal se convierte en consonante, por ej. en IAM > ya.

Cruce de palabras: proceso histórico por el cual se entremezclan dos voces hasta llegar a originar un híbrido de ambas voces.

Cultismo: palabra que pertenece a una lengua culta como el latín. De tipo **léxico**: voz que presenta en su forma una estructura que no ha evolucionado según las tendencias evolutivas del castellano y que remite a una lengua culta, generalmente el latín; por ej. en FŎRUM > foro. De tipo **gráfico**: influjo en la escritura de una lengua culta, generalmente el latín.

Dativo: caso que corresponde al objeto indirecto.

Degeminación (o desgeminación): cuando las consonantes dobles se convierten en una consonante simple, por ej. en TŬSSIS > tos.

Derivación: formación de palabras mediante prefijos y sufijos.

Desafricación: pérdida del rasgo africado. Esto ocurrió en la simplificación de la pareja de fonemas /ts/ y /dz/.

Desfonologización: pérdida de una oposición fonológica que existía en el sistema de la lengua.

Deslateralización: cuando una consonante lateral pierde su condición de lateral, por ej. en la evolución del grupo /li/ en FILIUM > hijo.

Despalatalización: cuando una consonante palatal pierde su condición de palatal, por ej. en la evolución del grupo /ti/ en TRADITIONEM > tradición.

Desvelarización: cuando una consonante velar pierde su condición de velar, por ej. en la evolución de [w] > [β] en VITAM > vida.

Dialecto: variedad regional o social de una lengua.

Diastrático: perteneciente a los fenómenos lingüísticos relacionados con el nivel sociocultural de los hablantes.

Diatópico: perteneciente a los fenómenos que se producen en una lengua en función de su extensión geográfica.

Diglosia: cuando dos lenguas se usan en distintos contextos en una misma comunidad lingüística.

Diptongación: acción y efecto de diptongar; cuando una vocal se convierte en un diptongo, por ej. la /ę/ abierta tónica diptonga en /ie/, como en FĔSTAM > fiesta.

Disimilación: alteración en la articulación de un sonido para diferenciarse de otro inmediato o próximo, por ej. en ARBOREM > árbol. En las líquidas es donde mayor número de disimilaciones se registra, como en MARMOR > mármol. Los contextos más frecuentes son:

/n-m/ > /l-m/	/l-l/ > /l-r/
/m-n/ > /m-l/	/r-r/ > /l-r/ y /r-l/
/m-m/ > /n-m/	

Doblete léxico: par de voces que proceden de un mismo étimo.

Ensordecimiento: cuando una consonante sonora pasa a sorda. Fue el caso de las sibilantes en el s. XIII.

Epéntesis: consiste en añadir un sonido dentro de un vocablo sin justificación etimológica, por ej. en TENEO > tengo o HUM(E)RUM > hombro. El sonido añadido puede reforzar la articulación silábica para dar mayor impresión acústica. Los sonidos nuevos se reconocen como "intrusos" o "parásitos".

Étimo: forma de la que procede históricamente una voz.

Etimología: étimo de una voz; disciplina filológica que trata del origen de las palabras.

Etimología popular: asociación que los hablantes hacen de ciertas palabras basándose en su parecido fónico, gramatical o léxico. Es como un cruce de palabras, resultado del cual nace una nueva etimología popular: de vagar por el mundo > vagamundo, "vagabundo".

Euskera: denominación de la lengua vasca a partir de la raíz *eusk-*.

Fonologización: proceso mediante el cual se crea una oposición fonológica nueva que no existía antes en el sistema de la lengua.

Fricatización (o fricativización): cuando una consonante pasa a ser fricativa, como la evolución de la africada /dz/ > /ẓ/ en la palabra medieval *dezir* > decir.

Galicismo: préstamo del francés.

Genitivo: caso que expresa posesión.

Grafema: grafía que corresponde a un fonema.

Hebreo: lengua religiosa de la comunidad judía. No pertenece a la familia indoeuropea.

Homófonos: palabras que se pronuncian igual pero con significado diferente, por ejemplo: *calló* y *cayó*.

Homonimia: coincidencia formal de dos vocablos procedentes de étimos distintos como consecuencia de su evolución fonética.

[i̯]: semivocal palatal, yod.

Interdentalización: cuando una consonante pasa a ser interdental. Eso pasó en el s. XVI con la evolución de [ş] > [θ], por ej. en PUTEUM > pozo.

[j]: semiconsonante palatal, yod.

Koinización: proceso de nivelación lingüística por el cual las variedades de una lengua se reducen a una variante simplificada. Del griego "koiné", lengua formada a partir de la fusión de diversos dialectos.

Laísmo: uso del pronombre personal *la(s)*, del acusativo latino, por el *le(s)* de objeto indirecto.

Latín vulgar: latín hablado en las diferentes épocas de existencia de la lengua latina, caracterizado por su incorrección, agramaticalidad y por ser iliterario. Tuvo una rápida progresión en los últimos tiempos del imperio romano.

Latinismo: préstamo del latín.

Leísmo: uso del pronombre personal *le*(s), del dativo latino, para el objeto directo *lo(s), la(s)*.

Lenición: debilitamiento o pérdida de una consonante, como en PEDEM > pie. La desgeminación, sonorización y fricatización son tipos de lenición.

Loísmo: uso del pronombre personal *lo(s)*, del acusativo latino, por el *le(s)* de objeto indirecto.

Metafonía: cierre de una vocal que se produce por la influencia de una vocal final cerrada.

Metátesis: cambio de lugar de un sonido dentro de la palabra, por ej. en BASIUM > baiso > beiso > beso. Puede darse la metátesis sencilla por la que sólo cambia un elemento (SŬPER > sobre), o la metátesis recíproca por la que cambian dos elementos (PERICŬLUM > peligro).

Metonimia: tropo que consiste en designar algo con el nombre de otra cosa tomando el efecto por la causa, el autor por sus obras, el signo por la cosa significada, etc.

Monoptongación: cuando dos vocales o un diptongo evolucionan a una vocal, por ej. en POENAM > pena.

Mozárabe: modalidad románica derivada directamente del latín en territorio peninsular de asentamiento árabe.

Neologismo: voz de formación reciente en la lengua.

Nominativo: caso que expresa el sujeto de la acción verbal.

Occitano: modalidad derivada del latín en territorio galo meridional a lo largo de los Pirineos.

Palatalización: cuando un sonido se convierte en palatal, como en MAIUM > mayo.

Paragoge: adición de un sonido al fin de un vocablo, por ej. *fraque* por *frac*.

Posición implosiva: cuando la sílaba o la palabra termina en consonante, por ej. *rec-tor*. También se le denomina sílaba trabada. Muchos de los cambios fonéticos se producen en esta posición.

Prerromance: etapa final del latín tardío documentada en los textos, que es, a su vez, el primer periodo de formación románica en general de una lengua romance concreta en particular.

Prótesis: adición de un sonido al principio de un vocablo, como en SCHŎLAM > escuela. Se da especialmente en las palabras que empiezan por *s + cons*, por ej. en SPATHAM > espada.

Protorromance: reconstrucción teórica retrospectiva de los hechos que anticipan la formación románica, que no está documentada en testimonios escritos; tal reconstrucción puede variar con la base teórica que se aplique.

Rehilamiento: vibración que se produce en algunas consonantes y que suma su sonoridad a la originada por la vibración de las cuerdas vocales, por ej. se da rehilamiento en la pronunciación castellana de *mismo, esbelto*, o en la rioplatense de *ayer, mayo*.

Semicultismo: voz que presenta algún rasgo que no ha evolucionado totalmente, aunque sí parcialmente, según las tendencias evolutivas de la lengua.

Seseo: articulación de [s] de lo que corresponde en la norma castellana tanto a [s] como a [θ].

Sibilante: fonema o sonido que tiene un elemento similar a un silbido (silbante).

Síncopa: supresión de uno o más sonidos dentro de un vocablo, como en TEMP(O)RANUM > temprano. Es lo que sucede, por ej., con la pérdida de las vocales interiores átonas (protónicas y postónicas), como en COM(I)TEM > conde.

Sintético: cuando las terminaciones o casos de las palabras indican las relaciones sintácticas. En una lengua sintética la morfología predomina sobre la sintaxis.

Sonorización: cuando una consonante sorda pasa a sonora, por ej. en SAPERE > saber.

Superestrato: acción que una lengua superpuesta a otra (y luego desaparecida) ejerce sobre la lengua anterior sobreviviente.

Sustrato: acción que ejerce una lengua que desaparece sobre la lengua que se superpone a ella.

Tónica: vocal o sílaba que lleva el acento prosódico.

Topónimo: nombre propio de un lugar.

[u̯]: semivocal velar, wau.

Ultracorrección: corrección de palabras que están bien, es decir, una corrección sobre lo correcto, por ej. la *-d-* intervocálica en palabras como *bacala**d**o* por *bacalao*.

Velarización: cuando una consonante se velariza. Esto ocurrió en la evolución del fonema /x/ en el s. XV, /ʃ/ > /x/, por ej. en CŎXINUM > cojín.

Vocalización: cuando una consonante se convierte en vocal, por ej. en *cabdal* > caudal.

Vocativo: caso para invocar o llamar a una persona.

[w]: semiconsonante velar, wau.

Wau: sonido semiconsonántico o semivocálico velar [w] y [u̯]. Como la yod también puede cambiar los sonidos vocálicos próximos, por ej. en AURUM > ouro > oro.

Yeísmo: pronunciación de la *elle* como *ye*, "ll" como /y/; por ej. decir *poyo* /póyo/ por *pollo* /póʎo/. Este cambio comienza en el siglo XV y hoy día está generalizado.

Yod: sonido semiconsonántico o semivocálico palatal muy cerrado [j] e [i̯]. Este sonido va a provocar cambios en las vocales y consonantes próximas. Su procedencia puede derivarse de una vocal -I- o -E- ya existente en latín o de la vocalización de una consonante en posición implosiva como la -C- de LECTUM > lei̯to > lecho.

NOTAS

CAPÍTULO 1. CONTEXTO HISTÓRICO

1. Vocabulario de Alatorre, p. 27.

2. El etnónimo latino *púnico* lo usaban los romanos para designar a los cartaginenses y a sus antepasados los fenicios.

3. Echenique y Martínez explican que "el latín que se asienta sobre lenguas no indoeuropeas lo hace sobre sistemas lingüísticos tipológicamente muy diferentes al suyo, en tanto que la lengua latina que se superpone a las indoeuropeas encuentra ya una estructura genéticamente relacionada con ella, lo que hace más fácil su recepción y, con posterioridad, su desaparición al ser diluidas por la superposición latina", p. 35.

4. Léase a Von Wartburg, pp. 73–76.

5. Resnick cree que este sufijo *-z* es celtíbero, p. 15. Alatorre defiende su origen ligur aunque especifica que donde se extendió fue en Iberia y lo clasifica como íbero, p. 43. También Lapesa concuerda con este origen ligur aunque añade que este sufijo *-ez*, junto con *-az* y *-oz*, fue incorporado por el vasco con valor posesivo o modal, p. 45. Menéndez Pidal no ofrece un origen particular pero afirma que este milenario sufijo no es de origen vasco aunque fuera adoptado por el vascuence, confirmando así su profundo arraigo en la etapa prerromana. Alude a una lengua mediterránea prerromana que dejó derivados en regiones alpinas y contiguas de Italia, Suiza y Francia. También explica que empieza a usarse como patronímico en el siglo IX (aunque ya los íberos en el siglo I a. de C. lo utilizaban) con los valores de propiedad o pertenencia; en la toponimia (para designar un área con un nombre derivado del de su propietario); y en la antroponimia para apellidar a una persona con el nombre de su padre. Un rasgo peculiar es la variabilidad de la vocal que lo acompaña, predominando *-iz* en los siglos IX y X, después *-oz* y finalmente *-ez* según opinión de Menéndez Pidal, (1962) pp. 448–49.

6. Vocabulario obtenido de Alatorre, p. 41.

7. En la Biblia, en Ezequiel, 27, 12 se dice: "Tarsis [Tiro] era cliente tuya, por la abundandia de toda riqueza. Con plata, hierro, estaño y plomo abastecía tus mercados", p. 1494.

8. Vocabulario obtenido en parte de Penny, p. 9, y de Medina López, p. 21.

9. Traducción árabe *al-Andalus* de la palabra original *Vándalus*, tierra de vándalos.

10. El vocabulario de esta sección procede de Alatorre, pp. 89–90.

11. Jarchas obtenidas de Alatorre, pp. 110–11. Obsérvense el verbo *garir* "decir", del latín vulgar GARRIRE; los futuros *vivreyo* y *fareyo* del latín vulgar VIVIRE HABEO, FARE HABEO;

el adverbio *ob* "donde" del latín UBI; también el pronombre *mibi* del latín clásico MIHI que se convirtió en *mibi* por asimilación con el pronombre de segunda persona TIBI.

12. Cifras obtenidas de Cano Aguilar, (1988), p. 53.

13. Rafael Lapesa, p. 138.

14. Lleal, p. 189. Para más información sobre la incorporación de arabismos consúltese capítulo 10 de Lleal.

15. Según A. Tovar Llorente el romance hispánico resultante se hubiera asimilado más a las hablas italianas: "los rasgos de los dialectos románicos peninsulares que predominaron [. . .] serían menos occidentales, y participarían de algunos caracteres más italianos si no se hubiera producido la invasión, que trastornó la marcha previsible del latín en España, y subvirtió sus direcciones culturales sustituyendo los centros directivos de Mérida, Toledo, Sevilla, Cartagena, Tarragona, Zaragoza, Lisboa por Oviedo, León, Burgos, Compostela, Braga, [. . .] Barcelona", p. 75.

16. Para el léxico, las fechas y la elaboración general de este capítulo se han seguido las siguientes fuentes: Cano Aguilar, pp. 26–33, 43–54; Alatorre, pp. 41, 89–90 y 110–11; Lleal, pp. 36–48, 189–95; Echenique y Martínez, pp. 31–36; Torrens Álvarez, pp. 186–96; y Penny, pp. 13–16.

CAPÍTULO 2. LA HERENCIA DEL LATÍN VULGAR Y EL LEGADO DE LA LENGUA VASCA

1. Para más información sobre la influencia vasca léase a Medina López (1999: 15–16), Menéndez Pidal (1980: 121–24) y Lloyd (1993: 349).

2. Echenique Elizondo, p. 42.

3. Mark Kurlansky, pp. 19–20.

4. Kurt Baldinger, pp. 198–99, 201.

5. Terence Wilbur, pp. 13–15.

6. En Susana Pastor Cisneros, pp. 149–70.

CAPÍTULO 3. NACIMIENTO Y CONSOLIDACIÓN DEL CASTELLANO

1. Menéndez Pidal (1980), p. 36.

CAPÍTULO 4. CAMBIOS MORFOSINTÁCTICOS

1. Ya que no se distinguían las vocales breves de las largas.

2. La formación de *lunes* < LUNAE y de *miércoles* < MERCURII añadieron la *-s* por analogía con martes, jueves y viernes.

3. La denominación de objetos directo e indirecto equivale a la de complementos directo e indirecto y a los casos acusativo y dativo respectivamente.

4. Penny, p. 137, y Torrens Álvarez, p. 92, indican una etapa intermedia de /**eljélo**/ previa a /**ʒélo**/ en la evolución de ĬLLĪ + ILLUM > se lo. Aquí se opta por la lateral palatal sonora /ʎ/, /eʎélo/, en lugar de la lateral con la semiconsonante siguiendo la tendencia de /l/ + yod > /ʎ/ > /ʒ/ como ocurrió en la evolución de ALIUM > ajo y FOLIAM > hoja.

5. *Cantar del Cid*, ed. Menéndez Pidal, p. 44.

6. *Diccionario de la lengua española*, Madrid: Santillana, 1996. p. 1666.

CAPÍTULO 5. CAMBIOS GRÁFICOS

1. Para más información sobre el latín tardío y el romance temprano, léase a Roger Wright (1988).

2. Vocabulario obtenido de Echenique y Martínez, pp. 73–76.

3. Antonio de Nebrija, Libro I, cap. V, v. 12–20, p. 29.

4. Gonzalo de Correas, *Ortografía kastellana nueva i perfeta*, pp. 51 y 52.

5. Para la elaboración de este capítulo en cuanto a la norma alfonsí y a la historia de las grafías se refiere, se ha consultado a Torrens Álvarez (2007), pp. 163–81.

6. En Blecua, p. 130. Para más información sobre la puntuación, léase a Blecua (1984), pp. 121–30, y a Pons Rodríguez, pp. 132–76.

CAPÍTULO 6. COMENTARIO FILOLÓGICO DE TEXTOS MEDIEVALES DE LOS SIGLOS IX–XV

1. Poulter, p. 97.
2. *Glosas Emilianenses*, p. 57.
3. Urrutia Cárdenas et al. (2002), p. 117.
4. Ídem, p. 172.
5. González Ollé, p. 17.
6. Ídem, p. 18.
7. García Gómez, p. 426.
8. Poulter, p. 106.
9. García Gómez, p. 420.
10. Ídem, p. 424.
11. Ídem, p. 424.
12. Ídem, p. 425.
13. Urrutia Cárdenas et al. (2002), p. 79.
14. Ídem, p. 173.

15. Ídem, p. 241.
16. González Ollé, p. 24.
17. Ídem, p. 22.
18. Ídem, p. 28.
19. Ídem, p. 25.
20. Ídem, p. 21.
21. Ídem, p. 31.
22. Ídem, p. 27.
23. Ídem, p. 31.
24. Ídem, p. 68.
25. Ídem, p. 65.
26. Ídem, p. 148.
27. Ídem, p. 272.
28. Urrutia Cárdenas et al. (2002), p. 197.
29. González Ollé, pp. 51–52.
30. Gonzalo de Berceo, p. 109.
31. *Libro de Apolonio*, pp. 95 y 200.
32. *Libro de Alexandre*, pp. 129–31 y 171–72.
33. *Poema de Fernán González*, pp. 188–93.
34. Urrutia Cárdenas et al. (2002), p. 285.
35. González Ollé, p. 158.
36. Ídem, p. 160.
37. Don Juan Manuel, p. 43.
38. *Libro de Buen Amor*, pp. 164–66.
39. Alfonso Martínez de Toledo, p. 218.
40. Jesús Moreno et al., pp. 327–28.
41. Ídem, p. 330.
42. Ídem, p. 347.
43. Ídem, p. 361.
44. Ídem, p. 371.
45. Ídem, p. 184.
46. Galmés de Fuentes, pp. 57 y 63–64.
47. Ausias March, vol. 2, p. 58.
48. Martorell, pp. 694–95.
49. Benmayor, p. 148.
50. González Ollé, p. 25.
51. Ídem, p. 27.
52. Ídem, p. 64.

53. Cano Aguilar, p. 284.
54. González Ollé, p. 115.
55. Ídem, p. 127.
56. Cano Aguilar, p. 285.
57. Bustos Gisbert, pp. 78–79.

CAPÍTULO 7. TEXTOS ANTIGUOS DE LOS SIGLOS XV–XVIII

1. González Ollé, p. 431.
2. Ídem, p. 404.
3. Tena Reyes (ed.), pp. 143–44.
4. Bartolomé de las Casas, p. 88.
5. Tena Reyes (ed.), p. 565.
6. Cervantes Saavedra, acto I, pp. 23–26.
7. Covarrubias Horozco, pp. 13–14.
8. *Diccionario de Autoridades*, p. I, vol. 1.
9. Ídem, pp. 419 y 932, vol. 2.
10. Concepción Company Company, p. 63.
11. Cano Aguilar, p. 287.
12. Ídem, p. 287.
13. Bustos Gisbert, p. 80.
14. Ídem, p. 81.
15. Quevedo, II, v. 248–78, pp. 46–47.
16. *Libro de Apolonio*, pp. 185–88.
17. Juan Ruiz, Arcipreste de Hita, pp. 167–68.
18. Guevara, vol. II, cap. 3, p. 51.
19. *La vida de Lazarillo de Tormes*, tratado tercero, pp. 199–200.
20. Bustos Gisbert, p. 162.
21. Correas, pp. 141 y 194.
22. Tirso de Molina, pp. 199–200.

CAPÍTULO 8. EL LEGADO DE LAS LENGUAS AMERINDIAS Y EL ESPAÑOL DE LA COLONIZACIÓN

1. El vocabulario de las lengas antillanas, nahua y quechua se ha obtenido de Moreno de Alba (2001), pp. 259–61, complementado con Resnick, pp. 134–37 y Vaquero de Ramírez, vol. II, pp. 44–46.
2. López Morales (1998), p. 41.

3. Boyd-Bowman (1985), vol. I, pp. XII y XIII.

4. Sánchez Méndez afirma que "el español de América se fue diversificando progresivamente a partir de un primer español koinético andaluzado, fruto de la nivelación dialectal, llegado a cada zona con la conquista y la colonización", p. 115. La teoría de la koinización se desarrolló en los años 90 y se puede leer resumida en Sánchez Méndez, pp. 97–114.

5. Frago Gracia (1999), p. 12.

6. Moreno de Alba (2007), p. 26.

7. Lerner, p. 10. Para más información sobre arcaísmos léxicos del español americano, léase *Arcaísmos léxicos del español de América* de Lerner.

8. El vocabulario mencionado en la sección 8.4.2 procede mayormente de Moreno de Alba (2007), pp. 208–09 (diferencias entre América y España), pp. 192–93 (arcaísmos), pp. 194–95 (marinerismos), p. 202 (anglicismos), pp. 206–07 (extranjerismos) y Vaquero de Ramírez, vol. II, pp. 41–42 (marinerismos) y p. 54 (afrocriollismos).

9. Rafael Lapesa. 1980 . "América y la unidad de la lengua española". *Documentos lingüísticos y literarios* 5: 74–89.

CAPÍTULO 9. CUESTIONES DE INTERÉS

1. Amado Alonso, p. 181.
2. Alatorre, p. 308.
3. Ídem, p. 308.
4. William Samelson, pp. 103–04, en *The Sephardic Heritage*, Barnett (ed.).

CAPÍTULO 10. PRONUNCIACIÓN MEDIEVAL

1. González Ollé, p. 251.

BIBLIOGRAFÍA

SOBRE HISTORIA DE LA LENGUA ESPAÑOLA

Abad, Francisco. 2003. *Lengua española para la historia de un concepto y un objeto*. Murcia: Universidad de Murcia.

Alarcos Llorach, Emilio. 1982. *El español, lengua milenaria*. Valladolid: Ámbito.

Alatorre, Antonio. 2002. *Los 1001 años de la lengua española*. México: Fondo de Cultura Económica.

Aleza Izquierdo, Milagros (ed.). 1999. *Estudios de historia de la lengua española en América y España*. Valencia: Universidad de Valencia.

Alonso, Amado. 1938. *Castellano, español, idioma nacional*. Buenos Aires: Coni.

Alvar, Manuel. 1995. *Por los caminos de nuestra lengua*. Madrid: Universidad de Alcalá de Henares.

Bagola, Beatrice. 2000. *La lingüística española en la época de los descubrimientos*. Hamburg: Buske.

Bahner, Werner. 1966. *La lingüística española del siglo de oro*. Madrid: Ciencia Nueva.

Barton, Simon. 2004. *A History of Spanish*. New York: Palgrave Macmillan.

Binotti, Lucia. 1995. *La teoría del castellano primitivo*. Munster: Nodus.

Blecua, José Manuel. 1984. "Notas sobre la puntuación". *Homenaje a Julián Marías*, 121–130.

Boyd-Bowman, Peter. 1985. *Índice geobiográfico de más de 56 mil pobladores de la América Hispánica*. México: Fondo de Cultura.

———. 1980. *From Latin to Romance in Sound Charts*. Washington DC: Georgetown University Press.

———. 1976. "Patterns of Spanish Emigration to the Indies until 1600". *The Hispanic American Historical Review* 56: 580–604.

Bustos Gisbert, Eugenio. 1993. *Práctica y teoría de historia de la lengua española*. Madrid: Síntesis.

Cano Aguilar, Rafael (ed.). 2004. *Historia de la lengua española*. Barcelona: Ariel.

———. 1995. *Sintaxis histórica de la comparación en español*. Sevilla: Universidad de Sevilla.

———. 1988. *El español a través de los tiempos*. Madrid: Arco.

Company Company, Concepción (ed.). 1997. *Cambios diacrónicos en el español*. México: UNAM.

Díez, Miguel, et al. 1980. *Las lenguas de España*. Madrid: Ministerio de Educación.

Echenique Elizondo, María Teresa. 2005. *Las lenguas de un reino: historia lingüística hispánica*. Madrid: Gredos.

Frago Gracia, Juan Antonio. 2001. *El español de América*. Cádiz: Universidad de Cádiz.

———. 1999. *Historia del español de América. Textos y contextos*. Madrid: Gredos.

Gimeno Menéndez, Francisco. 1995. *Sociolingüística histórica: s. X– XII*. Madrid: Visor.

Lapesa, Rafael. 1981. *Historia de la lengua española*. Madrid: Gredos.

Lathrop, Thomas. 1980. *The Evolution of Spanish*. Newark: University of Delaware.

Lerner, Isaías. 1974. *Arcaísmos léxicos del español de América*. Madrid: Ínsula.

Lleal, Coloma. 1990. *La formación de las lenguas romances peninsulares*. Barcelona: Barcanova.

Lloyd, Paul M. 1993. *Del latín al español*. Madrid: Gredos.

Lodares, Juan R. 2001. *Gente de Cervantes: historia humana del idioma español*. Madrid: Taurus.

Lope Blanch, Juan M. 1990. *Estudios de historia lingüística hispánica*. Madrid: Arco.

López Morales, Humberto. 1998. *Las Antillas, antesala de América*. Madrid: Espasa.

Medina López, Javier. 1999. *Historia de la lengua española*. Madrid: Arco.

Medina Morales, Francisca. 2005. *La lengua del siglo de oro*. Granada: Universidad de Granada.

Menéndez Pidal, Ramón. 1980. *Orígenes del español*. Madrid: Espasa Calpe.

———, y Antonio Tovar Llorente. 1962. "Los sufijos españoles en –z". *Boletín de la Real Academía Española* 42: 371–460.

Mondéjar Cumpián, José. 2002. *Castellano y español*. Granada: Comares S.L.

Moreno de Alba, José. 2007. *Introducción al español americano*. Madrid: Arco.

———. 2001. *El español en América*. México: Fondo de Cultura Económica.

Penny, Ralph. 2000. *Variation and change in Spanish*. Cambridge: Cambridge University Press.

———. 1991. *A History of the Spanish Language*. Cambridge: Cambridge University Press.

Peñalver Castillo, Manuel. 1993. *Estudios de historia de la lingüística española*. Granada: Instituto de estudios almerienses.

Pharies, David A. 2007. *A Brief History of the Spanish Language*. Chicago: U. of Chicago Press.

Pons Rodríguez, Lola. 2006. *Historia de la lengua y crítica textual*. Madrid: Iberoamericana.

Poulter, Virgil. 1990. *An Introduction to Old Spanish*. New York: Peter Lang.

Quilis, Antonio. 1986. *Historia de la lengua española*. Madrid: UNED.

Quilis Merín, Mercedes. 1999. *Orígenes históricos de la lengua española*. Valencia: Universidad de Valencia.

Resnick, Melvyn. 1981. *Introducción a la historia de la lengua española.* Washington DC: Georgetown University Press.

Rini, Joel. 1999. *Exploring the Role of Morphology in the Evolution of Spanish.* Amsterdam: John Benjamins.

Sánchez Méndez, Juan. 2003. *Historia de la lengua española en América.* Valencia: Tirant lo Blanch.

Torrens Álvarez, María Jesús. 2007. *Evolución e historia de la lengua española.* Madrid: Arco Libros.

Tovar Llorente, Antonio. 1968. *Lo que sabemos de la lucha de lenguas en la península ibérica.* Madrid: Gregorio del Toro.

Vaquero de Ramírez, María. 1998. *El español de América.* Madrid: Arco Libros.

Von Wartburg, Walther. 1979. *La fragmentación lingüística de la Romania.* Madrid: Gredos.

Wright, Roger. 1988. "Latín tardío y romance temprano". *RFE* 68: 257–269.

SOBRE GRAMÁTICA HISTÓRICA

Alvar, Manuel, y Bernard Pottier. 1987. *Morfología histórica del español.* Madrid: Gredos.

Álvarez Aranguren, Lucio. 1990. *La gramática española del s. XVI y Fray Luis de León.* Castilla-La Mancha: Centro de publicaciones.

Echenique Elizondo, María Teresa, y María José Martínez Alcalde. 2003. *Diacronía y gramática histórica de la lengua española.* Valencia: Tirant lo Blanch.

García de Diego, Vicente. 1976. *Gramática histórica española.* Madrid: Gredos.

González Moreno, Jesús. 1926. *Manual elemental de gramática histórica hispano-mexicana.* México: Selfa.

Lapesa, Rafael. 2000. *Estudios de morfosintaxis histórica del español.* Madrid: Gredos.

———. 1985. "La apócope de la vocal en castellano antiguo". *Estudios de historia lingüística.* Madrid: Paraninfo, 166–97.

———. 1980. "América y la unidad de la lengua española". *Documentos lingüísticos y literarios* 5: 74–89.

———. 1961. "Del demostrativo al artículo". *Nueva Revista de Filología Hispánica* XV: 23–44.

Lope Blanch, Juan. 1995. *La clasificación de las oraciones: historia de un lento proceso.* México: Colegio de México.

Marcos Marín, Francisco. 1982. *Introducción plural a la gramática histórica.* Madrid: Cincel.

Menéndez Pidal, Ramón. 1962. *Gramática histórica española.* Madrid: Espasa Calpe.

Miguel Aparicio, Elena de. 1992. *El aspecto en la sintaxis del español: perfectividad e impersonalidad.* Madrid: Universidad Autónoma de Madrid.

Rodríguez Molina, Javier. 2004. "Difusión léxica, cambio semántico y gramaticalización: el caso de haber + participio en español antiguo". *Revista de Filología Española*. 84, 1: 169–209.

Urrutia Cárdenas, Hernán, et al. 2001. *Esquema de morfosintaxis histórica del español*. Bilbao: Universidad de Deusto.

Veiga, Alexandre, y Mercedes Suárez Fernández (eds.). 2002. *Historiografía lingüística y gramática histórica. Gramática y léxico*. Madrid: Iberoamericana.

SOBRE TEXTOS MEDIEVALES Y COLONIALES

Barnett, Richard (ed.). 1971. *The Sephardic Heritage*. New York: KTAV Publishing House.

Company Company, Concepción. 1994. *Documentos lingüísticos de la Nueva España*. México: UNAM.

Corriente, Federico. 1998. *Poesía dialectal árabe y romance en alandalús*. Madrid: Gredos.

Criado de Val, Manuel (ed.). 2001. *Los orígenes del español y los grandes textos medievales Mio Cid, Buen Amor y Celestina*. Madrid: Consejo Superior de Investigaciones Científicas.

Excmo. Ayuntamiento de Burgos. 1993. *Glosas emilianenses y silenses*. Burgos.

Frago Gracia, Juan Antonio. 2002. *Textos y normas*. Madrid: Gredos.

García Gómez, Emilio. 1990. *Las jarchas romances de la serie árabe en su marco*. Madrid: Alianza Universidad.

González Ollé, Fernando. 1980. *Lengua y literatura medievales (textos y glosario)*. Barcelona: Ariel.

Moreno, Jesús, y Pedro Peira. 1979. *Crestomatía románica medieval*. Madrid: Cátedra.

Nieto Viguera, Juan Ángel. 2007. *San Millán de la Cogolla: Glosas emilianenses, cuna de la lengua castellana*. León: Edilesa.

Perdiguero Villarreal, Hermógenes (ed.). 2003. *Lengua romance en textos latinos de la Edad Media: sobre los orígenes del castellano escrito*. Burgos: Universidad de Burgos.

Sánchez-Prieto, Borja. 1991. *Textos para la historia del español*. Alcalá de Henares: Universidad de Alcalá.

Urrutia Cárdenas, Hernán, et al. 2002. *Comentario filológico lingüístico de textos castellanos*. Bilbao: Universidad de Deusto.

SOBRE LA LENGUA VASCA

Baldinger, Kurt. 1963. *La formación de los dominios lingüísticos en la Península Ibérica*. Madrid: Gredos.

Kurlansky, Mark. 1999. *The Basque History of the World*. New York: Walker Company.
Madariaga, Juan. 2006. *Anthology of Apologists and Detractors of the Basque Language*. Reno: University of Nevada.
Pastor Cesteros, Susana. 2001. "En busca de la lengua original: la teoría del vasco primitivo en Julio Cejador". *Estudios de lingüística* 15: 149–76.
Wilbur, Terence. 1982. "Basque Origins". *Journal of Basque Studies* 3: 5–27.

DICCIONARIOS ETIMOLÓGICOS

Carbonell Basset, Delfoin. 2002. *Diccionario panhispánico de refranes, de autoridades e ideológico*. Barcelona: Herder.
Corominas, Joan. 2005. *Breve diccionario etimológico de la lengua castellana*. Madrid: Gredos.
———. 1954. *Diccionario crítico etimológico de la lengua castellana*. Berna: Francke.
———, y José Pascual. 1992. *Diccionario crítico etimológico castellano e hispánico*. Madrid: Gredos.
Covarrubias Horozco, Sebastián de. 2006. *Tesoro de la lengua castellana o española*. Madrid: Iberoamericana.
García de Diego, Vicente. 1985. *Diccionario etimológico español e hispánico*. Madrid: Espasa Calpe.
Iglesias, Octavio. 1996. *De dónde vienen las palabras: diccionario de etimologías*. Madrid: Temas de hoy.
Monlau, Pedro Felipe. 1941. *Diccionario etimológico*. Buenos Aires: Ateneo.
Pharies, David. 2002. *Diccionario etimológico de los sufijos españoles*. Madrid: Gredos.
RAE. Aniceto de Pagés (ed.). 1932. *Diccionario de Autoridades*. Barcelona: Selección.
Roberts, Edward. 1996. *Diccionario etimológico indoeuropeo de la lengua española*. Madrid: Alianza.
Rosal, Francisco. 1992. *Diccionario etimológico*. Madrid: Consejo Superior de Investigaciones Científicas.
Segura Munguía, Santiago. 2001. *Nuevo diccionario etimológico latín-español y de las voces derivadas*. Bilbao: Universidad de Deusto.

OBRAS LITERARIAS CITADAS

Benmayor, Rina. 1979. *Romances judeo-españoles de Oriente*. Madrid: Gredos.
Biblia de Jerusalén. 1971. Madrid: Aldus S. A.
Cantar del Cid. Ramón Menéndez Pidal (ed.). 1978. Madrid: Espasa Calpe.
Cervantes Saavedra, Miguel. 1996. *El Trato de Argel*. Madrid: Alianza Editorial.

Correas, Gonzalo de. 1984. *Arte Kastellana*. Santiago de Compostela: Universidad de Santiago de Compostela.

———. 1971. *Ortografia kastellana nueva i perfeta*. Madrid: Espasa Calpe.

De las Casas, Bartolomé. 1982. *Brevísima relación de la destrucción de las Indias*. Madrid: Cátedra.

De Molina, Tirso. 1996. *Celos con celos se curan*. Kassel: Ed. Reichenberger.

Don Juan Manuel. 1994. *El Conde Lucanor*. Barcelona: Crítica.

Galmés de Fuentes, Álvaro. 1999. *Ramón Llull y la tradición árabe en el Llibre d'amic e amat*. Barcelona: Quaderns crema.

Gonzalo de Berceo. 2006. *Milagros de Nuestra Señora*. Madrid: Castalia.

Guevara, Antonio de. 1952. *Epistolas familiares*. Madrid: Aldus S.A.

La vida de Lazarillo de Tormes. 2001. Madrid: Castalia.

Libro de Alexandre. 1988. Madrid: Cátedra.

Libro de Apolonio. 1987. Madrid: Castalia.

March, Ausias. 1979. *Obra poética completa*. Madrid: Castalia.

Martínez de Toledo, Alfonso, Arcipreste de Talavera. 1990. *Corbacho*. Madrid: Castalia.

Martorell, Joanot. 1979. *Tirant lo blanc*. Barcelona: Ariel.

Nebrija, Antonio de. 1931. *Gramática castellana*. Madrid: Hernando S.A.

Poema de Fernán González. 2001. Madrid: Biblioteca Nueva.

Quevedo, Francisco. 1969. *La cuna y la sepultura*. Madrid: Aguirre.

Ruiz, Juan, Arcipreste de Hita. 2006. *Libro de Buen Amor*. Madrid: Cátedra.

Samelson, William. 1971. "Romances and Songs of the Sephardim". En Barnett (ed.), *The Sephardic Heritage*. New York: KTAV Publishing House.

Tena Reyes, Jorge (ed.). 1988. *Crónicas escogidas: Oviedo y Las Casas*. Santo Domingo: Fundación Corripio.